자유, 자주

그리고

민주주의

나의 대한민국 정치사회사

자유, 자주
그리고
민주주의
나의 대한민국 정치사회사

머리말

21세기에 들어선 어느 스승의 날, 화동회 제자들과 친일파가 어떻게 애국자로 부활하게 되었는가를 이야기하다가, 이 글을 쓰기 시작했다.

1부는 친일파들이 어떻게 민족주의가 되었는가를 보려 했고, 2부는 대한민국이 생겨나서 자라는 동안, 자유민주주의자들이, 법치를 빌미로, 얼마나 무자비하게 권력을 휘둘렀으며, 또 바로 그 법이 얼마나 많은 자주민주주의자들을 괴롭혔는가를 보려고 했다. 내가 보고 듣고 읽은 것을 바탕으로, 세월아 네월아 하며 쓰다 보니, 논문도 아니고 평론도 자서전도 아닌 시답잖은 푸념이 되어버렸다. 되도록 쉬운 우리말을 많이 써 보려고 애썼지만 힘에 부쳤다. 유명 출판사들이, 독자층 없다고 딱지 놓았는데도, 화동회 제자들이 기를 쓰고 기어이 내어준다.

이 글을 처음부터 성원해준 죽마심우 정효택 박사와 양승진, 김충희, 나종수를 비롯한 화동회 제자들, 제목과 출판을 도와준 김성우 문장, 김윤철 교수, 그리고 출판을 맡아준 조양출판인쇄 직원 여러분에게 고마움을 드린다. 또 한 사람, 이 글에 후환이 있을까 두려워 끝까지 말린 마나님에게 걱정 끼쳐 송구하다.

자유, 자주

그리고

민주주의

나의 대한민국 정치사회사

자유, 자주

그리고

민주주의

나의 대한민국 정치사회사

제1부

해방의 기쁨

1 1945년 8월 15일

내가 해방을 맞은 곳은, 밀양군 상동면 평능 마을이다. 조선 제1국도가 마을 앞을 지나가는데도, 해방되었다는 소식을 들은 것은, 해거름이나 되어서다. 마을 사람들은 해방 소식을 듣고서도 그저 그뿐이다. 들에 나간 사람들은 들일 하고, 집에 있는 사람들은 집일 한다. 해방이 되었다는 데도 아무 일 없는 듯 그저 일만 한다. 달라진 것이 아무것도 없다. 어찌 된 영문일까? 일본이 정말 지기는 진 것일까? 존경하는 선생님들이 대일본제국은 반드시 이긴다고 장담하셨는데, 그렇게도 강하고 거룩한 대일본제국이 지다니? 그것도 〈개돼지(畜生)〉보다 더럽고, 악귀보다 더 나쁜 〈미영(米英)〉에게 항복하다니. 말도 안 된다.

이상한 일이 전혀 없었던 것은 아니다. 지난해 여름 4학년 1학기 마지막 수업 날이다. 수업이 끝나자마자, 담임선생님이 모두 교단 앞으로 걸상 댕겨 다가앉으라 신다. 재미있는 이야기 해주시려나 보다 하고 서둘러 다가앉았다. 선생님은 긴 숨을 내쉬시더니, 아주 낮은 조선말로, "일본은 곧 망한다. 일본군은 모든 전쟁에서 다 지고 있다. 미국 군인들이 태평양 섬들을 빼앗아 일본 본토로 쳐들어오고 있다. 독일은 벌써 졌다. 일본이 지면 우리 조선은 독립한다. 얼마 안 남았다." 하신다. 너무 놀라 정신이 멍멍했다. 아무리 선생님 말씀이지만, 말도 안 된다. 신성한 대일본이 지다니. 그게 어디 말이나 되는 소리인가?

하기야 만주에서 독립운동한다는 김원봉 장군 이야기를 듣기는 했다. 축지법을 써서 고향집에 내려와 제사 모시다가, 일본 순사들이 들이닥치면 금세 파리로 둔갑해 사라진다는 신나는 영웅담을 자주 들었다. 축지법 주문을 외우면 눈 깜빡할 사이에 십리를 간다고도 했다. 겨드랑이에 날개가 달려있어 급하면 날아가기도 한단다. 그런 놀라운 장군님을 부러워하기는 했지만, 설마 우리 담임선생님께서 대일본제국이 진다는 말씀을, 그것도 하면 벌 받는 조선말로, 하실 줄은 꿈에도 몰랐다. 다른 선생님은 모두 대일본제국이 반드시 이긴다 하는데, 어째서 우리 담임선생님만 일본이 진다고 하실까? 조례 때마다 엄숙하게 신사에 경배하고 힘차게 '천황폐하 만세', "대일본제국 만세"를 외치는데, 어떻게 대일본이 진단 말인가? 아마 틀림없이 우리 선생님이 뭔가 잘 못 알고 하신 말씀일 거다. 여름방학 끝나고 학교 나가니 담임선생님이 안 계신다. 다른 학교 가셨는가 보다 생각하고 잊었다.

4학년 2학기 담임선생님은, 1학년 때 담임이셨던 아주 무서운 분이다. 1학기 담임선생님과는 아주 딴판이다. 언제나 대일본제국은 반드시 이긴다면서, 우리 모두 〈인고 단련하여 훌륭하고 강한 국민이 되어야 한다〉고 근엄하게 말씀하신다. 조선인은 원래 게으르고 못나 남의 지배를 받지 않고서는 살 수 없는 인간이지만, 열심히 동쪽에 계신 천황폐하께 요배하고 천조대신(天照大神-아마데라수 오미가미-일본 조상신)

신단에 기도드리면, 천신(神樣) 천황폐하의 적자, 황국신민이 될 수 있다고 엄숙하게 말씀하셨다. 조례 때마다 단상에 올라가 경건하게 〈황국신민의 서사〉를 선창 하시는 5학년 담임선생님도, 일본은 반드시 이긴다 하시면서, 성심성의를 다해 국가에 충성 하라고 가르치셨다. 감히 쳐다보기 조차 못할 만큼 훌륭하고 존경스러운 선생님들이 〈대일본제국은 반드시 이긴다〉고 하셨는데, 그렇게도 강하고 거룩한 〈대일본제국〉이 항복을 하다니. 분명히 뭔가 잘못된 걸 거다.

며칠 뒤 학교에 가 봤다. 가는 길목에 있는 주재소는 그대로인데, 일본 순사 대신 동네 형이 서서 싱긋 웃는다. 학교 뒤 언덕 위에 있는 교장 관사에는 일본인 교장선생님이 그대로 살고 있다. 곧장 학교 옆 담임선생님 집에 가보니 텅 비었다. 4학년 2학기 담임선생님 집도 마찬가지다. 졸업생들이 쫓아내었단다. 참 이상하다. 일본이 항복했는데, 어째서 일본인 교장과 선생님들은 관사에 그대로 살고 있으며, 우리 조선인 담임선생님들은 쫓겨 가셨을까? 학생들 보고 황국신민 되라고 닦달해서 인가? 그렇다면 일본인 교장과 일본인 선생님들은 왜 끄떡없이 잘 지내고 있나? 교장은 조회 때마다, 더 큰 소리로, 충성스러운 황국신민 되라고 하셨는데? 일본이 과연 지기는 진 걸까? 뭔가 달라진 것만은 분명한데, 무엇이 어떻게 달라진 것인지 헷갈린다. 에라 모르겠다. 집에나 가자. 늦여름 햇살이 따갑다.

2 신나는 조선 노래

여름 방학이 끝났는데도 학교 오라는 말이 없다. 그래도 부지런히 학교에 나간다. 동네에는 딱히 놀만한 곳이 없고 놀 동무도 없다. 모두 일하러 간다. 해방이 공짜로 밥 먹여주지 않는단다. 그러나 학교에 가면 다르다. 놀 거리도 많고 들을 것도 많다. 게다가 생전 처음 듣는 조선 노래도 배운다.

〈독립행진곡〉은 들을수록 신이 난다.
" 어둡고, 괴로워라 밤이 길더니 삼천리 이 강산에 먼동이 텄네
　동무야, 자리차고 이러나거라 산넘어 바다 건너 태평양 넘어
　아 아, 자유의 자유의 종이 울린다.
　한숨아. 너 가거라 현해탄 건너 서름아, 눈물아 너와도 하직
　동무야, 두 손 들어 만세 부르자 아득한, 시베리아 넓은 벌판에
　아 아, 해방의 해방의 깃빨 날린다.
　유구한, 오천년 조국의 력사 앞으로, 억만 년이 더욱 빛나리
　동무야, 발마추어 함께 나가자 우리의, 앞길이 양양하고나
　아 아, 청춘의 청춘의 피가 끓는다."

〈조선의 노래〉는 가슴이 뛴다.
" 백두산 벋어나려 반도 삼천리, 무궁화 이 강산에 역사반만년.
　대대로 이어 사는 우리 삼천만, 복되라(되도다) 그 이름 조선이로세.
　삼천리 아름다운 이 내 강산에, 억만년 이어나갈 배달의 자손.
　길러준 힘과 재주 모두 합하니, 우리들의 앞길은 탄탄하도다.
　보아라 이 강산에 날이 새나니, 삼천만 너도나도 함께 나가자.
　광명한 아침 해가 솟아오르니, 빛나도다 그 이름 조선이로세."

〈조선아들의 행진곡〉도 있다.

" 피도 조선 뼈도 조선 이 피 이 뼈는, 살아 조선 죽어 조선 내 것이로다

  에야 데야 우리는 조선의 아들, 두 팔 겯고 내달을 조선의 일꾼 "

그렇게나 가기 싫던 학교지만 이제는 오라 하지 않는데도 부지런히 나간다. 아침에 나가 해거름 때나 되어서야 돌아간다. 새로 배운 조선 노래를 열심히 불러, 허기 달래며, 집으로 간다. 그러다가 깜짝 놀라 움찔한다. 불령한 〈조선말〉로 조선 노래를 부르다니, 이게 도대체 어찌 된 일인가? 아무래도 이상하고 어색하다. 이것이 해방이란 것인가?

이 날도 여니 때처럼, 새로 배운 노래 복창하고 뜻 없는 잡담 지껄이면서, 즐겁게 신작로 따라 집으로 돌아가고 있었다. 마을에 거의 다 왔을 때쯤이다. 어떤 아저씨가 불러 세운다. 눌러쓴 밀짚모자를 조금 들어 올리면서 "애들아. 너희들 어느 동네 사느냐?" "옛? 아, 요 아래 평능 삽니다." "몇 학년이냐?" "오 학년입니다." 인사 삼아 묻는 걸로 생각해 무심히 동네 이름과 학년을 말해드렸다. 정색하여 묻는 것이 좀 이상하기는 했지만 이내 잊어버렸다. 처음 보는 사람이고, 또 잘못한 게 아무것도 없으니 더 생각할 필요가 없다.

며칠 지나 개학 통지가 왔다. 일찌감치 학교에 나갔다. 교실에 들어서자마자 평능마을 5학년 학생은 모두 교장실로 가라 한다. 이상하다. 오늘은, 우리 조선학교 개교 첫날인데, 왜 오라 할까? 아무리 생각해도 모르겠다. 쭈뼛쭈뼛 교장실에 들어가 나란히 섰다.

"나를 알겠느냐?" 우러러 쳐다봐도 뵌 적이 없다. " 모르겠습니다."

한참 생각해 보니, 며칠 전, 동네 이름을 묻던 밀짚모자 아저씨인 것 같기도 하다. 아, 그분이 우리 교장선생님 되셨구나. 그런데 우리들을 왜 불렀을까? 어리둥절히 서

있는데 호령이 추상같다. "해방된 지가 언젠데 아직도 일본말을 지껄이고 다니느냐?". "예?". 우리가 언제 일본말을 지껄였던가? 하기야 일상 써 왔으니 지껄였을 수도 있을 것이지만, 딱히 언제 어떤 일본말을 지껄였는지 모르겠으니, 잘 못했다 하기도 억울하고, 또 일본말을 절대로 안 했을 리는 절대로 없으니, 잘 못한 게 없다고 할 수도 없다. 게다가 아랫사람은 말대꾸하면 안 된다. 할 말이 있어도 하면 안 된다. 그저 고개 푹 숙이고 서 있을 수밖에 없다.

다만 좀 헷갈린다. 언제나 일본 사람만 교장선생님 하셨는데, 오늘은 교장선생님이 조선 사람이다. 조선 사람도 교장 하네? 신기하다. 또 있다. 방학 전에는, 조선말한다고 혼났는데, 방학 끝나니, 조선말 아니라 일본말했다고 혼난다. 두 달 전만 해도 반드시 일본말만 해야 했고, 조선말하다가 들키면, 엄하게 벌 받았는데, 오늘은 거꾸로 조선말이 아니라 일본말했다고 꾸중 듣는다. 학교 이름이 그대로 있고, 교사도 교실도 모두 그냥 그대로인데, 어째서 조선말이 아니라 일본말한 것이 잘못이란 말인가?

또 우리가 일본말을 좀 지껄였다고 치자. 그렇다 하더라도 어째서 일본말했다고 꾸중까지 들어야 한단 말인가? 5년 동안 학교 다니면서, 교육에 관한 것은 물론이고 일상생활 용어 거의 모두를 일본 말로 배워, 조선말로는 무엇이라 하는지 모르는 것도 많은데, 어떻게 그 일본말을 단박에 잊어버리고, 조선말로만 이야기하란 말인가? 선생님 칭찬받는 모범생 되려고, 열심히 일본말 배우고 익힌 것이 무슨 잘못이란 말인가?

아무리 생각해도 모르겠다. 답답하고 억울하다. 조선말한다고 회초리 때리던 선생님들이 모두 쫓겨 가서서 하소연할 데도 없다. 무엇이 옳고 무엇이 그러단 말인가? 해방되고 아직 두 달도 안 되었는데 세상이 어찌 이렇게 달라졌을까? 이것이 해방이란 것인가?

반 시간 가량이나 꾸중 듣고 나왔다. 다시는 일본 말 해서는 안 된다는 무거운 교훈이 머리를 짓누른다. 하늘이 흐려진다. 소나기가 오려나? 이십 년도 더 넘게 학교 운동장을 삥 둘러 높이 솟아, 아름다운 봄을 뽐내던 아름드리 벚나무가, 모두 없어졌다. 그 자리에 작달막한 무궁화나무들이 앉아있다. 왜놈 나라나무 베어내고 우리나라나무 심으라는 초대 조선인 교장선생님의 특별지시란다. 여름철에 부랴부랴 심어서인지 거의 다 말라죽었다.

3 조선학교

어느덧 10월이다. 긴 방학이 끝나고 학교가 문을 열었다. 조선말로 공부하는 조선학교다. 미국 군인들이 들어오자, 학기가 미국식 가을학기로 바뀌어, 5학년 1학기로 되돌아갔다. 그러나 학교 현판은 일제 때 것과 똑같다. 〈密陽上東公立國民學校〉라고 세로로 새겨진 한문 현판 그대로다. 글자 하나 안 바뀌었다. 해방이 되었는데 학교 이름은 왜 그대로 일까?

들기로는 일본인 학교는 〈소학교〉이고, 조선인 학교는 〈국민학교〉라던데, 해방이 되어도 조선인은 언제나 국민학교에만 다녀야 하는 건가? 조선학생들도, 시키면 핫바지 벗고, 날씬한 교복에 긴 양말 신은, 일본 아이들처럼 〈소학교〉에 좀 다녀볼 수 없나? 똑같은 학교 이름의 똑같은 교실에서, 똑같은 조선학생이, 공부하는데 무엇이 달라질까?

일제 강점기에는 일본을 〈내지〉라 하고, 조선은 〈외지〉 또는 〈반도〉라 했다. 일본에 사는 사람은 일본인, 본토인, 또는 〈내지인〉이고, 조선에 사는 사람은 조선인, 반도인, 〈외지인〉이다. 일본 열도는 주인이 사는 안채고, 조선은 하인이 사는 바깥채란 말이다. 쉽게 말하면 축생 같은 미개인이 사는 곳이고, 어려운 말로는, 식민지다. 그러니 교육제도가 같을 수 없다. 내국인에게는, 대일본제국을 이끌어나갈 우수인재를 기루기 위한 엘리트 교육이 필요하지만, 식민지인에게는 그런 교육이 필요 없다. 필요하지 않을 뿐 아니라 안 하는 게 낫다. 자고로 무식한 백성일 수록 순종적이라는데, 뭣 하러 하인들을 교육시키겠나? 인재를 키워 놓으면 오히려 귀찮아진다. 모든 후진국의 독립운동은 지식인으로부터 비롯되었다.

일제가, 조선을 합방하자마자, 조선인학교를 없애고, 수학연한을 줄이고, 내외지 교육뿐 아니라 조선에 사는 일본인보다도 더 학교 등급과 교육 수준을 낮추고, 학교 간의 연계를 인정하지 않고, 고등교육을 극도로 제한한 것은, 모두, 이 식민지 우민화 정책 기조 때문이다.

따라서 학교 명칭뿐만이 아니라 기능 또한 다를 수밖에 없었다. 일제의 식민지 교육 목표는, 첫째가, 〈충량한 황국신민〉을 기르기 위한 동화교육이고, 다음이, 식민지 하부조직 충원 교육이었다. 식민지를 경영하려면, 말 잘 듣는 손발이 있어야 하고, 또 전략적으로 들여놓은 자본주의 생산구조에서 일할 일꾼이 필요하니, 최소한의 교육은 시키지 않을 수 없다. 뭘 좀 알아야 부려먹을 수 있기 때문이다. 따라서 일제 식민지 교육은 본질적으로 지식 향상과 지도자 육성을 위한 인격교육이 아니라, 식민지 경영의 효율성을 높이기 위한 〈사육교육〉이었다. 그런데도 교육받은 사람들은, 신지식인이란 자부심에 도취하여 쉽게 체제 지향적이 되기도 하니, 밑질 게 없다. 식민지 〈노예교육〉이란 말이 이래서 생겼다.[주-1]

일본과 조선의 교육 제도는 이렇게 달랐다. 명칭이나 기능만이 아니라 본질부터 달

---

1. 우리나라 근대교육제도는, 1895년 고종의 〈교육조서〉에 의하여, 처음 도입되었다. 소학교는 심상과 3년, 고등과 2년 또는 3년으로, 도합 5년 또는 6년이고, 중학교는 심상과 4년에 고등과 3년으로 합계 7년이었다. 교육연한이 최소 12년이었다. 1905년, 을사조약으로 일제 지배가 시작되자, 한동안 중단되었다가, 1911년 8월, 〈조선교육령〉으로 다시 시작되었다. 보통학교 4년, 고등보통학교 4년, 여자고등보통학교 3년, 농업학교, 공업학교, 상업학교 등 실업학교는 2년 내지 3년제로 바뀌었다. 교육연한이, 최대 8년으로 줄고, 학교 이름도 강등되었다. 기미년 3월 1일, 거족적 독립운동에 놀란 일제가, 〈미개인〉 교육정책을 재고하여, 〈문화 정치〉한다면서 만든 것이, 1922년 4월의 〈개정조선교육령〉이다. 교육연한을 보통학교 6년, 고등보통학교 5년, 여자고등보통학교 4년 내지 5년으로, 조금씩 늘여주었다. 대학은 1926년에야 처음으로 생겼다. 예과 2년에, 법문학부 3년, 의학부 4년제인 경성제국대학이다. 조선인이 추진하는 민립대학 설립을 막고, 재조선 일본인 고등교육을 위해 만든 것이라, 학생 대부분이 일본인이었다. 1943년에는, 전시동원체제에 맞추어, 중학교와 전문학교의 수업연한을 각각 1년, 3개월 내지 6개월씩 줄였다.

랐다. 일본인은 입으로만 내선일체를 부르짖었을 뿐, 실제로는 교육에서마저도 악랄한 우민화 정책을 폈다. 조선인을 교육시킨 것은 일본 정신을 주입하여 일본의 식민지 지배를 강화하기 위한 정략적 방편일 뿐이었다. 교육기관을 만든 것도, 생산시설을 만든 것도, 모두 착취 수단이지, 조선인을 근대화하기 위한 것이 결코 아니었다. 어림도 없는 헛소리다. 학교나 공장, 도로, 철도 만들지 않은 식민제국은 단 하나도 없다. 그런데도 착한 식민지인은 감지덕지할 수밖에 없었다. 근대 문물을 접할 수 있는 기회가 오직 그 길 뿐이었기 때문이다.

뒷날, 친일파와 그 후예들이, 일제가 중국을 침략하려고 철도 놓고 신작로 닦고, 쌀을 착취하기 위하여 항구 만든 것까지, 〈한국〉을 근대화시키기 위한 것이라는 얼빠진 망발을 널어놓게 되는 것도, 바로 이 때문이다. 일제가, 중국과 동남아에서 침략 보급로를 확보하기 위하여 얼마나 혈안이었으며, 또 패전 원인 중 하나가 보급로 단절이었다는 사실을 모르는, 무식한 망언이다. 고대의 노예가 중세에 농노로 승격되고, 그 농노가 근대에 식민지인으로 이름이 바뀌었다는 사실을 그들도 모르지는 않을 것이다. 식민지란 바로 근대 노예제도다. 식민지인에게는 자유나 인권이 없다. 조선인은, 정치 경제 문화 모든 면에서, 일본인 마음 내키는 대로, 동원하고 폐기할 수 있는 가축〈畜生〉 같은 〈쓸모없는〉 인간에 불과했다.

이제 그렇게 바라던 해방이 왔다. 그런데 우리는 왜 아직도 〈국민학교〉에 다니나? 일본 아이라야 〈소학교〉에 다닐 수 있나? 일본 꽃 벚나무를 모두 베어내고, 우리 꽃 무궁화를 심었는데, 학교는 왜 그냥 그대로 국민학교인가? 아름드리 벚나무 대신 심은 작달막한 무궁화나무에 꽃 몇 개가 피었다. 진딧물이 너무 많아 민망하다. 꽃가루가 눈에 들어가면 눈이 머는 〈지저분한 꽃〉이라고 왜놈들이 구박하던 이유를 알 듯도 하다.

해방 학교 5학년 첫 학기가 시작되었다. 담임선생님은 잘 웃는 박봉흠 총각 선생님이시다. 일제 때 선생님들은 모두 무서웠는데 조선 선생님은 아니다. 우선 절대로 매를 들지 않는다. 말씀이 부드럽고 학생들을 자상하게 보살펴주시니 수업이 즐겁지 않을 수 없다.

문제는 교과서다. 수업이 시작되었는데 우리말 책이 없다. 조선어 교과서 말이다. 산술(수학) 같은 건 일본 책으로도 배울 수 있지만, 국어만은 안 된다. 새 조선어 국어책이 있어야 하는데, 그게 없다. 선생님이 〈 'ㄱㄴ ㄷㄹ', 'ㅏㅑ ㅓㅕ'가 모여, 가갸 거겨가 된다〉는 것을 칠판에 써서 가르쳐 치다가, 예전 조선어 교과서를 보여주신다.

큰 갓 쓰고 흰 조선옷 두루마기 입고, 괴나리봇짐 허리에 둘러 맨 점잖은 선비가, 가게 앞에 서서, 잣을 가리키면서, 주인에게 묻는다. "이것이 무엇이오?" "잣이요". "예 먹지요." 다음, 선비가 쓰고 있는 갓을 가리키며, "이것이 무엇이오?" "갓이오" "예. 가지요" 하고는 간다. 조선어 참 재미있다.

한참이나 지난 뒤에야 국어책이 나왔다. 종이 질이 하도 나빠 〈똥종이책〉이라고 불린 것이 우리나라 첫 국민학교 교과서다. 종이 질이 희고 매끈한 일본 교과서와는 아주 다르다. 일본 선생님들이 〈죠센진와 쇼가 나이〉(조선인은 쓸모없다) 하던 말이 아주 틀린 말은 아닌 것 같다. 왠지 일본인은 우리보다 우수하다는 생각을 떨쳐버릴 수가 없다. 기분 나쁘다. 분명히 해방되었는데 왜 이럴까? 너무 오랫동안 그렇게 배워서 귀에 못이 박힌 걸까?

이 해 말, 독립투사 약산 김원봉 장군이 고향에 돌아온다고 떠들썩하다. 12월 초, 임시정부 요인 제2진으로 귀국하셨단다. 동네 형 말에 의하면, 의열단, 조선민족혁명당, 조선의용군을 만들고, 광복군 부사령관으로 독립투사 중에서도 가장 용감하게 왜놈들과 싸운 위대한 독립투사란다. 일제 경찰이 세계 최고의 엄청난 현상금을 내걸었는데도 절대로 잡히지 않았단다. 이름도 여러 가지라니 더 신기하다. 사람 이름이 하나뿐이지 어떻게 여러 개일까? 둔갑할 때마다 이름이 달라지는 걸까? 축지법하는 사람은 겨드랑이에 날개가 달렸다던데 어떻게 생긴 날개일까? 뛰면서 날까, 높은 데 올라가서 날까? 궁금하다.

  곧 밀양 읍내에서 환영대회를 연다고 한다. 축지법으로 제사 때마다 고향 다녀간다는 말을 하도 들어 꼭 한 번 보고 싶다. 그러나 이 엄동설한에 반나절도 더 걸리는 먼 길을 어린애 혼자 어떻게 가나, 날개도 없는데? 아깝다. 김원봉 장군 환영식에는 10만도 넘는 환영인파가 모였단다. 밀양 군민 전부를 합친 것보다 두 배도 더 넘는 사람들이, '김원봉 장군 만세'를 외치며 읍내를 누볐단다. 언제부터인가 주재소에 치안대 형들 대신, 정복 입은 순사가 서 있다. 참, 그렇지. 이제는 악질 일본 순사가 아니라 착한 민주 경찰이란다.

2장

꿈에 그린 우리나라

1 조선건국준비위원회

패전이 임박하자, 조선총독부는 흥분한 죠센진(조선인)으로부터 본국인을 보호하기 위한 여러 방안들을 분주하게 공작했다. 주로 조선총독부에 우호적인 타협적 민족주의자들에게 협조 요청을 했지만 여의치 않았다. 독립운동과 거리가 멀거나 손 뗀 지 오랜 명사들에게 해방된 민중의 분노를 달랠 재간이 있을 리 없다. 일제 탄압이 극에 달한 전쟁 말기까지에도 계속 독립운동을 주도한 항일투사 라야 만 이 일을 해낼 수 있었으며, 그 가장 유력한 사람이 여운형이었다.

조선총독부는. 그의 반일 사상을 저어하여 접촉을 꺼렸지만, 상황이 급박하자 더는 미룰 수가 없었다. 8월 14일, 조선총독 아베(阿培 信行)는, 여운형과 전후 치안문제에 합의하여, 다음날 아침 일찍, 정무총감 엔도(遠藤 柳作)를 여운형에게 보내어, 공식적으로 패전 후의 혼란을 방지하기 위한, 치안유지에 협력해줄 것을 요청했다. 엔도를 만난 여운형은 그 자리에서, 미리 준비한 5가지 요구조건을 제시했다. 사실상 정권 이양 요구다.

1) 전 조선 각지에 구속되어있는 정치 경제범을 즉시 석방하라.
2) 집단 생활인 만치 식량이 제일 중요한 문제이니 8. 9. 10, 3개월간의 식량을 확보 명도 하여 달라.
3) 치안유지와 건설사업에 있어서 아무 구속과 간섭을 하지 말라.
4) 조선 안에 있어서 민족해방의 모든 추진력이 되는 학생 훈련과 청년조직에 대해 간섭하지 말라.
5) 전 조선 각 사업장에 있는 노동자를 우리들의 건설 사업에 협력시키며 아무 괴로움을 주지 말라. 놀라지 않을 수 없다.

엔도는 그 자리서 두말 않고 수락했다. 조선에 남겨진 패전 일본인들을 성난 조선인들의 보복으로부터 보호할 수 있는 유일한 선택이었다. 그리고 몇 시간 뒤 일본이 항복했다.

여운형은, 이날 저녁, 안재홍 등 민족주의자들과 함께 〈조선건국준비위원회〉(건준)를 결성하여, 조선총독부 산하기구의 접수를 선언했다. 조선총독부는 당황했다. 총독부 감독 하에, 조선인의 치안유지에 협조해줄 것을 요청했을 뿐이라고 생각하는데, 당장 정권 인수 작업, 즉 건국 작업에 들어갔으니, 놀라지 않을 수 없었다. 그것도 소련 해방군이 들어온다는 소문으로 환영인파가 경성(서울) 역으로 물밀 듯 몰려가고 있을 때다.

여운형이 이렇게 빨리 건국 작업을 추진할 수 있었던 것은, 일본 패망에 대비한 사전 준비가 있었기 때문이다. 해방 일 년 전인 1944년 8월 10일부터, 항일민족통일전선 비밀결사 〈조선건국동맹〉과 〈조선농민동맹〉을 만들어, 해방 후의 국가건설을 준비하고 있었다. 조선건국동맹은, 일제 강점 말기에, 친일파와 민족 개량주의 민족주의자를 제외한, 모든 항일 독립운동 세력이 〈거국일치로 일본 제국주의 세력을 구축하고 조선민족의 자유와 독립을 회복하기 위하여〉 모인, 국내 최초, 최대이며, 유일한 범민족주의 지하조직이다.

건준은, 선언문에서 밝힌 바와 같이, 해방과 동시에 국내 독립투사들이 수립한 〈자주민주 임시정부〉다.

"우리 민족을 진정한 민주주의적 정권으로 재조직하기 위한 새 국가건설의 준비기관인 동시에 모든 진보적 민주주의 세력을 집결하기 위한 해방된 통일전선이요 결코 혼합된 협 동기관은 아니다. 왜 그런고 하면 여기에는 모든 반민주적 반동세력에 대한 대중적 투쟁 이 요청되는 까닭이다. 과거에 그들은 일본 제국주의와 결탁하여 민족적 죄악을 범하였고 금후에도 해방 전과 같이 그 건설 도중에 방해할 가능성이 있나니, 이러한 반동세력, 즉 반민주주의적 세력과 싸워 이것을 극복 배제하고-- 강력한 민주주의적 정권을 수립하는 것이다."

건준은 신속히 국가체계를 갖추어나갔다. 하루라도 빨리 '우리 힘으로' 자주민주국가를 건설하기 위하여, 곧바로 치안을 담당할 〈건국청년치안대〉를 만들어, 경성의 치안을 맡기고, 지방 건준과 건준 치안대 조직을 독려했다. 이밖에도 보안대, 경비대, 학생대 등을 결성하여 치안권 인수에 대비하는 한편, 방송국, 신문사 등 언론기관과 경찰서, 학교, 주요 기업 등, 일인이 관리하는 주요 기관의 접수를 시작했다.

8월 말까지, 건국동맹을 주축으로 하는 지방 건준 지부가, 전국적으로 조직되었다. 평양에도 조만식을 중심으로 하는 평양남도 건국준비위원회가 결성되었다. 지방 치안대도 읍, 면단위에 이르기까지 생겨나, 일제가 버리고 도망간 지방행정과 치안 업무를 자주적, 효과적으로 수행했다. 명실 공히 신생 독립국가 조선에 〈조선인의 임시민주정부〉가 탄생했다.

그러나 자주독립운동은 금방 어려움에 부딪쳤다. 일제가 반발했다. 조선군이 먼저 화를 내었다. 총독부가 치안유지권 이양 협약을 맺은 바로 다음 날(16일), 조선군이 직접 치안을 담당하겠다고 총독을 협박하자, 총독이 이에 동조하여, 조선군과 공동으로, 조선인의 정치활동 억압 지침인 〈정치운동취체요령〉을 발표했다. 조선군관구사령부는, 이것으로도 모자라, 이 날 별도로 〈관내 일반민중에게 고함〉이란 포고문을 내어, "일반은 당국의 지시에 따라 생업에 종사하고 경거망동하는 일이 없기를 요한다." "민심교란과 치안방해행위에 대하여 군이 직접 단호한 조치를 취할 것이니, 조선인들의 모든 단체는 즉시 해산하라"라고 직접 치안권이양 거부선언을 했다. 경기도 경찰부장도 나섰다. 조선인경찰 대부분이 도망가, 치안이 마비상태인데도 불구하고, "만약 시위운동을 하면 경찰은 군과 협력하여 엄중한 조치를 취하겠다."라고 협박했다. 18일에는 조선군관구사령부 보도부장까지 라디오 방송에 나가, "조선군이 치안을 문란케 하는 비적적 행위에 대하여 단호한 무력을 행사하겠다."고 협박했다.

일본은 항복했다. 분명히 졌다. 그러나 조선인에게 권력을 넘겨줄 생각은 조금도 없었다. 일본인은, 총독부든 군이든 경찰이든 간에, 미개한 조선인이 신성한 대일본제국의 권위에 도전하는 것을 절대 용납하려 하지 않았다. 그것이 조선을 식민 지배하고 있는 일본인의 기본적 의식구조였다. 소련 참전 초에는, 소련군이 두려워 마지못해 치안유지 협조를 간청했지만, 소련군이 내려오지 않는다는 것을 알자, 즉시 변심하여, 냉혈적 압제자로 되돌아갔다.

건준이, 굽히지 않고 건국 사업을 발 빠르게 추진하자, 마침내 조선총독이 〈건국준비위원회 등에 맹성을 촉구한다〉는 담화를 발표했다.(19일) "건준의 사명은 총독부 행정의 치안유지에 협력하는 것인데도, 행정기관의 접수를 촉구하는 등 독립정부 준비공작을 하는 '심대한 과오'를 범하고 있다"라고 꾸짖은 뒤, "앞으로는 일탈행위를 엄중히 단속하겠다"라고 경고했다. 다음 날, 정무총감 엔도도, "조선통치의 책임과 통치를 위한 시설 일체는 모두 현재 총독부 수중에 있다." "치안을 교란하는 일이 있으면 단호한 조치를 취할 것"이라 협박했다. 완전무장한 체 건재하고 있는 조선군은, 한술 더 떴다. 같은 날 조선군관구사령부는, "군은 총독부와 일체가 되어 가장 필요한 치안 확보에 전력을 다할 것이다. - 조선은 아직 일본의 통치하에 있으며, 그 통치권은 조금도 움직임이 없다"는 담화를 발표하고, 일본군 3천여 명으로 특별경찰대를 신설하여, 건준 치안대가 접수한 경찰서, 신문사, 학교 등을 다시 빼앗기 시작했다. 그렇게 건준을 협박하는 한편으로는, 조선 철수에 대비하여, 주요 물자들을 대량 불태워 없애고 군수품 열차를 폭파하는 등의 만행을 서슴지 않고 저질렀다.

일제 조선총독부는, 겉치레 제대군인들로 경찰력을 강화하여, 〈해방축하행사대열〉에 발포하면서까지 조선인의 정치활동을 방해했다. 조선인을 〈축생〉이라 비하하고 천시하는 왜놈들이 〈조선인 동물농장〉을 인정할 리 없다. 자주독립의 일념만으로 갑작스레 조직된 건준의 앞날이 순탄할 수 없게 되었다. 게다가 내부에마저 적이 생겼다. 항일 독립투쟁을 외면하던 반 건준 타협적 민족주의자들이, 자주독립의 기선을 장악한 건준을 마치, 철천지원수인 것처럼, 사생결단 중상모략하고 나섰다.

그러나 외세의 끊임없는 압박과 국내 반동세력의 악랄한 방해에도 굽히지 않고, 단시간 내에, 사실상의 〈자주민주정부〉를 수립하여, 우리 민족의 자주독립 능력을 만방에 과시하고, 아울러 조선민족에게 자주독립의 희망을 안겨주었다는 점에서, 건준의 민족사적 의의는 대단히 크다. 미군정 관리였던 그랜트 미드(E. Grant Meade)는, 이러한 우리 민족의 역량을 높이 평가하여, 〈건국준비위원회〉를 조선의 〈사실상의 정부〉로 인정했으며, 같은 우익 성향의 구드리치(L. M. Goodrich)와, 헨드선(G. Henderson)도 견해를 같이 했다.

2 독립투사와 민족반역자

건준은, 해방되자마자, 우리 민족이 만든 민주적이고 자주적인 우리 임시정부다. 건준을 주도한 여운형과 안재홍은, 국내 민족주의자들 가운데 끝까지 일제에 굴복하지 않은 몇 안 되는 진정한 독립투사다. 그러나 두 사람만으로는 자주독립 국가를 만들 수 없다. 새로운 국가를 만들려고 하면, 좌우 가리지 않고, 가능한 한 많은 사람과 세력을 끌어들여야 한다. 이념 차원을 뛰어넘는 통일전선적 성격을 띠지 않을 수 없다. 악질 친일파 민족반역자이거나, 드러난 부일 변절자가 아닌 이상, 모두 감쌀 수밖에 없다. 여기에 문제가 있었다.

일제강점기, 조선 안에는, 크게 네 종류의 조선인이 살고 있었다.

첫째는 항일 독립투사다. 합법적 독립투쟁이란 있을 수 없으므로, 지하로 스며들어 목숨 걸고 싸우는 사람들이다. 잡히면 고문당해 죽을 각오까지 되어있는 간 큰 사람들이다. 이들은 주로, 흔히 사상가 또는 혁명가로 불리는 사회주의자, 무정부주의자, 공산주의자 등, 반체제 인사들이다. 처음에는 순수 민족주의자도 더러 있었지만, 일제 통치가 포악해지면서 점차 줄어들어, 일제 말에는 아주 드물었다.

다음은, 어진 백성이다. 공출, 부역, 징용, 징병, 정신대에다 보국대, 여자 군사훈련에 이르기까지, 나라에서 시키는 일은 무엇이든 하라는 대로, 군말 없이, 따를 수밖에 없는 사람들이다. 상전의 보복이 무섭다는 것을 조상 대대로 대물림받아 복종에 길들여져, 아무리 불만이 쌓여도 내색조차 못하고 힘들게 살아가는 식민지 백성이다. 왜놈들이 〈아무 짝에도 쓸모없는 더러운 조센진, 축생(개돼지)〉이라고 무시하고 경멸하던, 바로 그 노예나 다름없는 천민들이다. 조선사람 대부분이 여기에 속한다.

세 번째는, 자의 반 타의 반, 일제에 협조한 집단이다. 대개 재력과 학식을 겸비하여 정치에 대한 지식과 능력이 있지만, 섣부른 행동을 자제할 줄 아는, 상황판단능력이 뛰어난 현실주의자들이다. 개중에는 한 때 독립만세를 불렀거나 독립운동에 직 간접으로 관여한 지사도 없지 않다. 그러나 모두 일제의 마력에 굴복하여 독립 대신 민족의 자치만을 구걸하는 타협적 민족주의자로 주저앉았다. 처음부터 적극적으로 일제에 협조할 의향이 있었던 것은 아니었겠지만, 시대상황에 순응하려다가 부지불식간에, 일제 식민지 지배구조에서 일정 역할을 하게 된 부유하고 유식한 타협적 온건민족주의자들이 모두 여기 속한다. 사실, 일제 말기에는, 조선인이 거의 황국신민화하여 드러난 독립투사 외에는 불령선인이 거의 없었다 해도 과언이 아니었다. 독립이란 말만 해도 '모든 행복'을 잃어버리는데, 무엇하러 그런 어리석은 짓을 한단 말인가? 하루빨리 내선일체 하여 〈자치정부〉라도 만드는 것이 조선민족 최선의 살 길이라고 굳게 믿는 민족주의자도 많았다. 해방 뒤, 순수 민족주의를 자처한 사람들 중에는, 이토록 점잖게 민족의 경계를 넘나들며 호강을 누린 자들이 아주 많았다.

끝으로, 진성 〈황국신민〉 반열에 오른 민족반역자 집단이다. 더러운 조선인이 아닌 잘난 일본인으로 부활하여 호강한 자들이다. 여기에도 두 부류가 있다. 하나는 조선조 말 관리로서 한일합방에 줄 선 자들이다. 일제는 이들에게 부와 권력과 명예를 듬뿍 안겨주고, 일본인과 거의 같이 칙사 대접했다. 또 하나는 자수성가 친일파다. 헌신적 친일로 입신양명한 독종 친일파다. 개중에는 이광수 같이 여운형을 도와 상해 임시정부 만드는데 앞장서고, 2.8 독립선언서를 기초했으면서도, 어느 날 갑자기 왜놈으로 둔갑하여, 민족혼을 팔아넘긴 자들도 있다. 그러나 거의 모두가, 악질 형사 노덕술 같이, 마음먹고, 독립투사들을 무참히 짓밟고 출세한 황국신민들이다. 일본인으로 행세하는 자에게 조선이 있을 리 없다. 이들이 곧, 일제 민족 분리 지배의 첨병으로 동족을 멸시하고 박해한, 골수 친일파 민족반역자다.

어떤 체제를 막론하고 자본가나 지주의 지위는 국가권력과의 일정한 타협 없이는 유지하기 어렵다. 국내에는 그래서 진정한 독립운동가로 불릴만한 순수 민족주의자가 드물었다. 독립운동한다는 것은 인생이 걸린 문제다. 웬만한 결의 없이는 어림도 없다. 뜻밖에도 사회주의나 무정부주의가 독립투쟁 의지를 굳히는데 엄청난 동력을 제공했다. 특히 소비에트 혁명의 성공은, 민족해방 만을 위하여 투쟁을 시작한 외로운 순수 민족주의 독립지사들의 투쟁 결의를 높이는데도 순기능을 했다. 국내 항일투쟁 세력이, 주로 〈사상가〉로 알려진 사회주의자, 무정부주의자, 공산주의자들이었던 것도, 이 때문이다.

그들은 모두 사회 평등에 가치를 두는 항일 민족주의 독립투사였다. 그들의 이념이나 전술이 반드시 같지는 않았다. 공통점은 단 하나. 일제 민완 고등계 형사들이 눈에 불을 켜고 쫓아다니는 〈아까(赤)〉 즉 빨갱이였다. 일제 말에는, 독립운동이란 것은, 민완 고등계 형사들이 그토록 미워하던, 세칭 '사상가' 또는 '좌익분자'라는 악독한 불령선인들이, 감히 대일본제국에 대항하여 조선을 독립시키려고 하는, 무모하고 불손하고 〈천명〉을 거슬리는, 불법행위였다고 해도 과언이 아니었다.

조선 국내에도, 일제에 저항하는 비사회주의계 민족주의 독립운동자가 물론 있었다. 그러나 그 수가 아주 적었으며, 일제 힘이 강해짐에 따라 저항력도 줄어들어, 사회적 관심을 받는 일이 거의 없었다. 목숨 걸고 투쟁할 수밖에 없는 불령선인 좌익 사상가와는 근본도 다르고 생리도 달랐다. 당연히 좌익과 거리가 생길 수밖에 없다.

문제는 자주 독립운동의 주축이 된 〈건국동맹〉의 핵심세력이 주로 불령선인, 즉 사회주의 계열 항일 독립투사들이라는 데 있었다. 건국동맹 강령 중에도 〈건설부문에 있어서 일체 시위(施爲)를 민주주의적 원칙에 의거하고 특히 노동대중의 해방에 치중할 일〉이 들어있는 것으로도 알 수 있다. 그들은, 항일투쟁과 동시에 사회개혁에 목숨을 건 능동적이고 투쟁적인 투사다. 당연히 건준 내에서 좌익세력이 우세할 수밖에 없다. 해방되자마자 〈조선공산당〉이 모습을 드러낸 것만 봐도, 일제 강점 말까지, 좌익 조직이 얼마나 끈질기게 저항하고 있었던가를 짐작할 수 있다. 사실 일제가 항복할 때까지, 국내에서 끝까지 〈항일투쟁〉을 계속했다고 떳떳이 주장할 수 있는 세력은,

그들뿐이라고 해도 과언이 아닐 것이다.

어떤 자본주의 국가이던 간에 식민지 독립투쟁의 중심에는 언제나, 이른바 좌익이 있었다. 그들은 정치개혁과 사회개혁을 동시에 실현하려는 사명감으로 독립에 대한 열의가 더 강했다. 따라서 식민지 지배세력이 타도된 뒤에는, 강경투쟁을 불사한 좌익이, 어느 나라에서나, 민중의 지지를 더 많이 받았다. 독립투쟁에 목숨 건 조국사랑에 경의를 표하는 것은 자연발생적인 민족적 양심이다. 그것이 바로 민족주의이며 애국심이다. 제2차 세계대전이 끝나자, 해방된 프랑스인은 압도적으로 좌익을 지지했다. 나치 독일에 대한 폭력적 저항운동을 이끈 영웅들을 열렬히 환영했다. 광복 뒤 처음 치른 선거(1945년 10월 21일)에서, 국민의 절대적 지지를 받은 공산당, 사회당이 원내 제1, 2당을 차지했으며, 중도 사회개혁정당인 인민공화운동당 (MRP)이 그 뒤를 이었다. 해외에서 망명정부를 이끈 영웅 드골조차 외면당했으며, 극우정당은 아예 보이지도 않았다. 우리나라라고 다를 리 없다.

해방되자마자, 모든 조선인들은, 모진 왜놈 탄압에서 살아남은 독립투사들을 열렬히 환호했다. 좌우익 구별 같은 것은 아예 없었다. 온 국민이 자주독립의 기쁨에 들떠, 정치이념 같은 것이 끼어들 틈이 없었다. 독립투사 중심으로 새로운 민주주의 민족국가를 건설하는 것이, 해방을 맞은 모든 조선 사람들의 한 마음 한 뜻, 곧 정치이념이었다. 친일파 민족반역자가 아닌 사람은 모두, 뜨거운 가슴으로, 조선민족 지상의 정치이념인 〈자주독립〉의 힘찬 물결에 자랑스레 참여했다. 친일 의혹으로 얼룩진 자들을 포함한 소수 기득권 세력이 임정을 앞세워 건국운동을 헐뜯고 나섰지만, 거들떠보지도 않았다. 일제강점기에 편히 잘 산 그들의 민족주의를 존중할 생각이 조금도 없었다. 자주독립 열기를 헐뜯는 그들의 추태에 오히려 화가 났다. 불령선인 독립투사들이, 건준을 지배하게 된 것은, 결코 우연이 아니었다.

건준이 이름에 걸맞은 자주독립정부가 되려고 하면, 모든 조선인의 힘을 모아야 한다. 아무리 독립투사에 대한 국민의 지지가 높다 하더라도, 적극적으로 독립 투쟁한 사람들만으로는 안 된다. 때문에 건준은 여러 계층, 특히 친일 허물이 적은 민족개량주의자들의 협력을 얻기 위해 많은 노력을 기울였다. 그중에서도 지주, 자본가 계급을 대표하는 민족개량주의자 송진우를 모시려고 무진 애썼으나 실패했다. 지주, 자본가를 중심으로 하는 전국유지자대회를 개최하려던 계획도 무산되었으며, 공들여 추진한 확대위원회는 열지도 못했다. 건준을 장악한 독립투사들이, 독립운동과 거리가 멀거나, 조롱하던 부유한 친일 기득권 집단의 타협적 민족운동을 수용하려 하지 않았다. 새로운 자주민주국가를 건설하려는 급진적 독립투사에게, 식민지배로 다져진 친일 기득권 세력은 오히려 독립의 걸림돌이었다.

  반면에 일제 강점기 기득권 세력이, 현상을 개조하려는 건준의 좌편향을 경계할 것 또한 너무나 당연하다. 그들은 건준을 타도하기 위하여 〈대한민국임시정부〉(임정)를 우리 정식 정부로 맞아드리자는 〈임시정부봉대론〉을 앞세워 모였다. 조선인이라면 누구나 환영할 매력적인 대안을 쳐들고, 이른바, 반 건준, 반 자주, 보수 자유민주세력이 불쑥 솟아났다.

3 조선인민공화국

미국이 38도선 이남을 분할 점령한다는 사실이 알려지면서(8월 20일), 건준의 자주독립 과업에 차질이 생기기 시작했다. 해방 열기에 밀려 발 들였던 온건 민족주의자들이 다투어 빠져나갔다. 그럼에도 불구하고 건준 조직은 계속 확대되어, 전국적으로 145개 지부와 162개 치안대가, 지방행정기능을 담당했다. 9월 4일, 허헌이 부위원장으로 증선 되어 건준이 좀 더 좌경화하자, 부위원장 안재홍마저 〈조선국민당〉을 이끌고 떠났다.

그래도 건준은 아랑곳하지 않고 건국절차를 서둘렀다. 망설일 겨를이 없었다. 〈민족자결주의〉를 제창하여 3.1독립운동을 불러일으킨 미국 해방군이 들어오기 전에, 독립국가를 선포하는 것만이, 우리의 민족자결 의지를 미국 정부에 알릴 수 있는 유일한 방법이라 생각했다. 소련군이 북쪽에 들어오자마자, 모든 행정권을 건준에 넘긴 전례에 따라, 미국도 우리 자치정부에게 행정권을 넘겨주기 바랐다. 9월 6일 밤, 서둘러 〈전국인민대표자회의〉를 소집하여 〈조선인민공화국〉(조선인공) 수립을 선포하고, 중앙인민위원회를 구성했다.

드디어, 조선인이 꿈에도 그리던, 우리나라가 생겨났다. 정부 내각도 발표했다. 주석 이승만, 부주석 여운형, 총리 허헌, 내무부장 김구, 외무부장 김규식, 재정부장 조만식, 군사부장 김원봉, 사법부장 김병로, 문교부장 김성수, 경제부장 하필원, 체신부장 신익희, 보안부장대리 무정이다. 중앙인민위원회 위원 55명 중 38명, 후보위원 20명 중 15명, 부서장 52명 중 38명이 좌익이거나 좌익에 우호적이지만, 국내외 독립운동 세력뿐 아니라 국내 민족진영 인사도 여럿 포함되어 있는 것으로 볼 때, 좌익정부가 아닌 전조선인을 대표하는 민족국가를 세우려고 한 것이 분명했다. 좌익이 더 많은 것은, 커밍스(B. Cummings)가 "인공국은 해방의 들뜬 분위기와 혁명적 정열의 산물이기도 하지만, 그 인적 구성이 지난 20년간의 항일투쟁에 있어서 공산주의자와 민족주의자의 기여도를 불공평하게 왜곡했다고는 볼 수 없다."라고 한 것처럼, 그만큼 독립운동한 사람이 많았다는 것을 말한다.

조선인공(인공)은, 중앙정부를 구성하자마자, 발 빠르게 서울을 비롯한 모든 건준 지부를 〈인민위원회〉로 바꾸었다. 거의 모든 지방에서 동, 리, 면 단위까지 주민들이 자율적으로 대표를 선출한 인민위원회가 생겼다. 좌우 가리지 않고, 친일파를 제외한 모든 국민이, 한 마음 한 뜻으로, 새로운 자주민주국가 수립에 열성적으로 참여하여, 단시일 내에 전국적인 정부체계가 거의 완전하게 갖추어졌다. 인공 산하에 설치된 치안대, 학생대 등은 일제 경찰과 충돌하여 사상자를 내면서까지, 경찰서 접수를 강행하여 치안권을 넓혀 나갔다.

14일, 〈조선인민공화국 선언문〉과 함께, 정강과 시정방침도 발표했다. 〈우리의 완전한 자립과 독립을 달성하여 참된 민주국가를 실현하기 위하여〉 1) 일본인 소유의 토지를 몰수하여 소작인에게 분배. 2) 친일파 및 일본인 재산 몰수. 공공시설, 광산, 대산업시설, 공장 등의 국유화. 3) 인권옹호. 4) 남녀동등권의 확립. 5) 투표연령을 18세로 저하. 6) 미성년 노동 폐지. 최저임금, 최저생활비 보장. 배급제 실시. 1일 8시간 노동제 실시. 7) 문맹인을 적극적으로 계몽. 고리대금업자 및 군국주의자 근절. 8) 군대와 경찰의 지원제 모집 등을 공약했다. 마침내 조선에 자주민주국가와 민주정부가 탄생했다. 지방정부인 인민위원회는, 일제 관리가 도망가고 미군정 경찰력이 강화될 때까지의 무정부적 혼란을 유능하게 수습하여, 조선인의 탁월한 민주적 자치능력을 행동으로 증명했다.

그러나 독립국가의 꿈은 멀어져만 갔다. 미국이 군사정부를 세워, 군정을 시작했기 때문이다. 미국은 처음부터 건준이나 인공의 존재를 아예 무시했다. 인공은 이에 대항할 힘이 없었다. 점령군의 물리력을 물리칠 수 있는 힘이 없었다. 게다가 건준에서 밀려난 보수세력이 건준의 자주독립운동을 극력 헐뜯고 나섰다. 조선총독부와 꼭 같이 "친일파이고 소련 앞잡이다" 고 욕했다. 한민당 대표들이, 미국군 고위층을 만나(9월 10일), "소위 인공은 일본에 협력한 일단의 친일분자들에 의하여 조직된 것이며, 여운형은 조선인들 사이에 친일분자로 잘 알려진 사람"이라고 거짓 고자질하는, 비열한 아부까지 서슴지 않았다. 마치, 한 미국인이 한 말과 같이, "남 잘 되는 것을 못 참는 조선말 당파 근성이 재생한 것" 같았다.

주석으로 받든 이승만마저도 인공에 등을 돌렸다. 독립촉성중앙협의회(독촉)를 만들기 이틀 전(10월 21일)에, "나는 공산당에 대하여 호감을 가지고 있는 사람이다. 그 주의에 대하여도 찬성하므로--"라 감격하면서 화합을 다짐하던 이승만이, 끝내 인공 주석을 거절했다. 상해 임시정부 때부터 명망 높은 반공주의자인 이승만이, 더욱이 귀국 도중, 일본에서 지극한 반공 동지이며 극동지배자인 맥아더와, 웅대한 점령지 통치 구상을 다지고 들어온 이승만이. 좌파가 득실거리는 조선인공 수장을 받아들일 리 없다.

3장

미국 군사정치

1 ▶ 맥아더 포고령

　미군이 조선에 처음 발을 드린 것은, 1945년 9월 6일이다. 선발대 37명이 일제의 극진한 환대 속에 김포공항으로 들어와 항복 문제를 협의했다. 다음날, 태평양 미군 총사령관 맥아더는 〈조선주민에게 포고함〉이라는 포고령 제1호, 제2호를 잇따라 내고, 조선점령군사령관 하지는 자신과 맥아더 이름으로 된 〈맥아더 포고문〉을 여러 차례 비행기에서 흩뿌렸다.

조선 주민에게 포고함.

태평양 미국 육군 최고지휘관은 좌기와 여히 포고함. 본관 휘하의 〈전첩군〉은 일본국 천황, 정부 또는 대본영의 명에 의하야 또는 이것을 대표하여 서명한 항복문서의 조항에 의하야 본일 조선 북위 38도 이남의 지역을 점령함.

오랫동안 조선인의 노예화된 사실을 깁히 불상히 생각한 결과 조선을 불일 해방 독립 식힐 것이니 독립의 신념을 견지하는 조선인은 항복문서의 조항의 실행, 또는 조선인의 인권과 종교상의 권리의 보호가 점령할 목적이라는 것을 깁히 인식할 줄로 아(我)는 확신함.

우기의 목적수행에 관하여 아(我)는 제군의 적극적 원조와 협조를 태산같이 기대함.

본관은 본관에게 부여된 태평양미국육군최고지휘관의 권한을 가지고 일노(오늘)부터 조선 북위 38도 이남의 지역과 동지의 주민에 대하여 군정을 〈포고함으로써〉 점령에 관한 조건을 좌기와 여히 포고함.

제1조, 조선 북위 38도 이남의 지역과 동주민에 대한 모든 행정권은 당분간(당분로부터) 본관의 권한 하에 시행함.

제2조, 정부, 공공단체 또는 기타의 명예직원과 고용인의 모-든 것과, 또는 공익사업, 공 중위생을 포함한 공공사업에 종사하는 직원과 고용인은 유급 또는 무급의 별을 불문하 고 또는 기타의 제반 중요한 직업에 종사하는 자는 별명이 있을 때까지 종래의 〈직 무〉에 종사하고, 또한 기타 모든 기록과 재산의 보관을 중〈임〉할 사.

제3조, 주민은 본관 또는 본관의 권능으로서 발한 명령은 즉속히 복종할 사. 점령군에 하 야 반항행위 또는 질서적 보안을 요란하는 행위를 하는 자는 용서 없이 엄벌에 처함.

제4조, 주민의 소유권은 〈차를〉 존중함. 주민은 본관의 별명 있을 때까지 일상의 업무에 종사할 사.

제5조, 군정기간 중, 영어를 가지고 모든 목적 사용하는 공용어로 한다. 영어와 조선어 또는 일본어 간에 해석 또는 정의로서 불명 또는 부동이 생한 때는 영어를 반본으로 함. 제6조, 이후 포고하게 되는 새로운 포고, 법령, 규약, 공시 또는 조례 등은 본관 또는 본관의 권한 하에 발포함. 주민의 이행하여야 할 사항을 명기함.

우 포고함

1945년 9월 7일

어 횡빈(요꼬하마)

태평양 미국육군 최고사령관

미국육군원수 다구라스 맛가-사.

"범죄 또는 법규 위반"
조선 주민에게 포고함.

본관의 지휘 하에 유한 점령군의 보전을 도모하고 점령지역에서의 공중 치안질서의 안전을 기하기 위하여 태평양 미국 육군 총지휘관으로서 좌기와 여히 포고함.

항복문서 조항 또는 태평양 미국 육군 총지휘관의 권한 하에 발한 포고, 명령, 지시를 범한 자 미국인과 기타 연합국인의 인명 또는 소유물 또는 보안을 해한 자 공중 치안 질서를 교란한 자 정당한 행정을 방해하는 자 또는 연합군에 대하여 고의로 적대 행위를 하는 자는 점령군 군률회의에서 유죄를 결정한 후 동회의 결정하는 대로 사형 또는 타 형벌에 처함. 위반하는 자, 또는 미국과 그 연합국의 인민의 재산, 생명의 안전 또는 보존에 저촉되는 행위를 하는 자, 또는 공공질서를 문란케 하거나 사법 행정을 방해하거나 고의로 연합국 군대에 적대적인 행위를 하는 자는, 점령군의 군사법정에서 사형 또는 그 법정이 결정하는 그 밖의 형벌에 처해질 것이다.

1945년 9월 7일
일본어 橫浜(요코하마)
태평양 미국육군 최고지휘관
미국육군 대장 더글러스 맥아더"

맥아더 사령관이 조선 주민에게 내린 포고령은 대충 이렇다. 먼저 "본관 휘하의 〈승전군〉은 오늘 북위 38도선 이남의 조선 지역을 점령한다" 하고서, "북위 38도선 이남의 조선영토와 조선인민에 대한 최고 통치권은 당분간 나에게 있다." "점령군에 대한 반항 행위나 질서 교란 행위는 가차 없이 엄벌에 처하겠다." "조선인은 모든 명령에 복종해야 하며, 그렇지 않으면 엄벌을 피하지 못한다."라고 했다. 점령군이 패전국 국민에게 보내는 경고문과 조금도 다르지 않다. 포고문 어디에도 조선의 해방을 축하한다는 말이 없다. 대신 〈조선인의 노예화된 사실을 기피 불상히 생각하여, 조만간 해방 독립시켜줄 터이니 명령에 절대복종하라〉고 했다. 점령군이란 사실을 거듭거듭 강조함으로써, 조선을 해방시키기 위하여 조선에 오는 것이 아니라, 일본 대신 조선을 점령하기 위해 들어온다는 사실을 분명히 밝히고 있다.

맥아더 사령관에게 조선이란 것은, 단지, 대일 승전의 전리품 중 하나일 뿐이었다. 이 보다 조금 앞선 1945년 8월 25일, 소련군 사령관 치스차코프도 포고문을 내었다.

소련군사령관 치스차코프도 포고문

〈조선인민들에게〉

조선인민들이여. 붉은 군대와 연합국 군대들은 조선에서 일본 략탈자들을 구축했다.

조선은 자유국이 되었다. 그러나 이것은 오직 신조선 역사의 첫 페이지가 될 뿐이다.

화려한 과수원은 사람의 노력과 고려의 결과이다.

이와 같이 조선의 행복도 조선인민이 영웅적으로 투쟁하며 꾸준히 노력하여야만 달성할 수 있다.

일제의 통치하에 살던 고통의 시일을 추억하자! 담위에 놓인 돌멩이까지도 괴로운 노력과 피땀에 대하여 말하지 않는가? 당신들은 누구를 위하여 일하였는가?

왜놈들이 고대광실에서 호의호식하며 조선 사람들을 멸시하며 조선의 풍속과 문화를 모욕한 것을 당신들이 잘 안다. 이러한 노예적 과거는 다시 돌아오지 않을 것이다. 진저리나는 악몽과 같은 그 과거는 영원히 없어져 버렸다.

조선인민들이여! 기억하라! 행복은 당신의 수중에 있다.

당신들은 자유와 독립을 찾았다. 이제는 모든 것이 당신들에게 달렸다.

붉은 군대는 조선인민이 자유롭게 창조적 노력에 착수할만한 모든 조건을 만들어 놓았다. 조선인민은 반드시 스스로 자기 행복을 창조하는 자가 되어야 할 것이다. 공장, 제조소 및 공작소 주인들과 상업가 또는 기업가들이여! 왜놈들이 파괴한 공장과 제조소를 회복시켜라!

새 생산 기업체를 개시하라! 붉은 군대 사령부는 모든 조선 기업소들의 재산을 보호하며 그 기업소들의 정상적 작업을 보장하기 위하여 백방으로 원조할 것이다.

조선노동자들이여! 노력에서의 영웅심과 창조적 노료(력)을 발휘하라!

조선 사람의 훌륭한 민족성중의 하나인 노력에 대한 애착심을 발휘하라!

진정한 사업으로서 조선의 경제적 및 문화적 발전에 대하여 고려하는 자라야만

모국 조선의 애국자가 되며 충실한 조선 사람이 된다.

해방된 조선 인민 만세 !!!

붉은 군대사령부.

조선의 해방을 축하하고 열심히 재건하라고 할 뿐, 엄벌에 처한다는 말은 없다.

2 해방군과 점령군

맥아더 포고령 발포 다음 날, 제10군에서 극동군사령부로 넘어간 미국 육군 제24군단이, 제7함대 군함 타고, 인천항에 들어왔다. 사령관 하지 중장은, 일본군이 보내준 배를 타고 상륙하면서, 조선인공 환영 사절이, 조선 국민을 대표하여 드리는 환영 꽃다발을 거절했다. 아침 일찍부터 〈해방의 은인〉을 마중 나온 수많은 조선인들을 거들떠도 보지 않았을 뿐 아니라, 환영 나온 사람 여러 명이, 경호 나온 일본군 총에 맞아 죽는 것조차 못 본 체 했다.

왜 이렇게도 매정하게 굴까? 해방군이 아니라, 패전국 식민지를 점령하러 오는 점령군이란 것을 행동으로 보여주는 것일까? 19세기 말, 미서전쟁에 승리한 미군을 환영 나간 쿠바와 필리핀인은, 총 맞아 죽지 않았다. 즐겁게, 손 흔들며, 점령한 쿠바와 필리핀조차 식민지화한 미국이, 총 쏘아 사람까지 죽이면서 점령한 조선을 해방시켜줄 생각이 있기나 할까? 제1차 세계대전에 승리한 연합국 군인이, 패전국 터키 식민지인 〈미개한 야만인의 땅〉 중동과 아프리카를, 종족 종교 지형을 무시하고, 자기들 입맛대로, 게걸스레 찢어 점령하던 정경과 조금도 다를 바 없다. 분위기가 심상치 않다. 두 차례나 비행기에서 뿌린 포고령이 단순한 경고만이 아닌 것 같다. 그 많은 군대가 수만리 떨어진 패전국 식민지에 황급히 달려온 것은, 미개한 조선을 일본 대신, 〈근대화〉 하기 위한 것이 분명한 것 같다.

9월 6일. 경기도 경성(서울)에 진주한 미군은, 조선총독과 조선군 사령관으로부터 항복을 받았다. 조선의 전국인민대표자대회가 〈조선인민공화국〉을 수립하여 자주독립을 선포한 3일 뒤다. 조선총독부 청사에 걸렸던 일본 국기 대신 미국 국기가 높이 휘날렸다. 조선이 해방된 지, 정확히 말하면 태평양전쟁이 끝난 지, 거의 한 달이나 지나서야, 미국이 일본 제국주의 식민지 조선을 접수했다. 이제야 공식적으로 일본제국이 조선에서 패전했다. 동시에 일제 식민 정치가 끝나고 미국의 점령지 지배가 시작되었다.

조선총독으로부터 통치권을 넘겨받은 재조선미국육군사령관 하지는, 9월 11일, 맥아더 포고령 제1호에 따른 〈군사정치〉를 선포하고, 육군 소장 아놀드를 조선군정장관으로 임명했다. 조선총독부 미국 총독인 셈이다. 15일에는, 항복문서 제5조에 따라 "일본인 문무관은 연합군 사령관에 의하여 면직되지 않는 한 현직에 유임하면서 직무를 수행하라"라고 명령하여, 정부와 공공단체, 공공사업에 종사하는 직. 용원을 모두 유임시켰다. 며칠 뒤, 맥아더의 핀잔을 듣고서야, 조선총독, 정무총감, 경무총감과 국장들을 해임하고, 미국 헌병사령관 쉬크 준장을 조선총독부 경무총감 격인 경무국장에 임명하고, 정무총감에 해리스 준장, 학무국장에 로카드 대위 등, 미국군 장교 109명을 군정 요원으로 임명했다. 해임된 총독부 고위관리들은 모두 고문으로 다시 모시고, 치안유지 명목으로 조선총독부 경찰을 다시 불러들여 치안을 맡기고(9월 21일), 건준 치안대의 경찰권 행사를 금지했다.

조선에 대한 지식도 행정경험도 없는 미국으로서는 최선의 방법이었을지 모른다. 하지만 해방된 조인인에게는 더 없는 모욕이다. 미국이 조선에 대해 무식하다는 것을 안 일본인들은, 미국 군인 대신 일본인이, 다시 조선을 통치하게 해달라고 끈질기게 요청했다. 흉악한 1급 전범들조차 〈조선의 일본재식민화〉를 여러 차례 청원했다. 그중에는 A급 전범 극우 정치인 고다마 요시오(兒玉 譽士夫)와 사사카와 료이치(笹川 良一)도 들어 있었다.[주-2]

---

2. 해방 뒤, 미국 정부에 일본의 재 식민화를 청원한 일급 전범 중 하나인 사사카와 료이치(笹川良一)는, 경정으로 번 떼돈으로 일본 극우파의 이익을 전파하는 〈사사카와재단〉을 설립하고, 〈일본재단〉(Nippon Foundatjon)으로 이름을 바꾼 뒤, 한국 연세대학교 〈아시아 연구기금〉에 막대한 자금(100억 원 설)을 투입하는 등으로, 한국과 "돈독한 우의"를 다졌다. 그 공로로 박정희 정부는, 1976년 외국인에게 주는 최고훈장인 〈수교훈장 광화장〉을 수여하여 '오랜 세월'에 걸친 뜨거운 〈한국사랑〉을 기렸다.

조선주둔군사령관 하지는, 일본의 항복을 받은 이틀 뒤 가진 기자회견에서,

1) 현재는 잠정적 방편으로서 현존하는 조선의 행정기관을 이용하려 한다.

2) 조선 주민에게 고한다는 제1호, 제2호에 정부 공공단체 급 기타의 명예직원 급 고 용인 및 공익사업 공중위생을 포함한 온갖 공공사업에 종사하는 직원 고용인 은, --- 별명이 있을 때가지 그의 정상기능과 의무를 실행하고 모든 기록과 재산 을 보존 보호 하여야 한다는 조목이 있다. 여러분은 특히 이 점에 유의하여 범사 를 여행해 나가도록 하여야겠다.

3) 조선사람 사이에 알륵이라던가 반란이 생겨 치안을 교란하는 사람이 있으면 이 는 곧 조선독립을 방해하는 자인 것이다.

4) 미군은 조선 사람의 사상과 의사 발표에 간섭도 안 하고 방해도 안 할 것이며, 출 판에 대하여 검열 같은 것을 하려 하지도 않는다.

　이은 기자들과의 일문일답에서는,

5) 일본 경찰이 악질적인 것을 나도 잘 알고 있고 그 경찰 대책을 연구 중이다. -- 기 왕의 경찰은 압제와 악정의 표본이었으므로 우리는 곧 이것을 개편하려 한다."

　조선인의 자주적 정치력을 철저히 무시하고, 일제가 만든 식민지 착취 도구를 그냥 그대로 승계하겠다는 말이다. 해방이란 것은, 식민지 지배에서 벗어나는 것인데, 바 로 그 식민지 지배체제를 그대로 계승한다는 것은, 또 다른 식민지 지배라는 치욕을 안겨주는 폭행이 아닐 수 없다. 아무리 잠정적이라 하더라도 있을 수 없고, 있어서는 안 되는 횡포다.

　소련은 그렇게 하지 않았다. 일본군을 무장해제하자마자 일제 관리들을 모조리 쫓 아내고, 곧바로 〈건국준비위원회〉에 행정권을 넘겨주었다. 그러나 미국은, 남조선의 인민위원회에 행정권을 넘겨주지 않았다. 오히려 인공을 "소련이 북한에 세운 공산 주의 인민위원회의 남쪽 지부"라 욕하고, "소련영사관을 통하여 조종되고 있다"는 어

처구니없는 비난을 퍼붓고, 여운형을 〈철저히 의식화된 코민테른 공산주의자〉라 꾸짖었다.

미국은 조선총독부를 계승하는 군사정부를 만들어 〈직접 지배〉한 반면, 소련은 조선총독부를 없애고 조선인의 인민위원회를 통하여 〈간접 지배〉했다. 군사정부 같은 건 아예 만들지 않았다. 미국이 남조선의 인민위원회를 무시했던 것은 인민위원회의 좌편향성 때문만이 아니었다. 보다 근본적 이유는 미국의 대외정책기조이었다. 미국은 독립이래, 단 한 차례도, 점령지의 독립운동을 용인한 일이 없었다. 조선인의 어떤 정치조직에도 행정권을 넘겨주려 하지 않은 것은 바로 이 제국주의적 대외정책이 주된 원인이었을 것이다.

더욱 억울한 것은, 미국이 〈격멸한〉 일본은, 일본인의 정부를 통하여 〈간접통치〉 하면서, 일본으로부터 〈해방된〉 조선은, 군사정부를 만들어 〈직접지배〉한 처사다. 자유민주주의를 자랑하는 미국이, 어떻게 해방된 국민에게 군국주의 패전국보다 못한 치욕적인 대우를 한단 말인가? 50여 년 전 필리핀의 악몽이 떠오른다. 필리핀은, 미서전쟁이 나기 전에 〈독립선언〉을 하고, 독립국가로서 식민제국 스페인과 싸우고 있었다. 그러나 미국은, 필리핀을 점령하자마자, 가차 없이 군사정치를 감행했다. 필리핀인에게 독립은 그림의 떡이었다.

미국이 조선을 직접 지배하는 데는 조선총독부 관리들의 공도 컸다. 조선에 진주하기 전부터 조선총독부와 교감하여, 총독부가 제공하는 정보를 깊이 믿고 있던 미국은, 점령 절차가 끝나자마자, 조선총독부 일인 고관들을 군정 고문으로 정중히 모셔, 조선인 통치기법에 대한 조언을 구했다. 일제관리들은, 이에 대한 보답으로, 350여 권이나 되는 방대한 비망록을 작성하여 미군정에 바쳤다. 조선인을 능멸하고 무시하는 일본인들이 만든 보고서가 조선인에게 유리할 리 없다. 조선인을 비하하는 악의적인 정보란 것은 말할 필요도 없지만, 보고서의 건의사항이, 예상한 것보다, 훨씬 더 간악하고 비열한 것이었다.

1) 조선의 민도는 극히 낮고 야만적인 상태에 놓여있다.

2) 정치세력은 사회주의자와 민족주의자인데, 사회주의자는 소련의 지령을 받고 있다.

3) 조선을 통치하려면 일본의 조선총독부 관료체제의 도움이 필요하다.

더욱 가증스러운 것은, 항일 독립투사들에 대해서는 없는 욕까지 지어낸 반면, 친일파 민족반역자들을 〈민족주의자〉로 극구 칭송했다는 사실이다. 눈의 가시 같은 여운형을, 친일파로 조작하면서까지 건준을 비난한 악의가 더욱 돋보였다. 조선을 식민지로 지배하던 교활한 일제 고관이, 일제에 맞선 항일 독립투사를 좋아할 리 없으며, 반대로 일제에 충성을 다 바친 친일파 민족반역자를 상찬 하지 않을 리 없다. 일본인은 쫓겨 가는 순간까지도 조선인을 능멸하고 비하하여, 조선의 독립을 방해했을 뿐만 아니라, 왜곡된 정보로 미국과 조선인 사이를 이간질했다. 일본인이 간사하고 교활한 〈왜놈〉이라고 불리는 이유를 알만 했다.

3 미국조선군사정부

미국의 군사정치는 이렇게 시작되었다. 최고 통치자인 재조선미국육군사령부 사령관이, 미군 고위 장교들을 조선군정장관을 비롯한 요직에 임명하고, 총독부 조선인 관리를 모두 다시 불러들여, 조선인 지배력이 탁월한 조선총독부 고관들 지도하에, 새로운 남조선 통치기구를 만들었다. 미국은, 해방을 기뻐하는 조선인이 아니라, 무조건 항복한 일제 총독부 관리들을 다시 모시고, 남조선의 지배를 시작했으며, 그렇게 급조한 통치기구를 〈재조선미합중국육군사령부군정청〉 약칭 〈미국군정청〉이라 불렀다.(9월 19일). 글자대로는 〈재조선미합중국육군군사정부(United States Army Military Government in Korea, USAMGIK)다.

그리고는 이것만이 〈미국에 의한, 조선인을 위한, 조선의〉 공식 정부, 곧 남조선 합법정부라고 선언했다. 미국 군인이 명령하고 조선총독부 관리들이 그 명령을 집행하는 미일 합작 정부가, 해방된 조선에 들어선 최초의 공식 조선 정부, 곧 재조선 미국 군사정부였다.

우리 망명정부인 〈대한민국 임시정부〉와, 국내에서 자주적으로 수립된 〈조선인민공화국〉은 모두 허공에 떴다. 제2차 세계대전 종전 직전까지, 우리 독립운동을 도와준 일이 단 한 번도 없는 식민제국인 미국이, 강경 민족주의 집단인 임정을 좋아할 리 없으며, 반공 주도국 미국이 좌경적인 인공을 용납할 리 없다. 미국의 반공주의자들, 특히 극동 지배자 맥아더의 의중 인물인 이승만이, 인공 대신 임정을 우리 정부로 지지해줄 것을 국민에게 호소하여, 오히려, 임정의 위상마저 해쳤을 뿐이었다. 원래 점령지의 통치체제는, 점령국이 스스로 결정하기 마련이다. 그것이 예나 지금이나 정복자가 누리는 변함없는 특권이다.

조선을 점령한 미국은, 처음부터, 우리 망명정부든 국내 임시정부든 간에, 조선인이 만든 정부를 인정할 마음이 전혀 없었다. 그럴만한 이유가 없는 것은 아니다. 우선, 조선에는 미국이 믿을만한 망명정부가 없었다. 여러 망명정부 중 유일하게 살아남은 중경임시정부조차, 중화민국 말고는, 어떤 연합국의 인정도 받지 못한 망명단체였다. 또 설사 임정이 조선독립운동의 구심점이었다 하더라도 미국이 신뢰할 수 있는 도구가 될 수는 없었다. 임정을 이끄는 투사들은, 좌우 가릴 것 없이, 모두 일제에 저항하여 투쟁하는 골수 민족주의자였다. 미국의 점령지 정책에 순종하지 않을 가능성이 매우 높았다.

건준은 아예 무시했다. 토착민 조직이 크면 클수록 점령지 지배에 장애가 된다는 사실을 미국은 중남미와 필리핀의 식민지 통치를 통해 경험했다. 뿐만 아니다. 자고로 점령지 자주세력을 없애는 것이 점령국의 공통적 행태이며, 또 그것이 강대국의 당연한 권리였다. 제국주의란 말이 그래서 나왔다. 조선이라고 다를 리 없다. 미국 국익을 극대화할 수 있는 친미정부 수립을 설계하고 온 미국이, 더욱이 쿠바와 필리핀 등지에서 독립투쟁 세력을 소탕한 경험이 있는 미국이, 자기 뜻과 다른 원주민 정치세력에게 통치권을 넘겨줄 리 없다.

미군정은, 마침내, 14일의 정례 기자회견에서 "일제 경찰을 존속시키고 조선인의 자율적 치안조직을 금지하겠다"라고 공포하여, 건준 산하 치안대 등 조선인의 자생적 치안조직이 가지고 있던 뒷골목 치안유지권마저 모두 빼앗아, 조선총독부 경찰에 넘겨주었다. 하지 사령관이 "악질적인 일본 경찰에 대한 대책을 연구 중"이라고 말한 사흘 뒤다. 스스로 악질적이라고 욕한 지 겨우 사흘 만에, 바로 그 악질 경찰을 재 등용했다. 이제 모든 상황이 일제강점기로 되돌아간 거나 다를 바 없이 되었다.

드디어 10월 10일 조선군정장관 아놀드는, 인공을 〈괴뢰극의 막후에서 조종하는 사기꾼〉이라 비난하면서 인공을 모욕하는 성명을 내었다.
"북위 38도 이남의 조선에는 오직 한 정부만이 있을 뿐이다. 이 정부는 맥아더원수의 포고와 하지 중장의 정령과 아놀드 소장의 행정령에 의하여 정당히 수립된 것이다. 아놀드 군정장관과 군정관들이 엄선하고 감독하는 조선인으로 조직된 정부로서 행정 각 방면에 있어서 절대의 지배력과 권위를 가지었다."

잇따라 최고 통치자 하지가, 인공을, 조선 독립을 방해하는 단체라고 비난했다.
"군정청이라는 것은 일본의 통치로부터 인민의 인민을 위한 인민에 의한 민주주의 정부를 수립하기까지의 과도기간에 38도선 이남의 조선 지역을 통치, 지도, 지배하는 연합군 최고사령관 지도하에 미국군으로 설립된 임시정부이다.-- 미국 군사정부는 남부 조선에 있어서 유일한 정부다. -- 조선 국민이 군정의 법령에 순응치 않거나 또는 협력을 게을리 함은 오직 국가의 완전 독립의 시일을 지연시키며,--고의로 군정을 훼상하는 원인을 만들 뿐이다.--정부의 각계급을 통하여 일본 급 친일관리는 우수한 조선인으로 가급적 속히 경질되어가고 있는 중이다.--남조선은 언론의 자유사상의 자유에서 자유롭게 되어 있다. 정치를 비밀로나 공연히 반대하는 단체가 있는 모양인데 자기 국가를 우려하는 선량한 조선인이라고 할 수 없다.-- 이러한 단체를 지지하거나 찬성하지 말 것이다."

탄압 신호탄이 터지자마자, 미국군 CIC가 즉시 행동을 개시하여, 느닷없이 조선인 민공화국 중앙인민위원회를 강제 수색했다. 이 한 방으로 끝났다. 국내에서 일제와 싸운 독립투사들이 우리 힘으로 〈자주민주국가〉를 세우려던 노력은 물거품이 되고 말았다. 배달민족의 운명은 또다시 외국 점령군 손으로 넘어가, 배달민족의 뿌리 깊은 종속 의식이 다시 고개 들게 되었다. 자주, 독립, 민족주의, 민주주의라는 이념을 앞세운 정치세력들이, 내 민주주의, 내 민족주의만이 진정한 민주주의라고 기 올리며 이전투구하게 되었다.

그러나 그 이념이나 주의란 것은, 사실 권력을 잡기 위한 겉치레 간판일 뿐이다. 이 상이나 이념이나 주의나 명분이야 어떤 것이든 간에, 조선을 점령한 점령군의 마음을 사로잡는 자가 이기게 되어있다. 어떤 수단 방법으로든지 간에, 일제 대신, 조선을 점령한 미, 소 두 강대국의 간택을 받는 자만이, 새 나라의 권력을 움켜쥘 수 있는 세상이 왔다. 자주나 민족이 안중에 없는 점령국이, 과거의 반역 행적에 신경 쓸 리 없다. 역겨운 숙명적인 사대주의가 〈하느님이 보우하사〉 찬란한 반만년 역사를 자랑하는 배달민족에게 강림했다. 우리를 해방시켜준 고마운 미국(美國)의 아름다운 모습이 서서히 안갯속으로 일그러져 갔다.

조선은 해방되었다. 하지만 달라진 것이 없다. 통치자가 일본인에서 미국인으로 바뀐 것뿐이다. 일제 조선총독부 관리가 그대로 제자리를 차고앉아 거드름을 피우고, 일제 문화가 그대로 살아있고, 친일행적이 명예로운 경력으로 존중되는데, 무엇이 달라졌단 말인가? 청산되어야 할 사람이 청산하는 자리를 차고앉아있는 판에, 누가 누구의 죄를 물으며, 무엇을 청산한단 말인가? 무엇이 친일이며, 무엇이 반역이란 말인가?

식민지 잔재 청산이란 말은 입 밖에도 꺼낼 수 없는 세상이 되었다. 일제 잔재를 청산하려던 독립투사들이 도리어 청산당할 처지로 내몰렸다. 거짓부리 해방이란 말이 조용히 번져 나갔다. 〈거짓부리 해방에 아버지는 다시 가고 -- 보리밥 풋나물에 배고픈 아이들〉

4 미군정 조선총독부 관리

미국군정청 관료기구는 조선총독부 관료체계 그대로다. 조선총독부 관리들이 다시 제자리를 차고앉았다. 더러는 최소한의 가책이라도 있었다. 지난날의 친일행적이 부끄러워 근신하던 중, 미군정 부름을 받자 조국을 위해 헌신하라는 소명으로 알고, "민족에 대한 속죄 기회로 생각하여 관직에 복귀했다"라고 했다.(중앙일보, 남기고 싶은 이야기들, 홍진기 편에서).

그러나 대다수 관리는 최소한의 죄책감조차 없었다. 오히려 새로운 나라를 건설하려면, 반드시 자기 같은, 학식과 경험을 겸비한 유능한 인재를 등용하지 않을 수 없을 것이라고 자만했다. 관리란 '직업'일 뿐인데 무슨 잘못이 있느냐고 항변하는 자들도 많았다. 법에 규정된 업무를 성심껏 집행하여 국가에 봉공하는 것이 관리의 본분이며, 그것이 곧 애국인데, 친일이 어디 있고 친미가 어디 있단 말인가? 친일파들의 이런 기고만장한 속내는, 고귀한 일본귀족원의원인 민족주의자 윤치호의 일기에 잘 나타나 있다.

"친일파라고 규탄되고 배척된 사람 중에는 유용하고 유능하게 쓰여질 사람들이 많다. 그런데 이들 독선적인 규탄자들은 누구인가? 그들은 대부분 1945년 8월 15일 정오까지도 동방요배를 하고 '황국신민의 선서'를 외우고 '천황폐하 만세'를 부르짖던 자들이 아니었던가?--진실로 친일파였다고 낙인을 찍는 것은 우스운 일이다. 34년간의 일본 합병 하에서 한국의 위치는 무엇이었는가? 독립왕국? 아니오. 그것은 일본의 일부분이었다. -- 국내에 살 수밖에 없는 우리로서는 일본의 신민으로 그들의 요구와 지령이 전횡적이라 하더라도 순종할 수밖에 없었던 것이 아닌가? 우리의 아들들을 전쟁터로 보내고, 우리의 딸들을 공장으로 보내라고 요구하였을 때 거절할 수 있었단 말인가? 그러므로 일본 통치하에서 일본 신민으로서 어느 누가 한 소행을 비난한다는 것은 넌센스다.- 한인들이 민주주의 정부를 운영한다고 떠드는 이야기를 들을 때나는 여섯 살 먹은 어린애가 자동차를 운전하고 비행기를 조종한다는 이야기를 듣는 것과 같이 느껴진다.--자칭 한국의 구세주들과 으스대는 그들의 추종자들이 마치 저들 자신의 힘과 용기로 일본 제국주의에서 한국을 구출한 것처럼 도처에서 큰 소리를 치고 있는 것은 참으로 웃기는 일이다. 저들은 너무나 어리석지 않으면 너무나 후안무치다. 아마 양쪽 모두일 것이다.-- 이들 큰소리치는 자들은 우화에 나오는 어리석은 파리와 같은 말을 지껄이고 있다. 이놈의 파리는 수레에 붙어있으면서 제가 수레바퀴를 움직이고 있다고 떠벌리고 있었다는 것이다. 우리는 별들을 향하여 솔직하게 해방은 선물이었다고 인정하고 감사하자. 겸허와 감사로 이 선물을 다시 찾은 진주처럼 받들자. 그리고 다시는 잃지 않도록 최선을 다하자. 우리는 모든 개개인의 야심과 파당적 음모와 증오를 침몰시키고 우리의 고통받고 있는 조국을 위하여 합심 노력하자. 한국은 그 지리상의 위치로 보아, 또 무지 한 대중과 당파싸움으로 보아, 그 미래가 장미의 빛깔이 되지 못한다. 흩어지면 죽을지 니 일심 단합하자." (윤치호, 1945년 10월 20일 일기에서)

민족에 대한 죄의식이라고는 티끌만큼도 없다. 오히려 무지몽매한 한국인을 나무란다. 자랑스러운 대한민국 〈애국가〉의 작사자다운 철저한 〈황국사관 민족주의자〉다.

미국으로부터 조선총독 직을 파면당한 대일본제국 마지막 조선총독 〈아베〉는, 이러한 일이 벌어질 것을 이미 예측하고 있었다. 조선 땅을 떠나면서 이렇게 말했다.

"우리는 패했지만 조선은 승리한 것이 아니다. 장담컨대 조선인이 제정신을 차리고 찬란하고 위대했던 옛 조선의 영광을 되찾으려면 100년이란 세월이 훨씬 더 걸릴 것이다. 우리 일본은 조선인에게 총과 대포보다 더 무서운 식민교육을 심어놓았다. 결국은 서로 이간질하며 노예적 삶을 살 것이다. 보라, 실로 조선은 위대했고 찬란했지만 현재 조선은 결국 식민교육의 노예로 전락할 것이다. 그리고 나, '아베 노부유끼'는 다시 돌아온다."

〈조선인은 앞으로 백 년 넘게 서로 물고 뜯는 식민지 노예에서 벗어날 수 없다〉는 소름 끼치는 저주가 현실로 다가오고 있었다. 일본인 관리들은 아베가 떠난 뒤에도 계속 남아, 미군정 행정체계를 정비한 뒤, 다음 해 1월 말에야 돌아갔다. 그들이 공들여 닦아놓은 〈벼슬자리〉는 그들의 부하였던 옛 조선총독부 조선인 관리들이 차질 없이 물려받았다.

미국의 접령지 정책

1 미국과 식민지

미국의 대외정책 맥락으로 볼 때, 미국은, 조선의 즉시독립이나 자주독립 같은 것은, 아예 처음부터 전혀 고려하지 않았던 것이 분명했다. 1945년 9월 11일에 있은 조선주둔군사령관 하지의 첫 기자회견만 보더라도 미국의 본뜻을 능히 짐작할 수 있다.

"카이로 회담에서 작정한 것으로 말하면, '조선의 독립'은 곧 되는 것이 아니고, 당분간 어느 정도의 시간을 거쳐 적당한 시기가 도래한 후에 라야 될 것이다."

솔직하게 〈즉시 독립시켜줄 생각이 없다〉고 했다. 사실 미국은 역사상 이 날 이때까지, 힘으로 빼앗거나 돈으로 산 다른 나라나 다른 민족의 영토를, 〈곱게〉 되돌려주거나 독립시켜 준 적이, 단 한 번도 없었다. 더구나 완전한 독립국가를, 사실상의 식민지로 지배하다가, 편입시킨 하와이 같은 경우까지 있다. 그 뒤에도 마찬가지다. 점령한 해외 영토를, 불완전하게나마라도, 또 몇 년 내에라도, 독립시켜준 일은 단 한 차례도 없었다.

미국이 제국주의 대열에 합류한 것은 19세기 말이다. 그전까지는 남의 땅을 돈 주고 사거나, 이웃 나라 땅을 힘으로 빼앗거나, 하와이같이 강제 합병하는 방식으로 영토를 확장했다. 텍사스를 제외한 모든 영토를, 명목적 보상금을 조금씩 안겨주고, 〈합법적으로〉 편입했다. 이렇게 북중미의 통일이 완성되어, 국토가 대서양에서 태평양까지 이르는 세계 최대 공업국가로 성장하자, 해외 영토에 대한 제국주의적 욕구가 발동했다.

그러나 이때쯤에는, 유럽제국이 전 세계 식민지를 모두 차지하고 있어, 거의 발 들일 틈이 없었다. 유일하게 남은 극동지역마저 유럽제국의 기세에 밀려 노심초사하고 있을 때, 천재일우의 호기가 왔다. 19세기 말. 쿠바와 필리핀에서, 스페인에 대한 민족해방전쟁이 터졌다. 스페인은, 가장 먼저 바다로 뻗어나가, 세계 최대 식민제국이 되었지만, 이제는 해외 식민지를 거의 다 잃어버렸다. 쿠바와 푸에르토리코 등을 제외한, 중남미 대륙 식민지 거의 모두가 독립해 버렸다. 중남미 식민지인들이 스페인에 대하여 독립투쟁할 때, 미국은 그들의 독립을 도와주었다. 군대를 보내 직접 도운 것이 아니라, 엄포를 놓아, 간접적으로 도왔다.

이른바 '먼로 닥트린'이라는 〈범미주주의(Pan-Americanism)〉를 내세워, 유럽식민제국은, 더 이상 현지인 독립운동에 간섭하지 말라고 공갈했다. 중남미 국가들이 독립을 쟁취할 때, 미국은 단지 이 간접적 협박밖에는 한 것이 없다. 그런데도 미국은 모든 중남미 국가의 보호국임을 자처하면서, 미국의 경제적 지배력이 조금이라도 손

상되면, 가차 없이, 군대를 보내어 군사정치하는 것도 불사했다. 독립을 도와준 공로 치고는 지나친 보상을 요구했다.

1898년, 아직도 스페인 식민지로 남아있던 쿠바와 필리핀에서 독립운동이 거세어 지자, 미국은 이 기회를 놓치지 않았다. 쿠바에서 제2차 독립운동이 한창이든 1898년 2월 15일, 아바나항에 정박해 있던 미국군함이 갑자기 폭발하여 가라앉았다. 스페인은, 깜짝 놀라 자기들과는 전혀 상관없는 일이라고 해명하는 한편, 개입 빌미를 주지 않기 위해, 쿠바독립군과의 휴전을 선포하고, 자치정부 수립을 허용하는 조치를 취했다. 그러나 미국은 강경했다.

미국 의회는, 4월 20일 〈텔러수정법〉(Teller amendmemt)을 의결하여, 스페인에게 쿠바를 즉시독립시켜주고 즉시 철수하라 요구하고, 스페인군 철수를 감시하기 위한 무력사용권을, 미국대통령에게 부여했다. 동시에 〈쿠바를 합병할 의향이 전혀 없다〉고 명시하여, 오직 쿠바의 독립 지원만을 하겠다는 뜻을 분명히 밝혔다. 쿠바인에게는 고맙기 그지없는 선심이지만, 스페인에게는 참을 수 없는 치욕적 내정간섭이다. 스페인은 부득이 1898년 4월 24일 선전 포고했다. 〈스페인-미국전쟁〉(미스전쟁)은 이렇게 시작되었다.

스페인은 이미 국력이 쇠락하여 식민지 독립군과의 싸움에도 힘이 부칠 때라, 신흥 공업강국 미국의 상대가 될 수 없었다. 4개월도 안 되어 〈파리강화조약〉을 맺어(12월 10일), 2,000만$에, 남은 해외 영토 중, 쿠바, 푸에르토리코 등 서인도제도, 필리핀, 괌 등 태평양 섬들을 미국에 내어주고, 쿠바 독립도 승인했다. 쿠바는 오랜 투쟁 끝에 드디어 독립을 쟁취했다.

필리핀은, 1896년 6월 12일에 독립선언을 하고, 독립국가로서 미군과 함께 스페인과 싸웠다. 그리고 미국 덕에 이겼다. 오직 쿠바를 독립시켜 주려는 정의로운 〈기사정신〉으로 스페인과의 전쟁을 불사한 미국은, 드디어 스페인을 굴복시켜, 쿠바 독립을 승인받고, 동시에 필리핀도 해방시켰다. 쿠바와 필리핀은, 이제 스페인 식민지에서 해방되어, 당당한 독립국가가 되었다. 모두 〈정의의 사도〉 미국 덕이다. 미국의 숭고한 정의심을 드높이 칭송했다.

그러나 전쟁이 끝나자, 갑자기, 사정이 확 달라졌다. 먼저, 쿠바에서는, 전쟁이 끝나자마자, 미국이 〈3년간 군사정치〉를 선언했다. 즉시 독립시켜준 것이 아니라, 3년 동안, 직접 군정을 실시했다. 3년이 지난 1901년에야 비로소, 미국 의회가 〈쿠바공화국헌법〉을 만들어주고, 그 헌법에 따라 〈쿠바공화국〉 정부가 수립된 1902년 5월 20일에야, 군대를 철수했다.

그제야 겨우 독립했다. 그러나 그 독립은, 명목일 뿐, 실제로는 식민지와 조금도 다름이 없었다. 미국 의회가 제정한 텔러수정법과 〈프래트수정법〉(Platt amendment)이라는 두 가지 〈미국 법률〉 때문이다. 프래트수정법은, 1901년 2월에 만든 〈쿠바공화국헌법〉에 추가한 〈헌법수정조항〉, 즉 〈쿠바는 미합중국의 내정간섭을 받아들이고 미국의 군사기지 설치를 허용해야 한다〉는 조항이다. 이 법으로 미국은, 쿠바 영토 내에 군사기지를 설치하여 군인을 주둔시키면서, 언제라도, 쿠바의 독립과 안전에 개입할 수 있는 권리를 갖게 되었다. 게다가 미국은 이미 텔러수정법으로, 〈쿠바 법률통제권〉을 가지고 있어, 〈쿠바의 독립과 안전, 그리고 법률〉은, 미국이, 언제나 책임지고, 보장해 주게 되었다.

미국은 실제로 이 쿠바 헌법 수정법에 따른 헌법적 의무를 〈충실히〉 수행했다. 먼저, 1903년에 〈관타나모해군기지〉를 1999년까지 96년간 빌려, 미국 군인을 주둔시켰다. 다음, 1906-1909년, 1917년, 1921년에, 세 차례에 걸쳐, 쿠바공화국의 내정에 무력 간섭하여, 합법적인 정부를 쫓아내고, 군정을 실시했다. 미국의 이익을 충실히 보호하지 않는다는 구실만으로, 쿠바 국민이 직접 뽑은 독립국 정부를 세 번이나 쫓아내고, 상당기간 직접 지배한 뒤에야, 충실한 괴뢰정부를 세워주고, 철수했다. 1959년 1월 1일, 카스트로 혁명정부가 생길 때까지, 쿠바는 미국이 언제나 내정 간섭할 수 있는 명실상부한 식민지였다.

미국이 카스트로 혁명정부를 무너뜨리기 위해 끊임없이 침공하고, 수백 차례 암살을 시도하고, 상상을 초월하는 지독한 제재를 가하고 있는 것을 보면, 쿠바 식민지를 잃은 미국의 상심이 얼마나 컸던가를 짐작할 수 있다. 관타나모 기지에는, 조차기간인 1999년이 20년도 더 지난 지금도, 미군이 변함없이 그대로 주둔하고 있다. 외국인 강제수용소까지 차려놓았다.

필리핀의 운명도 다를 바 없었다. 미스전쟁 때, 미국군과 함께, 용감히 싸운 필리핀 독립군은, 스페인이 항복하자 하늘 높이 독립만세를 외쳤다. 그러나 그 감격은 금방 사라졌다. 미국이 즉시 〈군사정치〉를 선포했기 때문이다. 쿠바와 달리, 군사정치 기간도 없었다.

파리강화조약으로 방대한 스페인 영토를 단 돈 2,000만$에 빼앗은 미국은, 최초로 손에 넣은 아시아 식민지의 감격적 경영에 착수했다. 독립이 좌절된 필리핀 국민은 분기하여, 또다시 독립투쟁을 벌였다. 구 식민제국 스페인이 아니라, 해방자로 환호하던 신 식민제국 미국에 대한 해방전쟁을 벌였다. 미국은 눈 한번 깜빡하지 않고, 독립군을, 반역자, 야만인 반란군으로 몰아, 무자비하게 토벌했다. 동시에 필리핀을 〈근대화〉하는데 공 들였다. 영어를 공용어로 정하여 문화적 동질화를 추진하고, 가난한 필리핀인들을 물질적으로 〈미국화〉시켰다.

미국은 1905년 7월 29일, 아시아 최대 강국으로 떠오른 신흥 제국주의 일본과 야합하여 〈태프트-가쯔라 조약〉(Katsura-Taft Agreement)을 맺으면서까지, 식민지 필리핀을 지키기 위해 노력했다.

이 조약의 첫 조항은 이렇다.

"필리핀은 〈미국 같은 친일적인 국가〉가 통치하는 것이 일본에 유리하며, 일본은 필리핀에 대하여 어떠한 침략적 의도도 갖지 않는다."

미국은 이토록 필리핀 식민지를 지키려고 애썼다. 필리핀 독립군은, 1906년까지 장장 8년 동안, 수십만 명이 희생되면서 독립투쟁을 계속했지만 실패했다. 독립투쟁을 진압한 미국은, 일본과 또다시 〈루트-다카히라협정(Root-Takahira Agreement)〉을 맺어(1908년 11월 30일), "태평양에서 현상을 유지하고, 상호 간에 〈소유영토〉(territorial possessions)를 존중할 것을 엄숙히 결의한다."라고 서약했다. 이는 곧 〈미국은 조선이 일본의 식민지인 것을, 일본은 필리핀이 미국의 식민지인 것을, 엄숙하게 존중한다.〉는 약속이다. 미국은, 일본으로부터 필리핀 식민지를 인정받는 대가로, 조선인의 목숨을 일본에게 넘겨주기로 맹세했다.

미국이 필리핀을 식민 지배하면서 가장 신경 쓴 나라가 일본이었다. 미국이 후발 제국주의 국가로 등장할 때쯤에는, 아시아를 제외한 세계 모든 지역을 유럽 제국주의 강국들이 선점하고 있었다. 남아있는 아시아지역도, 유럽 강국들의 등쌀에 신음하는 중국과 조선, 그리고 쇠퇴하고 있는 스페인 식민지 필리핀 뿐이었다. 아시아로 눈을 돌린 미국은, 유럽 열강과 함께 중국의 잠식에 동참하는 한편, 스페인으로부터 필리핀을 빼앗아 식민지화했다.

그러나 뒤가 구렸다. 필리핀이 아시아에 있기 때문이다. 중국에는 유럽 제국주의 국가들이 마음대로 찢어가져도 남을만한 충분한 이권이 있어, 러시아의 남진을 막으려는 서유럽 열강에 협조만 하면 된다. 그러나 필리핀은 다르다. 미국이 독식해야 한다. 문제는 필리핀이 아메리카 대륙이 아니라 아시아에 있다는 것이다. 미주지역의 운명은 미주민이 스스로 알아서 할 터이니, 유럽 국가들은 미주지역에 간섭하지 말라고 엄포를 놓은 것이 〈먼로주의〉다. 〈아메리카는 아메리카인의 손에 맡겨라. 유럽인은 관여하지 말라〉는 공갈 협박이다. 이 엄포 한방으로, 미국은 단숨에 남북 미주대륙 모든 국가의 이권을 독차지하는 종주국이 되어, 후발 제국주의 국가로의 지위를 굳힐 수 있었다. 그러나 바로 이것이 문제였다.

미주대륙에 다른 나라들이 간섭하지 말라고 협박한 바로 그 미국이, 미주 아닌 아시아에 있는 필리핀을 식민지로 만들었다. 아시아 신흥강국 일본이 〈아시아는 아시아인에게 맡겨라〉고 엄포를 놓으면 어찌할 것인가? 일본은 중일전쟁에 이겨, 막대한 배상금과 함께 대만과 그 주변 섬들을 빼앗았고, 필리핀은 바로 그 옆에 있다. 게다가 일본은, 중국 동북부에서, 아시아에 간섭하는 '사이비 아시아국가' 러시아의 〈남진흥계〉 저지에 앞장서고 있다. 바로 아시아의 패권을 장악하기 위한 〈아시아인의 아시아정책〉 일환이다.

일본의 본심은 뻔하다. 미국이 미주대륙의 맹주가 된 것처럼, 아시아의 맹주가 되겠다는 가당찮은 야욕이다. 〈대동아공영권〉이란 거대제국 꿈이 바로 그것이다. 이런 일본이 만일, 일본식 〈먼로독트린〉을 내어놓는다면 어쩔 것인가? 미국은 필리핀을 지배하기 위하여 일본과 싸우지 않으면 안 된다. 일본 눈치를 보지 않을 수 없다.

그러던 중 호기가 왔다. 러일전쟁이 교착상태에 빠졌다. 일본은 겁 없이 러시아제국에 덤볐지만 힘이 달렸다. 1904년 2월 8일 여순(뤼순)항 기습 공격으로 시작된 힘든 전투 끝에, 봉천(선양)과 대련(다롄)을 점령하고, 다음 해 5월 27일, 진해만에서 출격하여 조선해협에서 기다리던 연합함대가, 긴 항해에 지친 발틱함대를 쳐부순 것이 절정이었다. 그것으로 힘이 동났다. 동맹국 영국과 미국의 추가 재정지원을 받는다 하더라도, 거대 제국 러시아를 정복할 힘이 없었다. 모스크바 근방까지라도 쳐들어갈 인력도 재력도 없어 진퇴유곡에 빠졌다.

러시아제국 또한 마찬가지였다. 내우외환이 겹쳐 갈피를 못 잡고 허우적거렸다. 얕

잡아본 아시아 미개인 일본에게 연전연패하고, 지원에 나선 세계 최강 발틱함대마저 박살 났다. 비록 남의 땅에서 진 전투이기는 하지만, 타격은 컸다. 정치개혁을 요구하는 줄기찬 인민항쟁이, 대일전쟁 패전 소식을 계기로, 혁명으로 폭발했다. 제1차 러시아혁명이다. 전국적으로 파업이 일어나고, 곳곳에서 혁명군과 무장충돌이 벌어졌다. 혁명 진압만으로도 힘이 겨운 판에, 대외전쟁까지 치를 여력이 있을 리 없다.

이때 구세주로 나선 것이, 일본 최대 우방국인 미국이다. 일본의 요청을 받아들인 미국 대통령 T. 루즈벨트의 적극 주선으로, 〈포츠머스강화조약〉이 체결되어(9월), 러일전쟁이 끝났다. 이 조약으로 일본은 아주 많은 것을 얻었다. 러시아제국으로부터 일본 북쪽의 사하린섬 남반부와 쿠릴제도를 손에 넣고, 주변해역의 어업권도 빼앗았다. 뿐만 아니라 러일전쟁의 주원인인 〈조선의 지배권〉을 국제적으로 공인받고, 중국의 요동(랴오둥)반도를 차지하여 남만주 진출권까지 확보함으로써, 국제적으로 공인된 신흥 식민강국으로 떠올랐다.

포츠머스강화조약 중, 특히 눈길을 끄는 것은, 제2조 〈일본이 조선에 대한 지배권을 가지고 있다는 것을 인정한다〉는 조항이다. 조선과 미국은, 1882년 5월 22일에, 〈조미수호통상조약〉을 맺고 있던, 엄연한 동맹국이다. 조미조약 제1조에, 분명히 〈만약 타국이 불공경모 (不公輕侮)하는 일이 있게 되면--필수상조(相助)하여 잘 조처함으로써 그 우의를 표시한다〉고 했다. 조선이 어려움에 처하면 미국은 반드시 도와주겠다고 약속했다. 그러나 미국은 눈 한번 굴리지 않고, 오히려 조선의 주권을 불공경모한 일본에게 넘기는데 앞장섰다. 미국이 그토록 일본을 극진히 모신 것은, 일본에 대한 각별한 사랑보다는, 오히려, 식민지 필리핀을 지키려는 제국주의적 야욕이 더 컸을 것이다. 그런데도 T. 루즈벨트는, 러일전쟁을 마무리한 공로로, 노벨평화상을 탔다. 일본 덕에 세계 최고 대상까지 받게 되었으니 일본이 고맙기 그지없었을 것이다. 그러나 그 〈빛나는〉 노벨평화상 속에는 조선독립투사들의 원한 맺힌 붉은 피가 한없이 스며있었다. 뿐만 아니다. 조선을 일제식민지로 팔아넘긴 만행을, 세계평화에 대한 기여라고 칭송하는, 국제정치의 아이러니도 함께 깃들어 있었다.

필리핀의 운명은 그 뒤에도 그다지 달라지지 않았다. 미국은 1918년 1월, 자국 대통령 우드로 윌슨이 〈민족자결주의〉를 선언했음에도 불구하고, 자국 식민지 필리핀의 민족자결주의는 가차 없이 탄압했다. 근 40년이나 지난 뒤(1934년)에야, 비로소 미국 의회가 〈필리핀연방 및 독립법〉(Tydings-MacDuffie Act)을 제정하여, 1935년 11월 15일, 미국식 연방제를 본뜬 〈필리핀연방〉(Commonwealth of the Philippines)〉이라는 〈자치국가〉를 만들어 주기로 했다. 그러나 이 법은 앞으로 10년간 더 지도 감독한 뒤, 〈1946년 7월 4일에 독립〉시켜주기로 되어 있어, 식민지배에는 아무런 변함이 없었다. 눈가림용 법만 만들었을 뿐이다. 이마저도, 독립투사 수십만 명의 목숨과 맞바꾼 값비싼 〈자치제〉에 불과했다.

미국은 1942년 1월, 결국 지극정성으로 받들던 일본군에 쫓겨, 정든 필리핀 식민지를 버리고 도망쳤다. 필리핀은 이제 일본식민지가 되었다. 1945년 8월, 미국이 다시 돌아와 다시 군사정치를 실시했다. 1946년에야, 미국의회가 제정한 〈필리핀연방 및 독립법〉에 따라, 미국독립기념일인 7월 4일에 맞추어, 독립을 〈승인〉했다. 근 50년이란 세월이 흘러간 뒤에야, 겨우 미개한 필리핀이 〈근대화〉, 서양화, 미국화 했다고 인정했다. 미국이 스페인으로부터 '사들인' 나머지 땅, 푸에르토리코와 괌 등은 아직도 미국 식민지 그대로 남아있다.

미국은 중남미에서도 미개인들을 극진히 지도 편달했다. 어느 날 갑자기 최초의 흑인독립국 〈아이티〉를 정복하여, 1915년부터 1934년까지, 장장 20년 간 군사통치했으며, "산적 산디노군"에 쫓겨 철수한 뒤에도, 1947년까지 직접 관리했고, 그 뒤에는 친미정권을 세워 간접 관리했다. 〈니카라과〉에서도, 1912년부터, 산적 〈니카라과 국가주권수호군〉에 쫓겨난 1933년까지, 두 차례에 걸쳐 19년간 군대를 주둔시켜 친미정권을 보호했다. 1903년, 운하 팔 욕심만으로 〈콜롬비아〉로부터 〈파나마〉를 강제로 분리 독립시켜, 무력침공을 불사하면서까지, 극진히 보호 감독하고 있다. 미국은 역사상 일단 점령한 영토의 주권을 온전히 회복시켜 준 적이 단 한 번도 없다. 식민지로 지배하다가 먼 뒷날 식민지인의 의식구조가 미국화 했다고 판단될 때에야, 비로소 독립시켜 극진히 〈보호〉했다.

조선이라고 예외일 수 없다. 태프트-가쯔라밀약, 루트-다카히라조약, 포츠머스조약, 그리고 제2차 세계대전이 끝나지 직전 F. 루즈벨트 대통령이 한 일들로 미루어 보면, 미국 지도자들 눈에는, 하나같이, "조선인은 자치능력이 전혀 없는 미개인"이었다. 카이로회담 때의 F. 루즈벨트나, 미국극동군사령관 맥아더나, 모스크바3장관회의에 나간 국무장관 번즈나, 모두, 조선인은 자치능력이 없다고 생각했다. 그러나 해방 열기에 들뜬 조선인은, 미서전쟁이 끝났을 때 그토록 기뻐하던 필리핀 국민이, 왜 다시 험난한 독립투쟁을 재개하지 않으면 안 되었던 가를 알지 못했다. 쿠바가 왜 미국 품에서 벗어나려고, 그 모진 고난을 참고 견디면서 계속 혁명을 시도하지 않으면 안 되었던 가를, 알아보려 하지 않았다. 온전한 독립국가조차 제멋대로 침공하여 보호국으로 지배하는 미국이, 전리품으로 당당하게 얻은 점령지를, 곱게 독립시켜줄 리 없다는 사실을 조선인은 몰랐다. 미국이 미스전쟁에 승리했을 때, 독립을 열광하던 쿠바인, 필리핀인과 마찬가지로, 조선인 또한 미국을, 악독한 일본제국주의를 무찌른 〈정의의 사도, 위대한 해방자〉로 우러러 칭송하고 환호하기만 했다.

2 ▶ 한 많은 38선

미국이 군사정치를 실시하자 조선 사람들은 황당했다. 분명히 해방되었는데, 왜 독립하지 못하고 〈외국군인정치〉를 받아야 하는 걸까? 소련군은 이미 전쟁 치러 와 있으니 그렇다 치더라도, 해방되고도 한참이나 지난 뒤에야 들어온 미군이, 어째서 군사정치를 하는 걸까?

이 궁금증을, 맨 먼저 풀어준 사람은, 미국에서 갓 돌아온 이승만 박사였다. 그게 모두 북위 38도선 때문이란다. 얄타회담(1945년 2월 4일-11일)에서 북위 38도선이 그어졌고, 그 선을 경계로 미국군과 소련군이 조선을 남북으로 나누어 점령하게 되었단다. 미국은 조선을 분할할 생각이 조금도 없었지만, 소련이 조선을 통째로 집어삼키려고 억지 고집을 부리는 바람에 어쩔 수 없이 38도선으로 나누어 군사정치하게 되었다고 자세히 알려주었다. 국제정세에 정통한 이승만 박사의 말씀을 조선 사람들은 모두 믿었다. 미국에서 오랫동안 조선을 독립시키려고 고생하신 외교 전문가에다가 박사인 분이 틀린 말을 할 리 없다고 철석 같이 믿었다. 국내 최대 신문인 동아일보도 이 말을 거들었다. 미소공동위원회가 열리기 며칠 전인 1946년 3월 13일 〈폭로된 얄타 비밀〉이란 놀라운 기사 하나를 실었다.

"얄타회담에서 소련이 조선반도 전부를 요구했으나, 미국은 조선반도 북부만 주기로 했다. 그 때문에 미국이 38선 문제에 대해 애매한 태도를 보이고 있다."

이승만도 동아일보도, 구체적인 논거를 제시하지는 않았다. 그런데도 조선인 모두가 〈진실〉이라고 믿었다. 음흉한 소련의 남진야욕 때문에 38선이 그어졌다는 사실이 조선인들 머릿속에 깊이 박혔다. 상해 임시정부 초대 대통령 이승만과 동아일보의 영향력은 그토록 컸다.

그러나 여러 자료들이 공개되면서, 조선의 운명을 결정한 38도선은 너무나도 어이없이 그어졌다는 사실이 밝혀졌다. 그것도 이승만과 동아일보의 주장과는 정반대로, 소련이 아니라 미국에 의하여 그어졌으며, 얄타회담도 포츠담회담도 아니고, 소련의 야욕 때문은 더욱 아니고, 바로 미국 정부가, 자기들 마음대로 단숨에, 그었다는 사실이 밝혀졌다.

1945년 8월 11일, 미국 합동참모본부에 파견된 육군부의 두 대령이, 대수롭지 않게, 〈조선을 38도선으로 분할하는 초안〉을 만들고, 이 초안이 아무런 수정 없이 국방부와 국무부를 거쳐, 대통령에게 올라가자, 대통령 또한 아무런 수정 없이 그대로 승인하여 (8월 13일), 즉시 연합국인 영국, 소련, 중국에 통보했다. 통보받은 연합국 중 어느 나라도, 이 결정에 대해, 아무런 이의를 제기하지 않자, 미국 정부는, 8월 15일, 이를 미국극동군사령관 맥아더에게 〈일반명령 제1호〉로 내려 보냈다. 미국 정부로부터 〈일반명령 제1호〉를 받은 맥아더 는, 9월 2일, 이것을 그냥 그대로 〈연합국최고사령부명령 제1호〉로 발표했다.

원한의 38선은 이렇게 그어졌다. 그야말로, 대수롭지 않게 아주 쉽게, 그어졌다. 제1차 세계대전이 끝날 무렵, 전쟁에 이긴 연합국이 패전국 터키 영토를, 인종이나 종교와는 상관없이 도끼로 무 자르듯 잘라, 위임통치 명목으로, 식민 지배한 것과 조금도 다르지 않다.

〈일반명령 제1호〉란 것은, 패전한 일본군이 연합국 중 어느 나라에 항복해야 하는가를 지정하는 6개 항으로 된 문서다. 주요 내용은 다음과 같다.

제2항, 〈만주와 북위 38도선 이북의 조선, 그리고 남부사할린 및 쿠릴열도에 있는 모든 일본국의 선임 지휘관과 육 해 공군 및 보조 부대는 소련극동군사령관에게 항복한다.〉 제5항, 〈대본영과 그 선임 지휘관, 그리고 일본 본토와 부속도서, 북위 38도

이남의 조선과 류큐제도 및 필리핀의 모든 일본국의 선임 지휘관과 육 해 공군 및 보조 부대는 미국 태평양 육군사령관에게 항복한다. 제6항, 〈위에 지정한 각 지휘관만이 항복을 수락할 권한이 부여된 연합국 대표자이며, 모든 일본국군대는 이 지휘관 또는 그 대표자에게만 항복하여야 한다.〉

　38도선은 이렇게 생겼다. 미국이, 태평양전쟁이 끝나기 직전에, 일본군의 항복을 받기 위한 군사적 목적으로, 신중한 성찰 없이, 졸지에 그었다. 소련이나 다른 연합국은, 미국으로부터 통고만 받았을 뿐, 그 결정 과정에는 전혀 관여하지 않았으며, 관여할 수도 없었다.

　당초 미국은 일본군 무장해제지역을 만주로까지 넓히려 했다고 한다. 그러나 미국이 앞장서서, 소련에게 대일선전포고를 재촉하고 있는 때라 실현 가능성이 전혀 없었다. 소련군은 개전 즉시 만주로 진격하여 패전에 직면한 허약한 일본군을 손쉽게 무장해제할 수 있었기 때문이다. 그렇다고 조선까지 통째로 소련에게 내어주기는 억울하고 아깝다. 북위 40도선을 놓고 조선 분할을 주저하고 있을 때, 갑자기 소련이 참전했다. 8월 15일에 참전하기로 약속한 소련이, 히로시마(廣島)에 원자폭탄이 떨어진(8월 6일), 이틀 뒤 (8월 8일), 불야 불야 대일선전포고 하고, 150만 대군으로 만주 동북부와 함경북도 경흥으로 쳐내려 왔다. 전대미문의 무시무시한 원자폭탄이 터진 데다가 소련마저 참전하자, 일본은 더 이상 견딜 수 없어, 10일 중립국 스위스를 통하여 포스담선언의 조건부 수락 의사를 연합국에 통보했다. 사실상 무조건 항복이다.

　예기치 않게 빨리 닥쳐온 종전 가능성에 다급해진 미국 정부는, 서둘러 미군 점령지역을 38도선으로 후퇴시켰다. 당시의 긴박한 상황에서는, 조선의 양대 항구 부산과 인천, 수도인 경성만 차지해도 충분하다고 생각하여, 조선반도의 거의 절반인 38도선을, 일본군 항복 접수와 무장해제의 경계선으로 정했다. 전의를 상실한 일본군을 파죽지세로 무찌르며 남진 중인 소련군이, 만주뿐 아니라 조선 전체를 점령하여 버티면 그건 정말 큰일이다. 이미 유럽전선에서 경험한 바 있다. 소련군은 동유럽 모든 점령지역에 그대로 눌러앉았다. 또다시 그렇게 내버려 둘 수는 없다. 가능한 한 남진을 막아야 한다. 그 한계가 38도선이었다.

20세기 초, 제정 러시아 때조차, 러시아 제국의 남진을 저지한다는 핑계로 일본의 〈조선합병〉에 앞장섰던 미국이, 제정 러시아보다 훨씬 더 밉고 두려운 공산국가 소련의 남진을 용납할 리 없다. 그러나 막강한 소련군은 이미 조선반도에 쳐들어 와 조선 북부를 점령하여 싸우고 있는데 반해, 미국은 1천 킬로도 더 떨어진 머나먼 태평양에서 힘든 전투에 지쳐있다. 이런 상황에서 조선의 절반만을 차지한다고 하더라도, 그리 밑지는 장사가 아니라고 생각할 수밖에 없었을 것이다. 뒷날 미국 국무장관이 된, 38도선 최초 입안자 딘 러스크가, 당시의 상황을 회고한 〈러스크 메모〉에서, 〈소련이 38도선 안을 수락했을 때 약간 놀랐던 것으로 기억한다〉고 한 것으로도 당시의 사정을 충분히 짐작할 수 있다.

소련이 덥석 받아들인 데도 문제가 있다. 만일 소련이 미국의 제안을 거부했더라면 38도선은 그어지지 않았을 것이라는 말이다. 소련의 고집으로 38도선이 그어졌다는 말은 이 때문에 나왔을 것이고, 또 이 때문에 소련의 남진야욕으로 38도선이 그어졌다고 믿게 되었을지도 모른다. 그러나 당시 소련의 일차적 관심은 조선반도의 분할이 아니라, 훨씬 더 큰 만주와 일본 북해도 북반부의 분할 점령에 있었다는 것이 정설이다. 특히 태평양으로 나가는 안정적 진출로를 확보하기 위해 일본 북해도 북부지역 분할에 대한 관심이 더 컸다고 한다.

이 때문에 대일선전포고를 미루면서, 보다 큰 참전 대가를 압박하고 있는데, 갑자기 원자폭탄이 터져 서둘러 대일선전포고를 한 터라, 조선의 절반만을 차지하는 것만으로도 충분히 만족했을 것이다. 달리 말하면, 만일 미국이 소련에게 억지 선심을 쓰려고 하지 않았더라면 38선이란 것이 생기지 않았을 것이고, 소련이 미국의 제안을 받아들이지만 않았더라도 38도선은 생기지 않았을 것이다. 뿐만 아니다. 미국이 일본에 원자폭탄을 떨어트리지만 않았더라도 38도선 분단이라는 민족적 치욕은 없었을 것이다. 아무튼, 미국과 소련 두 강대국이, 아무렇지 않게 내린 결정 하나가, 우리 민족을 슬프게 했다.

미국은 일본군 무장해제 때문에 38도선을 그었다고 한다. 그러나 미국 말대로, 일본군 무장해제만을 위한 것이었다면 굳이 조선에까지 그 먼 길을 달려올 필요가 없었다. 우선 소련군이 이미 조선에 들어와 있어, 일본군을 무장해제하는 데는 아무런 지장이 없었다. 또 만일, 미국이 무장해제권을 위임만 했더라면, 우리 임시정부인 건준도 충분히 일본군을 무장해제할 수 있었다. 해방된 인민의 힘만으로도 기가 꺾인 패잔병의 무장쯤은 충분히 해제할 수 있었다. 조선총독부가 다급하게 여운형에게 치안권을 내어주려 한 것만 보더라도 능히 알 수 있다. 실제로 우리 치안대가, 소규모로나마, 일본군을 무장해제한 일이 있기도 했다. 그런데도 미군은 조선까지 수만리 험한 바닷길을 힘겹게 달려왔다. 그뿐만 아니다. 우리 임시정부를 철저히 외면하고 오히려 패전한 일본군과 조선총독부를 감싸 안았다.

5장

때 만난 철새들

1 임정 업고 나타난 한민당

1945년 9월 4일, 〈한민당준비위원회 발기인총회〉가 갑자기 엉뚱한 선언문을 내어놓았다. "국제적으로 대한민국임시정부(임정) 외에 정권을 참칭 하는 일체의 단체 및 그 행동을 단호히 배격한다."

8일에는 〈창당발기인〉이, 건준을 헐뜯는 광고를, 동아일보를 비롯한 여러 신문에 실었다. 중경에 있는 임정과 달리 산 명사들이, 뜬금없이, 임정을 우리 정부로 모시자는 〈대한민국임시정부봉대〉를 쳐들고, 미군이 경성 (서울)에 진주하는 날(9월 16일), 정당을 만들었다. 그것이 〈한국민주당〉 (한민당)이다. 중경에 있는 임정을 끌어들이면서까지, 국내에서 자생한 건준을 없애려고 한 정치단체다. 그들 중에는 독립운동에 연관 있는 사람들도 더러 있지만, 대개 독립을 포기하거나, 자치운동에 헌신한 개량주의 민족주의자들이다. 독립운동 비밀결사 〈건국동맹〉과 통할 수 있는 사람들과는 거리가 먼 준봉주의자들이었다.

한민당은, 여운형과 건준 타도가 유일한 목적인 것처럼, 사생결단 물고 늘어졌다. 독립운동을 포기했거나, 대놓고 친일한 자들이, 투철한 독립투사 여운형을 오히려 악질 친일파라 욕했다. 한술 더 떠, 미국 점령군에게는 친일파에다가 공산주의자라고 고자질했다. 조선총독부 짓거리와 꼭 같았다. 자주독립에 들뜬 조선인은, 친일로 얼룩진 명사들의 발악쯤으로 생각하여 그리 신경 쓰지 않았다. 그러나 그게 아니었다. 한민당이 생긴 것 자체만으로도 건준을 반대하는 부유하고 교양 있는 수구세력이 결집했다는 중대한 정치적 의미가 있었다. 건준을 싫어하는 미국으로서는 고맙기 그지없는 횡재가 아닐 수 없었다. 당장 그들을 깊이 신뢰하여 대한민국의 명운을 그들에게 맡겼다. 하지 사령관 정치고문으로 온 미국무부 관리 H. 메릴 베닝호프는, 9월 15일 미국무부에 보낸 첫 보고서에 이렇게 썼다.

"정치정세에 있어서 유일하게 고무적인 요소는 서울의 보다 나이 들고 교육을 받은 사람들 중에 보수주의자 수백 명이 있다는 사실이다. 비록 그중 많은 사람들이 일본을 위하여 봉사하기는 했으나 그러한 오점은 결국 없어질 것이다. 이 사람들은 임시정부의 귀환을 지지하고 있으며, 비록 다수는 아니지만 아마도 최대의 한인 집단일 것이다." (브루스 커밍스, 〈한국전쟁의 기원〉 김자동 옮김, 일월서각, 197쪽)

또 다른 미국 자료는,
"한민당은 일반 대중의 지지도 없었고, 인공과 같은 조직의 솜씨도 갖추지 못했던 그들은 이조시대 당파싸움의 전통적 수법으로 대응할 수밖에 없었던 것이다."

"한민당에는 일본의 전쟁 노력에 협력하여 반미 연설을 한 인사들이 많다. 이들은 미국의 정책적 변수가 무엇인 가를 정확하게 읽고 재서 미군정 당국이 듣기를 원하고 믿기를 원하는 바를 그들에게 들려주었다." (이승만의 실체를 밝힌다. 송건호)

미군정이 한민당 사람들을 얼마나 깊이 신뢰하고 극진히 우대했던 가는, 한민당 간부들과 자주 접촉한 미국 정보기관 G2 책임자 세살니스트 대령의 말에 잘 나타나 있다.

"한민당은 저명하고 존경할만한 사업가요 지도자이며 -- 자격이 있고 덕망이 있는 보수주의자의 대다수를 포함한 정당이다."

건준은 생기자마자, 한민당이라는 반자주 기성세력으로부터 어이없는 기습공격을 받았다. 반면에 어떠한 자주세력도 받아들일 생각이 없는 미국은 힘들이지 않고 자주독립을 방해하는 세력의 도움을 받는 행운을 얻었다. 하기야 미국은, 인공 반대세력 같은 것이 있건 없건, 별 문제가 아니긴 했다. 이미 맥아더포고문에서, 점령지 주민의 자생정부를 인정할 생각이 없다는 것을 분명히 밝혔다. 적어도 명분상으로는 조선의 독립정부는 〈차후에 연합국 4개국의 신탁통치협상에서 결정할〉 문제라고 했다. 이를 구실로 조선에서 가장 중요한 정치조직인 건준과 인공을 무시했을 뿐 아니라, 임정의 김구, 김규식 등 독립투사들과, 심지어 미국에서 임정대표를 자처하던 친미주의자 이승만조차 임정 각료로서가 아니라 개인자격으로 기획 입국시켰다. 미국은 처음부터 조선인의 자치정부 같은 것을 인정할 마음이 없었다. 조선에 상륙한 미국군은, 태평양전쟁 전리품인 전 일본 식민지를 접수하러 온, 점령군이었다.

2 발 빠른 준봉세력

　미군정이 시작되자마자, 남조선의 정치지형은 재빨리 미국의 최대 현지 협조자 한민당으로 기울었다. 미국은 처음부터 인공을 용인할 생각이 조금도 없었다. 임정도 믿지 않았다. 김구의 완고한 임정법통 집착이 못마땅했을 것이다. 대신 찾아낸 것이 상황판단능력이 탁월한 〈한민당〉이었다. 한민당은, 독립운동에서 물러난 민족주의자들이 만든 고려민주당(원세훈), 건준의 공산주의 세력을 반대한 조선민족당(김병로, 김약수, 백관수, 이인), 해외 유학파인 한국국민당(백남훈, 윤보선, 장택상, 허정), 국민대회준비회(송진우, 서상일) 등 명사들이, 동아일보 사주이며 타협적 민족주의자인 김성수 중심으로 모인 정당이다.

　한민당 주류가, 일제 말에 공들인 민족운동은 〈조선독립시기상조론〉이다. 소모적 독립운동 대신 〈자치운동으로 민족의 힘을 기룬 뒤에 독립하자〉는 담론이다. 일제 힘이 갈수록 세어지고 있는 지금, 당장 독립한다는 것은 어림도 없다. 당분간 일제의 지배에 순응하면서 〈자치권〉을 얻어, 민족의 자립역량을 기룬 뒤에, 독립하는 것이 우리 민족에게 더 유익하다 는 논리다. 독립을 포기한 것이 아니다. 이기지 못할 싸움을 할 것이 아니라 민족의 장래를 위하여 힘을 비축하자는 것이라, 적어도, 일제에 완전 굴복한 것은 아니라는 명분은 선다. 그래서 그들은, 해방 뒤, 일제와 싸운 독립투사라고 주장할 수는 없었지만, 민족의 장래를 설계한 〈민족주의자〉를 자처하고 나설 수 있게 되는 것이다.

　일제 식민지 기득권층이기도 한 그들은, 태생적으로 독립투쟁이란 험난한 모험을 감내할 수 없었다. 잠깐 동안 독립운동에 동조하다가 현실에 타협한 것도 이 때문이다. 그들의 대표적인 조직인 〈연정회〉는 송진우, 최린, 최남선, 김성수들이 모여 만든 〈자치운동단체〉다.

그들은, "대일본제국이 중국, 러시아뿐 아니라 세계 최강이라는 미국, 영국에게도 연전연승하여 아시아를 석권하고, 남태평양 넘어 호주까지 넘보는 판에, 어떻게 우리 힘으로 독립한단 말인가. 어리석기 짝이 없는 망상이다. 우선 일본으로부터 조선민족 자치권이나마 얻어놓자"는 자치운동 민족주의자였다. 그들이 꿈꾼 모델은 미국에 대한 독립전쟁에 실패한 필리핀 자치정부였다. 〈독립〉과는 거리가 한참 멀었다.

이런 와중에 갑자기 해방을 맞았다. 그들 대부분이 일제하의 경력이 너무 요란스러워, 떳떳이, 해방공간에 고개를 내밀 처지가 아니었다. 그러나 건준이 해방물결 타고 재빨리, 진보적으로 국민을 동원하자, 신변에 위협을 느끼지 않을 수 없었다. 소련이 점령한 38도선 이북에 공산주의정권이 들어설 것이 틀림없는 판에, 남쪽에도 공산당이나 그와 비슷한 좌경적 민족주의정권이 들어서면, 일제 강점기의 안일한 그들의 종일 민족주의운동이 도마 위에 오르지 않을 수 없다. 무슨 수를 쓰서라도, 38도선 이남에만은 해방 정서상 진보성향이 확실한 〈자주독립정권〉이 생기는 것을 막아야만 한다. 이러한 절박한 상황에서 일제 강점기 기득권 세력이 황급히 모여 만든 정당이 한민당이다. 한민당이, 미국을 적극 도와, 항일 자주독립세력을 타도하고, 〈친미 반 진보정권〉을 세우려 한 것은, 바로 이 때문이었다.

한민당이 들고 나온 명분은 임정봉대론이다. "기미 이래의 조선독립운동의 결정체이며, 국제적으로 승인된 재외 대한민국 임시정부를 반대, 부인하는 도배는 3천만 민중이 용납하지 않을 것"이니, 국내에서 정부 만드는 짓을 당장 그만두라고 꾸짖었다. 그럴듯하다.

그러나 실상은, 독자적으로는 국내 자주독립세력에 대적할 명분도 능력도 없는 소수의 부유하고 유식한 기득권 세력이, 3천만이 우러르는 임정을 입에 올려, 건준 대신 자기들 중심으로 새 국가를 만들려고 하는 낯 뜨거운 반민족적 책략이었다. 임정의 독립정신과는 거리가 먼 인사들이 〈발기인총회선언문〉을 시작으로, 만사 제쳐놓고,

임정의 초석을 놓은 여운형과 건준을 끈질기게 헐뜯은 것은, 바로 이러한 야비한 〈꼼수〉 때문이었다. 한민당이 미군정의 실세로 자리로 굳힌 12월 6일에도, 당 중앙집행위원회가 "독립 완성을 방해하는 참칭 조선인민공화국에 대하여 즉시 해산명령을 발할 것"을 임정에 요청하는 〈임정지지국민운동 결의문〉을 보낸 것을 보면, 임정을 지지한다는 속내가 무엇인지를 분명히 알 수 있다.

한민당이, 건준과 인공을 비방하는 골자는 두 가지 다. 하나는 일본의 부추김을 받은 〈친일파의 책동〉이고, 다른 하나는 소련의 지령에 따른 〈공산주의자의 망동〉이라는 것이다. 친일파 집단인 동시에 소련의 꼭두각시라고 하는 모순적 조합이다. 앞의 것은, 일본과 가까운 자기들을 제치고 조선총독부로부터 치안권을 위양 받아 정부 행세를 하는 데 대한 불만일 것이고, 뒤의 것은, 미국이 가장 미워하는 것이 소련과 공산주의이기 때문이었을 것이다. 또 여운형울 친일파로 몰면, 누가 진짜 친일파인지 헷갈릴 수 있고, 친일파가 곧 악질 공산분자가 되니 일거양득이다. 만일 이러한 비난이 사실이라고 한다면, 건준과 인공은, 모든 조선인이 분연히 타도해야 할, 반민족적, 반자주적, 친일, 종소 괴뢰집단이며, 여운형은 민족적 양심이 절대로 용서할 수 없는 친일, 종소, 민족반역자의 우두머리임이 분명하다.

한민당에도, 김약수, 원세훈, 김병로 같은, 일제에 협력하지 않은 민족주의가 여럿 있다. 그러나 귀했다. 한동안 독립운동하다가 발 뺀 사람은 물론이고, 대놓고 친일한 자들조차, 시국에 순응할 수밖에 없었다는 상황논리로, 자기 과오를 합리화할 수는 있었지만, 흐릿한 전력에 발이 지려 떳떳하게 세상에 나서기는 민망했다. 그러나 미군이 들어오면서 사정이 달라졌다. 미국이 자주독립세력을 외면하고 조선총독부를 보호하자, 변절을 참회할 필요가 없어졌다. 당장 짧은 민족운동 경력을 앞세워 온건 민족주의자로 둔갑하여 과감히 정치 전면에 나섰다. 해방공간의 혼란 속에서 겁 없이 날뛰는 무식한 불순분자들의 발호를 막아 자신의 기득권을 지키기 위해서는, 수단 방법 가리지 않고, 선제공격을 가하지 않으면 안 되었다. 따라서 그들의 주된 목표와 주장이, 좌익 척결, 곧 건준과 인공 타도였던 것이 조금도 이상하지 않다. 친일파나 민족반역자란 소리가 더 이상 듣기 싫었을 것이고, 친일파 재산 몰수나, 공공시설, 대산업시설, 공장을 국유화한다는 것이 더욱 불안했을 것이다. 온건 민족주의를 자처하는 극우익 반공보수주의 집단은 이렇게 이 땅에 태어났다.

만약에 해방이 우리 독립투사에 의한 것이었다면, 친일분자를 포함하는 정당이 생겨날 리 없다. 어떤 명분을 세운다 하더라도 친일파는 친일파다. 식민지 약탈자에게 아첨한 민족반역자가 독립하는 국가의 애국자가 될 수는 없다. 그러나 우리 해방은, 우리 힘에 의한 것이 아니다. 연합국, 특히 미국이 준 선물이다. 일본이 져서 조선이 해방된 것이지, 조선이 이겨서 해방된 것이 아니다. 〈거의 공짜로 얻은 굴러들어 온 해방〉이다. 〈도둑 같이 뜻밖에 와서〉(함석헌), 〈아닌 밤중에 찰시루떡 받는 기분으로〉(박헌영) 맞이한 해방이다.

이러한 현실이 친일파에게 재기의 기회를 주었다. 해방의 감격에 겨운 우리 백성은, 독립을 방해하거나 외면한 인사들 집단이, 우리 독립에 걸림돌이 되리라고는 꿈에도 생각하지 않았다. 마땅히 정당한 권리를 주장할 수 있는 독립투사들이, 자주적이고 민주적인 정부를 수립할 것으로 생각하고 성원했다. 당시의 여러 여론조사가 이를 증명한다. 한민당 산파인 동아일보조차, 75% 이상의 국민이 조선인공을 지지한다는 여론조사 결과를 발표했다. 중경임시정부 제2진이 귀국한 사흘 뒤인 1945년 12월 5일자 조선일보는, 사설에, 이렇게 썼다.

"첫째, 양대 (대한민국임시정부와 조선인민공화국) 세력은 어떠한 일이 있더라도 합작하여 민족통일전선을 완성할 것.
둘째, 민중의 총의에 의한 민주정부여야 한다.
셋째, 조선에는 아직 사회 경제적 기반이 봉건제도를 못 벗어났으니, 이를 현실적으로 타파할 것. 이를 위하여 토지개혁을 해야 한다.

넷째, 현재 민족통일전선의 암이 되어 있는 친일파 민족반역자 문제다. 이런 도배를 신성한 우리의 건국에서 배제함으로써 후환을 단절하는데 어느 누가 찬동치 않을 것인가."

그러나 이승만이, 인공 주석을 거부하고 임정을 우리 정부로 지지해 줄 것을 국민에게 호소(11월 7일)하면서부터, 건국운동 지형에 금이 갔다. 온 국민이 소망하는 민족통일전선이 무너지고, 조선인공 진영과, 반인공 진영, 즉 한민당과 김구의 임정, 이승만의 연합세력으로 확연히 갈라섰다. 반인공 세력의 중심인 한민당은, 임정봉대론에 목을 맬 때는, 독립운동에 무임승차하는 것이 급했지만, 친미 반공투사 이승만을 받들면서부터, 반공 반 진보 본색을 보란 듯이 드러내었다. 일제 식민정치에 묵종하거나 협조한 명사들이, 조선인의 마음을 선점한 건준과 인공에 대항할 수 있는 방법은, 오직 그들을 〈공산주의자, 좌익분자〉로 모는 길밖에 없었기 때문이다. 어떤 정파를 막론하고, 인공을 반대하지 않으면, 무조건 모두 빨갱이로 몬 것도 바로 이 때문이다. 일제의 악랄한 억압 수법을 그대로 물려받았다.

미군정 초, 서울에는 3백도 넘는 정당, 단체가 있었다. 하룻밤 새 수십 개가 생기고, 이합집산했지만, 그중 중요한 것을, 공산당을 극좌에 놓고, 이념별로 직선상에 나열하면, 시차가 조금씩 겹치기도 하지만, 대체로, 극좌에 〈조선공산당〉, 좌에 팔로군 출신이 주축인 백남운의 〈남조선신민당〉, 중좌에 여운형의 〈조선인민당〉, 중우에 김규식 등의 〈민족자주연맹〉, 안재홍의 〈국민당〉, 우에 김구와 조소앙 등, 임정세력의 〈한국독립당〉 (한독당), 극우에 이승만 지지자만 남은 〈독립촉성중앙협의회〉 와 〈한민당〉이 놓인다.

이 중, 좌익과 중도세력이, 해방되자마자, 지하조직을 재빨리 확대하여 건준을 만들고, 이를 바탕으로 조선인공을 수립했다. 그러나 한민당이 극력 헐뜯고, 임정이 외면하고 이승만이 거부하고, 미국이 부인하여, 존립 자체마저 위태로워졌다.

반면에 한민당은 신바람이 났다. 미국인을 〈짐승〉이라 욕하던 황국신민들이, 갑작스레 찬미주의자로 표변하여, 외국 유학으로 얻은 지식과 풍부한 경제력을 앞세워 미국인의 마음을 사로잡아, 잽싸게 들뜬 해방정국의 주도권을 잡았다. 언제 어디서나 점령군의 1차적 관심은 점령지의 통치권이다. 통치권을 넘보는 것만은 절대 안 된다. 건준과 임정이 외면당한 것도 바로 이 때문이다. 거꾸로 이런 점령국의 의중에 알맞은 세력이 한민당이었다. 미국은, 〈연합군환영준비위원회〉까지 만들어 환영하는 한민당 말고는, 열성적으로 접근하는 다른 친미세력이 없었으니, 그 유일한 협력 세력을, 우대하지 않을 수 없었을 것이다.

두 차례 세계대전을 거치면서, 자본주의 맹주자리에 오른 미국이, 더욱이 역사상 해외 점령지를 곱게 돌려준 적이 단 한 번도 없는 미국이, 건준이나 임정을 받아들일 리 없다. 비록 전 조선인이 지지한다고 할지라도, 미국을 받드는 정치세력이 아니면, 절대로 용인할 리 없다. 그런데도 우리 자주독립투사들은 이런 사실에 눈감았다. 해방이 우리에게 진정한 〈자유〉와 〈독립〉을 가져다주리라 믿었다. 해방 열기에 들떠, 자주건국을 지나치게 자신하고 있었거나, 아니면 미국을 글자 그대로 〈아름다운 나라〉로 맹신했을 수도 있다. 조선인들이 고대하던 해방과, 미국이 주려고 하는 해방의 의미가 다르리란 것은 상상조차 못 했다. 그렇게나 기다리던 해방이 우리 민족 최대의 비극을 가져올 줄은 더더욱 몰랐다.

미국 눈 밖에 난 인공이 엉거주춤하는 사이, 인공 타도를 지상목표로 모인 한민당은, 승승장구했다. 탁월한 순응주의정신으로, 재빨리 미국 최고위층과 교감하여 미국의 진의를 터득한 덕분이다. 미국도 부유하고 교양 있는 최상위 계층의 자발적 협조에 크게 만족했다. 최고통치자 조선주둔군사령관 하지는, 미국 유학생을 앞세운 한민당 대표 송진우를, 인공의 여운형보다 먼저 만났다. 그 성과는 금방 나타났다. 10월 5일, 김성수, 송진우 등 한민당 간부들이 당장 〈미군정청 조선군정장관 조선인 고문〉으로 발탁되었다. 11명으로 이루어진 조선군정장관 조선인고문단에는, 한민당 인사가, 위원장 김성수를 비롯하여 6명이나 되었다. 정치인 자격으로 임명된 여운형과 조만식이 불참했으니 사실상 한민당 독판이다.

 미군정의 권력 핵심에 접근한 한민당은 무딘 정치 감각으로 허둥대는 김구와 임정을 미련 없이 차버렸다. 임정봉대론은 더 이상 쓸모가 없어졌다. 대신, 명석한 정치지형 분석능력으로 재빨리 미국의 점령지 정책에 적극 협조하여, 미군정 요직을 독식했다. 미군정 조선인 고위직은 사실상 거의 모두 한민당이 차지했다. 〈충칭임시정부 급 연합군 환영준비회〉를 열면서 해방정국에 등장한 미국 유학생 조병옥은, 미 군정청 조선인 경무부장으로 발탁되어, 미국정부를 대리하여, 남조선의 치안을 총지휘하는 경찰 총수로 출세했다. 한민당 간부 장택상도, 수도(경기도)경찰청장 겸 제1 경무총감으로 중용되어, 미군정 치안유지권이 완전히 한민당 수중에 들어갔다. 이는 곧 한민당이, 미국으로부터 치안권을 위임받아, 사실상의 통치권을 대행하는 남조선의 권력실세가 되었다는 것을 뜻한다.

 일제의 압제가 경찰력 중심으로 실행되었던 것으로 미루어 보아, 치안권을 잡는다는 것이 얼마나 중대한 의미를 갖는 가를 쉽게 알 수 있다. 뿐만 아니다. 검찰권은 물론, 금융, 실업계까지 모두 움켜쥐어, 남조선의 정치, 경제, 행정의 실권을 몽땅 차지했다. 한민당이 처음 생겼을 때는, 민족정체성이 흐릿한 부유하고 교양 있는 명사들의 작은 정치집단에 불과했다. 그러나 이제는 아니다. 미군정을 대행하는 막강한 권력 실세다. 수백 년 동안, 관존민비 굴레에 신음해온 조선인이 가장 두려워하는 관권을 움켜쥔 〈지존〉이다.

 미군정은 연말까지 약 3개월 동안, 7만 5천여 명의 조선인을 군정 요원으로 뽑았다. 거의 모두 조선총독부 관리였으며, 고위직은 모두 한민당이 제공하는 정보에 따라 임용했다. 일제 조선인 경관들이, 가장 큰 득을 보았다. 미군정은, 한민당이 결성된 바로 그 날, 조선인 경찰을 모집했다. 명분은 치안유지지만, 실상은 좌익으로부터 정국주도권을 빼앗기 위한 정략이었다. 일제 강점기에 좌익분자들을 손본 경험이 많은 친일 경찰 말고는, 좌익을 효율적으로 제어할 수 있는 세력이 달리 없었다. 더욱이 일제 경찰은 지난날의 잘못에 발이 저려, 좌익이 두려운 만큼, 미움 또한 큰 자들이다. 해방되자마자 황급히 다라나 숨었지만, 모집 소식을 듣자마자, 재빨리 튀어나와 특채되었다. 화려한 〈친일 경력〉이 존중되어 몇 단계씩 승진한 자도 허다했다. 곧 떠나갈 일본인 고위 경찰을 대체하기 위해서였다.

치안총수인 미군정 경무부장 조병옥 박사는, 일제 경찰을 한껏 감쌌다. "일본 경찰 출신이라고 모두 친일파(Pro-Jap)가 아니라 직업경찰 (Pro-Job)이다." 뿐만 아니라, "경찰은 기술직이므로 어쩔 수 없다"라고 두둔하는 수도경찰청장 장택상과 손잡고, 경찰 내 민족주의자들을 경찰에서 몰아내는 데 앞장섰다. 친일 경관 채용 문제로, 조병옥을 비롯한 조선인 경찰 최고위층과 다툼을 벌이던 경무부 수사국장 최능진은, "경찰이, 일본 밑에서 그들에게 협조한 전직 경찰관과 민족반역자들의 피난처가 되고 있다."는 보고서를 제출한(1946년 11월 20일) 죄로 파면되었다.(1946년 12월 4일). 친일파를 몰아내려다가 도리어 쫓겨났다.

미군정 미국인 경찰총수 윌리엄 맥크린은, 친일 경찰을 재임용하는데 대한 비난이 높자, "만약 그들이 과거에 일제를 위하여 일을 잘했다면, 그들은 우리 미국을 위해서도 일을 잘해줄 것이다."라고 태연히 응수했다. 옛 일제 경찰은, 과분한 벼슬자리에다가 절대 신분보장이라는 날개까지 달았다. 이제는 일제 경관이 아니다. 새로운 조국의 안녕을 지키는 국립애국민주경찰이다. 친일파 민족반역자가 아니라, 〈미국조선군사정부〉 민주주의를 수호하는 애국자요 애족자다. 복직하는 일제 경찰 스스로도 그렇게 확신하고 있었다.

" --왜놈들이 정치적 목적이 있어서 나쁜 것이지, 일제 때 경찰한 사람들이 행정적인 면에서 잘못한 건 하나도 없어요. 나 같은 경우도 일제시대 때 경찰이 되어 일본 사람의 명령에 의해 움직인 건 사실이지만, 민족을 해쳤다든가 하는 일은 절대 없었습니다. 오히려 민족을 보호하고 그 놈들의 탄압 속에서 어떻게 하면 평화를 유지할까 걱정했을 따름입니다. 일본 사람들 틈에 섞여서 민족운동하는 우리 투사들을 잡거나 하는 일은 없었어요. 감히 생각할 수도 없지요. 왜놈 밑에서 일하던 경찰, 행정공무원들도 마찬가지로 다들 민족정기, 민족정신을 가지고 있었어요.-- 물론 그 가운데는 친일 해서 부귀영화를 누린 사람이나 조선사람을 앞장서서 탄압한 사람들도 있었겠지만 말입니다. 대개는 마지못해 한 것일 테고 생계를 위해 한 것이라 생각합니다." (8.15의 기억, 235쪽).

일제 조선인 경관은, 독립운동하는 조선인을 〈정치적〉 이유로 고문한 일은 결코 없고, 오직 평화를 파괴하는 폭력사범을 인권보호 차원에서 〈행정적〉으로 처벌한 〈평화주의적 민족주의자〉이었다. 악독한 왜놈 경관도, 정치적 이유 때문에 나쁠 뿐이지, 행정적으로는 나쁜 짓 한 일이 없는, 〈법과 원칙〉을 준수하는 법률 수호자인 동시에 인권옹호자란 말이다.

조선인 경찰은 일제에 과잉 충성했으면서도 절대 친일파는 아니라고 했다. 독립투사라 할 수는 없지만, 독립운동 동정자쯤은 되는 〈정신적 민족주의자〉라고 억지 썼다. 조병옥 말이 결코 허튼소리가 아니었다. 마침내 해방이 해방되었다. 해방이 〈도로아미타불〉이 되었다.

미군정은 다른 행정관리들도, 거의 모두 일제 관리였거나 유학 다녀온 지식인으로 채웠다. 영어 구사능력이 있고, 교육 수준이 높은 친미 인사들을 특히 중용했다. 심지어 미군정이 만든 〈국방경비대〉도 모두 일본군과 만주군 출신으로 채웠다. "일제 강점기에 일본 법률로 처벌을 받은 자는 군대에 지원할 수 없다"는 규정을 만들어, 독립운동으로 실형을 받은 독립투사들은, 군대에 들어갈 수 없었다. 군대뿐 아니라, 미군정의 어떤 하부기구에도 독립투사가 발붙일 틈이 없었다. 미국의 인사정책이 총독부 관료조직을 그대로 재활용하는 것이었으니, 일제에 항거한 독립투사들이 들어갈 자리가 있을 리 없다. 운 좋게 발붙인 독립투사도 얼마 못 가 밀려났다. 대개 신원조회에 걸려 쫓겨났다. 일제에 충성하여 독립투사들을 고문하던 경관이, 바로 그 독립투사를 다시 고문할 수 있는 권한을 가진, 새로운 국가의 영예로운 애국경찰로 재림한 세상에, 독립투사들이 설 자리가 있을 리 없다. 항일 독립투사에게는, 지배자가 미국인으로 바뀐 것 말고는, 달라진 것이 없었다.

　미국은 매국노, 민족반역자로 지탄받던 친일 반역도배에게, 조국을 사랑하는 애국자요, 새로운 국가를 세우려고 멸사봉공하는 자랑스러운 민족주의자에다가, 자유민주주의를 수호하기 위해 악랄한 좌익도당에 용감히 맞서 싸우는 반공민주투사로 포효할 수 있는 은총을 베풀었다. 조선어학회사건으로 옥고를 치른 사람이, 해방 덕에 겨우 감호소에서 풀려나와, 신문 보고 깜짝 놀랐다. 자기를 고문한 바로 그 악질 경관이, 미군정 경찰 고위간부가 되어있었다. 독립에 목숨을 걸었던 사람들은 분통이 터졌다. 이제는, 일제에 대한 독립투쟁이 아니라, 미군정경찰로 옷 갈아입은 전 일제 애국경관에 대한 해방 투쟁을 벌이지 않으면 안 되게 되었다. 미국은 우리에게 해방의 기쁨을 안겨준 은인이다. 게다가 세계 최고의 자유민주주의를 자랑하는 나라다. 그러나 바로 그 해방의 은인이며 위대한 자유민주주의 국가의 경찰을 상대로, 〈자유와 민주, 그리고 민족〉을 지키기 위한 투쟁을 벌여야만 하는, 기막힌 처지가 되고 말았다. 동족 간에 피를 볼 것은 불 보듯 뻔하다. 시간문제일 뿐이었다.

6장

우리 민족주의

1 조국 찾아 돌아오는 배달민족

　해방되고 일 년이 지났다. 그동안 평능 마을에도 조그만 변화가 있었다. 부산에서 소개 온 사람들은 모두 돌아가고, 대신 일본과 만주에서 많은 사람들이 돌아왔다. 귀환동포다. 전쟁이 끝나자, 일본에서나 만주에서나, 조선 사람은 갑자기 외국인이 되어버렸다. 고향 찾아 돌아가는 것이 최선의 살 길이었다. 만주로 갔던 사람들은, 해방된 조국이 약속의 땅이기를 바라며, 국공전쟁 소란을 피해 허겁지겁 돌아왔다. 그러나 전쟁 후폭풍에 지친 귀환동포를 반겨주는 사람은 없었다. 갑작스러운 해방 북새통 속에서, 갑자기 들이닥친 피란민을 위한 난민대책이 있을 리 없다. 미군정도 마찬가지였다. 민생을 돌볼 줄 몰랐으며, 군정 뒷배로 자란 모리배들은, 일인 적산 차지에만 혈안이었다. 막연히 고향 찾아 돌아온 귀환동포들은, 당장 비 피할 거처마저 없었다. 친인척이라도 있으면 그나마 천만다행이었다.

우리 집에도 귀환동포가 왔다. 진외할아버지 가족 다섯이 먼저 일본에서 돌아와 사랑채에 드셨다. 좀 늦게 만주에서 돌아온 외삼촌들과 이모 가족은, 거처할 곳이 마땅찮아 얼마 뒤 부산으로 떠나갔다. 어른 다섯에 어린이 넷까지 함께 살기에는 집이 너무 좁았다. 시골에 마땅한 일자리가 있을 리 없다. 어머니가 고개 넘어 까지 쓸쓸히 배웅하셨다. 큰 도시는 모두 귀환동포로 넘쳐났다. 줄잡아 300만이 넘는 사람들이 돌아와, 갑자기 인구가 1할 이상 불어났다. 살 집이 있을 리 없다. 아무 데나 〈하꼬방〉이라는 판잣집을 짓고 살았다.

그래서일까, 변고가 생겼다. 더운 여름, 이씨 집안 식구 네 사람이 며칠 사이, 한꺼번에, 돌아가셨다. 먼저 어진 할머니가 별세하셨다. 예순도 안 된 분이다. 손 쓸 겨를 없이 돌아가신 며칠 뒤, 그 집안사람 셋이 한꺼번에 변을 당했다. 무슨 병인지 알 리 없다. 전기도 없는 시골에 의사가 있을 리 없다. 마을 앞으로 경부 제1국도가 지나가고, 멀지 않은 곳에 면사무소와 기차역이 있는데도 약방 같은 것도 없다. 믿을 곳이라고는 점바치뿐이다. 할머니 산소를 잘 못써 탈이 났다는 말 믿고 당장 이장했다. 과연 관아래서 물이 흐르더란다.

어느 겨울, 갓 난 둘째 여동생이 열이 펄 펄 끓을 때 급히 모셔 온 분도 점바치였다. 한 겨울 한밤중에 5살과 3살 오빠들이 윗동네 낯선 산길 헤매어 모셔왔지만 가여운 여동생은 눈을 뜨지 못했다. 십리도 더 걸어 읍내에 가면 병원이 하나 있지만 가는 사람은 본 적 없다. 아프지 말아야 한다. 아프면 혼자 싸워 살아남던가, 아니면 죽을 수밖에 없다. 무심한 하늘을 원망할 수밖에 없다. 한참 뒤에야 그 변고가 묘 터 때문이 아니라 호열자라는 무서운 전염병 때문이란 사실이 밝혀졌다. 전국에 호열자가 무섭게 번져 수많은 희생자가 났다. 그게 모두 귀환동포 때문이라 원망하는 소리가 드높았다.

이 해 여름, 부산 서면으로 이사 갔다. 서면은 부산 시내 전차 종점이자 동래로 가는 시외 전차 시발역이고, 동해남부선 부전역이 있어, 사람들이 제법 꼬였다. 해방 전에 일본인이 세운 큰 공장들이 몇 개 있고 고무신 공장들이 다투어 생겨나 부산했지만, 아직은 농촌 티가 진했다. 그래도 농촌과는 많이 다르다. 우선 방마다 전등이 있다. 극장도 있고 병원도 있고 가게도 많다. 옛 경마장 터에 하일리아라는 미군부대도 들어있다.

성지국민학교 6학년은 세반이나 된다. 처음 전학 와서 잠깐 서먹했지만, 대구사범학교 심상과 나온 이상실 선생님이 잘 보살펴주시고, 좋은 동무들을 빨리 사귈 수 있어, 학교생활에 쉽게 적응했다. 해방되자 학구가 바뀌어 이웃 학교에서 옮겨 온 아이들과 귀환동포들이 많아 친해지기가 좀 쉬웠다. 특히 정효택의 도움이 컸다. 전학한 지 얼마 안 되어 아직 정신을 못 차릴 때다. 수업 끝나고 멍청히 앉아 있는데 키 커고 잘생긴 친구가 다가오더니 정답게 말을 건다. 공부도 잘하는 문학 지망 소년이니 얼마나 좋으냐. 곧 친해졌다.

우리 6학년 1반 담임선생님은 우리 역사를 아주 열심히 가르치셔서, 어린 학생들에게 많은 깨우침을 주셨다. 우리 민족은 게으르고 무능한 미개 민족이라 남의 나라 지배를 받지 않고는 살아갈 수 없고, 아무리 노력해도 일본인 같은 일등국민이 될 수 없다고 배웠는데, 그게 모두 일본인이 조선을 지배하기 위해 지어낸 순 거짓말이라 신다. 실제로는 우리가 훨씬 더 우수하고, 훨씬 더 찬란한 문화를 가진 민족이란 것을 힘주어 가르치신다. 일제 강점기에 '조선인은 쓸모없는 놈이다', '조선인 주제에'라는 말을 그리도 많이 들었는데, 그게 모두 왜놈들이 조선인을 얕잡아 보아 지어낸 순 거짓말이란다. 어떻게 조선인 선생님들까지 그런 거짓말을 가르치셨을까? 독립투사들이 일제 경관 특히 조선인 형사들에게 모진 고문을 당하고 죽었다는 말씀을 들을 때는 치가 떨렸다. 조선인 경찰이 더 악독했다는 말씀에 분통이 터졌다. 그런데, 바로 그 일제 경관이, 미군정 경찰이 되어 있다고 하신다.

2 누가 민족주의자인가

조선의 근대 민족주의는 〈중국으로부터의 독립〉에서 싹이 텄지만, 일제의 조선강점 만행에 분개한 선비들이 국권 되찾기 운동에 나서면서 두드러졌다. 그들의 투쟁목표는 조선 왕조 부흥이었다. 뒤늦게 정신 차린 몇몇 선비 지사 중심의 항일 복벽민족주의였다.

이렇게 돋아난 우리 민족주의가, 힘 한번 써보지 못하고 작살이 날 무렵, 공산주의 혁명에 성공한 러시아 소비에트정부가, 우리 독립운동에 아주 큰 영향을 미쳤다. 억압받는 사람들도 해방될 수 있다는 희망을 심어 주었을 뿐만 아니라, 소련 정부는 우리 민족의 독립운동을 물심양면으로 직접 도와주었다. 식민지의 사회주의운동이 제국주의국가에 대한 민족해방투쟁인 동시에 자본주의국가에 대한 사회개혁투쟁이기도 하기 때문일 것이다. 더욱이 일본은 러시아혁명을 방해한 자본주의 백색테러국가이기도 하다, 한동안 우리 독립투사 거의 모두가 직 간접으로 소련 정부의 지원을 받았다고 해도 과언이 아니었다. 미국에서 외롭게 외교독립운동하던 생태적 반공 목사 이승만 박사 조차 소련의 지원을 요청했을 정도였다. 일본과 가장 친한 우방이며 동맹국이자 일본 눈치를 살펴야 하는 미국과는 정반대였다.

조선독립투사들의 지상목표는 조선독립이다. 독립에 도움이 되기만 하면, 그것이 누구이던 무엇이든 간에, 받아들이게 마련이다. 중국에서 싸우던 독립투사들이, 장개석에 의지하다가 중국 공산당에 들어가고, 소비에트를 쌍수로 환영한 것도 이 때문이다. 이렇게 되자, 민족해방만이 목표이며 신앙이던 독립운동에, 계급해방도 함께 하려는 사람들이 늘어나게 되었는데, 그들이 곧 사회주의자나 공산주의자다. 그들 중 많은 사람이 사회주의를 깊이 익힐 겨를이 없었을 것으로 보아, 어느 면에서는, 독립투쟁의 한 수단이었을 수도 있을 것이다. 일제강점기에는 이런 독립투사를 대개 사상가 또는 혁명가라 불렀다. 사회주의나 공산주의라는 사상을 가진 사람이라는 뜻이었을 것이다. 일제 말에 가까워지면 우리 독립투사는, 사회주의사상을 가졌던 안 가졌던 간에, 모두 다, 사상가나 혁명가라고 생각하게 끔까지 되었다. 세칭 사상가인 사회주의자나 공산주의자의 주된 투쟁 목표가, 민족해방이었음은 말할 것도 없다. 1926년에 발표된 〈조선공산당선언서〉에도 분명히 나타나 있다.

"조선공산주의자들은 일본제국주의의 압박 하에서 조선을 절대로 해방시킬 것을 당면의 근본 과업으로 한다. 이를 위해 조선공산주의자들은 모든 반일 역량을 집결하여 〈민족유일전선〉을 결성하고, 일제에 대한 정확한 공격 준비와 타격을 가해야 한다."

이들 말고도 우리 민족의 독립과 발전을 위한 민족운동을 한 사람들이 있었는데, 그들을, 대개, 민족주의자 또는 순수 민족주의자라 불렀다. 민족운동을 하지만, 사회주의자나 공산주의자 같이 〈사회개혁〉까지 하려는 사람이 아니라는 뜻이다. 이들도 여러 갈래가 있다.

해외 민족주의자들은, 김구 등 임정 요인들 같이 주로 중국에서 조선 독립투쟁을 하는 민족주의자였다. 그러나 국내에서는 거의 대부분이, 독립이 아니라 민족자치, 민족개조를 앞세운 민족주의자들이었다. 그들의 공통점은, 민족을 위한 〈운동〉은 하되, 독립이 아니라, 민족의 계몽과 민족성 개량에 집중하는 것이었다. 물론 여운형 같은 소수 예외적인 투사들도 있기는 했지만, 거의 대부분, 비저항적, 비폭력적, 타협적 민족운동을 했다. 독립투쟁을 외면했을 뿐 아니라, 때로는 이승만 같이, 오히려, 〈폭력투쟁〉을 비난하기까지 했다. 이들을 전자와 구별하여 〈비폭력적 민족개량 민족주의자〉나 〈자본주의적 민족주의자〉라 부를 수 있을 것이다. 따라서 일제 강점기 조선 국내 민족주의는, 독립투쟁하는 사회주의적 민족주의와, 민족운동하는 비사회주의적 또는 자본주의적 민족주의로 구분하거나, 아니면 〈진보적 투쟁적 민족주의〉와 〈온건적 타협적 민족주의〉로 가를 수 있다.

국외에서는 이 두 세력, 즉 사회주의적 민족주의자와 비사회주의적 순수 민족주의자 간의 대립이 아주 심했다. 상해 임시정부 초대 대통령 이승만이, 임시정부에서 공산주의자를 모두 축출하려고 했던 것으로도 알 수 있다. 그러나 국내에서는 그 대립이 거의 눈에 띄지 않았다. 독립운동이 거의 모두 지하로 스며들었기 때문이다. 공개적인 독립투쟁을 용인하는 관대한 식민국가란 있을 수 없다. 일제는 더욱 아니다. 비폭력주의나 무저항주의 같은 평화적 독립운동조차도, 대일본제국의 야만적 폭정 밑에서는, 꿈조차 꿀 수 없는 로맨틱한 개념이다. 미국 땅에서, 천만번 일본 욕을 외쳐대도, 일본 경찰에 잡혀 갈 염려 없다. 그러나 국내에서는 어림도 없다. 당장 불령선인으로 목이 달아난다. 그래서 일제 강점 말기, 조선 내에는 독립운동이란 것이, 겉으로 보기에는, 거의 사라졌다고 해도 과언이 아니었다.

사상범에 대한 핍박은 극심했다. 불령선인이라는 요시찰 인물 거의 모두가 사상가이었기 때문이다. 일제는 1925년 5월, 일제가 가장 증오하는 공산주의, 사회주의, 무정부주의 등 반국가활동을 억압하기 위해 〈치안유지법〉을 만들어, 불령선인이라 의심되는 자들을 닥치는 대로 잡아다 족쳤다. 1936년 12월에는 일제에 반항하는 사상과 활동을 탄압하기 위해 〈조선사상범보호관찰령〉을 만들어, 사상범들을 밀착 감시했다. 또 1938년 7월, 모든 정치범에게 강제로 사상전향서를 쓰게 한 뒤 〈시국대응전선사상보국연맹〉이란 전향자 단체에 강제 가입시켰다. 보국연맹이 〈대화숙〉으로 개편된 1940년 12월 말까지, 조선 내 83개 분회에, 자의 타의로 가입한 이른바 〈전향사상범〉이, 3천3백여 명에 이르렀다.

치안유지법이 제정된 1925년부터 1938년까지 만해도, 이 법으로 검거된 〈사상 불온자〉가 무려 17,000명을 넘었던 것을 보면, 일제가 얼마나 지독하게 독립투사, 특히 〈적색분자〉를 억압했던가를 알 수 있다. 일제는 이것으로도 모자라, 1941년 2월에 〈조선사상범예방구금령〉, 3월에 〈국방보안법〉을 만들고, 〈치안유지법〉을 여러 차례 바꾸어, 사상이 의심스럽다는 구실을 붙여, 마음대로 잡아들여 고문하고 〈보호〉했다. 웬만한 재주로는 독사보다 더 독한 일제 경찰, 특히 조선인 고등계 형사의 눈초리를 피할 도리가 없었다. 아무튼 지하 독립운동은, 순수 민족주의자보다 사회주의 독립운동가에게 월등히 유리한 투쟁 방식이었다.

비사회주의 계열, 즉 보수적 자본주의적 타협적 온건민족주의자는, 체질상 지하운동에 안 맞는다. 그들은 점령국으로부터 일정한 혜택을 받고 있는 식민지 사회의 경제적, 문화적 기득권층이다. 어떤 사회를 막론하고, 가진 것이 많으면 잃을 것도 많다. 현상 변화가 반드시 필요하지 않을 뿐 아니라, 오히려 위협이 될 수도 있어 그리 달가워할 일이 아니다.

조선이라고 다를 리 없다. 1910년, 일제가 조선을 강점하자마자, 지주의 권한을 강화하는 조치를 취했다. 조선 시대는, 소작인이 도지를 한 번 받으면 세습적으로 농사지을 수 있었으나, 일제는 지주 마음대로 매년 소작인을 바꿀 수 있게끔 법을 고쳤다. 주된 목적은, 농민의 경작권을 인정하지 않음으로써, 조선의 토지를 손쉽게 약탈하려는 음모였지만, 동시에 조선인 지주의 권한과 위상을 강화하는 조치이기도 했다. 일제 약탈자에게 재산을 빼앗길까봐 전전긍긍하던 지주들에게는 고맙기 그지없는 예기치 못한 시혜가 아닐 수 없었다. 뿐 아니라 일제는, 강점기 내내, 지주와 자본가, 특히 부유한 조선조 관리들을, 극진히 보살피는 민족분리정책으로, 그들을 정성스레 모셨다. 그들에게 불만이란 것이 있었다고 한다면, 그것은, 오직 정치적 권리가 제한되어 있는 것뿐이었을 것이다.

비사회주의적 온건민족주의자들도 다 같지 않다. 우선, 이완용 같은 〈매국 민족주의자〉가 있다. 이 자들은 일제에 합병되는 것이 조선민족 최선의 살 길이라고 판단했다. 사리사욕만이 아니었다. 이완용이, 조선조 말에 청국으로부터의 〈자주독립〉과 〈충군애국〉을 강령으로 내걸고 탄생한, 조선 최초의 민족주의 단체 〈독립협회〉의 초대 위원장을 맡았던 것만 보더라도, 이 사람이 얼마나 〈애국충정〉이 넘치는 지극한 민족주의자였던 가를 충분히 알 수 있다. 국제정치 감각이 뛰어난 이완용은, 조선이 청국의 종속국으로 있는 것보다는 일제에 합방하는 것이, 조선민족을 더 행복하게 할 수 있을 것으로 판단했을 것이다.

다음은, 신민회 간부를 지낸 바 있는 윤치호 같은 〈일선(日鮮) 동화 민족주의자〉들이다. 1911년 9월, 일제가 조작한 〈105인 사건〉의 주모자로 몰려, 잠깐 옥고를 치르다가 특사로 풀려나자마자, 1915년 3월 14일 매일신보와의 인터뷰에서 다음과 같이 다짐했다.

"조선민족은 어디까지나 일본을 믿고 상호 구분이 없어질 때까지 노력할 필요가 있다." "일선(日鮮) 민족의 행복을 위해 양 민족 동화에 혼신의 힘을 다 하겠다."
어차피 자주적으로 살아갈 능력이 없는 민족이니, 하루라도 빨리, 일본인이 되는 게 낫다고 했다. 그리고 그 맹서를 굳세게 지키면서, 해방 뒤에도 편안하게 잘 살았다.

윤치호를 잡아넣은 〈105인 사건〉도 어이없는 항일운동 억압 조작극이다. 천주교 서울대교구장 뮈텔 주교가 총독부 경찰총수 아까시 경무총감을 찾아가, 안중근 의사 동생 안명근이 조선총독 암살 음모를 꾸미고 있다고 밀고한 것으로부터 시작되었다. 신부, 그것도 주교란 자가, 신도의 고해성사를, 이교도 경찰에 고해바친 성사에 놀라움을 금할 수 없었으며, 이를 빌미로 반일극을 조작한 일제 경찰의 간계 또한 우러러 탄복하지 않을 수 없었다.

이 부류에는, 위로는, 일본 배 타고 일본 가면서 〈태극무늬〉를 조선왕조 국기로 내건, 일제 중추원부의장 겸 일본귀족원의원 박영효 후작, 아래로는 중학생 때 만세 부르다가 구금된 일이 있는 〈고문귀〉 하판국 경관이 있다. 이들 중에는 일본관헌의 탄압을 피하기 위해 〈위장친일〉했다거나, 은밀히 독립군에 자금을 주고, 독립투사를 도왔다고 하는, 황당한 〈유령 민족주의 사기꾼〉이 아주 많다. 독립투사들이 입을 닫은 뒤로는 더 늘었다.

　이 두 귀화민족주의자들 말고도, 우리 민족의 앞날을 설계한 민족주의자가 더 있었다. 먼저, 자치주의 민족주의, 개량주의 민족주의 등 〈타협적 민족주의자〉와, 〈비폭력 외교독립민족주의자〉다. 이들 또한 민족을 지극히 사랑한 민족주의자다. 그중에는 한 때 독립운동에 발 들였다가 마음 바꾼 사람도 있지만, 대게 독립을 위한 투쟁을 포기하고, 독립과 거리가 먼 민족운동을 한 민족주의자다. 일제에 능동적으로 협조하지 않았다는 점에서 만 귀화주의 민족주의자와 다를 뿐, 독립투쟁과는 거리가 먼 민족주의자다. 다음은 이른바 〈민족주의 좌파〉인 〈비타협적 민족주의자〉다. 이들은 한 동안 굴욕적인 자치운동을 배격하고 사회주의자와 연합하여 신간회를 조직하는 등 항일운동에 발 들였다. 그러나 일제가 민중대회를 빌미로 간부들을 대거 구속하는 등으로 강경 대응하자, 갑자기 지도노선이 합법주의, 온건주의로 바뀌고, 결국 사회주의자와의 노선 대립으로 자진 해산했다. 이들 중에는 끝까지 자치론과 타협하지 않은 지사도 있었지만, 대부분, 타협적 민족주의와 타협했다.

　3.1 독립운동 때 만세 한 번 부르고는 혼비백산하여, 젊은이들에게 군대 가라, 징용 가라, 정신대 가라고 내몬 민족주의자와, 왜놈들과 목숨 걸고 싸운 독립투사가 같을 수 없다. 일제의 압력에 순응한 명사들이, 일제에 맞서 독립운동했다고 자랑하고 나설 처지는 결코 아니다. 그러나 해방되자, 자치주의자들의 얼룩진 정체성이 열혈 독립투사보다 오히려 더 민족주의적이었다는 기적이 일어났다. 사회주의자, 공산주의자는 독립을 빙자하여 폭력적 파괴적 투쟁, 그것도 무산자를 위한 계급투쟁만을 일삼았지만, 자기들은 오직 민족의 행복만을 위한 생산적 민족운동을 전개했다는 논리로 비약했다. 일제에 아부한 역겨운 행적은, 현란하게 장식된 짧은 민족운동 경력에 묻혀 흔적 없이 사라져 버렸다.

　이유는 간단하다. 미군정이 일본제국의 〈천황적 군국주의 사회주의관〉을 그대로 물려받았기 때문이다. 달리 말하면, 미국이 일제와 꼭 같이, 우리 독립투사를, 〈체제전복을 꾀하는 파괴분자〉, 〈불령선인〉, 〈빨갱이〉로 내몰았기 때문이다. 미군정이 일본 천황을 경배하는 진성 황국신민을 너무 많이 등용한 것도 하나의 원인이었을 것이다.

해방 무렵 우리 백성들은 사회주의를 상당히 긍정적으로 받아들이고 있었다. 독립운동하는 사람들의 어려운 사상이라 생각하여, 거부감보다 존경심이 더 컸다. 학교 운동회에서 적군이 〈적기가〉 부르며 "적군 이겨라"고 응원하는 것이 조금도 이상하지 않았다. 아마도 일제의 억압과 수탈에 신음하던 백성에게는 〈억압 없는 자유와, 수탈 없는 평등〉이란 말이 무척 마음에 들었을 것이다. 반면에 자본주의라는 말은 그리 좋은 대접을 받지 못했다. 〈벼락부자, 친일파, 모리배〉같이 부정적으로 쓰이는 경우가 더 많았다.

그러나 미군이 우리 땅을 밟으면서 사정이 달라졌다. 공산주의나 사회주의가, 해방 은인인 미국의 자본주의에 대립하는 사상이란 것을 알고는 황급히 움츠렸다. 미국 자본주의만이 진정한 자유민주주의이고, 나아가 자본주의가 곧 민주주의이며, 다른 민주주의는 민주주의가 아니라고 한다는 것을 알았다. 이것이 타협적 민족주의자에게 찾아온 구세주였다.

민주주의는, 모든 사람이 동등한 권리를 가지고 평등하게 의사결정에 참여하는 정치형태다. 인간의 가치가 얼마나 평등한 가에 따라, 자유민주주의나 시민민주주의, 즉 부르주아민주주의만이 아니라 사회민주주의, 인민민주주의, 참여민주주의 같은 민주주의도 여럿 있다.

18, 9세기까지 서양 사상가들은, 민주주의를 〈무지한 빈민의 지배〉로 보았다. 부정론자들은, 부유하고 교양 있는 사람들을 억압하는 〈우민정치〉라 비하했지만, 긍정론자들은, 계급 없는 사회의 〈유토피아정치〉라고 찬양했다. 18, 9세기에 들어와, 실체

적 지배자인 부유하고 교양 있는 사람들이, 소외되어 있는 우민들도 정치에 참여참여할 수 있다 는 선심을 쓰면서 만든 것이 자유민주주의다. 이론적으로는, 옛날 〈민주주의〉에서 억압받던 부유하고 교양 있는 사람들이, 빈민도 참여시킨다는 미명으로, 우민들이 지배하는 〈민주주의〉에 올라 탄 정치형태다. 현실적으로는, 영국의 부유하고 교양 있는 백인들이 왕권을 약화시키는 과정에서 다듬어진 반(半)봉건적 정치관행인, 근대 부르주아민주주의 또는 자본주의적 민주주의다.

서양이 세계를 제패하면서 모범적 정치체제인양 학습되고는 있지만, 완전한 것도 아니며 이상적인 것도 아니다. 또 정치문화가 다른 데서는, 종주국보다 훨씬 더 가혹한 시련을 겪어야 하며, 정착되더라도 기득권 집단의 외연만 다소 늘어날 뿐, 대다수 국민은 여론에 묶인 속 빈 주권자에 불과하다. 주연도 조연도 아닌 엉겁결에 동원된 평등한 관객일 뿐이다.

인민이 주권자라는 민주주의 본뜻으로 본다면, 사회민주주의나 참여민주주의가, 자유민주주의나 시민민주주의보다 훨씬 더 민주주의적이다. 사회주의도 참여와 책임을 더한 민주주의다. 나치의 전쟁 목표가 〈자유〉이던 것을 보면 자유와 민주의 참 뜻이 무엇인지 잘 알 수 있을 것이다. 그러나 타협적 민족주의자는 미국식 자유민주주의만이 민주주의이지, 다른 것은 민주주의가 아니라고 주장하고. 나아가 정의로운 미국 민주주의와 음흉한 소련 공산주의가 대립되는 것처럼, 민족주의와 공산주의도 대립되는 것이라 왜곡하면서, 해방과 더불어 민족의 가슴을 뜨겁게 달군 민족주의란 용어마저 순식간에 빼앗아 가 버렸다.

3 날개 단 친일파

　미국 육군 제24군단 군단장이며, 조선 주둔군 사령관인 육군 중장 하지는, 조선총독의 항복을 받은 뒤, 항복문서 제5조에 의거하여, "일본인 문무관은 연합군 사령관에 의하여 면직되지 않는 한 현직에 유임하면서 직무를 수행하라"라고 명령했다. 이 날부터 일본인에 의한 지배 곧 〈정치〉는 끝나지만, 일본인에 의한 관리, 즉 〈행정〉은 그대로 계속하겠다는 말이다. 조선에 대한 지식도 행정경험도 없는 데다가, 좌익세력이 정국을 주도하고 있는 상황에서, 전승국 미국 점령군이 취할 수 있는 최선의 방책이었을 것이다. 하지 사령관 자신이 본국에 보낸 전문을 보면, 이러한 조치를 취하게 된 사정을 가늠할 수 있다.

　"적극적인 행동을 취하지 않는 한 공산주의자의 활동은 권력을 획득할 수준에 까지 도달했다."

　미군정이 조선에서 이룬 가장 눈부신 업적은, 조선총독부 경찰의 재 채용이었다. 미국은 광복 직후부터 해방 정국의 혼란을 성실히 수습하던 건준 산하 치안대 등, 조선인 치안조직의 치안권을 금지하고, 대신 조선총독부 경찰을 다시 불러 치안을 맡겼다. 미국은 조선총독부 조선인 경찰 8천여 명 중 5천여 명을 특별 채용한 덕을 톡톡히 보았다.

　그들은 미국이 베푼 뜻밖의 은전에 감격하여, 미국이 기대한 것보다 훨씬 더 유능하고 신속하게 해방정국을 휘어잡아 그 은혜에 보답했다. 일제강점기에 갈고닦은 반인간적 압제 〈경력〉을 유감없이 발휘한 일제 경찰 덕분에, 미군정은 그들을 대거 특채한 지 두 달도 체 안 되어, "한국 경찰이 법과 질서의 유지 임무를 이양 받음으로써 미국은 한국에 소규모의 병력만 주둔시켜도 된다."라고 말할 수까지 있게 까지 되었다. 이는 곧, 두 달도 안 되는 단기간에, 해방정국의 흐름을 뒤바꾸어놓을 만큼, 미군정경찰의 주민 통제력이 뛰어났다는 것을 웅변한다. 커밍스는 미국 CIA 문서를 인용하여 이렇게 썼다.

"남로당을 비롯한 좌익 대중단체의 가입이 미군정하에서 공식적으로는 합법이었지만, 경찰은 대체로 공산주의자를 폭도나 반역자로 생각하여 조그만 핑계만 있어도 체포하고 구금하고, 때로는 쏘아 죽일 대상으로 보았다." "남조선의 관료체제는 본질적으로 옛 일본의 체제 그대로였다. 전쟁(제2차 대전) 전, 일본의 가장 어두운 반동세력의 소굴로 E. H. 노이만이 지목했던 내무부는, 남조선에서 '인민의 생활 거의 모든 면에 걸쳐' 고도 의 통제력을 발휘하고 있었다." "국가경찰의 수장 조병옥은, 많은 사람들이 이승만 다음으로 큰 권력을 가진 사람으로 여겼는데, 한민당은 그의 덕으로 경찰과 지방정부 내에 자기네 세력을 키울 수 있었다."

다음 표는,
1946년 11월까지, 미군정 경찰간부 중 조선총독부 경찰 출신 비율이다.

직 위	총 수	총 독 부	경찰 비율 (%)
치 안 감	1	1	100
청 장	8	5	63
국 장	10	8	80
총 경	30	25	83
경 감	139	104	75
경 위	969	806	83

경위 이상 간부 1,157명 중 82%인 949명이 일제 경찰 출신이고, 하급 경찰도 30% 이상이 일제 경찰이나 앞잡이였다. 천하에 악명 높던 고문귀 하판락도, 당당히, 경찰간부로 임용되었다. 청산 대상인 친일 반민족 경찰이 다시 치안권을 잡고 흔드는데, 감히 누가 식민지 잔재를 청산한단 말인가? 반평생 독립투쟁에 몸 바친 불세출의 투

사들이, 또다시 경찰에 끌려가 모질게 고문당하는 어처구니없는 일이 흔해졌다. 독립투사를 고문하던 민족반역자가, 미군정경찰로 영전하자마자, 어느덧 조선독립을 방해하는 민족반역자로 전락한 독립투사들을 다시 고문하는 세상에, 해방은 무슨 해방이란 말인가? 누가 누구로부터 해방되었단 말인가?

자본주의를 주도하는 미국의 주적은, 처음부터 소련 공산주의다. 러시아에서 볼셰비키혁명이 일어나자, 미국을 비롯한 세계 모든 자본주의국가가 연합하여 〈노농정부〉에 무자비하게 〈백색테러〉 했다. 나치독일 중심의 파시스트국가들과 힘든 전쟁을 벌일 때는, 적의 적인 소련과 부득이 연합했지만, 소련이란 공산주의국가는, 탄생과 더불어, 미국, 영국 등 자본주의국가의 주적이었다. 서유럽의 전통적 가치체계인 자본주의에 대한 도전은, 결단코 용납될 수 없는 〈동물농장〉 일뿐이었다. 1946년 3월 5일, 전 영국 수상 처칠이, 1년 전만 해도 추축국 파쇼정권을 쳐부수기 위하여 함께 싸운 연합국을, 〈철의 장막〉이라 저주하고 다닌 것은, 이러한 소련에 대한 자본주의국가의 생태적 적의를 대변하는 것이었다.

미국도 다르지 않았다. 1946년 초, 캐넌의 〈대공봉쇄론〉이 힘을 얻으면서 반공주의 열풍이 거세어지고 있었다. 드디어, 1947년 3월 12일, 〈트루먼독트린〉을 발표하여, 공산주의로부터 〈자유와 독립〉을 지키기 위해서는, 세계 어느 곳이라도, 즉시 그리고 적극적으로, 간섭하겠다고 〈대공 전쟁선포〉를 했다. 덕분에 벼랑 끝에 몰려있던 그리스와 터키 정부는 험난한 공산주의혁명을 성공적으로 극복할 수 있었다. 패전한 일본은 더 이상 미국의 적이 아니다. 미국 주도하에 공산주의에 맞서야 하는 보호국이다. 뿐만 아니라 일본은 애당초 사회주의를 〈대일본제국〉의 반역집단으로 엄벌한 자본주의국가다. 이미 1936년 11월 25일에, 나치독일과 〈반 코민테른협정〉을 맺은 바 있는 반공국가다. 게다가 미국 정부보다 더 반공적인 반공군인 맥아더가 버티고 있는 한, 미국 점령지에 반자본주의 세력이 발붙인다는 것은 어림도 없다. 반면에, 과거야 어떻든 간에, 좌익만 아니면 누구든지 우군이 될 수 있었다.

새로 임명된 미군정 고위관리는, 미국 군인이던 조선인이든 간에, 정부 행정 경험이 없는 신인들이다. 실무경험 있는 수족이 필요할 수밖에 없다. 그리고 그 수족이 될 수 있는 인재라고는 오직 조선총독부 관리뿐이다. 그들을 쓰지 않을 수 없다. 이리하여 왕년의 일제 〈명관〉이 다시 권력을 잡게 되었으니, 일제에 항거하던 독립투사들의 처지가 난감해졌다.

　독립운동을 사회주의, 공산주의와 같은 것으로 미워하던 일제 관리와 경찰이, 좌익이라고 생각되는 '불순분자'를 용서할 리 없다. 일본에 반항하는 민족주의자들을 잡아다 고문하고 교화하는데 반평생을 바친 대일본제국 황국신민이 다시 날뛰는 세상에서, 독립투쟁밖에 모르는 사람들의 삶이 편할 수 없다. 미군정이 조선총독부 관리, 특히 고등계 형사들을 극진히 모신 이유와 목적도 바로 여기에 있었다. 조선에서 일본을 쫓아낸 미국은, 쫓겨나간 일제가 만든 식민지 지배체제와 관행을 그대로 계승하고, 아울러 일제 식민지 관리들을 그대로 넘겨받아, 점령지 조선에 미국적 가치를 덧씌우려 했다. 그 가치가 미국식 자본주의 곧 미국적 자유민주주의란 것은 말할 것도 없다.

7장

신탁통치의 마술

1 조선의 신탁통치

조선의 신탁통치는, 미국 대통령 F. 루즈벨트가, 카이로와 얄타회담에서 스탈린에게 제안하여 합의한, 일본 식민지 조선의 전후처리방식이다. 아직 제2차 세계대전 중이고, 국제연합(유엔)이 생기기 전이라, 구체적인 실시방법이 어떤 것인지는 아무도 몰랐다. 다만 F. 루즈벨트가, 필리핀을 식민 지배하고 있는 미국 통치방식을 〈가장 성공적인 위임통치제〉라 자찬하고 있던 것으로 미루어 보아, 대체로 국제연맹의 위임통치제와 같은 것이었을 것이다.

국제연맹의 〈위임통치제〉는, 제1차 세계대전에 이긴 나라들이, 패전국, 특히 터키 식민지인 중동과 아프리카를, 분할 지배하기 위해 만든 〈승전보상제도〉다. 패전국 식민지를, 아직 독립할만한 단계에 이르지 못한 미개인이란 구실로, 전승국 중 〈1국가〉가 〈국제연맹 감독 하에〉 지배하는 패전국 식민지 지배제도다. 신탁을 위임받은 1국가가, 자기 영토의 일부분으로 지배하며, 입법, 사법, 행정 및 외교에 대한 〈전권〉을 가지고, 자국 법률을 적용한다는 점에서, 식민지 지배와 다름없다.

제2차 세계대전이 끝난 뒤에 생긴 유엔도, 패전국 식민지 처리제도를 만들었다. 그것이 〈신탁통치제〉다. 위임통치제를 그냥 그대로 본떠 만들었다. 따라서 국제연맹의 위임통치제와 마찬가지로, 패전국 식민지 미개인이 독립할 능력을 갖출 때까지, 〈1국가가〉 전권을 가지고 지배하는 제도다. 제국주의적 식민지 지배제도와 조금도 다를 바 없다.

조선 사람들은 신탁통치라는 말이 처음 나왔을 때는 그리 관심을 갖지 않았다. 아직 일제 지배하에 있을 때라, 신경 쓸 이유가 없었다. 이승만이, 일본 대신 미국이, 조선을 〈위임통치〉하게 해달라고 국제연맹에 청원한 사실도, 신채호 같은 열혈 투사나, 서양 유학생들 정도나 알고 있을 뿐이었다. 1945년 10월 20일, 미국무부 극동 국장 빈센트가, 미국이 조선을 〈신탁통치하려 한다〉는 미국 정부 정책을 밝히자, 비로소 놀랐다. 빈센트의 말은 이렇다.

"조선은 오랫동안 일본에 부속되어 있었기 때문에 즉시 자치할 준비가 되어 있지 않다. 그러므로 우리는 일정 기간 동안 조선인이 그들 나라의 독립정부를 떠맡을 준비를 갖출 수 있도록 신탁 통치할 것을 주장한다. 그 기간은 얼마나 걸릴지 모른다. 그러나 짧으면 짧을수록 좋다는데 동의한다."

즉시독립을 바라는 조선인들은 흥분했다. 온 국민이 한 목소리로 비난했다. 독립시켜 준다 해놓고, 신탁통치라는 또 다른 식민지 지배를 받으라는 것을 좋아할 사람이 없다. 당황한 미군정이 서둘러 진화에 나섰다. 조선군정장관이 기자회견을 자청하여 "극동 국장 빈센트의 말은 단지 개인 의사에 지나지 않는 줄 믿는다. 그분의 말이 미국 정부의 방침이 아님은 틀림없다. 그러므로 그러한 소식은 묵살해야 할 것이다"라고 강력 부인했다. 최고 통치자 하지까지 나서, "하찮은 지위에 있는 빈센트 개인의 의견일 뿐"이라고 평가 절하하는 말을, 측근인 한만당 대표 송진우를 통하여 발표했다.

조선인들은 한 숨 돌렸다. 그러나 조선 문제에 대하여, 미국 국무부와 국방부의 견해가 다르다는 사실은 몰랐다. 국무부는 빈센트 말대로 〈연합국 4개국이, 상당기간, 신탁 통치한 뒤에 독립시켜주는〉 정책을 견지하고 있었다. 그 사실은, 1945년 10월 13일자 미국 연방정부 3부(국무부, 전쟁부, 해군부) 조정위원회의 〈기본군정지침〉에도, 상세히 나와 있다.

"조선에서 미국의 최종 목표는 자유 독립국가를 수립하고, 나아가 책임 있는 평화를 애호하는 국가의 일원이 될 수 있는 여건을 형성하는 것이다. -- 미, 소에 의한 잠정 군정기로부터 미, 소, 영, 중에 의한 〈신탁통치〉를 거쳐 최종적으로 유엔 회원국으로서 독립국가에 이르는 단계적 발전을 계획하고 있는 미국의 정책을 유념해야 한다."

이 문서로 미루어 볼 때, 적어도 1945년 무렵의 트루먼 정부의 공식적 조선 정책은, "군정이 끝나면, 일정기간 〈신탁통치〉를 실시한 뒤에, 독립적이고 민주적인 통일된 조선 정부를 수립한다."는 것이 분명했다. 10월 27일, 트루먼 대통령이, 미국해군 기념일 연설에서, 연합국과의 협력관계를 강조하면서, F. 루즈벨트의 외교정책을 재확인 한 바도 있다.

그러나 미군부의 생각은 미국 정부 공식정책과 달랐다. 특히 반공, 반소적인 극동 지배자 맥아더와 그 휘하에 있는 미군정은, 〈조선을 미국만의 직접적 영향 하에 두어야 한다〉고 생각했다. 제2차 세계대전, 특히 태평양전쟁을 승리로 이끈 일등공신인 미국만이, 그에 알맞은 보상으로, 조선 전체에 독립정부를 세워줄 권리가 있다고 자만했다. 태평양전쟁에 이바지한 공이 거의 없는 소련이, 주제넘게, 조선 문제에 간여하는 것이 못마땅했다. 뿐만 아니라, 소련이란 국가 자체를 미워했다. 나치가 항복하자마자 동유럽 전 지역을 몽땅 〈적화〉하는 것을 보고 분개했다. 그래서 빈센트가 미국의 대 조선 정책을 정직하게 밝혔을 때에도, 즉시 미국의 공식 정책이 아니라 빈센트 〈개인 의견〉에 불과하다고 평가절하하면서, 진정한 미국 정책은, 조선을 〈신탁통치 없이 즉시 독립시켜 주는 것〉이라고 주장했던 것이다.

미군정이 본국 정부의 정책을 모를 리 없다. 그럼에도 불구하고, 빈센트를 비난하고 나선 것은, 고의로 왜곡하려 한 것이라기보다는, 그것이 미국군부의 진의이고, 또 미국 정부의 참뜻도 그럴 것이라고 생각했기 때문이었을 것이다. 종속 유전자를 타고 난 어진 조선인은, 우리를 해방시켜준 고마운 미국 장군님들의 말씀을 믿을 수밖에 없었다.

순진한 조선인들의 불안한 의구심에, 이승만이 불을 질렀다. 모스크바에서 열리고 있는 미, 영, 소 〈3국 외무장관회의〉에서, 조선의 신탁통치 문제가 결정된다는 소문이 나돌아, 국내 인심이 뒤숭숭할 때다. 3국 외무장관회의에, 조선의 신탁통치 문제가 상정되기 이틀 전인 12월 14일 저녁, 이승만이 라디오 방송에 나가, 다음 같은 깜짝 발표를 했다.

"와싱톤에서 오는 통신에 의하면 아직도 조선의 신탁통치안을 지지하는 사람이 있다 합니다. 우리 조선은 이 안을 거부하고 완전 독립 의외에는 아무것도 용납할 수 없음을 알 리고 싶습니다. 여기에는 당당한 이유가 있습니다. 즉 트루만 대통령, 번즈 국무장관, 연합군사령관 맥아더 대장, 하지 중장은 다 조선독립을 찬동하고 있습니다."

그리고 그다음 날, 모스크바 3국 외무장관회의에서 조선 문제가 논의되기 바로 전날(15일), 미군정 실세인 한민당 지도자 김성수가 주인이고 송진우가 사장인 동아일보가, 미국 언론의 권위에 기대어, 특종 하나를 내었다. 한 미국 통신사가, 의도적으로 만든 억측 기사를, 〈워싱턴 발 지급 뉴스〉라며, 그대로 제1면 머리기사로 보도했다.

큼직하게 〈외상회의에 논의된 조선독립 문제, 소련은 신탁 주장, 소련의 구실은 38선 분할점령, 미국은 즉시독립 주장〉을 표제어로 뽑고는, 〈조선의 분점은 부당〉을 부제로 하여,

"'번즈' 미국무장관은 출발 당시에 소련의 신탁통치안에 반대하여 즉시독립을 주장하 도록 훈령을 받았다고 하는데, 3국간에 어떠한 협정이 있었는지 없었는지는 불명하나 미국의 태도는 카이로선언에 의하여 조선은 국민투표로서 그 정부의 형태를 결정할 것을 약속한 점에 있는데, 소련은 남북 양지역을 일관한 1국 신탁통치를 주장하여 38도선에 의한 분할이 계속되는 한 국민투표는 불가능하다고 하고 있다."(워싱턴 25일발 합동지급보).

미국 고위층은 모두 조선을 완전 독립시켜주려 하는데, 소련은 계속 신탁통치만을 고집하고 있다는 말이다. 바로 전날, 미국은 〈독립〉을 주장하는데, 소련은 〈신탁통치〉를 고집하고 있다고 한 이승만의 라디오 방송과 맥락을 같이 하는 〈입도선매 특종〉이다. 다른 신문들도 뒤질세라 다투어 퍼 날랐다. 미국은 독립시켜주려는데 소련은 신탁통치만을 고집한다고 대서특필했다. 모스크바에서는, 아직 조선 문제가 상정조차 되지 않았는데도 불구하고, 온 조선 사람이 〈소련의 신탁통치 음모〉에 분개하는 데는 체 이틀도 안 걸렸다. 좌우 가릴 것 없이, 신탁통치를 고집하는 소련에 대한 적개심에 불타올랐으며, 소련에 대한 분노가, 곧바로 반소 반공운동으로 폭발했다. 이승만의 〈독촉전국청년연맹〉은, 분연히 궐기하여, 〈신탁통치 절대반대〉, 〈신탁배격운동에 참여치 않는 자는 민족반역자로 규정한다〉는 결의문을 채택했다. 조선에 새 〈민족반역자〉가 양산되는 역사적 순간이다.

2 유엔의 신탁통치제와 모스크바의정서의 신탁통치제

동아일보 특종기사가 나온 다음날인 12월 16일에야, 모스크바에서, 제2차 세계대전 전후처리를 논의하기 위한 〈미, 영, 소 3국 외무장관회의〉에 조선 문제가 상정되었다.

먼저, 미국 국무장관 번즈가 〈한국인의 참여 없는 5년 내지 10년의 신탁통치〉를 내어놓자, 소련은 〈즉시독립〉을 주장했다. 미국이 이를 거부하자, 소련은 〈조선에 독립을 부여하기 위한 민주적 임시정부를 수립한 뒤, 5년 이내의 신탁통치 실시〉 수정안을 내었다.

미국 안은, 〈조선인의 참여 없이, 4대 연합국이 5년 내지 10년간 신탁 통치한 뒤에 독립시키자〉는 데 대하여, 소련 수정안은 〈조선인이 만든 임시정부를 지원하기 위하여 5년 이내 신탁 통치하자〉는 것이었다. 미국 안은 조선인의 임시정부를 만들지 말자고 한 반면, 소련 안은 조선인의 임시정부를 먼저 만들자 했다. 신탁통치기간도 미국은 〈최소 5년〉을 고집했으나, 소련은 〈5년 이내〉로 하자고 했다. 이승만과 동아일보가 주장한 것과는 정반대다.

결국 소련 수정안을 미국이 다시 수정하여 최종적으로 합의한 문서가, 12월 28일에 발표된 〈모스크바 3국 외무장관회의 결정서〉 곧 〈모스크바의정서〉다. 주요 내용은 이렇다.

1) 조선을 독립국으로 재건하고, 민주주의 원칙에 입각하여-- 임시정부를 구성하고, 임시 정부는 조선의 산업, 운수, 농업과 조선인민의 민족문화를 발전시키는 데 필요한 모든 방안을 강구하지 않으면 안 된다.

2) 조선 임시정부조직에 협력하며 이에 적응할 제 방책을 예비 작성하기 위하여 남조선 미군사령부 대표들과 북조선 소련군 사령부 대표들로서 공동위원회를 조

직한다. 위원회는 자기의 제안을 작성할 때에 조선의 민주주의 제정당과 제 사회단체와 반드시 협의할 것이다. 위원회가 작성한 건의문은 공동위원회 대표로 되어있는 양국 정부의 최종적 결정이 있기 전에 소, 미, 영, 중 제국 정부의 최종 심의를 받아야 된다.

3) 공동위원회는 조선민주주의 임시정부를 참가시키고, 조선민주주의 제 단체를 인입시키고 조선인민의 정치적 경제적 진보와 민주주의적 자치발전과, 또는 조선독립의 확립을 원조 협력하는 제 방책도 작성할 것이다. 공동위원회의 제안은 조선 임시정부와 협의 후 5년 이내를 기한으로 하는, 조선에 대한 4개국 후견의 협정을 작성하기 위하여 소, 미, 영, 중 제국 정부의 공동 심의를 받아야 한다.

4) 남북조선과 관련된 긴급한 제 문제를 심의하기 위하여 -- 2주일 이내에 조선에 주둔하는 미소 양국 사령부 대표 회의를 소집할 것이다.

모스크바의정서는, 먼저 조선인이 스스로 자기들의 〈임시정부〉를 만들고, 이 임시정부와 〈연합국 4개국〉이 합의한 방식에 따라, 연합국 4개국이 공동으로, 〈5년 이내〉 신탁통치(후견)하게 되어있다.

1국가가 신탁통치하는 것이 아니라, 〈연합국 4개국〉이, 〈조선민주주의 임시정부를 신탁통치〉하기로 했다. 따라서 모스크바의정서의 신탁통치제는, 1국가가 단독으로 직접 통치하는 국제연합의 위임통치제와는 차원이 전혀 다르다.

3 신탁통치반대 (반탁)

모스크바의정서가 나온 뒤에도 국내 사정은 그리 달라지지 않았다. 신탁통치란 것은, 어떤 것이든 간에, 식민지 지배와 똑같다고 굳게 믿어 무조건 반대했다. 즉시 독립시켜주지 않고, 그 지긋지긋한 식민지 지배를 다시 받으란다. 어림도 없다. 절대로 안 된다.

우익신문들은 계속 거짓보도를 쏟아내었다. 음흉한 소련의 음모를 줄곧 헐뜯고 있던 동아일보는 한 술 더 떴다. 가장 중요한, 〈조선인의 임시정부 수립〉은 빼고, 〈5년간 1국 신탁통치〉한다고 썼다. 연합국 4개국이 아닌 〈1국 신탁통치〉에, 〈5년 이내〉가 아니라 〈5년간〉이라 했다. 1국 신탁통치라면, 그게 바로 식민통치다. 그것도 5년간이다. 반탁 물결이 그래서 그토록 거세었던 것이다. 즉시독립을 바라는 조선인의 분노가, 신탁통치를 고집하는, 소련으로 몰리지 않을 수 없었다. 그와 함께 신탁통치를 지지하는 공산당과 좌파도, 소련의 사주를 받아 민족을 팔아먹는 매국노로 매도되었으며, 급기야 반공 반소가, 신탁통치를 고집하는 매국노를 때려잡는, 애국주의, 민족주의와 같은 말로 승화했다.

한민당은, "소련은 신탁을 주장하고, 미국은 즉시독립을 주장한다."는 특보를 내고 (1946년 1월 10일), 이승만의 독촉은 "소련이 신탁통치 주범"이라는 다음 같은 결의문을 내었다.

"미국의 트루만 대통령, 번즈 국무장관, 맥아더 원수, 하지 중장은 모두 조선의 즉각 독립을 주장하고 신탁을 반대하고 있으나, 국무성안의 일부 용공분자들이 소련에 동조하여 신탁을 지지하고 있다."

극우익세력은 마침내 그토록 바라던 민중동원력을 얻었다. 그것이 거짓말이라도 상관없다. 어떤 신탁통치든 간에 〈신탁통치는 신탁통치〉다. 뒤늦게 조약문 전체가 공표되어, 이승만과 동아일보가, 결정도 안 된 국제조약을 〈입도선매 거짓말〉한 사실이 드러나고, 또 그들의 주장과는 정반대로, 미국은 신탁통치를 계속 고집한 반면, 소련은 즉시독립을 주장했다는 사실이 밝혀졌음에도 불구하고, 조선인의 마음은 조금도 흔들리지 않았다. 독립운동가 이승만과 자칭 민족신문 동아일보의 때맞춘 거짓말이 너무나 강렬하게 뇌리에 박히고, 그것이 계속 재생산되어, 오해를 바로잡을 겨를이 없었거나, 아니면, 작심하고 진실을 외면하려고 했을 것이다. 조선인들은, 신탁통치라는 새로운 식민지 제도가, 그토록 싫었다.

F. 루즈벨트 대통령이, 필리핀 식민지를 거울삼아, 장장 30-40년 간 조선을 신탁 통치하려 했다는 사실도 밝혀졌다. 그런데도 우익 지도자와 신문들은 요지부동이었다. 미국의 오랜 정책 복안이라는 사실 자체를 인정하려 하지 않았다. 오히려 음흉한 소련과 그 사주를 받은 좌익도배들이 조작한 간악한 모략이라 맹렬히 비난했다. 신탁통치란 것은, 오로지 소련이 조선을 집어삼키기 위하여 만들어낸 흉측한 음모라고 선동했다. 조선인들은 신탁통치가 모스크바에서 만들어졌으니, 의례히 소련이 주장하고 고집한 것이라고 생각할 수 있었을 것이다. 또 신탁통치를 반대하던 조선공산당 등 좌익이, 갑자기 신탁통치를 지지한 것이, 소련지령 때문이라는 우익신문들의 줄기찬 선전 선동을 믿었을 수밖에 없었을 것이다.

조선인의 잘못된 믿음에 불을 붙이는 일이 또 생겼다. 신탁통치를 강력히 고집하던 미국 국무장관 번즈가, 뜻밖에, "신탁통치가 불필요할 수도 있다"는 라디오 방송을 했다.(12월 30일). 4개국 신탁통치를 반대해 온 미군정은, 기다렸다는 듯이, 신탁통치를 거치지 않고 즉시 독립시켜주겠다고 대대적으로 선전했다. 그러나 소련은 달랐다. 모스크바의정서의 신탁통치는 "반드시 지켜야 하는 국제조약이며, 이에 반대하는 자는 파괴분자"라고 꾸짖었다.

미국은 신탁통치 안 하고 바로 독립시켜준다고 하는데, 소련은 꼭 신탁통치해야 한다고 윽박질렀다. 조선인들은, 소련만이 신탁통치를 고집한다는 믿음을 굳히지 않을 수 없게 되었다. 승기를 잡은 보수신문들은 〈신탁통치를 통한 소련의 음흉한 지배 음모〉를 쉬지 않고 퍼부었다. 음흉한 소련의 야욕에 분개하지 않을 조선 사람이 있을 수 없었다.

그러나 사실은 그게 아니었다. 번즈 장관의 라디오방송을 듣고 깜짝 놀란 조선주둔 군사령관 하지 중장이, 직접 본국 정부에 신탁통치 실시 여부에 대하여 문의하자, 미국 국무부는, "번즈 장관의 연설은, 단지 관련 4개국 정부가 만족할 만한 다른 해결책을 발견할 경우에는 우리가 신탁통치안을 끝까지 고수하지는 않을 것이란 의미일 뿐이다." "앞으로 특별한 사정이 없는 한, 신탁통치를 계속 고수한다."라고 잘라 말했다.

이것이 미국 정부의 공식정책이었다. 미국 군부, 특히 극동 지배자 맥아더와 미군정이 〈연합국 4개국 신탁통치〉가 못마땅했을 따름이었다. 조선의 현실을 잘 알고 있는 미국 장군들은, 신탁통치의 결과를 비관하지 않을 수 없었을 것이다. 만일 조선인에 의한 임시정부가 생기면, 미국의 남조선 지배가 끝날 수도 있다는 것을 염려하고 있었을 것이다.

신탁통치 반대(반탁) 운동에 맨 앞장을 선 사람은 김구다. 임정만이 조선의 정식 정부가 되어야 한다고 고집하는 김구가, 임정 아닌 새로운 신탁통치 임시정부를, 더욱이 소련만이 고집하고 있는 신탁통치를, 받아들일 리는 절대로 없다. 12월 28일, 경교장에서 〈대한민국임시정부 국무회의〉를 열어, 다음 사항을 결의했다.
1) 신탁제에 대하여 철저히 반대하고 불합작 운동을 단행할 것.
2) 신탁제도에 대하여, 중 미 소 영 4국에 대하여 반대하는 전문을 급전으로 발송할 것.

그리고 이 날 저녁, 정당 사회단체 대표들을 불러들여 〈각 정당 사회단체 대표자회의〉를 열었다. 참석자 모두, 모스크바의정서를 본 일이 없어, 그 내용을 전혀 모를 때다. 임정요인을 비롯한 좌우, 중도, 정당 단체 대표들이 거의 모두 모인 자리에서, 먼저, 연합국에 〈중경 임시정부 승인〉을 요구한 다음, 임정 중심으로 신탁통치 반대 투쟁을 전개하기 위해 다음 사항을 결의했다.

1) 신탁통치를 반대하기 위한 〈신탁통치반대국민총동원위원회〉를 설치한다.
2) 위원회는 각 정당, 각 종교, 각 사회단체 기타 유지인사로 조직한다.
3) 위원회의 기관은 중앙, 군, 면에 종으로 분설한다.
4) 위원회는 국무회의의 지도를 받는다.

김구는 이 자리에서 "우리 민족이 다 죽는 한이 있더라도 신탁통치만은 받아들일 수 없다"면서, 〈신탁통치를 지지하는 자는 매국노〉라고 소리쳤다.

모든 사람이 분연히 동조했지만, 오직 한민당 대표 송진우만이 신중론을 폈다. 자기가 사장인 동아일보 보도를 믿는다면, 신중론을 펼 사람이 결코 아니다. 미군 사령관 하지를 먼저 만난 뒤 이 회의에 참석한 것으로 보아, 모스크바의정서의 내용을 잘 알고 있었을지도 모른다. 아니면 한민당을 적극 지원하는 미군 사령관의 처지를 봐서라도, 성급한 반대운동에 선뜻 동참하고 나설 수 없었을 수도 있다. 아무튼 그는 성급히 반탁운동을 전개하면, 미군정과의 마찰이 불가피할 터이니, 좀 더 신중히 대처하는 것이 좋겠다고 했다.

신탁통치를 지지하는 말을 한 것이 결코 아니다. 단지 전후 사정을 좀 더 알아보고 난 뒤에 신중하게 행동하자고 했다. 그런데도 다음 날 새벽 피살되었다. 신중하게 대처하자고 한 것뿐인데도 즉각 죽임을 당했다. 저격범 한현우는 "송진우가 미국의 후견을 지지한 것이 자신의 저격 동기"라고 주장했다. 한진우가 김구 계 사람이기는 하지만 김구나 임정의 사주를 받은 증거는 없었다. 죽은 송진우는 〈임정봉대론〉을 높이 쳐들고 창당한 한민당의 대표다. 건준과 인공을 역적으로까지 몰면서 임정을 우리 정식 정부로 맞아드리자고 외친 사람이다. 그런 사람이, 미군정 비위 맞추느라, 임정에 맞서 신중론을 편 것이 눈에 거슬렸을지 모른다. 아무튼 반탁을 적극 지지하지 않는 것만으로도 〈반독립분자〉에다 〈매국노〉로 몰려, 죽임을 당할 수도 있을 만큼, 반탁 열기가 거칠었다는 것을 반증했다.

12월 30일, 김구의 대한민국임시정부는 결연히 〈국자 제1호〉, 〈현재 전국 행정청 소속의 경찰기구 급 한국인 직원은 전부 본 임시정부 지도하에 예속케 함〉을 반포했다. 이는 곧 경찰을 포함한 전국의 모든 행정기관은 임정 지도하에 들어올 것이며, 미국 군정청 조선인 직원은 전원 즉시 파업하라는 〈임시정부포고령 제1호〉이다. 우리 정부를 자처해 온 대한민국 임시정부가, 마침내 역사적인 첫 〈정부명령〉을 우리 국민에게 내렸다. 지금 이 순간부터 〈대한민국임시정부〉가 〈미국조선군사정부〉를 대신하는 정식 정부란 것을 밝히는 단호한 의사표시다. 일종의 쿠데타다. 〈3천만 동포에게 읍소〉 하는 성명서도 발표했다.

"--우리 3천만은 영예로운 피로써 자주독립을 획득해야 할 단계에 들어섰다. 동포여! 8.15 이전과 이후, 피차의 과오와 마찰을 청산하고 〈우리정부 밑에〉 뭉치자. 그리하여 3천만의 총역량을 발휘하여 〈신탁관리제〉를 배격하는 민족운동을 전개하자.--"

조선 백성은 열광적으로 호응했다. 모든 백성이 〈우리 정부〉의 명령을 적극 따랐다. 거리에는 밤낮을 가리지 않고 신탁통치 반대 데모가 줄을 이었다. 서울의 모든 시장이 자진 철시하고, 모든 극장이 휴업하고, 환락가마저 문을 닫고, 독립영웅 김구가 주도하는 〈신탁통치반대국민총동원위원회〉의 반탁국민총궐기대회에, 제2 독립운동하는 열정으로 떨쳐나섰다. 일제 때는 일제 경찰 무서워 꼼짝 못 했지만 이제는 아니다. 경찰이 보호해주는 데다 목소리 클수록 더 큰 애국자가 될 것 같아 목이 터져라 반탁을 외쳤다. 수도(서울)청에 근무하는 조선인 직원은 총사직을 결의하고, 미군정 조선인 직원과 경찰도 반탁 대열에 동참키로 결의했다. 미국군사령관 공관에 근무하는 종업원 모두가 반탁 시위에 나가는 바람에, 최고 통치자 하지는, 품위 있는 궁정 요리 대신, 야전용 식사로 저녁을 때워야만 했다.

좌익진영도 예외가 아니었다. 모스크바의정서가 발표된 다음날(12월 29일), 조선인민공화국 대변인이, "진위는 아직 공식 발표를 기다려 봐야 할 것이므로 개인적 입장에서 말하겠다."라고 전제한 뒤, "어떠한 의미에서라도 조선의 자주독립이 침해를 받는다면 우리는 과거 일본 제국주의에 항쟁하던 이상으로 단호히 싸워야 할 것"이라는 성명을 발표했다. 다음날에는 국내 최대 노동자 조직인 〈조선노동자조합전국평의회〉(전평)도 〈신탁통치 절대반대. 반소의 음모를 배격하자〉는 성명을 내었다.

좌우 가리지 않고 모든 조선인이 신탁통치 반대 대열에 합류하자, 미국 정부를 대표하는 하지 사령관이 다급해졌다. 당장 주요 정당대표들을 미국 군정청으로 긴급 초치하여, 모스크바의정서의 신탁통치제가, 유엔의 신탁통치제와 크게 다르다는 것을 적극 해명하고 나섰다.

"이 신탁통치제는 주권을 침해하는 것이 아니다. 주권은 조선의 정당, 사회단체 대표들 이 조직한 〈임시정부〉에 있지, 〈4개국 관리위원회〉에 있는 것이 아니다. 〈신탁관리〉는 일본제국의 통치와는 달리, 정치적, 경제적 발전을 위하여 〈원조〉하는 기관이다."

모두 사실이다. 그러나 아무도 믿으려 하지 않았다. 하지 사령관을 만나고 나온 김구가 "파업을 철회하라"라고 명령한 것이, 그나마 조선최고통치자의 유일한 소득이었다.

이렇게 모든 조선인이 반탁 열기에 들떠 천지가 시끄러운데도, 이승만은, 꼼짝도 하지 않고 침묵을 지키고 있었다. 누구 말마따나 "쓰다 달단 말이 없었다." 신탁통치가 미국 정부의 기본정책이란 것은 말할 것 없고, 모스크바의정서의 구체적 내용뿐 아니라, 미국무부와 합참에서 〈모스크바3장관회의의 결정을 이행하라〉는 지시가 계속 미군정에 내려오고 있다는 사실을 잘 알고 있는 외교 전문가가, 미국 정부와 공연한 마찰을 일으키고 싶지 않았을 것이다. 신탁통치 자체를 반대한 것이 아니라, 4개국 공동관리, 즉 소련이 발언권을 갖는 신탁통치를 반대한 것이 아닌가 하고 의심하는 사람들도 있었다. 이승만이 원하는 것은 남조선 단독정부이고, 그것은 오직 미국 단독으로 신탁(위임) 통치해야만 가능했기 때문이다.

이승만은 독립운동할 때도 지극히 점잖았다. 미국 목사의 숭고한 박애정신으로, 물리적 독립투쟁 대신 〈외교적 독립운동〉에 주력했으며, 미국이 태평양전쟁에 참전한 뒤에야 비로소, 미국 단파방송을 통해, 일제를 비난하는 목소리를 높이기 시작했다. 제1차 세계대전 직후에는 국제연맹에 미국의 위임통치를 청원하여, 신채호 같은 〈민족중심주의〉 독립투사들로부터 매국노란 원성을 듣기도 했으며, 독립노선과 자금의 선명성 문제로 미국 내 다른 독립지사들과 심한 갈등을 빚기도 했다. 조용히 미국정부의 진의를 추심하던 이승만이 갑자기 반탁 대열에 뛰어든 이유는 아주 간단하다. 김구에게 극우익 주도권을 빼앗길까 두려웠을 것이고, 보다 더 중요한 것은, 거센 반탁 열기에 올라 타, 미국 힘을 빌려 하루라도 빨리, 남한에 단독정부를 수립하려는 속셈이었을 것이다.

4 신탁통치 지지 (찬탁)

모스크바의정서 내용이 밝혀지자, 그토록 거세던 반탁운동에 금이 가기 시작했다. 가장 먼저 반탁을 버리고. 〈모스크바3장관회의결정서〉를 지지한 사람은 중도우파 김규식이었다. 김규식은, "모스크바의정서의 신탁통치제는, 국제연합의 〈1국가가 직접 지배하는 신탁통치〉와는 전혀 다른, 〈조선인의 임시정부를 통한 4개국 신탁통치제〉"이므로, "조선의 독립을 위한 최선의 방책이라 생각한다"면서 신탁통치지지를 선언하고 나섰다. 온건우파 안재홍도 똑같은 이유로, 〈모스크바의정서 지지〉를 선언하고, 찬탁 대열에 앞장섰다.

다음 해 1월 2일에는, 조선공산당이, 공식적으로 "모스크바3상회의의 결정을 전면 지지한다"라고 선언하고, 찬탁 대열에 합류했다. 조선공산당 중앙위원회와 조선인민 공화국 중앙인민위원회가 함께, "모스크바결정서를 신중히 검토한 결과 조선을 위하여 가장 정당한 결정이며, 제국주의적 위임통치가 아니라 우호적 원조와 협력 신탁이다"라고 발표했다. 바로 이 날, 조선공산당 북조선분국도, 김일성과 김두봉 이름으로 〈모스크바3상회의의결정을 지지한다〉는 성명을 내었다.

조선공산당과 인공은, 며칠 전(12월 29일)에. 신탁통치 반대 성명을 낸 바 있다. 공식적으로는 모스크바의정서의 내용을 알 때까지 관망하고 있었지만, 대변인이 개인 자격임을 전제로, "아직 모스크바의정서의 내용을 잘 모르지만, 모스크바의정서의 신탁 통제가, 국제연합의 신탁통치제와 마찬가지로, 조선의 자주독립을 침해하는 것이라면, 단호히 항쟁하겠다"라고 발표했다. 또 그다음 날에는, 〈반파쏘공동투쟁위원회〉가 신탁통치를 반대하는 다음 같은 성명을 내고, 1월 3일 오후 1시 서울운동장에서, 좌익진영 정당, 단체들이 공동 주최하는 〈신탁통치반대 시민대회〉를 개최하기로 결정했다.

"연합국이 신탁통치를 실시한다는 것은 우리 민족이 분열된 모습을 보여서다. 분열하면 신탁통치를 실시하려고 할 테니 단결해야 한다. 파쏘 친일세력을 배격하고 민주주의 세력이 모두 단결하자."

그래 놓고는, 시민대회 개최 바로 앞날(1월 2일), 갑자기 〈모스크바3상회의결정지지〉 성명을 내었다. 신탁통치 반대가 아니라, 지지선언을 했다. 다음 날, 예정대로 개최된 〈민족통일 자주독립촉성 시민대회〉에 모인 좌익진영 40여 정당, 단체 참가자들은, 〈모스크바3상회의 지지〉, 〈반탁반대〉를 외치며 시가행진 했다. 예고된 〈신탁통치 반대〉와는 정반대로, 〈신탁통치 지지〉를, 외치는 행렬을 본 시민들은 깜짝 놀랐다. 우익진영은 기다렸다는 듯, 좌익이 갑자기 〈찬탁〉으로 돌아선 것은, 소련의 지령 때문이라고 퍼부었다.

좌익진영이 처음에 반대한 신탁통치는, 이승만과 동아일보가 비난한 신탁통치, 즉 국제연합의 신탁통치제이었다. 그리고 나흘 뒤인 1월 2일에 지지한다고 선언한 신탁통치는, 모스크바의정서의 신탁통치제이었다. 하지 사령관 같이, 〈주권을 포기하는 신탁통치〉가 아니라, 〈우리 임시정부를 먼저 만든 뒤에, 그 정부를 연합국 4개국이 후원하는 신탁통치〉였다. 중도파 김규식, 안재홍과 똑같은 논리로 지지를 선언했다. 그러나 하필이면, 온 국민이 신탁통치에 격분하고 있을 때, 갑작스레 주장을 바꾸었다. 때 만난 보수진영은, 온 언론을 동원하여, "소련 지령에 의한 찬탁으로의 전환"이고, 민족분열 행위, 민족반역자라고 퍼부었다. 김구도 조선공산당을 〈반민족집단이며 신사대주의자〉라고 욕했다. 좌익은 "우익이 본질을 호도하는 잘못된 거짓 주장을 하고 있다"라고 항변만 할 뿐, 놀란 민심을 달랠 길이 없었다.

미군정 수장 하지 사령관도, 한동안은 모스크의정서를 준수하려고 노력했다. 개인적으로는 신탁통치를 찬성하지 않는다고 하더라도, 미군정 수장으로서는, 미국 정부가 주도하여 체결한 국제조약을 거부할 수 없다. 하지 사령관이, 주요 정당대표들에게 신탁통치 협력을 요청하자 여운형이 이에 화답했다. 조선신탁통치의 구체적인 내용을 몰라 침묵하고 있던 여운형은, 하지로부터 4개국 신탁통치가 〈조선인의 임시정부를 후원〉하는 제도라는 설명을 듣고는, 곧바로 〈모스코바3상회의에서 결정된 신탁통치안을 지지한다〉는 성명을 내었다.

그리고 1월 8일, 여운형 주도로, 조선민주당, 한민당, 국민당, 조선공산당, 4대 정당 지도자와 중도파 임정세력이 함께 모여 신탁통치 문제를 논의했다. 모스크바의정서의 신탁통치제가, 국제연합의 신탁통치제와는 달리, 〈조선인이 만든 임시정부에 대한 신탁통치제〉라는 것을 모두 잘 알고 있을 때다. 진지한 토의 끝에, 4당이 합의한 〈4당 코뮤니케〉가 발표되었다.

"모스크바3상회의의 결정이 조선의 자주독립을 보장하고 있으므로 이를 전적으로 지지하 며, 신탁은 장래 수립될 우리 정부로 하여금 결정하게 한다."

그러나 이 합의문은, 김구를 비롯한 극우 임정세력과, 한민당 내 친일 반동세력의 거센 반발에 부딪쳐, 단 하루도 못 버티고, 휴지조각으로 버려졌다.

식을 줄 모르고 타오르는 반탁 열기에 들떠 정권이 눈앞에 일렁거리는 김구가, 자기 임시정부 아닌 새로운 임시정부를 받아들이려 할 리 없다. 반면에 한민당 지도부는, 새로 구성되는 조선인의 임시정부가, 민족 정서상 반드시 친일파 민족반역자를 청산할 것이 두려워, 반대해야만 살 수 있고, 이길 수 있다고 생각할 수밖에 없었을 것이다. 애석하게도, 골수 독립투사 김구와 골수 친일파 민족반역자라는, 지극히 상극적인 두 극우익 세력의 권력 이기주의로 말미암아, 민족통일로 동행할 수 있는 최후의 기회가 사라지고 말았다.

좌익이 주춤하는 사이, 〈신탁통치 무조건 반대〉를 외치는 것만으로 정국의 주도권에 다가선 극우세력은, 이 기회를 최대한 활용했다. 신탁통치가 어떤 것이든 상관없었다. 무조건 반대했다. 우리 임시정부를 먼저 수립한다는 사실은 아예 외면했다. 새 임시정부를 수립하면 좌익세력이 훨씬 유리하다는 것을 너무나 잘 알고 있기 때문이다.

대신, 쉽게 정리하여 선동했다. "미국은 즉시독립을 주장하는데 소련은 신탁통치를 고집한다." "신탁통치는 식민지 지배와 꼭 같은 것이다. 이런 것을 5년이나 받은 뒤에야 독립시켜 준다는 것은, 우리 민족을 우롱하는 만행이다." 기력을 회복한 민족반역자들까지 가세해, 〈반탁에 협력하지 않는 자는 민족반역자이며 나라 팔아먹는 빨갱이〉라 규탄했다.

아무리 악질 친일파라도 신탁통치 반대만 외치면 당장 애국자에 민족주의자로 부활했으며, 거꾸로 아무리 독립에 목숨을 걸었던 투사라도, 반탁운동에 동참하지 않으면, 무조건 독립을 방해하는 매국노, 민족반역자로 욕먹었다. 반탁을 제2 독립운동이라 열 올리는 반탁 투사에게 일제와 싸운 독립투쟁은 흘러간 옛 노래였다. 선수를 잡은 극우 진영의 발걸음은 빨랐다. 김구는 〈신탁통치반대국민총동원위원회〉를 통하여 국민 총동원령을 내리고, 이승만의 독촉과 함께 〈대한독립촉성국민회〉(독촉국민회)를 만들어(2월 8일), 전국 시, 도 조직을 늘이고, 청년전위대 〈대한독립촉성국민회청년대〉(국청)를 만들어, 세를 뽐내었다.[주-3]

조선의 신탁통치는, 미국이 제2차 세계대전이 끝나기 전에 입안하여, 모스크바3장관회의에서 성사시킨 미국의 기본정책이다. 그리고 그 뒤에도 전혀 바뀌지 않았다.

---

3. 〈국청〉은 이승만의 청년근위대로 승격한 뒤 〈구국청년총연맹〉으로 확대되어, 〈대한민주청년동맹〉(회장 유진산, 감찰부장 김두한. 1946년 4월 9일 결성)과 함께, 물리력을 동원하여 반탁운동을 주도하는 우익청년단체의 중심이 되었다.

미소공위가 열리고 있던 1947년 7월 20일, 미국 연방정부 행정기구 혁신을 위한 〈행정개혁위원회〉, 일명 후버위원회를 이끌고 있던 후버 전 미국 대통령이, 하원세출위원회에서 이렇게 증언했다.

"소련은 구주(유럽)의 장애물이며 동시에 조선의 통일에 관한 방해물이다. 나는 조선을 여하히 처리해야 할는지에 관하여 건설적 사상을 자아낼 수 없었다. 그곳(조선)에 있는 사람들은 금후 다년간 자치를 행할 수 없다. 조선이 재통일된다고 해도 누군가가 금후 25년 동안 그들의 정부를 감독하여야 할 것이다. 조선이 분열되어 있는 동안 우리는 조선 문제 해결을 기도할 수 없었다. 소련이 그 태도를 유지하는 한 문제 해결책은 없을 것이다. 우리는 남조선을 자유 자족케 할 수 있을 것이나, 소련이 북방에 잔류하는 동안 강력한 점령을 계속할 필요가 있을 것이다." (자유신문 7월 20일 자. 〈조선 25년 감독론〉

조선인은 통일된다고 하더라도, "적어도 25년 동안"은, 신탁통치를 받아야 하는 〈미개인〉이며, "적어도 남조선만이라도 미국이 계속 지배해야 한다"는 후버의 증언은, 미국의 변함없는 공식 정책이었다. 그러나 조선인에게는 더 없는 모욕이다. 그것도 대통령까지 한 자가 의회에서 행한 공식적인 모욕이다. 우리가 그토록 저주하는 신탁통치의 주범이, 소련이 아니라 미국이란 사실이 분명해지자, 미국을 철석같이 믿고 반탁에 목숨을 걸었던 극우세력은 아연실색했다. 미국의 속내는, 처음부터 조선을 신탁통치하는 것이었고, 그것도 25년간이나 〈1국 신탁통치〉 곧 식민 통치하는 것이라는 사실을 알고는 할 말을 잃었다.[주-4]

---

4. 이 와중에도, 신탁통치 주범이 소련이라 핏대 올리며, 신탁통치를 지지하는 자는 〈빨갱이 반역도배, 민족반역자〉라고 저주하던 독촉이, 뜬금없이 〈후버 대통령의 말씀을 지지한다〉는 성명을 내었다. 조선 사람들은 기가 차 말문마저 막혔다.

그러나 기이하게도 조선에서는 사정이 정반대였다. 미국이 적극 지원하는 우익은 극력 반대한 반면, 미국이 적극 탄압하는 좌익은 적극 지지했다. 미국 정부의 대응은 더 알쏭했다. 적어도 1946년 초까지는 자신이 주도하여 체결한 국제조약을 지지했다. 그러면서 동시에 미국이 조선에서 가지고 있는 독점적 권리가 계속 유지되기를 바랐다. 미국의 이러한 이중성이 남조선 정치지형에 혼란을 더했다. 미군정이 겉으로는 신탁통치를 지지한다고 하면서, 반탁운동이 힘을 얻자마자 극우익을 적극 후원하고 나선 것도 이 때문이었다.

모스크바의정서의 내용을 분명히 알리지 못한 소련의 무신경에도 문제가 있었다. 신탁통치란 것이, 38도선 이북을 분할 점령하려는 소련 욕심 때문이라는 극우세력의 엉뚱한 비난에도 불구하고, 국제조약을 지키자고 만 고집했다. 좀 더 일찍 미국이 주도했다는 사실을 밝혔더라면 조선인들이 그렇게나 황당한 혼란을 겪지 않을 수도 있었을 것이다. 국제정치의 변덕에 놀아난 우리 정치인의 권력욕과 종속 근성 또한 여운을 남겼다.

남조선에서 엉뚱한 반탁운동이 거세어지는 데 놀란 소련 언론 타스통신이, 뒤늦게, 1월 24일, 모스크바3외무장관회의 모든 과정을 공개했다. 조선인이 알고 있는 것과는 정반대로, 미국은 끝까지 신탁통치만을 고집한 반면, 소련은 기회 있을 때마다 완전 독립을 주장했다는 사실이 밝혀졌다. 미국 정부가 이러한 사실을 공식적으로 시인하자, 깜짝 놀란 조선주둔군사령관 하지가, 사표를 제출하는 촌극까지 벌어졌다.

그러나 조선 사람들은 이러한 사실을 알지 못했거나 모른척했다. 모스크바의정서가 외국어로 쓰여 있어 내용을 잘 알 수 없었거나, 아니면 이승만과 동아일보의 〈참말 같은 거짓말〉을 굳게 믿어 의심치 않았기 때문이었을 것이다. 아무튼 신탁통치란 것은, 조선을 통재로 집어삼키기 위한, 소련의 〈팽창주의 음모〉라고, 조선 사람들의 머릿속에 깊이 새겨졌다.

8장

너도 나도 국민대표

1 비상국민회의와 민족대표자대회

김구는, 반탁운동 열기를 몰아, 1946년 1월 4일, 〈3단계 정부수립방안〉과 함께 비상정치회의를 소집했다. 비상정치회의라는 과도입법기구를 통해 임정을 정식정부로 추대하려는 전략이다. 임정 산하 5개 정당을 비롯한 18개 단체가 〈비상정치회의 주비회〉를 구성하자(1월 20일), 여기에 이승만의 독촉과 민족통일총본부(민통)이 참여하여, 〈비상국민회의〉로 이름이 바뀌었다.(2월 1일). 비상국민회의가, 〈중경임시정부의 임정헌장에 따른 의정원을 계승한다〉는 것으로 보아, 중경임시정부를 우리 정식정부로 추대하기 위한 의회 격이다.

처음에는, 좌 우 중도 모두를 아울러 임정을 추대하는, 국민대표기구를 만들고자 했다. 그러나 반탁을 반대하는 조선공산당 등 좌익세력과, 좌우합작운동을 추진하고 있는 조선인민당 등 중도세력이 외면한 데다가, 이승만이 가세하자, 이승만의 완고한 반공주의에 식상한 임정 양대 지주 중 하나인 조선민족혁명당(김규식, 김원봉 등)을 비롯한 좌익 민족주의 세력들이 모두 반발 탈퇴하여, 결국 극우익의 〈반탁연합〉으로 쪼그라들고 말았다. 그럼에도 불구하고, 서슴없이, 과도정부수립 등 긴급 현안문제를 결정하기 위한 최고기구로 〈최고정무위원회〉를 만들고(2월 14일), 28명으로 이루어지는 최고정무위원회 위원의 인선은, 주석 이승만과 의장 김구에게 맡기기로 결의했다.

미군정은, 당장, 비상국민회의를 남조선 주민대표기구로 받아들였다. 김구 중심의 극우익 반탁 세력만으로 구성되어 국민 대표성이 전혀 없는데도 불구하고 개의치 않았다. 해방 열기에 눌려 맥 못 추던 극우익 진영이, 반탁운동을 계기로 정계 주도권에 접근할 가능성을 보이자마자, 적극 지원하고 나섰다. 미군정이 이렇게 적극 극우익 진영을 감싸고 나선 것은, 현재 진행 중인 미소공동위원회에 대응하기 위한 전략적 가치뿐만 아니라, 미국의 대외정책기조가, 반소 반공으로 선회하여, 반공 노선이 더욱 강화되었기 때문이기도 했다.

그동안 본국 훈령에 따라, 마지못해, 신탁통치를 지지하던 조선주둔군사령관 하지도, 공공연히 반탁운동을 지지하는 쪽으로 돌아섰다. 극우익이 현저한 열세임에도 불구하고, 즉시 비상국민회의를 국민대표기구로 승인하고, 〈최고정무위원회〉가 생기자마자, 〈남조선대한국민대표민주의원〉 (민주의원)으로 격을 높여, 미군정의 공식 〈자문기구〉로 제도화했다.

이로써 미국의 목표인 남조선과도정부수립 구상에는 상당한 탄력이 붙었지만, 반대 급부도 따랐다. 당초 불붙은 반탁여세를 몰아 비상국민회의를 만들고, 이를 발판으로 정식 정부를 선포하려던 김구의 꿈은 허사가 되고 말았다. 적어도 남조선 땅에서는,

미국 의사와 다른 어떠한 원주민의 임시정부도 용납되지 않는다는 것을 김구와 임정 세력은 잊고 있었다.

2월 중순, 비상국민회의는 제2차 전국 대의원총회에서 〈국민회의〉로 이름을 바꾸어 조직 강화를 시도했지만, 이승만의 의도적인 무성의로, 계파 간의 갈등만 키웠다. 이승만은 비상국민회의에 동참하여 민주의원 의장이 되었음에도 불구하고, 김구가 이끄는 국민회의와 일정 거리를 두고 있다가, 4월 말, 난데없이, 독촉과 민통을 묶어 〈민족대표자대회〉(민대)라는 새로운 국민대표기구를 만들고, 한술 더 떠, 제1차 미소공위가 결렬되자마자, 정읍에서 작심하고, 〈남쪽만의 단독정부〉를 수립하려는 오랜 소신을 공식 발표했다.

"우리는 무기 휴회된 공위가 재개될 기미도 보이지 않으며 통일정부를 고대하나 여의치 않게 되니, 〈남쪽〉만이라도 임시정부 혹은 위원회 같은 것을 조직하여 38선 이북에서 소련이 철퇴하도록 세계 공론에 호소하여야 할 것입니다." (6월 3일)

그리고 9월 16일, 국민회의 주석을 사절하는 성명을 발표했다. 국민회의가 남조선 단독선거를 반대하기 때문이라 했다. 이로부터 국민의회와 민대, 즉 김구와 이승만은, 극우익 주도권을 놓고 치열하게 다투었다. 이승만이 임정법통을 인정하자, 김구가 그 보답으로 남조선 단독선거를 지지하는 담화를 내는(1945년 12월 1일) 등으로, 두 세력이 통합될 것 같은 적이 있기도 했지만 결국 실패했다. 김구는 임정법통 정권 만들려는 간절한 마음으로, 이승만의 남조선 단독선거 지지 담화를 발표함으로써, 우익 주도권을 이승만에게 넘겨주는 치명적 패착을 두고 말았다. 해방 직후 〈임정법통론〉 기치를 높이 들고 창당한 한민당도. 갈 길 잃고 헤매는 임정의 허울을 벗어던지고, 이승만 품으로 넘어갔다.

2 민주주의민족전선

진보진영의 움직임도 활발했다. 좌우 중도를 아우르는 진보세력은, 1월 2일, 조선인공 중앙인민위원회가 〈선 임시정부수립 후 신탁통치〉를 공식화하면서 〈민주주의민족전선〉(민전)을 결성했다(2월 15일). 민전은, 미국 지배지역 내 모든 진보적 민주주의 정당 단체들이 모인 거대 조직으로서, 이 또한 과도정부 수립을 목표로 하는 임시의회였다.

여기에는, 가장 먼저 모스크바의정서를 지지한 중도우파 김규식, 안재홍을 비롯하여, 조선공산당(박헌영, 허헌), 조선인민당(여운형), 남조선신민당(김두봉, 최창익) 조선민족혁명당(김원봉, 장건상)과, 전평, 전농, 전국청년단체총동맹(청총), 전국공산주의청년동맹, 청년독립동맹, 건국부녀동맹에서 친일파를 제거한 조선부녀총동맹, 조선문학가동맹(홍명희, 이기영,), 비상국민회의주비회에서 탈퇴한 임정혁신세력, 비상국민회의에 참여했던 중도우파 이극로 등 진보세력, 천도교 진보세력 등 29개 정당단체가 동참했다. 주요 강령은, 〈모스크바3상 회의결정지지, 미소공동위원회지지, 친일파민족반역자처단, 무상토지개혁, 미군정의 고문기관 입법기관 실치 반대, 8시간노동제실시〉다. 의장단은, 여운형을 비롯하여 박헌영, 허헌, 김원봉, 백남훈이 추대되었으며, 사무국장 이강국, 문화부장 이태준이 선출되었다.

김구의 국민회의나 이승만의 민대와 달리, 친일파 척결을 위해, 산하에 〈친일파민족반역자 심사위원회〉를 두었다. 이미 많은 친일파들이, 김구, 이승만 등 우익 지도자에게 뜨겁게 다가가, 애국민족세력으로 부활했을 뿐만 아니라, 미군정 요직을 독점하여 사실상 미군정의 실권을 잡고 있을 때라, 그 함의가 매우 컸다. 민전은 일제강점기의 투쟁 기반과 건준을 바탕으로, 순식간에 전국 마을과 직장단위에 이르기까지 하부조직을 정비하여, 소수 명사집단인 국민회의나 민대와는 확연히 달랐다.

3 좌우합작위원회

제1차 미소공동위원회가 무기 휴회하자 좌우 갈등의 골이 더욱 깊어졌다. 좌경적인 민전은, 〈6.10 만세 시민궐기대회〉를 비롯한 민중대회를 열어, 미소공위를 통한 통일국가 수립을 주장한 반면, 극우익은, 반탁 반소운동을 넘어, 이승만이 단독정부 수립을 주장하는 지경에까지 이르렀다. 이렇게 좌우 대립이 남북 분단이라는 막달은 길목에까지 다다르자, 보다 못한 중도 진보세력이, 민족분열을 막아 평화적으로 통일국가를 수립하기 위해, 발 벗고 나섰다.

여운형과 김규식이 앞장섰다. 미군정도 도왔다. 미군정이 좌우합작운동을 지원하고 나선 것은, 미국의 점령 목적을 보다 더 강력하게 실천하려는 국무부 점령기구담당차관보 힐드링의 조선정책지침(6월 6일)에 따라, 보다 넓은 지지세력을 얻기 위한 것이었다. 온건중도파를 지원함으로써, 남한단독정부수립을 주장하는 이승만과 임정 법통만을 고집하는 김구를 함께 견제하는 동시에, 불법 선상에 있는 진보진영도 분열시킬 수 있을 것으로 보았다.

제1차 미소공위가 결렬되자마자(5월 25일), 미국군사령관 정치고문 겸 보좌관 버치 중위 주선으로, 우익 대표 민주의원 의장대리 김규식과 한민당 총무 원세훈, 좌익 대표 여운형 보좌역 황진남, 그리고 미군정의 아펜젤러가 만나, 좌우합작운동을 시작했다. 명분은 이승만의 단정수립계획과, 극좌의 무조건적 모스크바의정서지지를 모두 거부하고, 온건 좌우 진보세력이 미소공위 재개를 촉구하여, 모스크바의정서상의 임시정부를 수립하고, 이 임시정부가 민족주의적 정신으로 국제연합과 협의하여, 신탁통치 문제를 결정하려는 것이었다.

6월 30일, 하지 사령관이 좌우합작운동을 지지한다는 성명을 발표하자 갑자기 활기가 돌았다. 남한단독정부수립을 공언한 이승만 조차도, 다음 날 즉시 지지 성명을 발표할 정도로 동력이 붙어, 마침내 7월 19일, 〈좌우합작위원회〉(좌우합작위)가 구성되었다. 우파 대표는, 주석 김규식, 대표 원세훈, 김붕준, 안재홍, 최동오, 좌파 대표는, 주석 여운형, 대표 허헌, 정노식, 이강국, 성주식 이다. 좌우합작운동의 목표는 〈민주주의 임시정부를 수립하여 조국의 완전독립을 촉성하는 것〉 곧 이념을 초월하는 〈민족국가건설〉이었다.

좌우합작위의 좌우 양측은, 처음부터 합작 원칙을 둘러싸고 다투었다. 7월 22일 제1차 예비회담에서 좌파가, 〈민전〉 명의로, 〈합작원칙 5개조항〉을 회의진행 전제조건으로 제시했다. 1) 조선의 민주 독립을 보장하는 3상회의결정의 전면적 지지, 미소공위의 속개촉진운동을 전개하여 남북통일민주주의 임시정부수립에 매진, 북조선민주주의민족전선과의 직접 회담. 2) 토지개혁(무상몰수 무상분배), 중요 산업 국유화, 민주주의노동법령 급 정치적 자유를 위시한 민주주의 제 기본과업 완수에 매진. 3) 친일파 민족반역자, 친 파쇼반동거두들의 완전 배제, 테러 박멸, 검거 투옥된 민주주의 애국지사의 즉시 석방 실현. 4) 군정으로부터 인민의 자치기관인 인민위원회로의 즉시 정권이양. 미국과 우파가 받아들일 수 없다. 곧 유회 했다.

8월 2일에 재개된 제2차 정례 회담에서는, 우파가 1)남북을 통한 좌우합작으로 민주주의 임시정부수립에 노력할 것. 2)미소공위재개를 요청하는 공동성명 발표. 3)친일파 민족반역자를 징치하되 임시정부수립 후 즉시 특별법정을 구성하여 처리 등의 〈8원칙〉을 제시했다. 이번에는 좌파가 거부하여 산회했다.

8월 말, 좌파대표 중 강경파 이강국과 허헌에게 체포영장이 발부되어 온건파 장건상과 박건웅으로 교체되자. 분위기가 급변하여 좌우 양쪽의 주장을 절충한 〈좌우합작 7원칙〉이 발표되었다.(10월 4일)
  1) 조선의 민주독립을 보장한 모스크바3상회의결정에 의하여 남북을 통한 좌우합작으로 민주주의임시정부수립. 2) 미소공동위원회 속개요청 공동성명발표. 3) 토지

개혁으로 농민에게 토지무상분여, 주요 산업 국유화, 지방자치 확립, 민생문제 등을 급속히 처리하여 민주주의건국과업 완수에 매진. 4) 친일파 및 민족반역자를 처리할 조례를 본 합작 위원회 등에서 입법기구에 제안, 심리 결정하여 실시. 5) 남북의 현 정권하에 검거된 정치운동가의 석방, 남북 좌우의 테러적 향동을 일체 제지 노력. 6) 입법기구의 권능과 구성 방법 및 운영 등을 작성하여 적극 실행. 7) 전국적으로 언론, 집회, 출판, 교통, 투표 등의 자유 절대 보장 노력."

좌우합작 7원칙은, 극한으로 치닫는 해방정국에서, 좌우를 통합하는 민족통일국가 수립 가능성을 열어 놓은 소중한 결실로 받아들여져, 많은 국민이 성원했다.

그러나 정파들의 견해는 대체로 부정적이었다. 극우파의 중심인 이승만의 태도는 흐릿했다. 엉겁결에 지지를 표명한 뒤로는, 지지도 비난도 않고, 침묵을 지키고 있었다. 미국이 정책적으로 지원하는 운동을 섣불리 비판하고 나설 수 없었을 것이다. 그러나 이승만 추종세력인 독촉은 강하게 반대했다. 좌우합작위를 〈독립운동반역집단〉이라 규탄하며, 완전 소탕하자고 결의했다. 반탁을 제2 독립운동으로 높여, 반탁 반대자를 〈민족반역자, 매국노〉라 매도하는 제2 독립운동 투사들이, 반탁에 유보적인 좌우합작운동을 용인할 리 없다.

한독당은, 당초 좌우합작 7원칙에 대해 공식적으로 지지를 표명했지만, 내부 의견이 엇갈려, 소극적 입장으로 돌아섰다. 반면에 김구는 좌우합작위를 〈유령집단〉이라 맹비난했다. 중경임시정부를 계승하려는 자신의 의도에 반하는 새로운 임시정부를 받아들일 리 없다.

한민당도 반대했다. 좌우합작위에 참여했으면서도, 좌우합작 7원칙이 나오자마자 곧바로 반대하고 나섰다. 7원칙 중에 있는 〈토지개혁과 친일파 응징〉이 못마땅했을 것이다. 거의 모든 국민이 토지개혁을 열망하고 있다는 사실을 한민당이라고 모를 리 없다. 한민당 강령에도 분명히 토지개혁을 약속하고 있다. 그러면서도 반대했다. 유상 매수해서 무상 분배하는 것은, 국가재정파탄을 초래한다는 것이, 반대 이유였다. 한민당이 공식적으로 좌우합작 7원칙을 반대하자, 당내 진보파인 원세훈, 송남헌, 김약수, 이순택 같은 독립운동 민족주의자들이 모두 탈당했다. 독립투사들이 빠져나간 한민당은, 적극적 반공 투쟁을 선언하고, 단독정부 수립을 열창하는 이승만에게 들어붙었다. 반탁 덕에 친일파 오명을 벗고, 새로운 민족주의 민주투사로 부활한 명사들이, 또다시 친일파로 몰리기는 싫었다. 반공만이 살 길이었다.

좌익진영도 부정적이었다. 민전이 제시한 5원칙으로도 알 수 있듯이, 좌익진영은 미군정이 추진하는 좌우합작위 자체를 믿지 않았다. 오히려 〈미군정과 연락한 기회주의자〉라 비난했다. 5월 이래, 강경탄압으로 조선공산당 간부 전원이 지명수배 되고, 지방인민위원회마저 모두 강제 해산된 마당에, 미군정이 추진하는 좌우합작운동이 달가울 리 없다.

좌우합작운동에는 결국, 이승만, 김구, 한민당 등 극우익 세력과, 조선공산당 등 극좌익 세력이 모두 빠지고, 얼마 뒤에는 중도 좌파마저 밀려나, 오직 온건 중도우파만이 외로이 남게 되었다. 그런데도 미군정은 중용했다. 9월 총파업과 대구10.1사건 등의 여파를 정리하여 시국을 안정시키기 위해 만든 〈조미합동위원회〉, 공식 명칭 〈조미공동소요대책위원회〉에도 참여시키는 배려를 아끼지 않았다. 뿐만 아니라 좌우합작 7원칙 중 하나인 입법기구 설치 제의를 받아들여, 입법기구를 만들어주기로 했다. 온건 좌파마저 빠져 버린 좌우합작위를 미군정이 끝까지 지원한 이유는, 바로 이것 때문이었을 것이다.

4 ▶ 남조선과도입법의원

1946년 6월 29일, 하지 사령관이, 군정장관 러치가 건의한, 〈조선인민이 요구하는 법령을 조선인민의 손으로 제정하는 입법기관 창설〉을 재가하여, 〈조선과도입법의원 약칭 입법의원 건설〉을 미군정법령 제118호로 공포했다(8월 24일). 미국이 입법의원을 〈건설〉한 목적은, "임시조선민주정부의 수립을 기하며 정치적, 경제적 급 사회적 개혁의 기초로 사용될 법령 초안을 작성하여야 군정장관에게 제출하는 것"(제2조)이다. 소련이 이 해 2월 북쪽에 만든 〈북조선림시인민위원회〉에 맞먹는 기구라는 설명도 곁들였다. 북조선임시인민위원회는, 소련이 접수한 일제 행정권을 넘겨받은 조선인 중앙정부였다. 임시의회인 입법의원과는 차원이 다르지만, 미국도 남쪽에 민의대변기구를 만들어준다는 데 의의가 있다.

입법의원은, 미군정이 지명하는 관선의원 45명과, 조선인민이 직접 뽑는 민선의원 45명, 합쳐 90명으로 구성되었다. 의원 절반인 관선입법의원은, 미군사령관이 직접 임명하고, 민선입법의원은, 일정한 납세 조건이 있는 제한 선거에, 각 단계마다 2명의 대표를 뽑는 3단계 선거를 거쳐, 최종단계에서 민선의원인 〈도 대표〉를 뽑는 다단계 선거방식이다.

미국이 급히 만든 입법의원에 대한 견해는 정파마다 달랐다. 김구와 임정은 당장 국민회의의 법통을 무시하는 술책이라며 강력 반발했다. 반대로, 임정을 제외한 극우진영은 적극 지지했다. 미군정 행정권을 사실상 쥐고 있는 극우익 세력이, 미국 정책을 반대할 리 없다. 뿐만 아니다. 미국 계획대로 입법의원 선거를 치른다고 하더라도 승산이 넘친다. 유력한 좌익인사 모두가 선거에 나설 수 없게 되어있는 데다, 자기들이 움켜잡고 있는 관권과 금권, 그리고 사회적 지위가, 후진국 선거에서 필승의 무기가 된다는 사실을 잘 알고 있었다.

반면에 좌익진영은 입법의원 자체를 반대했다. 남조선 단독정부를 만들어 미군정을 연장하려는 술책이며, 그 성격 또한 조선총독부 〈중추원〉과 같은 미군정 〈들러리국회〉가 될 수밖에 없다고 맹비난했다. 미군정의 지원을 받는 좌우합작위조차도, 입법의원 선출방식에 불만이 컸다. 입법의원 의원 모두를 좌우합작위 위원 중에서 선임하자고 요청했음에도 불구하고, 그중 절반을 〈조선인민〉이 직접 뽑는 민선의원으로 돌렸기 때문이다. 극우세력이 미군정의 행정권, 특히 경찰권을 확실히 장악하고 있고, 미군정이 이를 용인하고 있어, 민선의원선거가 단순한 요식행위가 될 뿐이라는 사실을 너무나 잘 알고 있었기 때문이다.

10월 21일에서 31일까지, 장장 열하루에 걸쳐, 민선입법의원 선거가 치러졌다. 북위 38도 이남 전역에서, 주민이 직 간접으로 참여하는 복잡한 다단계선거제로, 민선의원 45명을 뽑았다. 선거방식은, 일제 강점기의 도 부회 의원선거를 본떠, 먼저, 일정한 납세 요건을 갖춘 선거인이 2명의 리(里) 대표를 뽑고, 리 대표들이 면 대표 2명을, 면 대표들이 군 대표 2명을 뽑고, 군 대표들이 도(道) 대표인 입법의원을 뽑는 〈4중 단순간접다단계 제한선거제〉다.

이런 불평등하고 복잡한 선거가 끝나자, 누가 당선되었느냐는 것보다도, 선거인들의 선거에 대한 무관심이, 더 큰 관심사로 떠올랐다. 전라남도에서 한민당 후보 4명과 한독당 후보 2명이 당선되자, 1946년 11월 2일 자 자유신문에 이런 기사가 났다.

"입법의원선거 전남 당선자는 다음과 같으며, 투표 성적은 약 3할인데, 그중에도 무효가 약 1할이라 한다."
민선입법의원을 뽑는 최종단계인 군 대표의 투표율이 약 30%고, 그중 무효표가 약 10%였다는 것을 보면, 〈조선인민〉의 관심이 어느 정도였던 가를 쉽게 알 수 있다.

선거관리는 더 큰 문제였다. 좌우합작위가 공정한 독립적 선거관리기구를 건의했지만, 미군정은 이를 묵살하고, 선거관리업무를 직접 관리한다는 명목으로, 모든 선거관리업무를 한민당과 독촉에게 맡겼다. 그 결과, 강원도에서는 단독으로 선거관리업무를 맡은 독촉 후보 3명만이 당선되고, 서울 또한 한민당 후보만이 당선되었다. 다른 지역도 마찬가지였다. 모든 지역에서, 각종 부정과 편법을 동원한, 부유하고 교양있고 힘센 후보가 모두 이겼다.

좌익은 꼼짝달싹할 수 없었다. 미군정 경찰에 의해 불법조직으로 찍혀, 선거에 참여하려도 할 수 없는 처지였다. 좌익을 근절하기 위해 만든 미군정법령 제72호 〈군정 위반에 대한 범죄〉와, 제88호 〈신문 급 기타 정기간행물 허가에 관한 건〉이 공포되어 있었을 뿐만 아니라, 그보다 더 무서운, 장택상의 〈새 노선〉이 발동하고 있었기 때문이다. 새 노선이란 것은, 수도(서울 경기) 경찰청장 장택상이 9월 총파업을 분쇄하기 위해, 공산당의 〈신노선〉에 빗대어 선언한(9월 30일) 〈새 좌익탄압지침〉, 곧 "법적 근거가 없더라도 혐의만 있으면 검거할 수 있는 특별권한을 경찰에게 부여한" 경찰 만능 지침이다.

입법의원은, 민선의원선거 직후 개원할 예정이었지만 연기되었다. 좌우합작위가, 심각한 선거부정과 친일파가 대거 당선된 것을 강력히 항의했기 때문이다. 미군정법령 제118호 제7조 〈과도입법의원의 자격〉에 친일파의 입후보 제한이 명시되어 있었음에도 불구하고, 많은 친일파가 당선될 수 있었던 것만 보더라도, 민선입법의원선거가 얼마나 허술하게 치러졌던가를 짐작할 수 있었다. 미군정도, 한민당 후보 김성수, 장덕수, 김도연만 당선된 서울과, 이승만의 독촉 후보 만 당선된 강원도의 선거에 심각한 부정이 있었다는 사실을 인정하여, 재선거를 실시하지 않을 수 없었다.

한 달 뒤인 12월 12일에야 〈남조선과도입법의원〉이 개원했지만, 그마저도 순탄치 않았다. 남쪽만의 입법기구 설치를 반대한 중도좌파 대표 여운형은, 미군정이 민선의원 선거부정에 강력하게 대응하지 않는데 항의하여, 입법 의원직을 사퇴했다. 같은 이유로, 장건상, 홍명희 등 중도파 관선의원들과, 한독당 진보파 조완구, 엄항섭 등 우파의원들도 사퇴하여, 중도세력 중심으로 정국을 재편하려던 미군정의 구상에 차질이 생겼다. 민선입법의원 중에서도 조소앙, 문도배, 김시탁이, 〈모스크바3상회의 결정의 충실한 이행만이 민주독립의 유일한 길〉이라는 〈늦깎이 찬탁〉으로 사퇴했다. 이들 중 조소앙은, 그동안 김구를 도와, 한민당의 김성수, 독촉의 신익희와 함께, 반탁운동을 주도한 열혈 반탁투사였다. 군정실세 한민당이, 재선거 실시에 대한 불만으로 입법의원 개원 예비회담에 출석하지 않았으나, 미군정은 개의치 않고, 정족수에 관한 법령을 고쳐, 김규식을 의장, 최동오, 윤기석을 부의장으로 뽑았다.

입법의원의 입법의원은 친일 극우파가 다수였다. 민선의원 중, 한민당 등 극우파 의원이 40명이고, 미군사령관이 직접 뽑은 관선의원도 14명이 한민당 등 극우파 출신이라, 입법의원 전체로 54명이나 되었다. 극우파의원만으로도 입법의원을 압도할 수 있었던 것을 보면, 미군정이 입법의원을 〈건설〉한 참뜻이 무엇이었던가를 짐작할 수 있다. 여운형 같은 중도파 인사들이 의원직을 사퇴한 이유도 바로 이 때문이었다.

미군정은 다음 해 5월, 중도우익 안재홍 의원을 미국군정청 〈조선민정장관〉으로 임명하고, 그를 수반으로 하는 행정부를 만들어, 이를 〈남조선과도정부〉라 명명했다. 미군정을 대리하여 남조선의 행정을 담당하는 〈임시행정부〉란 뜻이다. 북쪽의 〈북조선인민위원회〉에 대응하는 기구다. 사법부도, 김용무를 조선인 〈대법원장〉으로 임명하여, 조선인의 입법 행정 사법 3부가 모두 갖추어졌다. 그러나 〈조선인민정부 3부〉의 모든 최종 결정권은, 조선주둔군사령관의 지휘를 받는 〈조선군정장관〉이 가지고 있었다.

9장

해방, 그리고 그 뒤 일 년

1 더 살기 힘들다

해방 1주년 언저리의 우리나라는 매우 어수선했다. 해방을 따라온 여러 사회문제들이 복잡하게 얽혀 어지러웠지만, 미군정은 해결할 능력도 의지도 없는 것 같았다. 먹고사는 문제가 가장 급했다. 당장 양식이 모자랐다. 일제는 태평양전쟁 막바지에 조선 농촌에서 모든 곡식을 빼앗아갔다. 멸사보국을 앞세운 강제공출제로 몽땅 빼앗아갔다. 착취한 곡식 대신 먹으라고 배급한 것이 깻묵이었다. 그것도 조선 콩으로 만든 콩깻묵이 아니라 만주고량으로 만든 깻묵이었다. 황공하옵게도, 천황폐하께옵서는 못난 조선인을 불쌍히 여기샤, 비료로나 쓰는 검은 만주 수수찌꺼기를 양식으로 하사하는 은총을 베푸셨다. 축생 같은 조선인은 굶어 죽는 황은을 입어야만 〈근대화〉될 수 있다고 생각했던 것 같다. 쌀은 일본인이나 황국신민이 먹는 식량이지, 조선인이 먹을 〈량식〉이 아니었다. 해방 무렵, 얼마나 살기 힘들었는가는, 여운형이 조선총독부에 〈3개월분 식량〉을 요구한 것으로도 짐작할 수 있다.

해방되자 수많은 귀환동포가 고향 찾아 돌아왔다. 이북에서도 일본인 도망자와 함께 친일파와 반소반공주의자들이 무리 지어 쫓겨 내려왔다. 양식이 모자랄 수밖에 없다. 건준은, 일제 전시식량배급제를 활용하여 〈식량대책위원회〉를 설치하고, 서둘러 식량의 확보와 통제에 나섰다. 사실 그 길 말고는 갑작스러운 해방이 몰고 온 식량부족을 해결할 방도가 없었다.

그러나 미군정은 달랐다. 배급제를 당장 없애버렸다. 자본주의 본산인 미국이 반시장적 반자유주의 정책을 용인할 리 없다. 군사정부를 만들자마자, 일반 고시 제1호 〈미곡의 자유시장에 관한 건〉을 공포하여(10월 5일), 식량통제와 배급제를 폐지하고, 미곡자유시장제를 도입했다. 또 일반 고시 제2호 〈자유시장설치에 관한 건〉을 공포하여(10월 20일), 미곡 자유판매를 허용하고, 동시에 벼의 농가 최저 가격을 가마당 32원으로 고시했다. 미국은, 아주 쉽게, 미국식 자본주의를 점령지 조선에 심으려 했다. 그러나 조선인이 미개인인 줄은 알고 있었으면서도, 시장경제에 탁월한 재능을 가진 자본주의 도사라는 사실은 미처 몰랐다. 바로 이 어쭙잖은 불찰 하나가, 남조선을 대혼란에 빠트리는 대 악수가 될 줄은 더욱 몰랐다.

미곡의 자유판매제가 시작되자마자 식량이 동났다. 값이 자꾸 뛰었다. 지주와 자본가는 매점매석하고, 상인들은 투기에 열 올렸다. 쌀값이 더 비싼 일본에 대량 밀수출된다는 소문까지 나돌아, 곡식 값이 더 올랐다. 게다가 조선총독부는, 제2차 세계대전 말기, 특히 패전 전후, 고의적으로 1,000원짜리 최고액 신권을 포함한 조선은행권을 대량 발행하고, 폐기용 구권마저 꺼내어, 관 군 기업에 쏟아부어, 도망 준비용으로 썼고, 미군정 또한 그 법정화폐를 경제부흥 명목으로 마음대로 찍어내어, 돈이 흥청

망청 넘쳐났다. 1936년을 기준으로, 1947년 초의 화폐발행액이 100배를 넘었으니, 물가가 폭등하지 않을 수 없었다. 쌀값은 더 심했다. 나날이 쉬지도 않고 뛰었다. 소비 인구가 갈수록 늘어나니 안 오를 수가 없었다.

다행히 1945년 가을에는, 전에 없던 해방 풍년으로 쌀 수확량이 20%가량 더 많았다. 미 군정청 농상국 경제과가 발표한 1945년도 남조선 미곡 예상 수확고는, 예상 소비량을 훨씬 넘는 최소 1,700 내지 1,800만 석이나 되었다.(동아일보, 1945년 12월 14일 자). 유례없는 풍작에다 공출제마저 없어졌는데도, 쌀은 점점 더 귀해졌다. 섣부른 자유민주주의 경제정책이 사람들을 굶겼다. 경부선 화물차 지붕 위에 하얗게 올라앉아 전라도로 쌀 사러 다니는 풍경이 일상화했다. 떨어지거나 연기에 질식해 변을 당하는 사람이 부지기수였다.

당황한 미군정은 10월 30일, 미군정법령 제19호 〈국가적 비상시기의 선고 등〉으로 비상사태를 선포하여, 〈민중을 희생하고 폭리를 취하는 결과로 되는 필수품의 축적 및 과도한 가격의 판매〉를 금지했다. 그리고 11월 19일, 일반 고시 제6호 〈미곡통제에 관한 건〉으로 "미곡 최고 소매가격"을 지정 고시하는, 명백한 반자본주의 정책을 공포한 뒤, 12월 19일 〈미곡 소매 최고 가격〉을 결정, 다음 해(1946년) 1월 1일부터 시행하기로 했다.

그러나 다음 해에는 물가는 더 올랐다. 한 해에 6배나 폭등했다. 쌀값도 덩달아 뛰었다. 전해에 비해 5.6배나 올랐다. 1936년부터 10년 기준으로, 1945년 12월 서울의 시장 가격지수는 4,359.2 포인트, 다음 해 1946년 12월에는 25,563 포인트까지 폭등했다. 봉급생활자와 노동자의 구매력이 급격히 감소하여, 가장 큰 타격을 받았다.

보다 못한 조선군정장관 러치가, 1946년 1월 13일, 자비에 넘치는, 포고문을 반포했다.

"현재 조선에는 일부 계급의 미곡 축적으로 인하여 대중생활과 경제면에 큰 위기가 드러나고 있다. 따라서 시장에 쌀이 나오지 않기 때문에 조선인 동포들은 큰 곤란과 위협에 처해 있다. 그러므로 이러한 최대의 위기를 감면키 위하여 군정장관인 나 자신의 권한을 행사하기 보다도 쌀의 수요공급을 원활하게 하기 위하여 일반의 애국심과 자비심에 호소하여 이를 해결키 바라며 동시에 각 지방 지시에 협조하기 바란다."

미군정은, 마침내 손들었다. 1946년 1월 25일, 미군정법령 제45호 〈미곡 수집령〉을 발표하여 양곡 유통을 통제하고, 〈쌀 공출〉을 시작했다. 모든 가구는 일정량(1가구당, 1석의 45/100 (67.5킬로그램) x 상주 가족 수) 만의 백미 또는 현미를 소유할 수 있고, 그 이상은 최고 공시가로 당국에 공출하라는 포고령을 내렸다. 미국이 자랑하는 자유주의 시장경제도, 영악한 조선인 간상, 모리배의 날고 기는 상술에 두 손 들고 항복했다.

미곡 수집령은 오히려 혼란만 더했다. 2월 1일 자로 미곡 수집령을 발동하여, 가마 당 120원에 강제 수매를 시작했지만 아무 소용없었다. 쌀 수매를 시작한 2월 초는, 농민들이 쌀을 거의 다 판 뒤이고, 또 설사 쌀이 남아있다 하더라도 강제 수매에 응할 농민이 많지 않았다. 고시 가격은, 가마 당 365원에서 370원이지만, 농민에게는 이 가격을 적용하지 않았다. 미곡 수매에 자진 협조하면 가마당 150원씩 쳐주지만, 협조하지 않으면 120원에 강제 수매하기로 했다. 일제 말기 공출제보다 더 심하다. 쌀값은 계속 뛰는데 수집 가격은 반값도 안 된다. 수매 가격에 팔면 전혀 혜택이 없는 것은 아니었다. 자진 수매에 응하면, 가마 당 150원씩 쳐줄 뿐만 아니라, 조선생활필수품회사의 생필품을 싸게 살 수 있는 〈생필품매입 증명표〉를 받을 수 있었다. 공산품값도 나날이 뛸 때라 저울질해 볼만도 하다. 그러나 생필품 수요에는 한계가 있고, 뛰는 쌀값을 따라잡을 수 없다. 자진수매에 응할 농민이 많을 리 없다.

미곡 수집령을 발동하여 쌀을 수집한 결과, 생산예상고 대비 5.3%, 수집계획 대비

12.4%(수집 할당량 551만 석 중, 수집량 49만 6천 석) 밖에 거두지 못하여, 곡물 수집을 하곡(보리, 밀 등)으로까지 연장한 것이 탈이었다. 각 도와 시군에 일정 목표량을 할당하여 수집을 독려했는데, 그 목표량이란 것이 바로 강제공출량이다. 미군정은 이 목표를 달성하기 위해 경찰과 관리는 물론, 일제 강점기 강제공출의 악질적 상징이든 식량영단까지 동원했다. 불행히도 공출을 강제하는 자들은, 모두 일제 강점기에 공출을 강요한 경력이 있는, 바로 그 일제 경찰과 관리였다. 동네 사정을 잘 아는 그들은, 생태적으로 유력한 지주나 권력자의 공출은 외면하고, 거두기 쉬운 힘없는 소작농이나 영세농민에 대한 강제공출에 집중했다. 그 수탈 행위가 일제 강점기와 조금도 다름없어, 전국에서 공출반대소동이 벌어졌다.

해방되자, 미군정 경찰과 관리로 옮겨 앉은 전 일제 관리와 경찰이, 할당량을 완수하기 위해, 일제 강점기와 똑같은 방식으로, 〈멸사봉공〉한 것이 농민들의 분노를 더샀다. 농민들은 무식하지만 조선이 일제로부터 해방되었다는 사실은 알고 있었다. 그런데도 바로 그 못된 악질 일제 관리와 경관이, 또다시 공출을 강요하며 행패 부리고 다녔으니, 반대 투쟁이 거셀 수밖에 없었다. 공출제가 오히려 문제를 더 키웠다.

강제 수집 여파는 곧장 도시를 덮쳤다. 춘궁기가 닥치자 도시 서민의 배고픔이 한계에 다다랐다. 쌀이 동났는데도, 배급량은 일제강점기의 절반에도 못 미쳤다. 전평이 지령 제7호로 밥쌀구하기전쟁, 곧 〈반미(飯米) 투쟁〉을 벌여야 할 만큼 심각해졌다. 드디어 서울을 비롯한 여러 도시에서, 성난 시민들이 미국 군정청과 시청으로 몰려 들어갔다.

배급량만으로는 살 수 없게 된 도시민의 잇단 시위가 불씨만 던지면 폭발할 지경에까지 이르자, 다급한 미군정은, 미군정법령 제77호와 제87호로, 서울과 부산시민에게 쌀 구매허가증을 내어주는 응급조치를 취했다. 그러나 아무 효과 없었다. 1946년 1월에 180원이던 쌀값이, 9월에는 1,200원으로 폭등했다. 한민당이 기를 더 올렸다.

"긴급조치로서 최고 가격과 쌀 반출취체의 규약을 철폐하여 자유롭게 쌀을 유통시키자"라고 건의했다.(서울신문 1946년 2월 17일 자). 해방 이래 토지개혁을 발목 잡아온 부자지주정당다운 배부른 해결책이었다.

1946년 8월, 한국여론협회가 여론조사 결과를 발표했다. 미군정이 실시되고 거의 1년이 다 된 때다. "미군정에 대해서 잘했다고 생각하는 점은 무엇이냐"는 질문에, 응답자 98%가 기권을 했다. 잘한 일이 아무것도 없다는 응답이다. DK가 아니라 NO다. 잘했다고 생각하는 것은 위생시설뿐이고, 그것도 겨우 1.8%였다. 반면, "잘못한 점은 무엇이냐"는 질문에는 53%가 식량정책을, 31%가 산업 운영과 주택관리를 지적했다. "일제 때보다 나아진 것은 DDT 뿌리는 것밖에 없다." "먹고 살기는 그때보다 훨씬 더 힘들어졌다", "해방의 선물은 기근이다"는 말이 널리 퍼졌다.

동아일보에, 또 다른 여론조사 결과가 나왔다. 미군정청 여론국이, 30개 항의 설문으로, 8,453명을 직접 조사한 것이다. 그중, 재미있는 것은, "귀하가 찬성하는 것이 어느 것입니까?"라는 질문에, 사회주의를 찬성한다는 사람이 압도적으로 많았다.
(가) 자본주의 1189인(14%)
(나) 사회주의 6037인(70%)
(다) 공산주의 574인(7%)
(라) 모릅니다. 653인(8%). (동아일보, 8월 13일 자 제3면, 여론 특집)

남쪽과는 달리, 북쪽에서는 사회개혁이 상당히 진행되고 있었다. 1945년 9월 21일, 소련 정치국이, 38도선 이북의 북조선에 조선인민정부를 수립하는 요강을 발표하고, 9월 21일 소작료를 3 : 7제로 바꾸었다. 10월 28일에는, 5도 인민위원회가 〈5도 행정국〉으로 개편되고, 다음 해 2월 8일에, 〈북조선림시인민위원회〉가 수립되어, 위원장 김일성, 부위원장 김두봉이 선출되었다. 북조선임시위원회는 토지개혁령을 발포(3월 5일)하여, 일본인과 친일파의 재산을 몰수, 이를 71만 농가에 무상 분배하여

(4월 13일), 전체 농민의 70% 이상이 토지소유자가 되었다. 또 6월 24일, 〈노동자 및 사무원에 관한 법령 (약칭 노동법령)〉으로, 8시간 노동제, 14-16세 소년의 6시간 노동제, 정해진 1일 식량배급, 표준화된 임금표, 2주간 유급휴가, 단체협상권, 의무적 사회보험제를 시행했다. 〈남녀평등권법령〉(7월 30일)으로, 모든 생활영역에서 남녀 평등이 보장되고, 8월 10일, 〈산업, 교통, 운수, 체신, 은행 등의 국유화에 관한 법령〉을 만들어, 일본과 일본인 소유 기업을 무상 몰수하고, 개인 소유 기업을 제외한 전체 기업의 90%를 국유화했다.

2 해방 맞은 노동자

노동자들 형편은 더 안 좋았다. 해방되자마자 노동조합을 만들어, 일본인 공장과 회사를 인수 관리했지만, 사정이 안 좋았다. 전주인인 일본인이나 친일 자본가와 기술자들이 모조리 도망가, 조업 재개가 힘들었다. 공장 수도 1943년의 1만여 개에서 1947년에는 4천5백여 개로 줄어들고, 1946년의 공업생산은 1939년의 30% 수준밖에 안 되었다. 공장 노동자 수도 43만여 명에서 12만여 명으로 줄고, 1946년 11월 실업자가 110만 명을 넘어, 실업률이 12%나 되었다. 노동조건은 더 나빴다. 조업이 여의치 않아 많은 노동자가 실직자로 내몰리는 판에, 일본과 만주에 징용 갔던 노동자들이 돌아왔다. 월남민도 나날이 늘었다.

게다가, 1946년 물가는, 1944년에 비해 92배 뛰었다. 1945년 5월 물가지수가 233일 때 노동자 임금지수는 233이었지만, 1946년 5월에는 물가지수 77,393에, 임금지수 6,015로, 물가의 13분의 1밖에 안 되었다. 1946년 소매물가지수는 1936년에 비해 233배 올랐으나 같은 기간 임금은 71배밖에 오르지 않았다. 실질임금은 1936년을 100으로 할 때, 1946년 1월에 43.32로 줄었다. 실질임금은 떨어지는데 물가는 더 올라, 갈수록 살기 힘들어졌다.

그런데도 미군정은 냉담했다. 임금인상이 물가상승을 부추긴다면서, 1945년 10월 10일, 미군정법령 제14호로 일반 노동임금을 동결했다. 한 달 벌어 반달도 못 버티게 되었다. 참다못한 노동자들이 일어났다. 그들이 내 건 주된 요구조건은, 임금인상과 배급 쌀 인상이었다. 최소한의 생계유지를 위한 생존권 투쟁이었다.

실제로 1946년까지 일어난 노동쟁의 60%가 인금인상 요구였다. 비극을 불러온 〈9월 총파업〉의 요구조건에도, 미군정이 4월 8일에 결정한, 〈1일 1인 1홉〉 쌀 배급량을, 〈1일 1인 4홉〉으로 올려달라는 생존권 호소가 들어있었다. 일제 강점 말기에도 배급량이 〈1인 1일 2.5홉〉이던 것을 감안하면, 노동자의 생활이 얼마나 나빠졌던가를 짐작할 수 있다. 노동자의 생활조건에 반비례하여 조직은 강화되어갔다. 일제에 저항하던 노동운동을 바탕으로 한 노동조합들이, 1945년 11월 5일, 〈전평〉을 만들었다. 전평은, 12월 현재, 16개 산별노조에 1,157개 분회와 553,408명 회원을 거느리는, 역사상 최초 최대 전국 산업별 노동조직으로 발전했다.

그러나 미군정은 처음부터 노동계와 호흡이 맞지 않았다. 미국식 자유주의 노동정책을 실시하려는 미국이, 식민지 경제구조를 개조하려는 노동운동을 좋아할 리 없다.

미국은 자본 보호를 우선하는 자본주의국가다. 점령지 정부라고 다를 리 없다. 재정권, 재산관리권만은 끝까지 독차지하고자 했다. 가장 먼저 손댄 것이, 일본 정부와 일본인의 재산, 〈적산〉, 즉 〈귀속재산〉이었다. 9월 22일 〈미군 점령지역 내에서의 토지소유에는 하등의 변동도 없다〉고 선언한 뒤, 9월 25일 미군정법령 제2호 〈패전국 정부 등의 재산권행사 등의 금지〉를 공포하여, 일인 재산의 이동을 금했다. 또 28일 미군정법령 제4호 〈일본육해군재산에 관한 건〉을 발표하여 일본 정부 재산을 압수하고, 광산을 접수했다.(10일 1일) 모두 큰돈 되는 전리품이다.

12월 10일에 공포된 미군정법령 제33호 〈조선 내 소재 일본인 재산권 취득에 관한 건〉 제2조는 이렇다. "1945년 8월 9일 이후 조선에 소재하는 일본정부기관 또는 그 국민, 회사, 단체, 조합 및 그 정부의 기타 기관 또는 그 정부가 조직, 취체 한 단체가 직접적 간접적으로 그 전부 또는 일부를 소유 또는 관리하는 전 종류의 재산 및 수입에 대한 소유권은, 9월 25일부로 조선군정청이 취득하고 그 재산 전부를 소유한다."

몰수한 일인 재산을 관리하기 위하여 〈재산소청위원회〉와 〈관재처〉를 설치했다. 귀속재산은 은행 43개, 상업회사 136개, 전기회사 51개, 식품양조회사 472개, 기계제작회사 322개, 인쇄소 102개, 제약회사 111개, 운수회사 75개, 광산회사 74개, 금속회사 84개, 해운회사 5개, 국제전신회사, 전매사업체 등 모두 2,576개였으며, 남조선 전체 기업의 90%가 넘었다. 1946년 12월 31일에는 관재령 제8호 〈각종 귀속사업체에 관한 건〉으로, "군정청 재산관리관은 그 관할 하에 있는 모든 귀속재산의 관리감독권을 군정 각 부처 소관 미국 고문관에게 맡긴다."라고 하여, 귀속재산, 즉 일제와 일인의 재산처분권이, 전적으로, 미국인 수중에 있다고 선포했다. 해방 이래 노동자들이 자주적으로 관리해오던 은행, 회사와 공장이 모두 미군정 손으로 넘어갔다. 마찰이 생기지 않을 수 없다.

3 농민과 토지개혁

농민들 또한 고달프기는 매한가지였다. 8.15 해방 전후의 농지소유실태를 보면, 자작 농토가 37%인 85만 헥타르, 소작 농토가 67%인 147만 헥타르이었다. 농가 호수는 순 자작 13.7%, 자작 겸 소작 34.6% 지만, 이 중 소작 부분이 50% 이상인 농가가 전농가의 18.3%이고, 순 소작 48.9%, 피용자 농가가 2.7%로, 전 농가 중 소작농이 70%가량 되었다.

농민 대다수인 소작농의 소원은 농지개혁이었다. 해방되자 농민들은, 지하조직 〈조선농민회〉를 중심으로, 농민위원회, 농민조합, 농민동맹을 조직하여, 일본인 소유 토지와 민족반역자의 토지를 직접 관리하거나, 인민위원회나 관리위원회를 통해 분배 경작했다. 그리고 그들의 권리를 지키기 위해, 1945년 12월 8일, 전국농민조합총연맹을 만들었다.

전농은, 13개 도연맹, 188개 군지부, 1,745개 면지부에, 조합원 330여만 명의 거대 조직으로 자랐다. 주된 주장은, "3 : 7제 소작료운동, 양곡수집령 반대, 일제와 민족반역자 토지몰수, 토지개혁"였다.

그러나 미군정은 외면했다. 군정법령 제2호로, 일본정부와 일본인 재산을 몰수하여 미군정 소유로 하였으니, 토지분배를 바라는 농민들과 마찰이 생기지 않을 수 없다. 미군정은 10월 5일 미군정법령 제9호 〈최고소작료결정의 건〉으로, "소작료가 그 총액의 1/3을 초과하지 못한다"라고 규정하여, 소작료를 30%대로 경감하는 선심을 썼다. 종래 50% 이상이던 것에 비하면 아주 좋은 조건이고, 전농 주장인 3 : 7제에 부합한다. 그러나 무상 토지개혁을 원하는 소작농민의 마음을 달랠 수는 없었다.

다행히 이 해에는 대풍년이 들었고, 공출제 대신 양곡자유판매제가 실시되어, 농민의 불만은 다소 가라앉았다.

다음 해 초, 지주와 간상배의 매점매석으로 쌀값이 계속 뛰자, 당황한 미군정이 미곡수집령을 내려, 강제 수매하면서 탈이 났다. 추수가 끝나고도 여러 달이 지난 데다, 시중가의 절반에도 못 미치는 싼 값으로 쌀을 빼앗아 가려했으니 사달이 안 날 수 없다.

농민들이 강제 수매를 거부하자, 일제강점기 〈탈취대〉까지 동원하여 할당량을 강제 징수했다. 경찰이 가택을 무단 수색하고, 저항하는 농민은 즉시 투옥했다. 1947년 5월까지 8천여 명이 〈미곡수집령 위반자〉로 체포 수감되었다.

일제 식민지 지배와 조금도 다를 바 없었다.

4 민주정치의 묘약

해방 따라 생겨난 모든 사회불안은, 주로 미국이 베풀려고 하는 시혜적 자유민주주의와, 항일 독립투사들이 소망하는 자주적 민주주의 사이의 골이 너무 깊은 데서 비롯된 것이었다. 해방된 조선인은, 사회 모든 분야에서, 스스로 만든 조직을 바탕으로, 새로운 자주적 민주국가를 세우고자 했고, 그 중심에는, 조선인의 자유와 권리를 되찾기 위해 싸운 항일 독립투사들이 있었다. 건준이 그렇고, 전평, 전농이 그랬다. 이것이 문제였다.

조선을 점령한 미국은 이런 조직이나 단체를 만든 조선인이 희망하는 자주적인 자유와 민주를 용인하려 하지 않았다. 미국은, 자기들이 해방시킨 일본 식민지 조선에, 자기를 닮은 자유민주주의를 시혜하려고만 했다. 그러나 해방 열기에 들뜬 조선 사람들은, 미국이 베풀려는 것보다 훨씬 더 자주적이고 민주적인 독립국가를 세우고자 했다.

미국도, 처음에는, 미국의 점령 목적이 "조선인의 인권보호"라는, 맥아더포고령 제1호를, 성실히 이행하려는 듯했다. 군사정부를 만들자마자, 조선군정장관 명의로, 일제의 치안유지법, 보안법 등의 폐지를 지시하고 (1945년 9월 22일), 다음날에는 "정당에 대하여 중립적 태도를 취하겠다"라고 발표했다. 실제로, 이 해 10월 9일, 미군정 법령 제11호, 〈일정(日政) 법규 일부 개정 폐기의 건〉을 발포하여, 일제의 악법을 상당 부분 폐지했다. 없앤 것 중에는, 정치범처벌법, 예비검속법, 치안유지법, 출판법, 정치범보호관찰령, 신사법, 경찰사법권 같은 악법이 포함되어 있었다. 거기에, "신조, 정치사상을 이유로 차별을 생케 하는 것은 자에 차를 전부 폐지한다"는 맥아더 〈인권지령〉도 추가되었다. 일제의 군국주의적 통치 대신 미국식 자유민주주의 정치가 실시될 수 있는 바탕이 마련되는 것 같았다.

그러나 미국의 속내는 그게 아니란 것이 금세 드러났다. 조선군정장관이 인공을 비난하는 성명을 발표하여, 조선인 모두가 긴장하고 있던 11월 2일, 미군정법령 제21호 〈이전 법령 등의 효력에 관한 건〉이 공포되자, 조선 천지가 몸서리쳤다. 그 제1조는 이렇다.

"모든 법률 또한 조선구정부가 발포하고 법률적 효력을 유한 규칙, 고시, 기타 문서로서 1945년 8월 9일 시행 중인 것은 그간 이의 폐지된 것을 제하고 조선군정부의 특수 명령으로 폐지될 때까지 전 효력으로 차를 존속함. - 상사의 지령에 종하여 종래 조선 총독이 행사하는 제반 직권은 군정장관이 행사를 득함." 곧 〈지금까지 폐기되지 않은 모든 일제 강점기의 법률, 규칙, 고시, 문서는, 새 법령을 만들어질 때까지, 효력을 갖는다.〉 따라서 이 법으로, 1908년의 군사법령, 1910년의 정치집회금지법, 1936년의 선동문서통제령, 1907년의 치안유지법 등, 악명 높은 일제 〈정치 탄압법〉이 모두 되살아났다.

되살아난 법률 모두, 일제 군국주의에 저항하는 불순세력을 소탕하기 위해 만든 반인권 악법으로, 수많은 조선독립군과 항일투사들이, 바로 이 법으로, 고문당하고 죽었다. 그런데, 이 흉악무도한 일제 군국주의 악법을, 최고의 자유민주주의라고 자랑하는 미국이, 보란 듯이, 되살려놓았다. 하지 자랑처럼, "인류의 자유를 위하여 파쇼와 싸워 이겼다"는 미국이, 자신이 타도한 파쇼국가의 반인권적 악법을 되살려 악용하는 행위는, 자유와 인권, 민주주의뿐만 아니라, 자신이 숭앙하는 신에 대한 모독이다.[주-5]

---

5. 이 법들 중, 1925년 5월 12일에 조선에서 시행된(일본에서는 4월 12일 공포) 치안유지법은, 1948년 12월 1일 대한민국정부가 〈국가보안법〉으로 개편 공포했다. 1975년 7월 16일에는 〈사회안전법〉도 생겨났다. 일제가 1942년 3월 23일, 〈불령선인〉을 밀착 감시하기 위하여 만든 〈조선사범보호사업령〉을 차용한 이 법은, "특정범죄를 다시 범할 위험성을 예방하는 한 편 사회복귀를 위한 교육이 필

미군정은 필요할 때마다 이 법령을 써먹었다. 집행자는 물론 미군정 경찰과 검찰이다. 다음 해 가을, 미군정 경찰총수 조병옥은, 이 법을 발동하여, "일제 강점기의 조선독립군과 독립투사"를 대거 〈예비검속〉했다. 일제 강점기에, 우리 조선을 독립시키려고 피 흘려 싸운 우리 독립군과 독립투사들이, 해방되고도 한참이나 지난 뒤에, 〈해방 전에 일제에 항거하여 독립운동 한 죄〉로, 잡혀 들어갔다. 당시 한 검사가 한 말이 가슴을 저민다.

"이 자식아, 우리가 일본 놈한테 억눌려 산 것만도 분한데, 상전이 바뀌었다고 해서 이제 미국 놈한테 붙어서 한국사람을 괴롭히냐?"(선우종원, 〈8.15의 기억〉 116-117쪽)

이 미군정법령 제21호는, 총선거 선거인 등록이 끝난 1948년 4월 8일까지 계속 유효했다. 그동안, 일제에 봉공하면서 인권유린 문리를 터득한 미군정경찰이, 얼마나 많은 조선독립투쟁 애국자들의 자유와 인권을, 얼마나 합법적으로, 짓밟았던가는 새삼 말할 것 없다.

요하다고 인정되는 자에 대해 보안처분을 한다"는 구실로, 국가보안법 등으로 금고 이상의 형을 받고 집행을 받은 자의 사회 복귀를 "교육이 완성될 때까지" 늦출 수 있는 법률이다. 일본에서는 악명 높은 〈치안유지법〉이 종전 직후 없어졌다. 1945년 10월 4일 맥아더사령부가 인권지령 〈정치적 공민적 종교적 자유에 대한 제한의 제거에 대한 사령부 각서〉로 폐지를 명하자, 일본 정부는 10월 15일자로 폐기했다. 1975년에 제정된 우리 사회안전법은, 1989년 6월 16일, 법률 제4132호 〈보안관찰법〉으로 바뀌고, 2016년 1월 19일 일부 수정되어 지금까지 계속 시행되고 있다.

10장

격동의 세월

1 ▸ 9월 총파업

미국은, 군정 초, 집회 결사 등 〈표현의 자유〉를 보장한다고 약속했다. 그러나 자주 독립세력이 점령지 미개인 대다수의 지지를 받고 있다는 사실을 알고는 깜짝 놀랐다. 미국이 원하지 않는 표현의 자유까지 주면, 미국식 자유민주주의를 하사하려는 분홍 빛 점령 명분이 사라질 수도 있다는 것을 깨닫고 마음을 바꾸었다. 제1차 미소공위 전후로, 반탁 열기에 올라 탄 극우세력이 얼마쯤 힘을 얻자, 미군정은 지체 없이 좌익에 대한 공격을 개시했다.

우선, 2월 23일, 미군정법령 제55호 〈정당에 관한 규칙〉을 공포하여, 정당 활동을 규제하는 사실상의 〈집회금지법〉을 공포했다. 군정 초, 정당에 대하여 중립적 태도를 취하겠다던 약속은 어느 듯 간 곳 없다. 미소공위가 결렬되자, 미군정은 대놓고 좌익에 대한 정면 공세를 개시했다. 그 결정타가 1946년 5월 7일의 〈조선정판사사건〉이다. 조선공산당이, 자금조달과 경제교란이란 두 가지 목적으로, 조선정판사를 통해, 대량의 위조지폐를 발행했다는 사건이다. 조선공산당은, 황급히 전혀 무관하다는 성명을 내었지만, 소용없었다. 당장 조선정판사와 같은 건물에 들어있던 조선공산당이 불법화되고, 기관지 해방일보가 폐간되었으며, 박헌영, 이강국, 이주하 등 공산당 간부들에 대한 체포령이 내렸다. 이승만계 선우회 여론조사에서도 〈조선에서 가장 뛰어난 정치지도자〉 5명 중 한 명으로 꼽힌 바 있는, 불굴의 국내 항일투사 조선공산당 총무부장 겸 재정부장 이관술도 함께 잡혀갔다.[주-6]

조선공산당은 이때부터 미국을, 민주세력 아닌 〈제국주의 반동세력〉으로 규정하고, 반미공세에 들어갔다. 7월 26일, 〈정당방위의 역공세〉라는 구호와 함께, 박헌영의 이른바 〈신전술〉이 나왔다. 미군정에 대한 전면적, 총체적 반격 투쟁 선언이다.

1) 적극적 공세로의 전환. 2) 합작 노선의 변화. 3) 반미운동의 적극화. 4) 북조선과 같은 제반 개혁의 요구. 5) 인민위원회에 정권 이양 요구.

가장 눈길을 끈 것은, "반동들의 테러에 대한 정당방위의 역공세", 곧 〈방어적 폭력

---

6. 이승만계 우익단체인 "선구회"가 발행한 〈선구〉19458년 12월호,
   【조선에서 가장 뛰어난 정치 지도자】- 여운형 33%, 이승만 21%, 김구 18%, 박헌영 16%, 이관술 12%, 김일성 9%, 최현배 7%, 김규식 6%, 서재필 5%, 홍남표 5% 외 23명
   【과거 조선 혁명가】- 여운형(195명), 이승만(176명), 박헌영(168명), 김구(156명), 허헌(78명), 김일성(72명), 김규식(52명), 백남운(48명), 최용달(40명), 박문희(19명) 이관술(15명), 최현배(12명)

을 불사한다〉는 선언이다. "지금까지 미군정과 그 비호 하에 있는 반동들의 테러에 대하여 그저 당하고만 있었지만, 지금부터는 맞고만 있을 것이 아니라 정당방위의 역공세로 나가겠다. 테러는 테러로, 피는 피로써 갚겠다."라고 했다. 그동안 미군정과 부유한 극우익 청년단체의 횡포가 얼마나 무자비했던가를 실감케 하는 울분에 찬 외침이다. 밤마다 철길 가에 무참히 살해된 좌익분자 시체가 나뒹굴고 있다는 보도가 흔했지만, 미군정경찰은, 한결같이, 기차에 치어 죽은 것이라며 외면했다. 8월 20일에는 당 책임비서 박헌영이 제시한 8월 테제, 〈현정세와 우리의 임무〉가 조선공산당 중앙위원회에서 채택되었다. 주요 내용은 이렇다.

"조선 해방은 진보적 민주주의 국가인 소 영 미 중 등 연합군에 의해 실현되었다. 현제 조선은 부르주아 민주주의혁명 단계에 있으며, 앞으로 제2단계인 사회주의혁명으로 전환 되어야 한다. 주된 과업은 민족의 완전 독립, 토지문제의 혁명적 해결이다. 우리의 임무는 과거 혁명운동의 파벌을 극복하고 대중운동 전개, 노동자 농민 중심의 조직사업, 좌우 기회주의와의 투쟁, 프롤레타리아 헤게모니를 위한 투쟁, 민족통일전선에 의한 인민정권 수립 투쟁이다."

조선공산당 산하 조직인 전평과 전농이 움직였다. 그동안 대단히 온건한 산업건설운동을 벌이던 전평은, 8월 23일 "현하에 있어서의 스트라이크전략의 문제- 조선노동운동 당면의 제문제, 특히 2, 3의 우익적 편향에 대하여"로, 조선공산당의 신전술을 채택했다. 온건에서 강경투쟁으로 노선을 바꾼 전평은, 1946년 9월 초, 16개 산별노조 대표자회의에서 〈남조선총파업투쟁위원회〉를 결성하고, 전국 산업 중심지에 지역별 총파업투쟁위원회를 조직했다.

9월 15일 남조선총파업투쟁위원회는, 다음 같은 요구조건을, 미군정에 보냈다. 1) 노동자, 사무원, 모든 시민에게 하루 3홉 이상의 쌀 배급. 2) 물가 등귀에 따른 임금 지급. 3) 모든 실업자에게 집과 일과 쌀 제공. 4) 공장 폐쇄 및 해고 반대, 노동운동의 절대자유 보장, 모든 반동 테러 배격. 5) 북조선과 같은 민주주의로동법 즉시 실시. 6) 검거, 투옥 중인 민주주의운동자 즉시 석방. 7) 언론, 출판, 시위, 집회, 결사, 파업의 자유 보장. 8) 학원의 자유를 무시하는 '국대안 즉시철회. 9) 해방일보, 조선인민일보, 현대일보 등 정간신문 즉각 복간 및 사원 석방. 10) 무상몰수, 무상분배 토지개혁 실시. 11) 미군정을 즉시 철폐하고 정권을 인민위원회에 넘겨라. 12) 미소공동위원회를 속개하고 즉시 민주조선독립을 실현시켜라.

9월 23일까지 회답을 요구했지만, 미군정이 이런 요구를 받아줄 리 없다. 23일 자정까지 아무런 반응이 없자, 〈남조선총파업투쟁위원회〉는, 24일 0시를 기해, 〈전 민족을 구출하고 생존과 자유의 길을 열고 자주독립을 위하여 4만 철도노동자를 선두로 사생존망의 민족적 투쟁을 시작한다〉는 성명을 내고, 총파업 투쟁에 돌입했다. 〈압제적인 외국 군사정부에 대한 민족적 투쟁〉이라는 이름의 〈9월 총파업〉은 이렇게 시작되었다.

철도노동자들이 앞장섰다. 사실 철도노조는, 신전술이 나오지 않았다고 하더라도, 생존투쟁을 벌이지 않을 수 없을 만큼 처지가 딱했다. 전평의 총파업투쟁이 결정되기 한 달도 더 앞선 8월 17일, 철도운수동맹의 심장인 경성철도공장 용산기관구 3천7백여 노동자들이, 6개 건의사항을, 미군정 운수 부장과 철도국장에게 보내었다. 주요 건의사항은 〈쌀 배급 (노동자 4홉, 가족 3홉). 일급제 반대. 임금인상. 해고 감원 반대. 급식 계속. 북조선과 같은 민주주의 노동법령 즉시 실시〉 등, 거의 모두가 먹고 살기 위한 최저생활보장 생존권 요구였다.

21일까지 회답이 없으면 최후 행동하겠다는 경고도 했다. 그러나 미군정 운수부는, 오히려 시한 하루 전인 8월 20일, 산업합리화를 빌미로 "종업원 25%를 감원하고, 월급제를 일급제로 바꾸겠다"라고 비웃었다. 회답 시한인 21일까지 요구조건이 받아들여지지 않자, 사흘을 더 기다린 종업원 대표들이, 24일 아침, 운수 부장을 찾아가,

'정중하게' 총파업을 선언했다.

부산의 철도노동자가 가장 먼저 파업에 들어갔다. 7천여 노동자들이 9월 23일 0시를 기해, 부산기관구(부산철도공작창) 등, 주요 철도시설을 장악하여, 부산에서 떠나는 모든 열차 운행을 중단했다. 다음날, 서울철도노동자 1만 3천여 명이 용산기관구(경성철도공작창)에서 점거농성을 벌였다. 전국 철도노동자들이 잇따라 파업에 동참하여, 경부선, 호남선을 비롯한 모든 기차가 멈추어 섰다. 체신 노동자도 뒤따랐다. 전국의 우편, 전신, 전화망이 모두 정지되었다. 전기, 금속, 광산, 해운, 교통, 운수, 화학, 식료, 섬유, 토건, 출판, 일반 봉급자들도 따라나서, 전국적으로 26만이 넘는 노동자, 농민이 총파업에 참여했다.

노동자, 농민뿐 아니라, 실업자, 빈민, 학생도 가세했다. 철도, 전신, 전화, 해운, 교통, 운수, 신문과 그 밖의 산업 모두가, 10여 일 동안 완전히 마비되어, 전국이 대혼란에 빠졌다. 전평 통계로는, 절대 인원 17만 3천4백 명의 노동조합원이 참가하고, 472건의 파업이 일어났다.

그러나 결과는 참담했다. 9월 30일 새벽, 미군 탱크를 앞세운 4천여 무장경찰과, 김두한이 이끄는 대한민주청년동맹, 서북청년단 등 극우 청년단체들이, 용산기관구를 무력 점령했다. 그 자리에서 노동자 두 사람이 목숨을 잃고, 1천2백여 노동자들이 잡혀갔다. 절대로 이길 수 없는 무모한 도전이었다. 그런데도 이 무모한 투쟁은, 농촌으로 번져갔다. 7월부터 하곡수집반대투쟁을 벌이고 있던 농민들이, 10월 1일을 전후하여 전국적으로 반대 투쟁 대열에 동참했다. 〈10월 항쟁〉이다. 강제 양곡수매와 물가고에 따른 상대적 빈곤화가, 반대 투쟁의 주된 원인이었다. 그중 가장 피해가 큰 것이, 대구 경북지역의 〈대구10.1사건〉이다.

2 10월 인민항쟁

10월 인민항쟁은, 미군정의 자유민주주의에 실망한 민중이, 9월 초에서 11월에 이르기까지, 전국 각지에서 일으킨 민중항쟁이다. 경찰까지 동원한 미곡강제수매로 민심이 흉흉한 판에 무서운 호열자까지 창궐하여 굶주린 사람들을 더욱 괴롭혔다. 어디선가 터지게 되어 있던 울분이 대구에서 먼저 터졌다. 대구지역에 자주적 민주정부 수립 의지가 더 강한 면도 있었지만, 쌀 배급 정책 실패를 만회하려는 미군정의 분별 없는 시책이 문제를 더 키웠다.

대구10.1사건은, 정말 별 것 아닌 일로부터 시작되었다. 쌀 배급이 제대로 안 되어 기근이 심각할 때, 하필이면 지독한 호열자가 번졌다. 무서운 전염병이 급속도로 퍼지자, 미군정은 전염병 예방 구실로, 말썽 많은 대구지역을 아예 완전 봉쇄해 버렸다. 차도 사람도 드나들 수 없게 되었다. 생필품이 모자랄 수밖에 없다. 돈을 주고도 쌀을 구할 수 없어, 없는 사람들 살기가 더 힘들어졌다. 게다가 일제 때 악질 경찰까지, 일제 때와 똑 같이 공출 행패 부려 분통을 건드렸다. 여기에 자유와 민주를 둘러싼 정치적 대립이 불을 붙여, 드디어 기미년 3월 독립만세 이래, 가장 큰 규모의 민중항쟁으로 발전했다,

시작은, 9월 1일 일요일, 대구지역 노동자들의 소박한 〈국제청년데이〉 기념행사이었다. 전평의 〈9월 총파업〉 결의에 맞추어, 노동자들의 시위 규모가 나날이 커지고 있을 때, 식량 대책에 항의하는 시민들이 가세했다.

마의 10월 1일에도 500여 노동자들이 대구역과 공회당 부근에서 경찰과 대치하고 있었으나 별 탈 없었다. 저녁 무렵, 부녀자와 어린이들이 모여들어 1천여 명으로 불어난 시위대가, 시청 앞에서 식량문제 해결을 요구하자, 경찰이 무단이 총을 쏘아, 두 명이 죽고 여러 명이 다쳤다. 총 쏜 경찰이 악질 일제 경찰이었다는 사실이 알려지자 분

노가 폭발했다. 다음 날, 흥분한 민중 수만 명이 대구경찰서를 에워싸고 돌을 던지자, 경찰이 또다시 발포하여 17명이 숨졌다. 시민의 분노가 극에 달했다. 순식간에 경찰 서를 점령, 무기를 빼앗아 무장하고, 시내 경찰주재소들을 점거했다. 한편으로는 쌀 을 매점한 부자, 고급 관리, 악질 경찰 등 친일파 집을 습격하여 식량과 생필품을 빼 앗아 시민에게 나누어 주었다. 악질 일제 경찰을 붙잡아 집단 폭행하여 죽이기도 했 다. 미군정경찰로 출세한 일제 조선인경찰의 만행에 분개한 민중의 항의가, 얼떨결에 민중항쟁으로 커졌다.

시위가 시작되기 전부터, 만반의 사전 준비를 갖추고 대기 중이던 미국군과 군정 경찰은, 바로 그날 저녁 계엄령을 선포하고, 탱크와 장갑차를 앞세운 무력 진압에 돌 입했다. 경북지역 경찰 대신 타 지역경찰 수백 명을 동원하여, 사정없이 시위대에 조 준사격시켰으니, 우발적으로 일어난 비조직적 항쟁이 오래 버틸 수 없다. 바로 다음 날, 대구시내의 모든 소요사태가 진압되었다. 이 과정에서 적어도 18명의 시민이 숨 지고, 경찰 4명이 맞아 죽었다. 9월 총파업과, 이에 대한 미군정의 초 강경책이 마침 내 대참사를 불렀다.

민중항쟁은, 대구를 넘어, 경상도 전역으로 번져 나갔으며, 11월 중순까지, 남조선 거의 모든 도시와 전국의 군(郡) 중 절반에 가까운 56개 군에서 인민항쟁이 일어났다. 경상남북도와 전라남도에서는, 거의 모든 지역에서 폭동이 발생했으며, 경기도, 황해 도, 강원도 등 도시와 농촌에서도 부분적으로 항쟁이 일어났다. 그중, 전라남도에서 일어난 투쟁은, 〈11월 인민항쟁〉이라 불릴 만큼, 규모와 피해가 컸다.

10월 인민항쟁은, 모든 지역에서 동시에 폭발한 항쟁이 아니라, 시차를 두고 다른 지역으로 번져나갔고, 투쟁 범위도 읍, 면 단위를 크게 벗어나지 못했던 것으로 미루 어보아, 조선공산당의 신전술에 의한 체계적인 역공세이기보다는, 오히려 통제되지 않은 산발적인 항의시위이었다. 미군정 1년의 실정에 따른 민생불안과, 친일 경찰과 관리의 횡포에 대한 민족적 분노가, 신전술에 밀려, 폭발한 것이라 할 수 있다. 해방과 더불어 당연히 청산되었어야 할, 일제강점기의 사회 경제 행정 구조와 관행을, 그냥 그대로 복원하고 있는 미군정과 반동세력, 특히 친일 관료에 대한 조선 백성의 자주적 민족주의 항거이었다.

대구10.1항쟁으로 촉발된 전국적 민중봉기사태, 즉 10월 인민항쟁은 한국 역사의 전환점이 될 만큼 중대한 의미를 갖는다. 경북에서만도 주민의 25%가량인 77만여 명이 참여했으며, 남조선 전체로는 전인구의 10%가 넘는 230여만 명이 동참했다. 미군정의 공식 발표는, 사망 20명, 중상 50명, 행방불명 30명이지만, 경상북도에서 극우 청년단체에 생매장된 희생자만 해도 그보다 훨씬 더 많았다. 경북에서만 적어도 136명이 사망하고, 5,000이 훨씬 넘는 사람들이 폭동 혐의로 체포 구금되었다.

그러나 구체적인 희생자 수는 아무도 모른다. 미군정도 공식적인 것 외는 밝히려 하지 않았다. 자주민주진영의 타격은 참담했다. 해방 이래 공들여 가꾸어 온, 민족의 자주독립 역량이 거의 모두 사라졌다. 후유증은 더 컸다. 폭동에 가담한 사람은 말할 것 없고, 구경 한 사람도 좌익으로 몰려 신변이 위태로워졌다. 잡혀 가 죽거나 병신 안 되려면 산으로나 지하로 숨어야만 했다. 엉겁결에 일제 강점 말기의 산사람이 다시 생겨났다. 이제는 식민제국 일제 경관이 아니라, 미군정경찰이 된 전 일제 경찰에게 쫓기는 신세가 되었다. 권력을 다시 어깨에 매단 뿔난 미군정 경찰과, 물불 가리지 않고 설치는 용감무쌍한 서북청년단, 족청 등 극우 반공청년단체들이, 눈에 쌍심지를 켜고, 신나게 좌익분자 빨갱이 잡으러 쫓아다녔다.

대구 10.1사건은, 우익 주장대로 조선공산당의 신전술에 의한 내란음모이었든지, 아니면 좌익 말같이, 미국과 우익이 미리 짠 각본이었든지 간에, 돌이킬 수 없는 민족적 비극으로 발전하여, 해방정국의 전환점이 되었다. 그동안 군정 경찰과 극우 청년단체에만 의존하던 미군이, 황급하게 직접 폭동진압에 앞장선 것은, 더 이상, 미국 국익에 배치되는 어떠한 점령지 주민의 의사나 세력도, 결단코 용납하지 않겠다는 단호한 결의를 행동으로 표명했다는 역사적 의의를 갖는다.

미국은 쿠바, 필리핀 등지에서도, 대구에서와 똑같은 방법으로, 민중봉기나 독립운동을 무자비하게 진압한 전력이 있다. 순수한 민족주의 독립운동조차 무력으로 완전 소탕한 미국이, 미국 최대 공적인 공산주의에 동조하는 자들을 용서할 리 없다.

이제 민중을 믿고 그늘로 숨은 좌익과, 미군정국립경찰을 앞세워 양지에 우뚝 선 우익은, 절대로 용서할 수 없는 철천지원수가 되고 말았다. 해방 열기에 들떠 있던 시절과는 완전히 뒤바뀐 무섭고 험악한 세상이 되고 말았다. 동족이란 생각은 호랑이 담배 먹던 옛이야기다. 사람 목숨이 파리 목숨과 다를 바 없는 세상이 되었다. 일제 식민지였던 조선 땅에, 미국식 자유민주주의 새 국가가 탄생하려는 피어린 진통이 시작되었다.^{주-7}

---

7. 2007년에 시작된 〈진실. 화해를 위한 과거사 정리 위원회〉는 대구사건을 재조사하여, 2010년 3월 다음과 같은 〈대구10월사건 관련 진실규명 결정서〉를 발표했다.
   "이 사건은 식량난이 심각한 상태에서 미군정이 친일관리를 고용하고 토지개혁을 지연하며 식량공출정책을 강압적으로 시행하자 불만을 가진 민간인과 일부 좌익세력이 경찰과 행정당국에 맞서 발생한 사건이다." 따라서 "국가의 책임을 인정해 유족들에 대한 사과와 위령사업을 지원하도록 권고한다."

③ 쫓기는 자주민주세력

다음 해 3월 1일. 제주도에서도 어이없는 변고가 생겼다. 민전이 주최한 〈제28주년 삼일절기념 제주도대회〉에서 경찰이 총을 쏘아, 어린이와 부녀자를 포함한 6명이 죽고 8명이 다쳤다. 30만 제주도민 중 3만도 더 넘는 사람들이 모인 기념행사 뒤에, "3.1정신으로 통일독립 쟁취하자", "삼상회의결정 절대지지", "10월 인민항쟁만세", "강제공출 절대반대", "친일파 처단", "부패경찰 몰아내자"라고 외치며 행진하자, 경찰이 구경하는 민중에게 엉뚱하게 총을 쏘아 사람이 여럿 죽고 다쳤다. 그러고도 기념행사를 추진한 사람은 말할 것 없고, 구경꾼까지 수백 명을 무더기로 잡아넣었다. 지난해 서울에서도 비슷한 일이 벌어졌다. 우익은 서울운동장에서, 좌익은 남산에서, 따로 모여 8.15 해방절 기념식 치르고 시가행진 하다가 남대문에서 충돌하자, 경찰이 좌익에게 총을 쏘아, 여러 명이 죽고 다쳤다.

미군정은 10월 인민항쟁 이래, 어떠한 자주독립 집회나 시위도 용납하려 하지 않다가, 마침내 1947년 8월 4일. 미군정 남조선 과도정부 민정장관 안재홍이, 8.15경축행사의 옥외집회와 가두행렬을 금지하는 행정명령 제5호 〈해방 기념 축하식 거행에 관한 건〉을 공포했다. 명분은, 정치세력 간의 충돌 예방이다. 이 명령으로 말미암아, 좌익이 주최하는 모든 공공 행사는 사실상 불법화되고, 이를 빌미로 한 경찰 탄압은 더욱 심해졌다.

행정명령 제5호에도 불구하고, 부산에서는, 〈8.15 해방절 2주년 경축식〉이 두 군데서 열렸다. 부산시가 주최하는 공식 경축식은 부산 공설운동장이고, 또 하나는 자갈치 광장이다. 지난해, 서울에서 좌우익이 따로 〈8.15 해방절 봉축식〉 마치고 시가행진 하다가 싸움판이 벌어져, 여러 명이 죽고 다치고, 또 올봄에는 제주도 〈3.1절 기념대회〉에서, 경찰이 엉뚱하게 총을 쏘아 어린아이까지 죽였다니, 도대체 어떻게 하는 행사인데 사람까지 죽는지, 궁금하다. 막 중학생이 되었지만 개학 전이라 할 일도 없다. 한해 선배 구식을 꼬드겼다.

서면에서 부산 공설운동장까지는 아주 멀다. 부산의 끝에서 끝이다. 서면에서 큰 전차 타고 가, 초량에서 작은 전차로 바꾸어 타고 전차 종점에 있는 부산 공설운동장에 먼저 갔다. 한참이나 걸어 들어가 보니. 겨우 사오십 명이 연단 앞에 모여 서성거린다. 10시가 지났는데도 시작을 안 한다.

귀에 익은 노래가 요란하게 울려 퍼진다. 해방의 노래다.
'죽음의 쇠사슬 풀리고, 자유의 종소리 울린다.
삼천만 가슴에 눈물이 샘솟고, 삼천리 강산에 새봄이 왔구나
아 아 동무야 이 날을 잊으랴, 우리의 생명을 약속한 이 날을.
팔월 십오일, 팔월 십오일'
한참을 기다렸는데도 사람들이 더 안 온다. 게다가 확성기 소리가 찢어지듯 시끄러워 귀가 따갑다. 더 오는 사람도 없는데 왜 시작 안 하나? 더 기다려 봤자 별로일 것 같다.

"재미없다. 자갈치 가 보자." "그러자."
처음부터 기념식 자체를 보려고 온 것이 아니다. 많은 사람들이 모여 행사하는 것이 어떤 것인가를 보러 왔는데 사람이 안 모인다. 게다가 무슨 소리인지 알아들을 수도 없는 마이크 고함소리가 거슬려 더 듣고 있을 이유 없다.

전찻길 따라 걸어 11시쯤 자갈치에 도착했다. 광장을 꽉 메운 군중의 열기가 후끈하다. 신난다. 땀 흘려 걸어온 보람이 있다. 사람들을 헤집고 들어가 보니, 어떤 사람이 신나게 연설하고 있다. 무슨 말인지는 모르지만 청중들이 연신 "옳소"하고 맞장구치며 요란하게 손뼉 친다. 재미있다. 고개를 내밀고 신나게 구경하다가 문득 뒤 돌아보니, 정복 입은 경관들이 장총 받들어 들고 사람들을 삥 둘러싸 서있다. 공설운동장

에는 경찰이 없었는데, 어째서 여기에는 이렇게 많은 경관들이 총을 들고 에워싸 있을까? 이상하다. 울던 아이도 울음을 그칠 만큼 무서운 것이 순사다. 범보다도 곶감보다도 더 무서운 게 일본 순사였다. 해방되어 민주경찰로 바뀌었다고는 하지만, 경찰은 경찰이다. 순사나 경찰이나 다를 거 없다.

그런 순사 수십 명이 정복에 장총 바쳐 들고 빙 둘러싸 있다. 겁난다. 며칠 전 대대적인 좌익 검거선풍이 불었다는 기사를 본 일도 있다. 게다가 연설자가 열 올리며 외치는 소리가 무슨 말인지 모르겠고 귀만 따갑다. 배도 고파온다. 결국 구식이 못 참는다.

"나가자." "조금만 더 보고 가자." "그래라. 나 먼저 간다."
멍청히 서 있다가 깜빡 정신이 든다. 야단 났다. 전차비는 구식이 가지고 있는데.
"기다려라. 같이 가자."
다급하게 쫓아 나갔지만 안 보인다. 광장밖에도 사람들이 꽉 차있어, 키 작은 중학생이 잘 보일 리 없다. 놓치면 큰일이다. 급한 마음에 사람들을 헤치고 두어 발짝 내달렸을까, 갑자기 등 뒤에서 요란한 총소리가 난다. 깜짝 놀라 돌아보니 경찰이 총을 쏘고 있다. 콩 볶듯 하는 총소리와 비명이 귀를 찢는다. 난생처음 보는 아비규환이다. 넋이 빠져 그만 그 자리에 주저앉았다. 광장 안에 쓰러진 사람들이 수두룩하다. 얼마나 지났을까, 총소리가 멎었다. 광장 밖에도 사람들이 여럿 쓰러져 있다. 겨우 정신 차려 바라보니 구식이 거기 있다. 흥건히 고인 피를 깔고 비스듬히 누워 있다. "아이고 내가 사람 죽였네." 눈앞이 캄캄하다. 천만 다행히 총알이 허벅지를 뚫고 지나갔다. 어른들이 급하게 병원으로 떠메고 갔다.

부산에서 대참사가 벌어진 그 날, 서울에서는 서울시가 주관한 〈해방절 경축집회〉가, 서울운동장에서, 조촐하게 치러졌다. 아무런 충돌도 사고도 없이 무사하게 끝났다. 지난해 좌우익 행렬이 남대문에서 충돌한 것과는 사뭇 달랐다. 그럴만한 이유가 있었다.

해방절 봉축행사 나흘 전인 11일 밤부터, 좌익사범 수백 명이, 〈내란음모를 기도하는 불순분자〉로 예비검속 되었다. 해방절 봉축을 빌미로 한 좌익 불순분자들의 봉기 책동을 사전에 분쇄한다는 빌미로 무더기로 잡아넣었다. 적용 법률은, 일제 악법을 재활용한 미군정법령 제21호 〈이전 법령 등의 효력에 관한 건〉(1945년 11월 2일 발포)이었다.

부산 자갈치 광장의 무차별 발포 또한, 남조선 과도정부 행정명령 제5호에서 나온, 〈합법적〉 살인 참극이다. 옥외집회를 금지한 법을 어겼다는 이유만으로 무고한 백성들을 죽이고 다치게 했다. 합법을 가장한 좌익의 폭동 음모를 분쇄하기 위해, 〈법과 원칙에 따른〉 법치주의에 입각한, 합법적 법률행위였다. 죽은 자만 억울하다.

미군정 허가를 받은 집회는 언제나 허용되었다. 미국 자유민주주의 원칙을 준수하는 〈표현〉이나 〈의사표시〉는 언제나 자유로워, 우익의 옥외집회는 언제나 순조롭게 진행되었다. 사전 허가를 받기만 하면, 누구든 언제나 자유롭게 〈표현〉할 수 있는 의사표시의 자유를 즐길 수 있었다. 어용 집회, 관제데모란 말이 그래서 나왔다. 사전 허가를 받을 길이 막힌 좌익은 지하로 숨는 수밖에 없다. 미국이 자랑하는 자유주의적이고 민주주의적인 방식으로 〈의사표시〉할 수 있는 길이 막혀버렸으니 다른 도리가 없다. "자유란 아무에게나 주는 것이 아니다. 지킬 수 있는 자에게만 주는 것이다."라고 얼렀다. 한동안 미군정 지원으로 활기를 띠던 중도세력도, 좌우합작운동의 존립 이유인 미소공위가 결렬되고 재개 가능성마저 없어져, 미군정이 손을 놓자, 갑자기 신변마저 위협받는 처지로 전락했다. 마침내 1947년 7월 19일, 좌우합작운동의 구심점이며, 조선의 독립과 건국에 평생을 바친 민족운동의 거인 몽양 여운형 선생이 암살당했다. 미군정 행정권과 경찰력을 움켜쥔 백색테러분자에게는, 극우익이 아니면, 모두 〈빨갱이〉 일뿐, 중도란 있을 수 없었다.

빨갱이 사냥에 다시 나선 일제 민완 고등계 형사 출신 미군정 고위 경찰 눈에는, 공산주의자건 사회주의자건 중도파이건 간에, 모두 다, 불온사상을 가진 빨갱이요, 비애국자요, "민족반역자"였다. 남북협상, 자주국가, 민족통일이라는 말만 해도 빨갱이로 몰리는 세상에, 중도파가 설 땅이 있을 리 없다. 독립투쟁에 반평생을 바친 민족주의자들조차 엉뚱한 빨갱이 죄를 뒤집어써, 미군정 고위 경찰로 출세한, 전직 일제 악질 일본 경찰에게, 모질게 모욕당하고 고문당하는 기막힌 세상으로 바뀌었다.

이런 어려움 속에서도, 중도세력은 남북총선거로 통일정부를 수립하려는 노력을 버리지 않았다. 제2차 미소공위가 열리고 있던 10월 1일, 미군정 배려로 중앙청 회의실에서 〈남북총선거를 통한 민주주의통일정부수립〉을 지향하는 〈민족자주연맹결성준비대회〉를 열었다. 좌우합작위원회, 민주주의독립전선, 시국대책협의회, 미소공위대책 각정당사회단체협의회(정협)를 비롯한 18개 정당, 5개 단체와, 개인이 참여했다. 김규식은 개회사에서,

"작년 9월부터 고 여운형 씨와 협력하여 좌우합작을 기도하여 왔는데, 이는 미소공위의 속개와 남북통일 임시정부 수립을 촉진시키기 위함이었다. 그러나 -- 좌우의 분열은 날로 커져가고 있으며, 그리고 남북은 점점 더 멀어지고 있다. 이러한 정형 아래 중간 진영은 무엇을 할 것인가? 좌우익의 합작도 중하거니와, 이보다 긴급히 요청되는 것은 우선 중간 진영의 단결이라 생각한다. -- 좌우중의 각층은 각기 진영의 결속을 성취한 후에 이 삼자가 한데 뭉치어 숙명의 민족통일을 기하고자 한다."

이 해 10월 19일에는 중도세력을 통합한 〈민주독립당〉을 결성했다. 홍명희를 비롯하여, 안재홍, 김병로, 김호, 박용희, 이극로, 김원용 등 중도우파 인사들이 대거 참여했다. 창당준비위원장을 맡은 홍명희는 창당대회 개회사에서,

"독립을 하되--민주가 건국이념이 아닐 수 없다.--그러면 민주는 미국식 민주냐, 소련식 민주냐? 우리는 대다수가 노동계급의 독재나 자본가의 발효를 원치 않는다. 만인 다 자유롭고 조선 현실에 맞는 적당한 민주주의를 취할 수밖에 없지 않은가."

입법의원이 개원하자, 소명을 다한 좌우합작위를 해체하고, 중도우파 연합체인 〈민족자주연맹〉(민련)을 결성했다.(12월 20일). 10월 1일의 결성준비대회에 참가했던 좌우합작위원회, 정협 등 네 단체를 비롯하여, 민중동맹, 신진당, 사회민주당 등, 〈민족자주노선〉을 표방하는 중도세력이 다시 모여, 총재에 김규식, 정치위원 홍명희, 원세훈, 이극로, 손두환, 윤기섭, 김성규, 김순애를 선임했다. 그러나 그 힘은 보잘것없었다. 남북통일 말만 해도 빨갱이에 반민족 분자로 몰리는 것이 두려운 많은 중도인사들이 극우파 손을 잡고 떠났다. 이제 남조선 정치공간에는 〈신탁통치〉를 절대 반대하는 극우파와, 〈자주통일국가〉를 지지하는 좌파의 두 세력만 남아, 사생결단 쫓고 쫓기는 세상으로 바뀌었다.

1947년 8월 26일부터 9월 3일까지, 트루먼 미국 대통령 특사로 내한한, 위드마이어(Albert C. Wedemeyer) 장군은, 조선의 국내 정세를 다음과 같이 보고했다. 그는 제2차 세계대전 중, 중국 방면 미국군총사령관으로, 세계대전이 끝난 뒤에도, 미국 정부 지시에 따라, 중국 공산당과 싸우는 장개석 국민당정부군을 적극 지원한 철저한 반공 군인이다.

1) 한민당은 친일파 출신을 주축으로 하는 이권집단이다.
2) 한민당은 민중의 지지를 받지 않으면서 미군정에 큰 영향력을 누리고 있다.
3) 한민당 등 극우파는 경찰의 힘에 의지하면서 테러단체를 운용하고 있다.
4) 좌익 활동은 경찰과 극우 테러단체의 폭력에 과도한 억압을 받고 있다.

11장

해방과 교육

1 뿌리 깊은 식민교육

해방의 감격에 겨운 선생님들은, 전국 각지에서 교육자치단체를 만들어, 일제강점기 일제 노예교육에 봉사한 과오를 사죄하고, 참다운 민주교육으로 해방된 조국에 적극 헌신하겠다고 다짐했다. 경성대학을 비롯한 관공립학교 교직자들도 〈자치위원회〉를 만들어 민주교육에 헌신할 준비를 갖추었다. 8월 말, 전국 교육자들이 〈초등교육건설회〉를 결성하고, 9월 초에는 〈중등교육협회〉를 만들어, 다음 같은 성명서를 내었다.

"교육자로서 과거 일제 노예교육에 봉사한 죄를 국민에게 사과하고 새로운 민주교육을 건설하기 위하야 재래의 교장 급은 전부 사직을 단행하고 재래 교직원 또한 총사표를 제출하되 교직원만은 학도를 위하여 학원에 잔류, 신정부 수립 후에 벌을 기다리겠다.”

한편으로는, 일제 식민지 교육에 눌려있던 학구열이 솟구쳐, 〈법정전문학원〉을 비롯한 학교, 학원, 강습회 등 여러 교육기관이, 우후죽순처럼 생겨났다.

그러나 자주적 민주교육 열망은 곧바로 무너졌다. 미군정이 일제 조선총독부 문교체계를 그대로 계승했기 때문이다. 교육제도는 물론, 교육행정, 교육 관행도 일제 것을 고스란히 물려받았다. 학교 이름과 교복, 교모, 배지까지 일제 것을 그대로 썼으며, 교육용어도 일본어를 조선어로 소리만 바꾸어 사용했다. 관권 행사도 꼭 같았다. 자생 학원들을 폐쇄하는 등 일제강점기 탄압 정책을 그대로 따랐다. 보다 더 황당한 일은, 친일 교육자 제등용이었다. 일제 천황이 내린 〈교육칙어〉에 혼을 담아 황국신민화에 열 올리던 친일파들이 다시 교권을 잡았다. 교육에 대한 모든 것이 일제 강점기로 고스란히 되돌아갔다.

친일경력을 따질 필요 없는 미군정은, 화려한 친일 경력자일수록 중용하여, 일제보다 더 높은 자리에 정중히 모셨다. 교육행정을 관장하는 학무국에는, 최고책임자인 조선인 최고고문에 김성수, 조선인 학무국장에 유억겸이 발탁되었다. 이들은 저명한 교육자다. 그러나 독립을 포기하고 친일 공적을 높이 쌓은 한민당 간부들이다. 유억겸은 이승만의 영향을 받은 기독교계몽단체 흥업구락부와, 좌우연합 독립운동단체인 신간회 발기인으로 참여하는 등, 한동안 민족운동에 동참한 지사였다. 그러나 1938년 흥업구락부사건으로 3개월 감옥에 갇혀있는 동안에, 뼛속까지 전향하여, 윤치호, 장덕수, 이성근, 최린과 함께 여러 친일단체에서 적극 활약했다. 〈시국대응전선사상보국연맹〉 경성지부 제3분회장을 지내고, 〈채권가두유격대 광화문대〉에서 이성근, 박상준, 양주삼과 함께 활약했으며, 〈흥아보국단〉 이사, 윤치호와 최린이 주도한 〈조선임전보국단〉 이사, 〈조선언론보국단〉 명예회원으로, 자가 말 그대로, “대일본제국의 영광을 보전하기 위하여," 물심양면으로 반민족운동을 했다.

미군정은, 미국의 점령 목적을 효율적으로 실현할 수 있는 인재가 필요했다. 친일파이든 아니든 상관없었다. 영어에 능통하면 더욱 좋았다. 미국은 이 영광스러운 과업을 한민당에게 맡겼다. 김성수나 유억겸이나 모두 친미적인 한민당 간부일 뿐 아니라, 영어에 능통한 교육전문가다. 미국의 구미에 딱 맞는다. 미국의 신뢰로 교육계를 휘어잡은 한민당은, 즉시 일제 총독부 문교행정관리를 모두 불러들여, 모든 교육기관의 요직에 승진 임명했다.

경건한 황국신민으로 교육칙어를 선창 하던 친일 교육자들이, 순식간에, 미군정 관리가 되었을 뿐 아니라 승진까지 했다. 일본군이 주둔 중인 '경성대학'도 한민당이 차지했다. 학장 격인 법문학부 학부장 겸 경제학부 학부장에 백낙준, 예과 부장에 현상윤이 임명되었다. 전국의 모든 주요 공립학교장도, 거의 모두, 재주 좋고 재수 좋은 한민당원이 차지했다. 〈황국신민의 서사〉 작성에 참여한 〈순종 황국신민〉들도 당당히 더 높은 자리로 재임용되었다.

일제에 아부하지 않은 교육자들이 일어섰다. 일제 식민지로 돌아가는 반민주적 반민족적 교육정책을 받아들일 수 없었다. 조선교육혁신동맹을 바탕으로 결성된 〈조선교육자협회〉(1946년 2월 17일) 등이, 친일 교원과 교육 행정가를 청산하고, 학원의 민주화, 교육의 자주성과 전문성을 확립하기 위하여 일어났다. 그러나 보복만 돌아왔다. 빨갱이로 몰려 교사는 파면, 학생은 퇴학처분당했다. 다음 해 3월 초, 학무국에서 문교부로 승격한 미군정 교육당국이, 법정 전문학원을 비롯한 모든 신생 무허가 교육기관을 모두 폐쇄했다. 일제가 휘두르던 군국주의적 관권이, 일제로부터 해방된 나라에서 다시 용트림 쳐, 민족주의 성향 교육자들의 반발이 거세어지고 있을 때, 〈국립서울대학교설치안〉(국대안)이 나왔다.

2 미국식 종합대학교

해방되었을 때, 조선에는, 대학이라고는 경성제국대학 단 하나밖에 없었다. 그 밖의 고등교육기관은, 관립이, 경성경제전문학교 등 16개, 사립이, 연희전문학교, 보성전문학교 등 12개 있었다. 미군정은, 사립전문학교를 모두 〈미국식 대학〉으로 승격시키는 한편, 경기도 내 관립 고등교육기관을 통합하여 하나의 관립 종합대학을 만들기로 했다. 사립전문학교의 대학 승격은 반가운 일이었지만, 관립 종합대학을 만드는 데는 적지 않은 진통이 따랐다.

〈경성대학〉으로 개명된, 전 경성제국대학을, 1945년 10월 16일, 미군정법령 제15호 〈제국대학 명칭 변경의 건〉으로 〈서울대학〉으로 이름을 바꾸고, 다음 해 7월, 국립대학설립취지문을 발표했다. 경성대학과 경기도 내 9개 관립전문학교를 통합하여 국립서울대학교를 만든다는 내용이다. 관련 학교 교수와 학생들이 거세게 반대한 것은 물론이고, 전국 교육자들이 교육자대회를 열어 철회를 요구했다.

그러나 미군정은, 개의치 않고, 종합대학 설립 작업을 강행했다. 8월 22일, 미군정법령 제102호 〈국립서울대학교 설립에 관한 법령〉으로 〈국립서울대학교〉를 만들어, 초대 총장으로 경성대학장인 미국 해군 대위를 연임시켰다.

신설 국립서울대학교는, 서울대학을 비롯하여 경성의학전문학교 등 관립전문학교와 경성사범학교, 경성녀자사범학교, 준관립인 경성치과의학전문학교 등, 서울시와 경기도에 있는 관립고등교육기관을 모두 통합하여, 농림과대학 등 9개 단과대학과 대학원으로 이루어졌다. 단과대학들이 한 캠퍼스에 함께 있는 것이 아니라, 서울대학(경성대학) 본부가 있는 서울 동숭동에서, 청량리(예과, 경성법학전문학교), 종암동(경성상업전문학교), 소공동(경성치과대학),을지로5가(경성사범학교), 용두동(경성여자사범학교), 경기도 양주(경성공업고등학교, 경성광산전문학교), 수원(수원농림전문학교)에 흩어져있는 거점학교다. 예과를 합쳐 5년제인 경성대학과, 3년제 전문학교를 같은 조건으로 통합했으니, 모양새가 좋을 리 없다.

국대안이 확정되자 반대가 더욱 거세어졌다. 관선이사회가 운영권을 독점하는 것은, 학원의 자치와 자유를 침해할 뿐 아니라, 진보교수 숙청 수단이 될 수도 있을 것으로 우려했다. 이공계 고등교육을 경시한다는 불평도 겸했다. 가장 큰 반대이유는 친미주의 간부를 양성하기 위한 식민지 노예교육정책의 일환으로 본 것이었다. 처음에는 미국의 식민지적 교육정책에 반대하는 진보성향 교수와 학생들이 반대 투쟁에 나섰으나, 어언간 모든 학생이 등록을 거부하고 동맹휴학에 들어갔다.

요구조건은 〈친일교수 배제, 경찰의 학원 간섭 중지, 국립대 행정권을 조선인에게 이양할 것, 미국인이 아닌 조선인 총장 임명〉이었다. 반대운동은 여러 달 계속되었다. 서울의 다른 대학들도 등록을 거부하고 동정 동맹휴학에 들어갔다. 반대운동은 갈수록 확대되어, 12월 초에는, 서울대학교 9개 단과대학과 연희대학, 한양대학, 동국대학, 국학대학에다가 중학교로까지 번져, 57개교 4만여 학생이 동맹휴학에 들어갔다. 심지어 국민학교 학생들까지 반대 데모에 나설 정도로 전국적 반대 투쟁으로 커졌다.

당황한 미군정이 〈국대안〉을 입법의원으로 넘기자, 이제 교육정책 차원을 넘어, 좌우대결의 정치문제로 바뀌었다. 입법의원에서는, 가톨릭교 대표 장면이 미군정을 도와, 국대안의 발의와 통과에, 적극 앞장섰다. 미군정의 대응도 강경했다. 반대운동하는 학생과 교수들을 모조리 대학에서 쫓아내는 한편, 경찰을 동원하여 체포 감금하고, 서북청년단 등 극우반공청년단체들을 불러들여, 일제 조선총독부가 조선인에게 저지른 만행보다 훨씬 더 가혹하고 무자비한 물리력을 행사했다. 그 결과, 1947년 5월 12일 국립서울대학교 학생 8,040명의 절반이 넘는 4,956명이 제적되고, 전체 교수와 강사 429명 중 380여 명이 해임되었다.

5월 말이 되어서야, 겨우 반대운동이 수그러들었다. 미군정이 〈국대안에 관한 수정법령〉을 공포하여, 학생들 요구를 일부 수용했기 때문이다. 1947년 8월 14일, 제적학생 중 3,518명에게 복학을 허용하여, 거의 1년 만에야 반대 분규가 겨우 가라앉았다.

그러나 후유증은 컸다. 이공계 교수들을 중심으로 많은 유능한 교수와 학생들이, 미군 점령지역을 떠났다. 그 빈자리는 모두 국대안반대운동을 타파한 극우파에 돌아갔다. 빈 교수 자리는 국대안을 극력 지원한 투철한 반공투사들이 차지했다. 교수능력과는 아무 상관없었다. 미군정에 대한 충성도가 특채의 준거였다. 쫓겨난 학생들의 빈자리는, 주로 국대안반대운동 분쇄에 혁혁한 공을 세운, 용맹한 서북청년단 등 반공청년단체의 지원으로 메워졌다. 이 또한 학력 같은 것은 문제 되지 않았다. 극우 청년단체의 추천만 있으면 만사형통이었다.

3 학생동맹과 학생연맹

　부산공립중학교 일 학년은 여섯 반이다. 올해(1947년) 방학 중에 두 반 더 늘었다. 전국 모든 중학교 정원이 한꺼번에 한 두 반씩 늘어났다. 해방 덕에 조선인에게도 교육받을 기회가 좀 늘었다.

　일제 강점기에는 조선인과 일본인 간의 교육차별이 아주 심했다. 학교 이름부터 달랐다. 일본 아동이 다니는 학교는 소학교고, 조선 아이들이 다니는 학교는 국민학교였다. 그것도 보통학교에서 승격하여 얻은 이름이다. 다음에 진학하는 상급학교도 다르다. 일본인은 중학교에 가지만, 조선인은 고등 보통학교로 갔다. 일본에는 중학교 위에 고등학교가 있지만, 조선에는 없었다. 대신 고등학교와 비슷하다는 고등 상업, 고등 공업, 고등 농업 같은 실업학교나 전문학교가 있었다. 조선에는 대학이 경성제국 대학 단 하나밖에 없었지만, 일본에는 지역마다 국공립대학이 있고, 사립대학도 수두룩했다. 학교만 차이가 있는 것이 아니다. 〈내선일체〉를 외치면서도, 일본인과 식민지인의 인종차별이 격심하여, 조선인이 교육받을 수 있는 기회는 극히 제한되어 있었다.

　이 뿐만이 아니었다. 일본인과의 경제력 차이가 아주 심해, 조선인은, 학교가 있다고 해도, 다닐 형편이 못되었다. 웬만큼 잘 사는 집 자녀가 아니고서는, 〈고등 보통학교〉 진학은 생각조차 할 수 없었다. 학비를 감당할 수 없었다. 더욱이 일본인 자녀가 다니는 〈중학교〉에는 특출한 친일파 자제가 아니고서는 절대로 넘볼 수 없었다. 이런 사정 때문에 돈이 없으면서도 공부해 보겠다고 발버둥 치는 고학생 이야기를 그린 〈제2의 운명〉 같은 소설이 인기를 끌었다. 중학교나 고등 보통학교 보다 상급학교로 진학하는 것은 더욱 어려웠다. 상류층 자녀이거나, 특별한 재능이 없는 한 어림도 없었다. 하물며 외국 유학은 최상위 상류층이거나, 〈하느님이 보우하는〉 행운이 따르지 않는 한 불가능했다. 따라서 어떤 인연으로 교육을 받았건 간에, 교육을 많이 받은 사람일수록, 본인이나 집안이 친일적일 수밖에 없었다. 기미년 3월 1일에 독립만세에 앞장섰던 인사들도 예외가 아니었다.

개학하고 두세 주 지나 서다. 수업이 끝나자마자 상급생들이 들어오더니 열변을 토한다. "친일 매국노들이 날뛰는 것을 피 끓는 청년들이 어찌 가만히 보고만 있을 수 있겠느냐. 친일파에게 나라를 빼앗겨서는 안 된다. 조선인민을 위한 통일정부를 세우자." 대충 그런 말이다.

자주 들으니 그럴 듯도 하지만, 우리가 그런 걸 어떻게 한단 말인가? 겨우 중학교 1학년인 우리 보고 청년이란다. 웃긴다. 이들이 속한 단체는 무슨 동맹이란다. 공부 잘하는 학생들이 많단다. 또 다른 상급생들은, "빨갱이 놈들 하는 말은 모두 새빨간 거짓말이다. 빨갱이 세상 되면 우리 모두 다 죽는다." 듣고 보니 그 또한 그럴듯하다. 이들은 무슨 연맹 소속이란다. 대개 좋은 옷 입은 학생들이다. 누구 말이 맞는지는 모르지만, 같은 학교 같은 또래의 다 같은 조선학생들 말이 어찌 이리도 다른지 모르겠다.

10월 들어 날씨가 서늘해지면서 사회는 더욱 싸늘해졌다. 대구에서 일어난 민란 때문이다. 드디어 부산에도 불똥이 튀었다. 한낮에 난데없이 서면 전차 차고 근방에서 총소리가 몇 차례 울려 퍼졌다. 자전거 타고 달아나는 괴한을 전차 몰고 쫓아간 형사가 사살했다. 죽은 사람은 일본에서 대학 나온 야산 대원이란다. 사건은 그것으로 끝나지 않았다. 미행하던 형사는 용의자가 들른 가게 주인들을 모두 경찰서로 잡아들여, 접선한 거 불라면서, 죽지 않을 만큼 때렸다. 느닷없이 초주검 된 가게 주인들은 아무 죄 없이 어이없는 요시찰 인물이 되어버렸다. 억울해도 하소연할 데가 없다. 욕도 못한다. 그 "악질 형사 놈"은 일제 때 형사 앞잡이 노릇 하다 해방되자, 경찰로 승진한 독종이란다. 조심하지 않으면 더 큰 일 난다.

대구 민란 소동은 스쳐갔지만, 담장과 전선주마다 빽빽이 전단이 나붙고, 밤마다 기습시위가 계속되었다. "단독정부반대, 미군철수, 친일파 친일경찰 죽여라" 같은 소리를 외치고는 사라진다. 〈조병옥의 사냥개, 박명제야. 민족 심판의 날이 다가왔다.〉는 외침도 들린다. 조병옥은 경찰 총수인 경무부장이고, 박명재는 경상남도 경찰국장이다. 저녁에는 산 위에 횃불이 오른다. 대개 황령산 꼭대기에서 먼저 솟는다. 그러면 기다렸다는 듯 다른 산에서도 봉화가 오른다. 이렇게 어두운 밤에, 저 높은 산에 올라가, 무슨 연락을 하는 걸까? 붉게 타오르는 횃불을 넋 놓고 바라보는데, 술 취한 노랫소리가 흐느적흐느적 지나간다.

"다 떨어진 짚신에다 새끼줄을 매고서 부산진 화차 밑을 살 살 기는 얌생이꾼.
잘 걸리면 백만장자, 못 걸리면 총살이다. 사나이 한 평생을 메투리에 걸었다."
미국 군용 열차에 도적질 하러 간다는 것을, 어찌 저리도 신나게 떠벌리고 다닐까? 웃긴다. 연말이 가까워지면서 미국과 경찰을 비난하는 삐라는 더 많이 나붙고, 경찰 호각소리도 더욱 요란해졌다. 〈유엔 결의〉라는 거 때문이란다. 언제부터인가 이런 말이 나돈다.

〈미국을 믿지 말고, 소련에 속지 마라. 일본은 일어난다, 조선아 조심하라.〉

12장

친일파를 어이할고

1 누가 친일파인가

〈조센진〉으로 천대받던 조선인은, 친일파가 미웠다. 해방이 기쁠수록 더욱 미웠다. 왜놈보다 더 미웠다. 왜놈 앞잡이가 되어 동족을 능멸한 매국노를 단죄하지 않고서는 민족정기를 되찾을 수 없다며 분개했다. 사실 친일파는 결코 〈조선인〉이 아니었다. 일본인 흉내 내어 호강하며 잘 살았다. 독립군과 독립투사를 마적, 비적이라 욕하며 고문하고 죽였다. 조선인 경관은 왜놈보다 더 독했고, 조선인 관리는 왜놈보다 더 거들먹대었다. 같은 조선인을 미개인, 축생이라 얕보았으며, 일본 성씨를 가문의 영광으로 자랑했다. 게다가, 제 잘 살겠다고, 조선 청년들 보고 군대 가라, 징용 가라, 정신대 가라 내몰았다. 친일파는 단순히 일본과 친한 자라는 무색한 단어가 아니었다. 나라를 팔아먹고 동족을 깔보고 착취하고, 청년을 군 대로 정신대로 내몰았을 뿐 아니라, 조선독립을 방해한 간악한 부역자, 만고의 역적이었다.

황국신민들이, 으스대며 즐겁게 잘 살고 있는데, 난데없이 대일본제국이 망해 버렸다. 그렇게나 우러러 모시던 천신(天神, 가미사마) 일본 천황이 항복했다. 갑자기 하늘이 무너졌다. 그들의 운명은 어찌 될 것인가? 오랫동안 참고 견딘 〈못난 축생, 죠센진〉의 울분이 한꺼번에 터져 나왔다. 일본인에게 가 아니었다. 왜놈 행세하다가 갑작스레 연줄 끊긴 황국신민에게 분풀이했다. 그것도 허약한 잔챙이 친일파들에 대해서였다. 일본인 선생들은 손끝 하나 안 건드렸지만, 조선인 선생님들은 뭇매 맞고 쫓겨갔다. 일본인보다 더 미웠다. 일본인 순사는 그냥 있는데, 조선인 순사는 황급히 줄행랑쳤다. 외지에서 온 사람들이라 더 미움을 샀던지도 모른다.

해방 직후에는 모든 조선인이 한 목소리로 친일파를 규탄했다. 새로 독립하는 〈우리나라〉에는 친일파 민족반역자가 절대로 발붙이지 못하게 해야 한다고 외쳤다. 모든 신문이 하나 같이 민족통일전선의 암인 친일파 민족반역자를 신성한 우리의 건국에서 배제하자고 주장했다. 모든 정파들이 앞 다투어 친일파 척결을 정강 정책에 명기했다. 심지어 친일파들이 득실거리는 정당, 단체조차도 친일파 규탄을 외치지 않을 수 없을 만큼 친일파를 미워했다. 독립투사들의 분노는 더 컸다. 한독당은 〈건국강령〉에, "적에게 부화한 자와 독립운동을 방해한 자의 선거권을 박탈하겠다"라고 했다. 민족혁명당도 귀국 직전 전당대표대회에서 "조선 경내의 일본 제국주의의 잔여세력과 친일파 반동분자를 철저히 숙청할 것"을 당면 강령으로 정하고, "친일 반도를 공개재판으로 철저히 징벌하는 것"을 당면정책으로 채택했다.

그러나 그 어디에도 친일파에 대한 규정은 없었다. 친일파는 그냥 친일파요, 민족반역자였다. 구체적으로 어느 정도 부역한 자를 친일파로 볼 것인가를 골골이 따지려 하지 않았다. 그것이 문제였다. 객관적으로 친일한 것이 확실하다고 하더라도 위장 친일했다거나 독립운동을 몰래 도왔다고 하면 어쩔 것인가? 실제로 밖으로는 고분고분 하면서 몰래 독립운동을 도운 지사들이 있는 반면,[주-8] 겉으로 민족운동 하는 척 하면서 진짜 친일한 박쥐도 많았다. 당장 흑백을 가려낼 방법이 없다. 다음 해 2월15일에야, 〈민전〉이, 처음으로, 친일파와 민족반역자의 범위를, 경제와 문화분야로까지 확대하여 규정했다.[주-9] 민전은, 우익 임시의회 격인 국민회의와 미군정 자문기구로 승격된 〈민주의원〉에서 활약하는 명사들의 껄끄러운 친일행적을 밝혀야 할 때가 왔다고 판단한 것 같았다. 그러나 규정만 했을 뿐, 아무런 조치도 할 수 없었다. 이승만, 김구 같은 독립 위인들이 친일파 척결은 급한 일이 아니라며 뒤로 미루자고 하셔서, 섣불리 서두를 수도 없었을 것이다.

---

8. 실제로 백산 안희제와 백산상회의 경주 부자 최준, 최태욱, 윤현태, 강복순이나, 만군 장교이면서 건국동맹에서 활약한 박승환과 그 친구들 같이 은밀히 독립운동한 지사들도 많았다.

9. 민전이 규정한 친일파와 민족반역자는 다음과 같다.
   1) 친일파는 일제에 의식적으로 협력한 자의 총칭이다.
   2) 민족반역자는 이 친일파 중에서도 극악한 부분을 지칭하는 것이다. 그러나 친일파에 속하지 않는 자라도 해방 이후 민주주의 건설을 적극적으로 파괴하며 테러단을 조종지도하며 민주주의 단체 또는 그 지도자에게 테러를 감행 또는 교사하는 자는 민족반역자 에 속한다.
   3) 8.15 이전의 친일파, 민족반역자.
      (1) 조선을 일제에 매도한 매국노 및 그 관계자. (2) 유작자(귀족원의원 및 조선귀족령에 의하여 수작자, 조선총독부의 중추원고문과 참의를 역임한 자, 관선 도회의원 부회의원을 역임한 자. (3) 일제시대의 조선총독부와 도 부 군 책임자 (군수 급) 이상의 관리) (4) 경찰은 경시 이상, 헌병은 병장 이상, 검사국은 검사정 차석검사 이상, 재판소는 원장, 부장판사, 지청상석판사. 군인은 준위 이상. (5) 군사, 고등정치경찰의 악질분자(경시, 사관급 이하라도 인민의 원한의 표적이 된 자), 비밀탐정의 책임자. (6) 행정, 사법, 경찰을 동원하여 극히 악질분자로서 인민의 원한의 표적이 된 자. (7) 황민화운동, 내선융화운동, 지원병, 학병징용, 징병, 창씨 등의 문제에 있어서의 이론적, 정치적 지도자. (8) 군수품 생산 책임자 및 경제적 자원을 제공한 자들 (자진하여 비행기 기타 10만 원 이상의 헌금을 한 자 포함). (9) 전쟁 협조를 목적으로 하는 또는 파쇼적 성질을 가진 친일단체 (대의당, 일심회, 녹기연맹, 일진회, 국민협회, 총력연맹, 대화동맹 등)의 주요 간부. 면장 등 개인적으로 일제에 열성적으로 협력한 자도 포함한다.

척결 범위와 방법에도 논란이 많았다. 우익은 미온적이었다. 대개, 임시정부 수립 후에, 특별법정을 만들어 처리하자고 했다. 항일투쟁에 앞장섰던 김구조차도, "악질 분자가 건국에 참여를 원하는 자는 없을 것"이라면서, 애써 외면했다. 정치자금 줄을 쥔 명사들의 비위를 건드리고 싶지 않았을 것이다. 반면에 좌익은 강경했다. 여운형이 이끄는 〈조선인민당〉은 〈민족반역자의 선거권, 피선거권 박탈, 조선 내 일본인 및 민족반역자의 재산 몰수〉를 당면정책으로 내걸었다. 그러나 여운형 자신은, 정부 수립과정에서는 친일파를 배제하되, 처리 범위는 최소화하자고 했다. 건준을 강화하는 일이 더 급했을 것이다.

오랜 세월 무력투쟁을 벌인, 김원봉, 김규식의 〈조선민족혁명당〉은, 〈조선경내의 일제 매국족과 부일반도의 일체의 공, 사 재산 몰수, 기업의 국영, 토지는 농민에게 분배한다〉는 강령을 내걸고, 친일파를 공개재판으로 처단하자고 했다. 김두봉, 백남운이 이끄는 〈조선신민당〉도, 당 강령에, 〈친일분자 등은 철저히 소멸할 것, 일제와 친일분자에게서 몰수한 대기업은 국유, 일제 및 친일분자에게서 몰수한 토지는 농민에게 분배한다〉고 명시했다.

〈조선공산당〉도 친일파 재산을 몰수하여 농민에게 무상분배한다는 등 강경한 주장을 폈다. 우익 진영 22개 정당, 단체가 모여 만든 〈신한민족당〉 조차, 자신이 재산 몰수 대상이 될 수 있는데도 불구하고, 〈일본인과 민족반역자의 재산 몰수〉를 주장했다.

2 친일파를 청산하자

해방 직후에는 친일파가 금세 응징될 것 같았다. 전국 거의 모든 지역에 자생한 건준과 인민위원회가 백성의 울분을 얼마쯤 뭉칠 수 있었기 때문이다. 실제로, 북쪽에서는 일본인과 친일파에 대한 응징이 아주 무서워, 많은 친일파들이 쫓겨났다. 그러나 남쪽은 달랐다. 해방의 감격에 겨운 무리가, 어지러이 거리를 누비고 다니다가, 미처 도망 못 간 졸개 몇몇을 혼내줄 정도였다. 해방이 너무나 뜻밖에 들이닥쳐, 서둘러 만든 자주 조직의 힘만으로는 태산 같은 국내외의 조직적 압력을 넘어설 수 없었다. 더욱이 건준은 건국이 더 급했다. 해방 열기가 식기 전에, 좌우 모든 세력을 뭉쳐 강력한 국민통합조직을 만들어야 했다. 친일파 따위에 신경을 쓸 겨를이 없었다. 내부에 친일행적 있는 인사가 있을 수도 있었다.

가장 큰 걸림돌은, 조선총독부와 미군정이었다. 일제 조선총독부는, 건준에게 약속한 치안유지권을 넘겨주기는커녕 오히려 방해했다. 일제가 여운형에게 치안유지권을 준다고 한 것은, 선전 포고하자마자 함경도로 쳐들어온 소련해방군 믿고, 조선인이 난동 부릴까 봐 두려워서였다. 소련군이 남쪽으로 내려오지 않는다는 것을 알고서도 약속을 지킬 왜놈이 아니었다. 오히려 미국에 조선인과 건준에 대한 악의적인 거짓 정보를 제공하면서 이간질했다.

조선총독부를 존속시킨 미국은 더 큰 장애였다. 미국은, 일반명령 제1호로 "아시아 모든 지역에 주둔하고 있는 일본군과 일본 통치기구는, 공인되지 않은 현지 세력에 항복하지 말고, 각자 맡은 근무지에서 기존의 법과 질서를 준수하라"라고 명령했다. 조선만이 아니다. 베트남, 필리핀, 인도네시아 등 아시아 모든 지역에 적용되었다. 미국이야 전승자로서의 당연한 권리 주장이었겠지만, 당하는 민족에게는 제국주의자의 횡포다. 미국태평양방면사령관 맥아더는 한술 더 떠, 조선 주둔 일본군에게 "나의 군대가 임무를 맡게 될 때까지 조선의 38도선 이남의 행정기구를 그대로 보존하며 명령을 준수하라" 명령했다.(8월 28일). 압제의 첨병인 일본제국군에게, 조선을 계속 지배하고 있으라는 명령이다.

더욱 황당한 것은, 일제 식민지 통치기구를 그냥 그대로, 미국 통치기구로 활용한 횡포다. 이름만 미국군정청으로 바뀌었을 뿐이지, 그게 바로, 미국 조선총독부다. 일제 관리를 처단은커녕 고문 등으로 받들어 모시고, 민족반역자로 지탄받는 조선인 관리도 모두 불러들였다. 일본인은 곧 떠난다. 그러면 미군정은 조선인 관리 독무대가 된다. 미국은 통치만 할 것이니, 조선인 관리가 나머지 권력을 마음대로 휘두를 수 있다. 이제 더 이상 친일파 민족반역자가 아니다. 미군정을 받드는 자유민주주의자이며, 미국이 만들려는 새 나라의 개국공신이다.

미국도, 일제 총독부 체제를 그대로 계승함으로써 조선인의 비난을 사고 있다는 사실을 잘 알고 있었다. 친일관료와 친일경찰이 조선민족 증오의 대상이란 사실 또한 모르지 않았다. 미군정 정치고문 메릴 베닝호프가 미 국무부에 보낸 보고서에 이렇게 적혀 있다.

"남조선은 불꽃만 튀어도 폭발할 화약고와 같다고 묘사하는 것이 가장 적절할 것이다. 여기서는 즉각적인 독립과 일제의 청산이 이루어지지 않는 것에 크게 실망하고 있다. 일본인 밑에서 높은 지위에 오른 한국인은 친일분자로 여겨지고 있으며 그들의 주인들만큼 이나 저주의 대상이 되고 있다."

조선 식민지인의 친일파 척결 의지가 거세다는 것을 잘 알고 있음에도 불구하고, 그들을 중용한 이유를, 조선 주둔군 사령관 하지는 이렇게 말했다.
"과거에 일본을 위해 일했던 사람이라면, 우리 미국을 위해서도 일해 줄 수 있다."
미 국무부의 외교문서 (미국의 외교관계, 1945 v,6: 1049)에도 그 이유가 명기되어 있다.

"일본 관리의 해임은 여론의 견지에서는 바람직한 것이었으나 당분간은 실행하기 어려운 문제였다. 그들은 명목상 해임된듯하나 사실상은 계속적으로 일할 수 있게 되었다."

이는 곧 식민지 통치 경험이 풍부한 친일관리 만이, 미국 국익을 효율적으로 실현할 수 있는 유일한 세력이며, 그들을 활용하는 것이 일본 식민지를 미국 통치 영역으로 바꿀 수 있는 최선의 선택이라 생각한다는 말이다.

조선은 해방되었다. 그러나 처음부터, 조선인의 기대와는 달리, 독립투사와 친일파 간의 자리가 뒤바뀌어가고 있었다. 친일파가 숙청되기는커녕 도리어 더 높이 출세했다. 해방 열기가 아주 뜨거울 때 피해 있던, 자타가 공인하는 악질 민족반역자마저, 슬그머니 온건 민족주의자로 둔갑하여 다시 설쳐대기 시작했다.

미국은, 아예 처음부터, 조선인의 자치능력을 인정하지 않았다. 일제와 꼭 같이 미개인이라고 생각했다. T. 루스벨트 대통령이, 앞장서서, 조선을 일본 식민지로 승인한 것도, 또 F. 루스벨트 대통령이 조선의 신탁통치를 미리 준비한 것도 바로 이 때문이었다.

미국의 본심은, 제2차 세계대전이 끝나기 전부터 미개한 조선을, 필리핀 같이, 군사통치하는 것이었다. 일본의 탁월한 미개인 조련법을 존경하는 미국은, 부유하고 유식한 친일관료야말로 미국 국익에 알맞은 유일한 위임통치 자원이라는 사실을 잘 알고 있었다. 하지 사령관 말처럼, 그들은 이방인의 지배를 도운 경험이 있다. 한 번 더 동족을 버리지 못할 리 없다. 1948년 1월 26일, 한 중도파 인사가, 유엔임시위원단 면담에서 이렇게 증언했다.

"남조선이 해방되고 일본이 항복했을 당시, 이들 친일파들은 자기 임지에서 도망갔고, 건준 지부가 법과 질서를 유지했다.-- 그러나 미군은 그 당시 비행기로 모든 사람들에게 임지의 직분을 그대로 지키라는 전단을 살포했다. 이 전단이 살포되자마자 조선총독부 밑에서 일했던 친일파 조선인들은 다 임지로 돌아왔다. 광복된 지 3년이 지난 오늘에 이르기까지 친일파 가운데 단 한 사람도 비난이나 처벌받지 않았다. 이들 친일파들이 지금은 행정부, 금융계, 교육계, 산업계에서 권한을 장악하고 있다. 사회 각 영역은 사실상 친일파의 손아귀에 들어갔다.”

친일 언저리에서 거들먹거리던 명사들은, 참회하거나 부끄러워할 생각이 전혀 없었다. 오히려 친일파 척결을 비웃기라도 하듯 송진우, 김성수, 장덕수 등이, 친일행적을 묻지 않는 정치단체를 만들었다. 그게 〈한민당〉이다.

일본 식민지로 살자는 “내선일체”와, 조선 고유 성씨 대신 일본 성으로 바꿀 것을 강요하는 “창씨개명”에 앞장선 〈국민정신총동원조선연맹〉에서 활약한 황국신민들이, 불쑥 정당을 만들었다. 해방되고 한 달도 체 안 되어서다. 친일파라고 정치 못하란 법이 아직은 없다. 더구나 그들은 경험 많고 상황판단이 탁월한 정치인이다. 미국에서 금의환향한 이승만까지 거들고 나섰다. 친일파가 대거 포진한 독촉을 끌어안고, 〈선 정부 수립, 후 친일파 청산〉을 당당하게 주장했다. “친일파가 누구인지를 알 수 없고, 또 미군이 물러난 뒤에 우리 손으로 처리해도 늦지 않으니 서두를 것이 없다.”

망명정부 초대 대통령이 미루자는데, 누가 감히 반대하고 나설 것인가? 지배자인 미국이 감싸주는 데다가, 머나먼 미국에서 외교독립운동으로 고생한 이승만까지 거들고 나섰는데 누가 감히 과거의 시비를 따지고 든단 말인가? 백보 양보한다 하더라도, 관리란 것은 먹고 살기 위한 직업인데, 그것이 왜 나쁘단 말인가?

친일파 척결은 이렇게 소리만 요란할 뿐 행동은 굼떴다. 강력한 척결 주체가 없었다. 임시정부를 자처하는 건준은 반역자를 응징할 힘이 없었다. 일제를 쫓아내고 들어선 정부가 아니라, 조선총독부의 양해를 얻어 만든 임시치안유지기구라는 한계를 넘어설 수 없었다. 여운형에게 주어진 권한은, 〈일본인이 일본으로 무사히 돌아갈 때까지 그들의 생명과 재산을 보호하는 치안유지기능〉, 즉 분노에 찬 조선인의 〈난동〉을 막는 일뿐이었다. 그마저도 금세 빼앗겼다. 기존 법과 질서를 그대로 지키라는 전승국 명령을 어기면서까지 치안권을 내어줄 일본인이 아니다. 기고만장한 조선총독부는 오히려 "민심을 교란하고 치안을 해치는 일이 있으면 일본군은 단호한 조치를 취할 방침이다"는 포고령을 내렸다. 곳곳에서 건준 치안대가 일본 특별경찰대에 쫓겨나고, 치안대원이 왜놈 경찰 총에 맞아 죽었다.

3 입법의원의 친일파 척결 조례

숨죽였던 친일파 척결 문제가 다시 불붙은 것은, 1946년 말, 미군정 자문기구인 〈입법의원〉에서 친일파처벌법이 논의되면 서다. 친일파 민족반역자들이 청산되기는 커녕 오히려 미군정 요직에 높이 올라 기세 등등할 때라, 온 국민의 이목이 쏠리지 않을 수 없었다.

1947년 1월. 입법의원은, 정이형 의원 발의로, 〈부일 협력자, 민족반역자, 전범, 간상배에 대한 특별법률 제정을 위한 기초위원회〉를 만들었다. 〈10월 인민항쟁〉이 친일경찰과 관리의 가혹한 월권행위에서 비롯된 것임에도, 입법의원선거에서 많은 친일파가 당선된 것이 계기다. 설치 목적은, "10월 인민항쟁에서 나타난 민심을 수용하기 위하여 선거로 당선된 친일파 민선의원의 자격을 심사하여, 향후 선거에서의 입후보 자격을 박탈하기 위한 것"이다.

김상덕, 윤기섭 의원 등 독립투사 7명으로 이루어진 기초위원회는 3월 13일 〈특별조례법률초안〉을 입법의원에 상정했다. 친일파의 범위는, 민족정통성을 지키기 위해 〈모든 일제관공리를 당연범〉으로 하고, 〈모든 처벌조항에 최저형〉을 규정했다. 이 초안이 순탄할 리 없다. 겁에 질린 한민당과 독촉의원들은, 친일파 처리가 시기상조라며, 특별조례 자체를 반대했다. 적용범위가 너무 넓어 민중의 공포와 불안을 조성할수 있으니, 정부 수립 이후에 처리하자거나. 친일파를 처벌하면 유능한 인재를 잃게되니, 관대하게 대우하자거나, 남북통일 이후로 미루자고도 했다. 심지어 독촉의 이남규 의원이 "이완용의 매국행위는 당시의 국제정세에서는 어쩔 수 없는 일이었다"는 망언을 해, 격론이 일기도 했다. 수도경찰청 수사과장 이해진은, 여러 신문에, 특별조례를 제정하려는 의원들을 협박하는 광고를 내었다.

우여곡절 끝에, 1947년 7월 2일, 재수정안을 반대한 독립투사 관선 의원 5명이 다시 재수정한, 최종안이 입법의원을 통과했다. 이것이 5장 12조로 된 〈부일 협력자, 민족반역자, 전범, 간상배에 대한 특별법률조례〉다. 말썽 많은 친일파 척결 문제가, 드디어 제도적으로 수렴되었다. 해방되고 2년 만이다. 미군정이 임시방편으로 만든 들러리 기구 치고는 분에 넘치는 큰일을 해내었다. 입법의원의 인적 구성을 보면 더욱 놀랍다. 민선의원선거는, 자금력, 경찰력을 독점한 극우세력 독무대였다. 당연히 친일파가 많은 한민당, 독촉 등 극우파가 압도했다. 미군정이 직접 임명한 관선 의원 중에도 친일파 동조자가 많았다.

여운형, 조소앙 같은 진보진영 의원들이 의원직을 포기한 것도, 이러한 친일파 편향 때문이었다. 그런데도, 바로 그 입법의원에서 친일파 청산 조례를 만들었다는 사실은, 조선의 민족정기가 아직도 살아있다는 것을 보여주는 장거였다. 또다시 튀어나와, 안하무인으로 설쳐대는, 친일파 민족반역자들에 대한 국민의 분노가 그만큼 컸다는 반증이었다.

그러나 〈특별법률조례〉는 빛을 보지 못했다. 입법의원 상급기관인, 미군정 조선군정장관이 인준을 거부했다. 미군정은 법안 발의 때부터 사회불안을 조성한다는 이유로 논의 자체를 저지했다. 입법의원이 계속 논의하자 〈선 선거법제정, 후 친일파숙청법 제정〉을 요구했으며, 의결되자 〈입법의원은 남조선의 대표성이 없다〉고 인준을 거부했다. 자신이 국민대표기구라고 만든 입법의원을, 스스로 대표기구가 아니라고 부인하는 모순을 감수하면서까지, 군정심복이 된 친일 관리, 정치인, 경제인을 보호했다. "반역자나 협력자가 누구인지 확인하기 어려울 뿐 아니라, 모든 의원이 민선 대표가 아닌 입법의원에서 다룰 문제가 아니라"는 것이 거부 이유였다.(서울신문, 1947년 11월 28일 자). 어렵사리 만든 친일파청산특별조례는 이렇게 버려졌다. 친일관리들을 몽땅 재활용하고 있는 미군정이, 미국이 원하는 방향으로 능숙하게 정국을 이끌어가고 있는 충성스러운 충신들을 버릴 리 없다.

13장

한 나라냐 두 나라냐

1 놀다 지친 미소공동위원회

1946년 초에 미소공위가 열렸다. 모스크바의정서에 따라, 조선인의 임시정부를 수립하여, 신탁통치 문제를 협의하기 위해서다. 1월 16일의 예비회담을 시작으로, 3월 20일 제1차 회의가 개최되었으나, 곧 깨어졌다. 모스크바의정서 제2항 〈임시정부 구성을 협의하는데 참여할 민주적 정당 단체〉 선정방법 견해 차이 때문이다. 소련대표는, 모스코바의정서 규정대로, 신탁통치를 반대하는 정당 단체는 협의에 참가할 수 없다고 주장한 반면, 미국 대표는 〈표현의 자유〉를 들어 신탁통치 반대가, 임시정부 구성 문제를 협의하기 위한 정당 단체의 참가 기준이 되어서는 안 된다고 맞섰다. 신탁통치를 지지하는 좌익정당만을 참여시키려는 소련과, 급조된 우익정당들을 모두 포함시키려는 미국의 속뜻이 맞물렸다.

5월 1일, 소련의 양보로, 반탁 단체도 반탁운동을 하지 않겠다는 서명을 하면, 임시정부 수립 협의대상이 될 수 있다는데 합의했다. 그것이 〈공동성명 5호〉다. 김구가 공동성명 5호에 서명하지 않자, 미군 사령관 하지와 민주의원 의장 대리 김규식이, "서명이 곧 신탁문제에 언질을 주는 것은 아니다"는 특별성명을 발표했다. 이승만은 동의하지 않다가 미군정의 압력으로 서명하고, 한민당과 김구도 서명했다. 그러나 미소공위는 다시 대립했다. 가장 큰 이유는, 미국이, 협의에 참여할 남조선의 정당 단체로 제시한 25개 중 좌익계열은 단 4개밖에 들어있지 않았기 때문이다. 소련이 받아들일 리 없다. 5월 6일 무기 휴회에 들어갔다.

이승만은, 기다리기라도 한 듯, 불참 성명을 내었다(5월 19일). 이에 대해 민주의원 의장 대리 김규식은 "전체 애국자는 적극 미소공동위원회에 참가하라"는 반박 성명을 내었다.

1년도 더 지난 1947년 5월 21일에야, 미국 요청으로 미소공위가 다시 열렸다. 제2차 회의다. 1차 때와 마찬가지로 또다시 협의대상 자격 문제가 발목을 잡았다. 미국과 소련 대표들이, 남북을 오가며 회의를 진행하면서, 6월 29일까지, 남쪽에서 387개 정당 단체가 입법의원에서 미소공위와 협의하고, 북쪽에서도 35개 단체가 협의에 참여하여, 다소 진전되는 듯했지만, 또다시 의견이 엇갈렸다. 미국은 대소 정당을 동일하게 취급하자고 주장한 반면, 소련은 24개 단체를 제외하자고 맞섰다. 7월 16일 미국 대표가, 소련이 미소공위협정을 무효화하려 한다고 비난하자, 소련대표도 미국 태도를 비난했다. 7월 27일, 미국 대표가 뜬금없이, "선거를 실시하여 새로운 정부를 구성할 수 있다"는 새로운 주장을 내어놓았다. 이에 대해, 소련대표는, 미소공위 반대 단체를 제외하고, "남북한 동수의 대표로 입법부를 구성하자"라고 맞불을 놓았다. 물론 둘 다 거부했다.

제2차 미소공위마저 아무런 합의 없이 시간만 끌던 표면상 이유는, 제1차 때와 마찬가지로, 반탁운동을 벌이고 있는 정당 단체를 임시정부 수립을 위한 협의에 참여시킬 것인가에 대한 견해 차이였다. 미국은 〈의사표시의 자유〉를 내세워, 신탁통치안 찬반에 관계없이, 모든 정당 단체의 참여를 주장한 반면, 소련은, 모스크바의정서 규정에 따라, 의정서에 찬성하는 정당 단체만을 참여시켜야 한다고 맞섰다. 소련 주장은 조약 규정대로 하자는 것이지만, 그리 되면, 눈치 빠른 한민당을 제외한, 우익단체 대부분이 제외된다. 조약 규정 지키려고 우익세력을 내버릴 미국이 아니다. 소련은 이견을 조정하기 위해서라도 회의를 계속하자고 했지만, 미국은 협의대상 문제가 해결되기 전에는 더 이상 회의를 진행할 수 없다고 버텼다. 8월 들어, 미군정이 〈8.15 폭동음모〉를 구실로 남로당과 좌익계 인사들을 무더기로 검거하자, 미소의 감정대립이 격화하여, 8월 12일부터는 사실상 결렬 상태에 들어갔다.

핑계야 어떻든 간에, 미소공위는 처음부터 합의를 기대할 수 없는 회담이었다. 세계 곳곳에서 공산주의 폭동이 잇따르자, 성난 미국이 〈트루먼 독트린〉이라는 초강경 반공정책을 발표하여, 동서 진영 간의 긴장이 최고조에 달해 있는 판국에, 냉전 최전방 전초기지를 포기할 국가는 없다. 갈 길은 뻔하다. 남북조선을 나누어 점령한 미소가, 각기 자기들이 믿을 수 있는 〈점령지 정부〉를 세우는 일만 남았다. 사실 그것이 미소 양국이 처음부터 예정한 수순이었을 것이다. 38도선이란 것도 그래서 그어졌을 것이다.

조선독립 문제가 유엔소총회에 올라가자, 미소공위 미국 수석대표가, 제62차 본회의(10월 18일)에서, "국제연합에서 조선 문제 토론이 끝날 때까지 공동위원회 업무를 중단하자"라고 제의했다. 할 일이 없어진 소련대표단이 10월 21일 서울을 떠나가, 조선 임시정부 수립을 논의하던 미소공위는, 아무 성과 없이 끝났다. 남북통일정부 수립 꿈도 함께 사라졌다.

2 무소불위 국제연합

미소공위가 계속 헛돌자, 미국은, 조선 문제를 정부 간 교섭으로 격상하여, 9월 8일 워싱턴에서 〈연합국 4개국회의〉를 열자고 제안했다.(8월 29일). 소련이 거절하자(9월 4일), 미국국무장관 마샬은, 조선의 독립과 정부수립 문제를 바로 〈국제연합(UN) 소총회〉에 올렸다.(9월17일). 미소공위가 2년 동안 아무런 성과를 거두지 못했고, 이 문제를 〈연합국 4개국회의〉에 부치자고 했지만 소련이 거부했다는 것을 전제하고, 신탁통치 없이 〈국제연합이 곧 바로 조선에 독립정부를 수립해 주자〉고 제안했다.

"조선 문제를 이상 더 쌍방의 교섭으로서 해결하려는 것은 조선의 통일독립국가수립을 지연시킬 것이 명백하다. 그러므로 이에 미국은 조선의 독립에 관한 문제를 국제연합총회에 제출한다."

이에 대해, 소련대표 소련외무장관 대리 비신스키는, 〈미소공동위원회〉는 모스크바3장관회의의 결정에 의한 것이므로, 미소공위회담이 불충분하다면, 마땅히 〈4대후원국(미영중소)회의〉에 회부하여 이를 논의해야 함에도 불구하고, 아무런 사전협의 없이 일방적으로 유엔에 상정하는 것은, 〈모스크바3외무장관회의의 결정〉을 파기하는 행위"라고 비난하면서,

"조선에 독립정부를 수립하려고 한다면, 우선 총선거 실시 이전에, 미소양국군이 동시에 철군하자"고 역 제안했다.

조선 문제가 유엔으로 넘어오자 미소의 주장이 확 바뀌었다. 서울 미소공위 때는, 임시정부에 참여할 수 있는 정당 단체의 자격문제로 다투었지만, 이제는 아니다. 미국은 〈선 정부수립, 후 주둔군철수〉를 주장하고, 소련은 〈선 주둔군철수, 후 자주정부수립〉을 주장했다. 미국안의 요지는 이렇다. "유엔감시 하에, 남북조선의 인구 비

례에 의한 총선거를 실시하고, 정부수립과 동시에 미소양국군이 함께 철수한다. 총선거와 철군 등을 감시하기 위하여 유엔조선임시위원단을 설치한다." 이승만이 미국정부에 계속 주문해 온 방책이다.

이에 대해, 소련은 〈선 철군, 후 총선거〉를 주장하면서, 〈조선인 대표가 참여하지 않는 유엔조선임시위원단에 소련은 참가하지 않겠다〉는 성명을 내었다. 조선을 분할 점령하고 있는 두 강대국의 의견이 완전히 갈라섰다. 미국은 선 철군하면, 좌경정부가 생길까 봐 양보할 수 없고, 소련은 그 반대일 뿐 아니라, 명분마저 떳떳하니 물러설 리 없다.

11월 4일, 미국안이, 압도적 다수로, 유엔 소총회를 통과했다. 동시에 조선에서 총선거를 실시하여, 새로운 독립국가 수립 업무를 담당할, 〈국제연합 조선임시위원단〉(United Nations Temporary Commission on Korea)〉 (유엔위원단)도 만들었다. 위원단 9개국 중, 우크라이나가 참가를 거부하여, 나머지 8개국만으로 위원단을 구성했다.

3 선 총선거 대 선 외국군철수

조선문제가 유엔으로 넘어가면서부터 외국군 철수 운동이 불붙었다. 외국군대가 주둔하고 있는 곳에서 치러지는 선거가 공정하리라 믿을 사람은 아무도 없다. 괴뢰정부가 생기기 마련이다. 민전이 〈미소 양국 군대 동시 철수〉를 촉구하고 나서자(9월 30일), 근로인민당, 사회민주당, 민주한독당이 〈미소 양국군의 즉각적 철수, 통일정부 수립을 위한 전국적 총선거 준비기구 구성〉을 주장하는 공동성명을 발표했다.(10월 18일). 김구와 중도우파도 〈미소 양국 군 철군, 통일정부 수립〉을 요구하는 투쟁에 참여했다.(11월 2일)

유엔에서 조선의 총선거가 확정되자, 일부 극우파를 제외한 모든 정당 단체들이 반대 투쟁에 합류했다. 한독당, 근로인민당, 인민공화당, 민주한독당, 신진당, 민중동맹, 조선공화당, 보국당, 조선민주당, 민주독립당, 사회인민당 등 우익 및 중도단체들이, 〈각정당협의회〉(정협)를 결성하여, 유엔에 〈자주독립의 민주주의정부수립, 전국적 총선거 실시 전, 미소 양군의 철병, 남북정당대표회의 구성〉을 요구하는, 〈12정당 공동담화〉를 발표했다. 그러나 김규식이, 정협의 과격성을 우려하여, 민련을 중심으로 〈총선거 반대운동〉을 추진하자, 중도세력이 모두 여기에 모여, 민련이 사실상 단독선거반대투쟁의 중심이 되었다.

반탁운동을 주도하던 극우익 진영은, 두 쪽으로 갈라섰다. 이승만과 독촉, 한민당은 유엔 결의를 적극 지지하여, 곧바로 유엔 위원단을 지원하기 위한 〈한국민족 대표단〉을 만들었다. 진작부터 총선거를 준비하고 있던 이승만은, 미국 정부의 용단에 깊이 감사했다. 반면에 반탁운동의 다른 축인 김구와 임정은 망연자실했다. 김구와 임정이 반탁에 열 올린 것은, 임정 중심 통일정부를 수립하기 위한 것이지, 남한 단독정부를 만들려던 것은 결코 아니었다.

사실 김구와 이승만, 한민당의 공통분모는 〈신탁통치 반대〉밖에 없었다. 김구와 임정은 임정 아닌 새로운 임시정부를 받아들일 수 없었고, 이승만계와 한민당은 새로운 임시정부의 좌경적 친일청산이 두려웠기 때문이다. 그러나 이제, 남한 단독 총선거가 결정되어 반탁이 무용지물이 되었으니, 반탁 연대가 무너질 수밖에 없다.

임정법통에 집착하여, 인공과 좌우합작운동을 차갑게 비난하고, 반탁에 전력투구하던 김구의 처지가 갑자기 난감해졌다. 뒤늦게야 반탁운동의 참뜻을 깨달은 김구는, 12월 22일, 단독선거는 국토의 영구분단을 초래한다며, 한국민족대표단을 당장 해산하고 〈남북협상에 의한 통일정부〉를 수립하자고 이승만에게 제안했다.

그러나 오랫동안, 미국에 발맞추어 단독정부 수립을 추진해 온 이승만이, 받아들일 리 없다. 단독정부 수립으로 패권을 잡으려는 이승만과, 임정법통으로 민족통일정부를 수립하려는 김구가, 같은 길을 걸을 수 없다. 반탁 열기에 올라타 정권을 넘보다가 미국 눈 밖에까지 난 김구가 설 땅이 없어졌다.

그에게 남은 길은 오직 하나,
〈남북협상〉을 통하여 민족통일정부를 세우는 것뿐이었다.

④ 유엔위원단과 남북협상

1948년 1월 1일. 정월 초하루, 미군정 조선인 경무부장 조병옥이, 난데없이, 〈인민해방군사건〉을 발표했다. 부산 경남지역 〈남조선노동당〉(남로당) 당원들을 중심으로 하는 〈인민해방군〉이, 북쪽의 김일성 등으로부터 직접 지령을 받아, 남조선 공산화 공작을 했다 한다. 민간인뿐 아니라, 경찰 핵심간부도 여럿 가담하여, 경찰까지 파괴하려고 한 대담한 음모에 온 국민이 놀랐다. 그리고 며칠 뒤(1월 7일), 유엔위원단이 들어왔다.

진작부터 단독정부 수립을 주창해온 이승만계 극우친미세력은, 즉시 〈전국애국단체연합회〉 명의로 대대적인 〈환영대회〉를 열고, "자율 선거로 독립을 쟁취하자"는 성명을 내었다. 반면에, 총선거 반대세력은, 〈유엔위원단 입국거부투쟁〉을 벌였다. 38선 이북의 총선거가 불가능하다는 사실을 알면서도 들어온 것은, 즉시독립을 빌미로, 남조선에 단독정부를 수립하려는 흉계라며 거세게 반대했다. 38도선 이북은 물론이고, 이남에서도 파업과 시위가 쉴 새 없이 잇따랐다. 좌익뿐 아니라, 이승만계를 제외한 모든 정당 단체가 〈외국군대가 주둔하고 있는 한 자유선거는 불가능하다. 외국군대가 먼저 철수해야 한다〉고 외쳤다.

미군정 후원으로 좌우합작운동을 주도하던 중도우파 김규식 입법의원 의장과, 반탁운동 주도자 김구 임정주석이 앞장섰다. 조선군정장관 러치가, 〈미군은 철수하지 않는다〉는 성명을 낸 이틀 뒤부터는, 이승만계를 제외한 모든 정당 단체들이, 남노당과 민전의 〈단선반대구국투쟁위원회〉가 지휘하는 〈2. 7구국투쟁〉에 함께 나섰다. 미군지배지역에서 만도 200여만 명이 단선반대투쟁에 동참했다. 전평 산하 30만 노동자가 총파업에 돌입하고, 농민들은 무장소조를 조직하여 봉기를 준비하고, 학생들은 동맹 휴학하고 시위를 벌였다. 경남지역이 가장 심했다. 부산에서는 육 해상 교통이 모두 마비되고, 학생 수천 명이 동맹 휴학하고 가두시위를 벌였다. 밀양에서는 총파업에 동참한 노동자들이 체포되자, 주민들이 경찰관서와 서북청년단 사무실을 습격하여 10여 명이 숨지고 백여 명이 잡혀갔다. 2월 20일까지 약 2주일 동안 계속된 전국적인 충돌로 100여 명이 죽고 수만 명이 체포되었으며, 8,500여 명이 투옥되었다. 체포를 피한 사람들은 근처 산으로 들어가 투쟁을 계속했다. 그들을 "야산대"라고 불렀다. 빨치산의 전신이다. 좌우합작위의 우파 대표이기도 한 입법의원 부의장 최동오도 단독선거를 반대하여 분연히 부의장직을 사임했다.

뒤늦게야 미국의 속내를 알아챈 김구는 〈삼천만 동포에게 읍소한다〉는 호소문을 내었다.

"통일하면 살고 분열하면 죽는다는 것은 고금의 철칙이니 자기의 생명을 연장시키기 위하여 남북의 분열을 연장시키는 것은 전 민족을 사경에 넣는 극악극흉의 위험일 것이다."

다음날 (2월 10일)에는 〈3천만 동포에게 읍고함〉이란 단독선거 반대성명도 내었다.

"친애하는 3천만 자매 형제여! -- 마음속의 38선이 무너지고야 당위의 38선도 철폐할 수 있다. 이 육신을 조국이 수요 한다면 당장에라도 제단에 바치겠다. 나는 통일된 조국을 건설하려다가 삼팔선을 베고 쓰러질지언정 일신에 구차한 안일을 취하여 단독정부를 세우는 데는 협력하지 아니하겠다."

2월 16일, 김구와, 입법의원 의장이며 민련위원장인 김규식 등은, 미군정의 반대를 무릅쓰고, 북조선노동당의 김일성과 김두봉에게, 〈남북정치협상회의〉를 열어 통일민주정부 수립을 논의하자고 제안했다. 수백만 민중이 집회와 시위를 벌이고, 중도 단체들이 선거 불참 성명을 잇따라 내어, 단독선거 반대 열기가 거세던 3월 25일, 드디어 북조선공산당이 응답했다. 4월 19일부터 23일까지, 평양에서 〈전조선 제정당사회단체대표자 연석회의〉를 열자고 했다.

김구, 김규식이 즉시 화답하여, 남쪽의 41개 정당 단체를 대표한 545명이, 대표자 연석회의에 참석하기 위하여, 38선을 넘었다. 김구는, "남북협상은 소련에게 나라를 갖다 바치는 역적 행위"라고 비난하는, 이승만 세력의 거친 반대를 무릅쓰고, 평양으로 떠나기에 앞서 전쟁을 막기 위해서라도 남북협상이 불가피하다고 거듭 역설했다. (4월 19일),

　"이대로 가면 조선은 분단될 것이고, 서로 피를 흘리게 될 것이다."

　평양에서 열린 남북 56개 정당 사회단체 대표 695명의 연석회의에서는 〈남조선만의 단독선거를 반대하고, 외국군대를 즉시 철수시키고, 조선의 통일적 민주주의 독립국가를 수립하기 위하여 투쟁하자〉는 결정서가 채택되었다. 그리고 26일에서 30일 사이, 남쪽 대표 김구와 김규식, 북쪽 대표 김일성, 김두봉이 남북요인회담, 4김회담, 양김회담(김규식, 김일성) 등의 〈남북협상〉을 진행했으나, 별다른 성과가 없었다.

　이미 막바지에 다다른 남쪽의 단독선거를 막을 재간이 없었다. 뿐만 아니라, 북측은, 남쪽에서 올라간 김구 일행을, 단독정부 수립을 막기 위한 남쪽 민족대표라기보다는, 오히려 북조선공산당이 소집한 〈전조선제정당사회단체 대표자연석회의〉에 온 남쪽의 정당사회단체대표로 보려는 것 같았다. 남쪽 대표들과 회담을 진행하고 있는 동안에, 북조선임시인민위원회 특별회의가, 〈북조선인민민주주의공화국 헌법초안〉을 승인했다.(4월 29일).

5 미국군지배지역 총선거

유엔임시위원단은, 입국하자마자, 이승만과 김구를 만나 총선거 문제를 협의했다. 그러나 두 지도자의 의견이 전혀 달랐다. 이승만은, 한국의 국권회복은 당연한 권리이니, 당장 남쪽만이라도 총선거를 실시해야 한다고 역설한 반면, 김구는, 외국군대가 주둔하고 있는 한 자유선거가 불가능하니, 미소 양국 주둔군이 철수한 뒤에 자유선거를 실시하자고 요구했다. 김구는, 유엔위원단에 보낸 의견서에서도 단독정부 수립을 반대하고, 남북지도자회의를 소집하여 결정하자고 주장했다.

소련의 입북 거부로, 전국 총선거가 불가능해진 데다가, 남쪽 지도자들의 견해마저 상반되자 유엔위원단은 난감했다. 유엔 결의가 유효한 미국 지배지역 만의 총선거 실시를 논의했지만, 이마저도 위원단 내부 의견이 엇갈려, 부득이 유엔에 보고하여, 유엔 지시에 따르기로 했다.

유엔위원단의 보고서를 받은 유엔소총회는, 격론 끝에, 〈선거실시가능지역만 총선거를 실시하자〉는 미국안을 채택하여, 유엔위원단이 〈선거가 가능한 미군주둔지역에서만 총선거를 감시도록〉 임무를 바꿨다.(2월 말). 이 회의에는 소련 등 11개국이 불참하고, 11개국이 기권했으며, 캐나다와 호주 두 나라가 반대하고, 미국 등 31개국이 찬성했다. 불참한 소련과 반대한 호주와 캐나다는, 선거가능지역에서만 선거를 치를 경우, 조선의 분단을 영구화할 뿐 아니라, 결국 세계평화를 위협할 것이라고 주장했다.

유엔위원단은, 유엔소총회가 의결한 가능지역 선거 실시를, 찬성 4, 반대 2, 기권 2표로 가결했다.(3월 12일). 유엔위원단 중, 중화민국, 필리핀, 에크아돌, 시리아는 단독선거를 찬성하고, 호주와 캐나다는 반대했다. 인도와 프랑스는 기권했다. 자유주의 진영에 속하는 선진 민주국가들은 모두 반대 또는 기권한 반면, 국제무대에 낯선 약소국들은 모두 찬성했다.

호주와 캐나다는, 미국과 가장 가까운 동맹국임에도 불구하고, 남쪽만의 단독선거를 반대했다. "극우단체를 제외한 한국 내 모든 정당이 선거를 보이콧하는 중대한 사태가 발생했다"는 것이 반대 이유였다. 유엔위원단의 투표에도 하자가 있었다. 9개국으로 구성된 유엔위원단의 과반수는 5개국이다. 우크라이나가 불참했다고 해서 8개국 중 4개국만 찬성한 것을 다수결로 본 것은, 명백한 〈유엔헌장 위반행위〉라고 항의했지만, 소용없었다.

유엔의 총선거 논의에 발맞추어, 국내 제도권에서도 재빠르게 단독선거 지원 조치들을 취했다. 미군정 자문기구 입법의원의 극우세력이 먼저 움직였다. 2월 22일, 김규식 의장 등 의원 23명이 항의 퇴장한 가운데, 변칙적으로 임시의장을 선출하여, 재적의원 90명 중 재석의원 42명의 찬성만으로, 남조선의 〈단독선거촉구결의안〉을 통과시켰다.

입법의원 개원 이래 가장 심한 난장판 속에서, 재적의원의 과반수도 안 되고, 임시의장 선출에 중대한 하자가 있었음에도 불구하고, 한민당과 독촉 등 이승만계 극우익 민선의원들은 저돌적으로 밀어붙였다. 무슨 수를 쓰서라도, 남조선 민의대변기구인 입법의원이 총선거를 적극 지지한다는 것을 만천하에 알리고자 했다. 다음 날, 이승만은, 스스럼없이, 〈3월 1일까지 유엔이 총선거 실시를 결정하지 못하면 독자적으로 선거를 추진하겠다.〉고 협박했다.

총선거가 확정되자, 미국은, 새 점령지에, 새 독립국을 세워주기 위한, 세계사적 과업을 재빨리 추진했다. 조선주둔군사령관 하지는, 잽싸게 유엔소총회결의 지지 성명을 내고, 〈조선인민대표에 의한 선거에 관한 포고령〉을 내려 (3월 1일), 〈5월 9일〉에 총선거를 실시하기로 결정했다. 조선군정장관도, 이틀 뒤 행정명령 제14호로, 선거 업무를 총괄할 〈국회의원선거위원회〉를 만들어, 이갑성, 김동성, 김법린, 김지환, 노진설, 이승복, 박승호, 백인제, 오상현, 윤기섭, 장면, 김규홍, 최윤동, 최두선, 현상윤 등 15명을 〈중앙선거위원〉으로 임명했다. 친일파가 더 많았다. 이어 입법의원이 만든 〈입법의원선거법〉을, 미군정법령 제157호 〈국회의원선거법〉으로 공포했다(3월 17일).

전문 57조로 된 국회의원선거법은, 임기 2년의 국회의원을 미국 관할지역의 200개 소선거구에서 선출하고, 선거권은 만 21세 이상이며, 피선거권은 만 25세 이상으로, "당해 선거구 유권자 200인 이상의 추천만 있으면" 누구나 입후보할 수 있었다. 이미 지난해에, 읍 면 동에 이르기까지 선거대책위원회를 만들어, 총선거에 대비하고 있던 이승만의 독촉 등 68개 〈애국단체〉가 즉시 총선거 참여 성명을 내었다. 미국 유엔대표는, 유엔안전보장이사회에서, "남조선을 분할 독립시키기 위한 총선거가 차질 없이 진행되고 있다"라고 발표했다.

6 제주 4.3 인민항쟁

4월 3일, 미국 주둔군 사령관 하지는, 선거 예정일인 5월 9일이 예수교 주일이라고 반대하는 기독교 장로들의 간곡한 민의를 받아들여, 선거일을 5월 10일로 변경하는 성은을 베풀었다. 뿐만 아니라 유엔임시위원단의 건의를 받아들여, 불온한 좌익계 수배자를 제외한, 정치범 특별사면령을 내렸다.

공교롭게도, 바로 이 날 , 제주도에서 민중봉기가 일어났다. 남로당과 민전의 〈2.7 구국투쟁〉에 신경이 곤두선 미군정의 강경한 반공정책이 화근이었다. 제주도의 비극은 〈3.10 총파업〉에서 비롯되었다. 어린 학생을 포함한 아무 잘 못 없는 주민 여러 명이 경찰 총에 희생된 지난해의 〈3.1절 기념식 발포〉에, 정부가 아무런 반응도 없는데 항의하여, 3월 10일, 거의 모든 제주도민이 총파업에 들어갔다. 농어민, 노동자, 학생은 물론이고, 제주출신 경찰을 포함하는 모든 공무원 등, 제주도민 거의 모두가 참여하여 정부의 사과를 요구했다. 그러나 미군정은, 총파업의 원인을 제공한 발포 경찰의 만행은 외면한 체, 모든 책임을 남로당의 총선거 방해공작으로 돌려, 사태를 오히려 더 키웠다.

미군정은 남로당의 선동을 막지 못한 책임을 물어 도지사 등 주요 공직자를 모두 파면하여 외지인으로 바꾸는 한편, 미 군정청 조선인 경무부장 조병옥과 신임 도지사 유해진이, 외지에서 차출한 정예 폭동진압 경찰과 악명 높은 반공청년단체 서북청년단과 독촉을 대거 투입하여 무자비하게 진압했다. 한 달도 체 안 되어 500여 명을 잡아넣었을 뿐만 아니라, 지독한 테러와 고문을 견디지 못한 청년 세 명이 어이없이 숨져 민심이 흉흉했다.

드디어 4월 3일. 한라산 오름마다 봉화가 오르면서, 남로당 제주도당이 주도하는 무장투쟁이 시작되자, 고문치사까지 아랑곳하지 않는 외지인들의 무자비한 횡포로 궁지에 몰려 있던 제도도민의 분노가 한꺼번에 터져 나와 인민봉기로 커졌다. 총선거가 〈작전명령 제1호〉인 미군정은, 무슨 수를 쓰서라도, 소요사태가 더 커지기 전에 싹을 잘라, 반드시 총선거를 성공시키려 했다. 만일 제주도의 소요가 더 확대되면, 〈2.7 구국투쟁〉에 힘이 실려, 새로운 미국 점령지에 새로운 독립국을 세워주려는 미국의 웅대한 자유주의 세계전략에 치명타가 될 수도 있다. 미군정은 이미 군정 경찰을 앞세워 〈대구 10.1 인민항쟁〉 같은 강력한 민중봉기를 손쉽게 진압한 경험이 있다. 외딴섬 제주의 봉기쯤이야 단숨에 해결할 수 있을 것으로 자만했다. 그러나 미국의 예상은 빗나갔다.

미군정 경찰과 극우반공단체들의 악독한 반인륜적 만행에도 불구하고, 제주도의 불안이 가라앉지 않자, 조선 주둔군 사령관 하지와 조선군정장관 딘은, 드디어 조선인 국방경비대에 진압 출동명령을 내렸다. 진압에 투입된 국방경비대는 무장대를 설득하여, 〈4.28 협상〉을 맺어 사태를 평화적으로 해결하는데 합의함으로써 소요가 일단 가라앉았다.

그러나 증파된 경찰과 서북청년단의 고의적인 방해공작으로 사태가 오히려 악화되자, 미군정은 온건한 국방경비대 대신 강경 진압을 주장하는 경찰 중심으로 진압 전략을 급선회했다. 5.10 총선거의 정신반추에 쫓긴 조선 주둔군 사령관 하지는 가능한 한 빨리 폭동을 진압하고자 했다. 하지만, 사정은 하지 생각대로 가지 않았다. 유혈사태는 나날이 확대되었다. 서울 등지에서 동정 원정 온 청년, 학생들까지 합세하여 국민저항으로 확대되었다. 미군정의 헌신적인 노력도 아랑곳없이 이 지역 국회의원선거는 무효 처리되었다.

대한민국 정부가 수립된 1948년 8월 15일 이후에도, 제주도의 사정은 그리 달라지지 않았다. 10월 19일에는 〈제주 4.3 폭동 진압명령〉을 받은 국군 제14연대가 동족 학살을 자행할 수 없다면서, 순천과 여수 등지에서 반란을 일으켜 사태가 더 악화되었다. 이른바 〈공비소탕작전〉이란 이름의 무자비한 살육은 그 뒤에도 오랫동안 계속되었다.

　제주 4.3 인민항쟁은, 1948년 4월 3일 미군정 치하에서 시작하여, 대한민국 정부가 수립되고, 6.25 전쟁이 끝난 뒤인 1954년 9월 21일에 이르기까지, 장장 7년에 걸쳐, 공식적으로도, 2만 5천에서 3만여 명의 제주도민이 희생된 뒤에야 끝났다. 미군정의 반인권적 오만과 반공 세력의 비인도적 탄압이, 6.25 전쟁에 버금가는 또 하나의 민족적 참극을 빚었다. 미국이 자랑하는 자유민주주의와 인권도 극동의 작은 점령지에서는 구두선에 불과했다.

7 기분 좋은 동맹휴학

1948년 3월 3일, 중학생의 첫 방학이 끝나고 2학기가 시작되었다. 두어 달쯤 지나 수업이 점차 따분해질 무렵이다. 오후 수업 준비를 하고 있는데, 난데없이 상급생들이 후닥닥 들어오더니, 뜬금없는 열변을 토한다. 대개 이런 말이다.

"모든 국민이 반대하는데도 불구하고, 미군정이 우리 민족의 뜻을 무시하고 선거를 치르려 한다. 우리 피 끓는 청년학도들이 지켜만 보고 있을 수는 없다. 모두 일어나 우리의 단호한 의지를 보여주어야 한다. 우리는 지금 이 시간부터 단독선거에 반대하여 동맹휴학에 들어간다. 모두 책보따리 싸들고 집으로 가라. 별도 통지가 있을 때까지 학교 나오지 마라."

영문을 몰라 멍하니 앉아있으니, 빨리 나가라 다그친다. 가뜩이나 오후 수업은 싫은 판에 잘됐다. 못 이기는 척, 책 보따리 싸들고, 교문으로 나갔다. 많은 학생들이 한꺼번에 쏟아져 나오자 수위 아저씨들이 놀라 쳐다본다. 좀 일찍 집에 돌아오니 어머니께서 웬일이냐고 물으신다. 상급생들이 당분간 학교 나오지 마라더라고 여쭈었더니 고개를 저으신다. 어찌 되었든 간에, 개학한 지 얼마 안 되어, 다시 방학이다. 신난다. 많은 중학과 대학들이 동맹휴학에 들어갔다고 신문에 났다. 의례히 놀아야 하는 것으로 알고 기분 좋게 잘 놀았다.

며칠이 지났을 때다. 이웃에 사는 정기조가 오더니 뭔가 좀 이상하단다. 다른 학교 아이들은 모두 학교에 다니고 있고, 우리 학교 학생들도 더러 학교에 나가고 있단다. 분명히 〈별도 통지가 있을 때까지〉 나오지 마라 했고, 아직 별도 통지가 없는데 웬일일까? 열심히 상의한 끝에, 내일 학교에 나가보기로 했다. 근 일주일쯤 잘 놀았더니 학교일도 궁금하다. 다음날 아침 느직이, 적정 살피는 척후병 심정으로, 학교에 갔다. 물론 빈손이다. 수위 아저씨가 자리를 지키고 있을 뿐 학교 안이 고요하다. 나다니는 사람이 아무도 없다. 역시 휴학 중이구나 생각하면서, 마음 놓고, 교실 문을 열다가 깜짝 놀랐다.

학생들이 수업을 받고 있다. 국어 선생님이 싱긋이 웃으신다. 이게 대체 어찌 된 일인가, 분명히 별도 통지가 없었는데? 수업 시작한 지 며칠 되었단다. 학생이 적게 나와 보충수업 같이 하고 있지만, 출석은 다 불렀단다. 그동안 논 것은 모두 결석이다. 상급생 말 들었다가, 그만 개근상 놓쳤다. 어굴하다. 공부에 마음이 안 간다. 너무 잘 놀아서일까?

14장

오, 대한민국

1 ▶ 5.10 총선거

총선거는 예정대로 진행되었다. 미군정은 전국적으로 펼쳐지고 있는 총선거 반대투쟁에 괘념하지 않았다. 선거인 등록은, 3월 30일에서 4월 8일까지 10일간이다. 선거인 등록이란 것은, 인구이동이 잦은 미국 같은 나라의 선거방식이다. 흑인들을 선거에서 배제하는 데 이용되기도 했다. 우리는 인구이동이 거의 없는 상대적으로 정체된 농업국가인데도 불구하고 선거인 등록제를 도입한 것은, 물론 선거의 당위성을 높이기 위한 정략이다. 후진국에서는 선거인 등록을 강제할 수 있는 여지가 얼마든지 있다는 것은 잘 알려진 사실이다.

선거인 등록이 끝나자, 미군정당국은 총 유권자 934만 명의 79.4%인 783만 7,504명이 등록했다고 발표했다. 실제로, 등록기간 내에 선거인 명부에 자진 등록한 유권자는, 총 유권자 813만 2,517명의 96.4%인 784만 871명인 것으로 나타났다. 가히 천문학적이다. 미국보다 두 세배 더 민주주의적이다. 지상 최고의 자유민주주의를 자랑하는 미국에서는, 꿈에서 라도 나올 수 없는, 놀라운 참여다. 미국 점령지 인민의 드높은 자유민주주의 정치의식이 전 세계에 널리 알려졌다. 그러나 뒷말이 있었다.

선거인 등록이 끝난 4월 12일, 한국여론조사협회가, 서울에서 통행인 1,262명을 대상으로 실시한 여론조사 결과를 발표했다.(4월 15일 자 조선일보). 조사에 응한 사람 중 선거인 등록을 한 사람은 74%, 안 한 사람은 26%였으며, 등록자 중 자발적으로 등록했다고 한 사람은 9%에 불과했고, 강요당했다고 대답한 사람이 91%였다. 한동안 미군정 경남군단장을 지냈던 미국 육군 대령 질레트가, 46년 7월, 미 국무부 관리들과의 면담에서, 이런 말을 했다.

"미군정의 감독 하에 실시된 선거에서는 항상 보수파에 대한 지지율이 80%가량 되었으나, 군정의 감독이 없으면 항상 공산주의자들에 대한 지지율이 80%가량 되었다."

선거인 등록률 향상에는, 100만 단원을 자랑하는 경찰 보조 조직 〈향토보위단〉(향보단)의 공이 아주 컸다. 향보단은, 4월 초 미군정 경무부장 조병옥이, 군정장관의 특명을 받아, 전국의 만 18세 이상 55세 이하의 모든 남자를 강제로 편입시켜 만든 선거용 조직이다. 명분은 불순분자의 선거방해공작을 막는 것이었지만, 실제로는 총선거의 선전과 감시에 이용하기 위한 경찰 보조기구로서, 조선민족청년단(족청), 서북청년회 등 극우 청년단체들과 함께, 완장 차고, 총선거의 동원과 감시에 크게 기여했다. 공포 분위기를 조성하여, 선거의 자유를 저해하는 일이 잦았을 뿐 아니라, 공개적인 탈법 선거에도 서슴없이 개입했다.

유엔위원단은, 4월 28일, 투표자 등록 부정행위로 다음과 같은 것들을 지적했다.

1) 쌀 배급 통장을 발급하는 지방행정 사무실에서 등록을 받은 것.

2) 통장을 몰수하겠다고 위협해서 강제로 등록시킨 것.

3) 경찰과 청년단체가 등록을 강권한 것.

유엔위원단 위원장 야심 머기(시리아 대표)조차도,

"남한은 경찰국가일 뿐만 아니라 선거 지지자들이 경찰과 긴밀한 관계를 맺고, 또 지방 행정조직을 조종하여 완벽하게 선거를 좌우하고 있다. 남한에서는 자유로운 선거를 치르기 위한 분위기가 조성되어있지 않다"라고 했다.

유엔위원단은, 이와 같은 상황에서, 선거의 자유 분위기를 보장할 수 있을 것인 가는 문제를 제기하고, 또 중앙선거위원 15명 중 12명이 한민당과 이승만계 극우익 인사란 것도 우려했다. 그러면서도 3개 감시단이 각도 도청 소재 도시를 단 한 번씩 들러, 선거인 등록 상황을 살핀 뒤, 예정대로 남조선만의 총선거를 감시하기로 결정했다.(4월 28일).

반면에 남북연석회의에서 조직된 〈남조선단독선거반대투쟁위원회〉는 "단독선거철회 민중총궐기"를 호소하는 성명을 발표했다. 전국 방방곡곡 담벼락과 전선주마다 '외국군철수,' '통일정부수립,' '단독정부수립반대' 같은 벽보가 흐드러지게 나붙었다.

총선거 이틀 전인 5월 8일에는 전평이 총파업을 지시했다. 산업계는 파업하고, 농촌에서는 농민폭동이 일어났으며, 중학교 이상 학생들은 동맹휴학에 들어갔다. 철도와 선박은 멈추어 서고, 통신과 교통이 마비되고, 시장은 문을 닫았다. 선거 당일까지 350여 명이 희생되고, 수천 명이 투옥되었다. 한민당 김성수의 동아일보사가 불탄 것도 바로 이 때다.

이런 혼란 속에서도, 200개 선거구에서 934명이, 입후보 등록을 했다. 무소속이 417명으로 가장 많고, 이승만의 독촉국민회가 235명, 김성수의 한민당 91명, 지청천의 대동청년단 87명, 미군정의 특별 지원을 받는 이범석의 족청이 20명의 후보를 내었다. 1명 이상 후보자를 낸 단체가 조선불교교무원, 조선예수교장로회 등 종교단체를 포함하여, 무려 44개나 되었다. 의원정수 10명인 서울에는 83명이 난립하여 전국 최고 경쟁률을 보였고, 선거 실시가 불투명한 제주도에도, 정원 3명에 18명이 입후보했다.

5월 10일, 유엔감시단 35명이 지켜보는 가운데, 남조선국회의원선거가 치러졌다. 미군정은 모든 위험을 예견한 만반의 준비를 갖추고 선거에 임했다. 통행금지시간을 연장하고, 증파된 미군에게 특별경계령을 내리고, 비상경계에 들어간 군정경찰과 국방경비대에게는, 단독선거 반대자를 영장 없이 체포 구금할 수 있는 권한을 주었다.

선거 당일의 경계는 삼엄했다. 주요 도로와 건널목에 바리케이드가 쳐지고, 골목마다 경비대가 배치되고, 경찰이 직접 투표소 안에서 감시하는 곳도 많았다. 향토보위단과 족청 등 우익단체는, 투표소 주위를 에워싸 경비하면서, 마음대로 투표소 안에 정복 입은 채 들락거렸다. 그런데도 선거 당일에 만 전국적으로 62개 투표소가 단선 반대자의 습격을 받아 44명이 죽었다. 계엄령 하의 제주도 북 제주 갑, 을 두 선거구는 선거를 치를 수조차 없었다.

엎치고 겹친 악조건에도 불구하고, 남조선 총선거는 기적 같은 대성공을 거두었다. 선거 등록 유권자 784만 871명의 95.5%인 748만 7,649명이 투표했다. 이 숫자는 선거가 무효 처리되어, 다음 해 5월 10일에 재선거를 실시한, 북제주 투표율 86.6%를 포함한 것이라, 5.10 총선거 당일만의 투표율은, 이 보다 훨씬 더 높았다. 투표율이 가장 높은 강원도는 98.2%, 가장 낮은 서울도 93.3%나 되었다. 총투표 중 96.4%인 721만 6,942표가 유효표였으며, 무효표는 총투표자의 단 3.6%인 270,707표에 불과했다. 이승만을 추종하는 일부 극우익 세력만으로 치른 〈자유민주선거〉에서 나온 기적적인 결과였다. 남조선인 이야말로, 세계 최고의 민주의식을 가진, 세계 최고의 문명인이라는 사실이 다시 한번 입증되었다.

좌익은 물론이고, 김규식 등 중도우파, 극우익 김구와 한독당 등 민족해방운동에 앞장섰던 자주독립투쟁 세력들이 모두 불참했음에도 불구하고, 이토록 감격적인 대성공을 거둔 것은, 가히 세계 선거사에 길이 남을 대성공 사례였다. 유례없이 높은 투표율은, 이승만의 자랑처럼, "우리 민족의 불타는 독립정신의 발로"이며, "우리 민족의 탁월한 민주정치역량과 높은 교육문화 수준," 그리고 "우리 겨레가 얼마나 민주주의 정신에 투철한 가"를 세계만방에 과시하는 계기가 되었다. 드디어 이승만과 한민당 등 소수 자유민주주의 진영이, 국민 절대다수의 지지를 받는 독립투쟁 자주민주주의 세력을 억누르고, 남조선 천하를 움켜쥐었다.

총선거가 끝나자, 선거를 감시 감독한 유엔위원단은, 다음 같은 보고서를 제출했다.

"주한미군 및 남조선 임시정부는 선거절차에 대한 유엔조선임시위원단의 모든 건의를 준수하였다. 선거관리는 대체로 선거법 및 제 규칙에 따랐다." "선거를 위한 준비기간 중, 그리고 선거 당일에 있어서 언론, 출판 및 집회의 민주주의적 자유권이 인정되고 존중되는 상당한 정도의 자유 분위기가 존재하였다."

이리하여, 유엔, 달리 말하면, 세계 모든 정부를 대표하는 세계 정부로부터 공인을 받은 새로운 국가가 탄생했다. 대신, 수많은 독립투사들이, 오랫동안 목숨 걸고 염원하던 민족통일국가는 물거품이 되고 말았다. 김구는 "국민들은 경찰과 향토보위단의 억압적인 태도 하에서 등록하고 투표했다"라고 울분을 토할 뿐, 속수무책이었다. 남조선 유권자들은 일제 식민지 치하에서 뼈저리게 체험한 〈불령선인〉의 공포를 떨쳐버릴 수 없었다.

총선거 결과, 200개 선거구 중, 북제주 2곳을 제외한 198선거구에서 198명이 당선 되었다. 무소속이 85명으로 가장 많고, 정치단체 중에서는, 이승만의 독촉이 55명을 당선시켜 가장 많았다. 총선거에 적극 앞장섰던 한민당은, 미군정 실세임에도 불구하고, 겨우 29명 당선시켰으며, 지청천의 대동청년단 12명, 미군정이 총애한 이범석의 족청이 6명을 배출했다. 그밖에 이승만계 독촉농민총연맹이 2명 등, 10개 단체가 1명씩을 당선시켰다. 부산일오구락부는 1명 출마하여 1명 당선했다. 이승만이 지명한 후보들은 정파와 상관없이 모두 물심양면으로 아낌없는 지원을 받았다. 무투표 당선자도, 서울 동대문구의 이승만을 비롯하여, 12명이나 나왔다. 미군정 경찰에서 친일 경찰을 쫓아내려다가 도리어 쫓겨난 최능진은, 이승만에 맞서 동대문구에 출마하려고 애써보았지만 등록조차 못했다

임기 2년의 제헌국회는 이렇게 탄생했다. 여기서 〈헌법〉을 만들어 정부를 세우기로 되어있다. 북제주 갑, 을구 투표 무효 선언이 있은 다음 날(5월 25일), 총선거에 혁혁한 공을 세운 향보단이 해체되었다. 그다음 날에는 부정선거를 귀찮게 까발리던 신민일보와 우리신문이 정간되었다. 점령지 의회 구실 하던 입법의원도, 5월 29일 자로 용도폐기되었다.

2 제헌국회

5월 31일, 제헌국회가 열렸다. 가장 나이 많은 이승만이 임시의장을 맡아, 국회의장에 이승만, 부의장에 한민당의 김동원, 독촉의 신익희를 뽑았다. 헌법, 정부조직법 기초위원과 국회법 기초위원도 정했다. 헌법위원회는, 전문위원 유진호가 기초한 〈의원내각제와 상하양원제〉를 골자로 하는, 초안 심의를 시작했다. 이 초안은 이승만을 비롯하여, 총선거에 참여한 모든 정파가 합의한 최종안이었다. 그러나 이승만이 갑자기 대통령중심제로 바꾸자 고집하면서, 만일 바꾸지 않으면 일반시민으로 남아 개헌운동을 추진하겠다고 으름장을 놓았다.

제헌국회의원 모두가 이승만 추종자인 데다가, 기민한 한민당이 거들고 나섰으니, 그의 뜻이 관철되지 않을 리 없다. 급히 뜯어고쳐 다시 만든 〈대통령중심제와 단원제〉를 중심으로 하는 새 헌법안을 7월 12일 통과시켜, 1948년 7월 17일, 〈대한민국헌법〉으로 공포했다.

이에 앞선 7월 1일, 제헌국회는 남조선의 국호를 〈대한민국〉으로 정했다. 명분상으로는, 독립운동의 구심점이던 〈대한민국임시정부〉를 승계하는 우리 정부가 생겼다. 그러나 동시에 일제의 강압으로 탄생한 〈대한제국〉을 계승하는 이름이기도 하다. 꼭 1년 전, 조선신문기자회가 실시한 〈국호〉 여론조사에서, 조선인민공화국 (69.5%)이 대한민국 (24.6%)을 압도했던 것(조선일보 1947년 7월 6일 자)과는 사뭇 다르지만, 그동안 〈조선, 대한, 고려, 한국〉 등, 기분 따라 달라지던 우리나라 이름이 마침내 〈대한민국〉으로 통일되었다.

그러나 해방 전이나 해방 뒤에나, 〈공식적〉으로 사용한 우리 민족국가의 이름 〈조선〉이 설 땅을 잃었다. 35년이란 긴 세월, 왜놈들로부터 참지 못할 수모를 견뎌낸 〈조선〉과 〈조선인〉이라는 한 많은 이름이 한국 역사의 뒤안길로 사라졌다. 대신 〈대한민국〉

약칭 〈한국〉, 〈대한민국인〉 약칭 〈한국인〉이, 우리 국가와 국민의 이름으로 우뚝 섰다. 교활하고 포악한 왜놈들로부터 〈쓸모없는 짐승〉이란 푸대접을 더 이상 받지 않게는 되었지만, 배달민족과의 반만년의 끈질긴 인연이 끊어져, 신채호 같은 열혈 독립투사들의 불굴의 민족혼이 잠들 곳을 잃었다. 덩달아 조선반도는 한반도, 조선옷은 한복, 조선음식은 한식, 조선과자는 한과, 조선집은 한옥, 조선어는 한국어로 바뀌었다. 한글이란 말이 있어 그나마 천만다행이다. 더불어 여러 정든 말들의 처지도 난감해졌다. 가장 아까운 말이 〈동무〉다. 친구보다 더 친한 벗이 그만 새빨갛게 정치물이 들어 시퍼런 눈총을 받고 쫓겨났다. 인민, 민중, 노동자, 무산자 같은 말도 도매금으로 밀려났다.

7월 20일, 국회의장 이승만이 압도적 득표로 대통령에 당선되었다. 재석의원 196명 중, 이승만 180표, 김구 13표, 안재홍 2표, 무효 1표였다.

이로써 이승만은, 한성임시정부 초대 집정관총재나 상해임시정부 초대 대통령과는 달리, 실제로 국민을 지배하는 초대 대한민국 대통령이 되었다. 워싱턴에 한성임시정부 총재집무실을 연 이래 어느덧 30년 만이다.

공석이 된 국회의장에는 독촉의 신익희 부의장이 당선되고, 새 부의장에는 한민당의 김약수가 선출되었다. 부통령은 이시영, 초대 국무총리는 이범석이 간신히 차지했다. 김병로가 8월 5일, 국회 인준을 받아 대법원장에 임명되어, 대한민국 정부 체제가 모두 갖추어졌다.

행정부는, 13부 장관과 2처 처장을 먼저 임명한 뒤에야, 11부 4처로 확정되었다. 장관과 처장 중 떳떳하게 독립운동했다고 주장할 수 있는 사람은, 국무총리 겸 국방장관 이범석뿐이라 해도 과언이 아니었다. 반면에, 일제 말기에 친일단체에서 활약한 친일파는 여럿이다. 신기하게도 타협적 민족운동단체에 가입한 사실 만이 찬란히 빛

날 뿐, 그 뒤의 화려한 친일행적은 깡그리 사라졌다. 이승만을 대통령 만드는데 지대한 공을 세운 한민당 출신은, 해방 전부터 이승만과 인연이 깊은 해외 유학파, 외무장관 장택상, 내무장관 윤치영, 재무장관 김도연뿐이었다. 조선공산당을 탈당한 조봉암이 농림장관이 된 것은 뜻밖이었다.

1948년 8월 15일, 이승만이 경애하는 반공 동지이자 대한민국 건국 일등공신인 미국 극동군총사령관 맥아더 원수 부부를 귀빈으로 모시고, 역사적인 〈대한민국정부수립 선포식〉이 열렸다. 미국은, 마침내 한국인의 〈자유와 독립〉을 지켜주었다. 그러나 대한민국 정부는 생기자마자 미군 철수 덫에 걸렸다. 유엔총회 결의에 따라, 한반도에 독립국가가 생기는 즉시, 외국군대는 철수해야 한다. 미국은 고심 끝에 철수 개시일은, 1948년 9월 15일, 완료일은 1949년 9월 15일로 잠정 결정했다. 다만 철수 완료 전에, 〈대한민국 정부가 반드시 독립국가로 대외적 승인을 받아 국제연합에 가입되어 있어야 한다〉는 단서를 달았다.

한국 정부는 화들짝 놀랐다. 미군 철수를 막기 위해, 서둘러, 한국 최초의 국제협약인 〈한미잠정군사협정〉을 체결하여, 미군이 계속 주둔할 수 있는 법적 근거를 마련했다(8월 25일). 급한 나머지 내무장관인 윤치영까지 나서, 미국 군사전문지 〈성조지〉에, "2주일 내에 북한을 점령할 수 있는 강력한 국방군을 설치하기 위하여 금후 3년간 미군이 계속 주둔해 달라"라고 요청했다.(동아일보 9월 11일 자). 국회는 '미군계속주둔요청결의안'을 의결하고(11월 21일), 이승만 대통령까지 나서 〈미군주둔요청 담화문〉을 발표했다. 이 같은 애소에도 불구하고, 주한미국공보원장이 〈미군철수성명〉을 내고(11월 23일), 미국육군부는 제7사단 남한 철수를 공식 발표했다(12월 29일). 그러나 다음날, 이승만 대통령이, "미군 일부 철수는 부당하다"는 담화를 발표하자, 한국주둔군사령관이 "한국이 자립할 때까지 미국의 지도와 원조가 필요하다"라고 화답하면서, 철군 연기 의사를 비쳤다. 미국 국무부도 마지못한 듯 한국의 자위가 가능할 때까지 미군을 철수시키지 않겠다고 발표했다.(1949년 1월 4일).

겨우 한 숨 돌렸는데 또다시 철군 문제가 터져 나왔다. 1949년 12월 12일, 유엔이 〈한반도에서 모든 외국군은 즉시 철수하라〉고 결의하자, 1월 4일, 소련 신문들이 일제히 "이 결의에 따라, 소련군이 북조선에서 완전 철수했다"라고 보도했다. 국제여론에 쫓긴 미국 국무부도, 부득이 5월 28일, "군사고문단 외의 모든 미군이 철수한다"라고 발표하고, 6월 29일, 〈철수완료 선언〉을 했다. 다음날 유엔한국위원회도 〈미군 완전철수〉를 확인했다.

미국은, 날마다 쉬지 않고, 〈미군철수반대〉를 외치며 데모하는 한국 국민의 애달픈 하소에 감동하여, 500여 명의 군사고문단을 남겨두고, 연 1천만$의 군사원조를 제공하는 한편, 새로운 〈한미상호방위원조협정〉을 체결하여(1950년 1월 26일), 한국의 안전을 계속 지켜주기로 약속했다. 조선조가 맺은 〈조미수호통상조약〉 이래, 58년 만에, 또 한 번 새로운 한미수호조약이 탄생했다. 이리하여 겉으로는 한반도에서 외국군이 모두 사라졌다.

조선조 말 이래 처음 맞이한 대 경사다. 외국군이 주둔하고 있는 한, 자주적인 독립 정부가 생길 수 없다고 줄기차게 주장한 김구의 소원이 드디어 이루어졌다. 김구는 1948년 11월 3일 〈제주도 폭동 완전 진압〉 정부 발표가 있던 날에도, 〈미소 양군 철퇴 후에 통일정부를 수립하자〉는 담화문을 내었으며, 다음 해 1월 18일에도 외국군 철퇴를 거듭 주장했다.

3 우리 것을 찾자

유권자 거의 모두가 총선거에 참여했는데도 시중에는 살벌한 긴장이 감돈다. 모든 유권자가 자유롭게 투표에 참여한 공명정대한 자유선거라는 미군정 발표를 믿는 사람이 그리 많은 것 같지 않았다. 김구 선생이나 김규식 의장 같은 존경받는 독립투사들이 모두 반대한 단독선거라, 뒤가 편할 리 없다. 이북이 더 기분이 상했던 것 같다. 총선거가 끝나자마자, 남쪽으로 보내는 전기를 끊어버렸다. 우리가 쓰는 전기는 거의 모두 북쪽의 수력발전소에서 내려오는 것이라 난리가 났다. 전기 안 들어올 때가 점점 잦아졌다. 전기사정이 원체 신통한 편은 아니었지만, 이제는 안 올 때가 더 많다. 그래도 그다지 불편하지는 않다. 전기 쓸 일이 별로 없기 때문이다. 가정에서 쓰는 전기는, 전등뿐이고 밤에만 켜면 된다. 전기 안 오면 호롱불, 촛불, 간데라(칸텔라), 호야 등 같은 것을 켜면 된다. 안달할 필요 없다. 간신히 장만한 라디오 못 듣는 것은 좀 억울하지만, 그것도 별 거 아니다. 안 들으면 그만이다.

신문도 여러 개 없어졌다. 5.10 총선거 뒷이야기를 너무 많이 까발렸기 때문이란다. 그 가운데는 〈우리신문〉도 들어있다. 이름이 정답고 읽기 편해, 아주 좋아했는데 그만 없어졌다. 미군정의 비위를 거스르는 쓴소리를 과하게 하다가 〈신민일보〉와 함께 5월 26일에 없어졌다. 투표 부정이 많다는 기사가 너무 자주 나오긴 했다. 강제투표, 대리투표에다 무더기투표에 이르기까지 여러 가지 불법행위가 공공연하게 자행했다는 글을 자꾸 싣더니 기어코 탈이 난 모양이다.

언론 자유는, 사실을 있는 그대로 알리는 것이라고 배웠는데, 그렇지만도 않은 것 같다. 힘 있는 자에게 좋은 말만 하면 언제나 자유롭지만, 나쁜 말 하면 철퇴 맞는 것이 언론자유라는 소리를 어디선가 들은 것 같기도 하다. 아마 이 신문에서 보았는지 모르겠다. 우리신문은 난생처음 받아본 일간신문이다. 어쩌다 나오는 소년신문과는 차원이 다른 신문이라 정이 많이 들어 있었다. 처음에는 한자가 너무 많아 무척 읽기 힘들었지만, 어느 날 갑자기, 모르는 글자가 하나도 없어 가슴 벅찬 희열을 느꼈던 고마운 신문이다.

총선거 반대 동맹휴학이 무산된 학교도 눈에 띄게 달라졌다. 동맹휴학에 앞장섰던 상급생들은 아무도 안 보인다. 모두 공부 잘하는 학생들이라던데 아깝다. 어떻게 되었을까? 선생님들도 여러 분 그만두셨다. 자세한 사정은 알 수 없지만, 선생님 하시기도 무척 힘드는 것 같다. 모두 풀이 죽었지만, 학련 상급생들만은 신나게 설친다. 수시로 교실에 들어와 시국 강연을 장황하게 늘어놓는다. 모두 비슷한 내용이다. 학련에 가입하여 함께 빨갱이 때려잡잔다. 밤낮 거짓말만 하고 다니는 빨갱이 놈들은, 우리 대한민국을 소련에 갖다 바치려는 민족반역자라며 기를 올린다. 조리 없는 열변을 토하는 동안, 눈 똑바로 뜨고 듣지 않으면 귀싸대기 얻어맞는다. 싫더라도 열심히 듣는 척은 해야 한다. 오줌이 마려울 때는 죽을 맛이다.

그러나 수업이 신날 때도 있다. 그게 국어시간이다. 국어 선생님은 소설을 쓰신단다. 어떤 책을 써셨는지는 모르지만, 한창 소설이 재미있을 때라, 소설을 쓰신다는 것만으로도 우러러 보이지 않을 수 없다. 국어 과목이란 것이 그리 부담을 느껴야 하는 게 아닌 데다가, 재미있는 말씀을 부드럽고 구수하게 들려주셔서, 언제나 수업시간이 기다려진다.

지난번 역사시간에 이런 일이 있었다. 한학을 하신 연세 높으신 역사 선생님이, 원나라를 세운 사람이 누구냐고 묻자, 일본 역사소설을 열독 하는 정종호가, 서슴없이 징기스칸이라 대답했다. 선생님이 못마땅하신 듯 "징기스칸이 뭐냐, 성길사한이다" 라고 정정해 주시면서, "징기스칸은 일본말이고, 정식 이름은 성길사한이다"고 깨우쳐 주신다. 종호가 아무래도 미심쩍었던지 국어 선생님에게 물었다. "징기스칸이 맞습니까, 성길사한이 맞습니까?" 국어 선생님은 빙그레 웃으시면서, "둘 다 맞다. 징기스칸은 원 이름이고, 성길사한은 중국어 成吉思汗을 우리말로 번역한 이름이다." 그러면서 이런 말씀을 해주신다.

"어느 나라에나 지배계급이 있고, 그 지배계급이 가지고 있는 생활규범 또는 지도이념이 있다. 백성의 존경을 받기 위해 반드시 지켜야 하는 행동지침이다. 영국의 신사도, 유럽 기사도, 신라의 화랑도 같은 것이다. '노블레스 오브리주'란 말 들어봤지? 귀한 사람은 귀한 사람으로서의 의무를 진다는 말이다. 백성들이 존경할 만큼 정의롭고, 떳떳하고, 자비로워야 하며, 그렇지 않으면, 백성의 마음을 잃어 지배력을 잃는다는 뜻이다."

옷 잘 입었다고 신사가 아니고, 말 잘 탄다고 기사가 되는 것이 아니며, 활 잘 쏜다고 모두 화랑이 아니다. 신사나 기사나 화랑이나 모두 고귀한 특권 신분이다. 〈힘 있고 돈 있고 교양 있는〉 지배계급이다. 자본주의 체제에서는 그것이 자본가 즉 시민(부르주아)이다. 그들에게도 지도이념이 있다. 자본가 정신, 부르주아 정신이다. 다른 말로는 시민정신이다.

"세월 따라 국가의 형태가 달라지는 것을 배웠을 것이다. 고대는 추장제, 군주제. 중세는 봉건제, 귀족제, 과두제. 근대는 절대군주제. 근대 민주제 등이다. 이 구분은 지배계급의 수를 중심으로 하는 외면적인 것일 뿐이고, 실제로는 어떤 정치형태이든 간에, 지배자는 언제나 〈힘 있고 돈 있는〉 사람이다. 고대에는 추장과 왕, 중세에는 영주와 주교, 근대에는 군주와 귀족에 부자가 끼어들었다. 돈이 있으니까 힘을 얻고, 힘이 있으니까 돈이 따른다. 근대 민주주의 또는 자유민주주의란 것도, 권력에서 소외되어 있던 도시에 사는 부자들 즉 부르주아지가, 국민의 이름을 빌어, 지배계급으로 편입되면서 생긴 제도다. 따라서 역사상 모든 정치형태는 사실상 힘 있고 돈 있는 사람의 지배, 곧 〈금권정치〉라 할 수 있다."

"우리라고 다를 것 없다. 우리에게도 지배계급이 있고 지도이념이 있었다. 그런데 좀 특이하다. 너무 오랫동안 중국의 〈우산〉 아래 살아왔기 때문이다. 통일신라에서 시작하여 고려를 거쳐 이씨조선에 들어오면, 중국을 섬기는 것이, 아예 조선의 의무처럼 되어 버렸다. 중국에 어떤 정권이 들어서던지 간에, 우리 조정은, 중국을 상국으로 모시는 신하국으로 살았다. 식민지보다는 좀 낫지만, 그와 비슷한 종속국이었다는 말이다. 종속은 되어 있지만, 말만 잘 들으면 별 탈 없이 지낼 수 있는 지방자치국 비슷한 것이었다.

처음에는 정치만 중국에 예속되어 있었다. 힘이 약하니 어쩔 수 없었다. 그러나 이씨조선에 들어오면, 그 종속이 정치 영역을 넘어, 문화로까지 번졌다. 모화사상이 우리의 생활규범이 되었다는 말이다. 대국인 중국이 하는 것은 무엇이던 무조건 옳다고 생각하여, 그대로 본받는 것이 신앙이 되었다. 이런 정신을 만드는데 크게 기여한 학문이 유교이고, 그중에서도 이조 사회의 지도이념인 성리학이다. 이조 지배계급인 양반은, 어느 누구나 이 학문에 통달해야만 입신출세할 수 있었다. 그리고 중국 글 한문으로 쓰인 성리학을 공부하는 양반들을 높여서 '선비'라고 했다. 더 올리면 군자다, 선비나 군자는, 근엄하고 청렴결백하고, 대쪽같이 곧고 당당하고 강직한 학자다. 이러한 품성이 곧 〈선비정신〉이다. 이 품성이 우리 이씨조선 지배계급인 양반의 생활철학이며 지도이념이었다.

그러나 이 선비정신에는, 대쪽 같이 고결한 품성만큼 중요한 정신이 함께 깃들어 있다. 선비 대접을 받으려면 중국 문자인 한문을 알아야 한다. 언문(한글)은, 상것들이 쓰는 천한 글이지, 점잖은 선비가 쓸 것이 못 된다. 중국 정신을 중국 문자로 배우면 어찌 되겠나? 중국을 성지로 동경하기 마련이다. 그것이 모화사상인데, 이 사상이 그만 우리 선비정신의 근간이 되어버렸다. 누가 중국 예법을, 보다 더 올바르게 따르느냐면서 죽도록 싸운 것이 사색당파다. 모화사상 곧 사대주의가 선비정신의 바탕이었으니, 중국의 간섭이 오히려 고마웠을지도 모른다. 이조 말, 청나라 군대가 한성(서울)에 주둔하여, 우리 정부를 마음대로 주무르다가 일본군에 쫓겨 간 것을 배웠을 것이다. 오죽했으면 서재필, 윤치호, 이완용, 이상재, 오세창, 이승만 같은 개화지식인들이, 〈독립협회〉를 만들어, 정한론에 미친 왜놈들을 끌어들여서까지 중국으로부터 독립하려고 했겠는가? 대국 중국이 하는 것은 모두 옳다. 중국 것을 무조건 따라야 한다. 그래서 징기스칸이 성길사한으로 바뀐 것이 아닐까?"

즐거운 어느 국어시간, 선생님이 느닷없이, 엉뚱한 질문을 하신다. "너희들, 영어의 she를 우리말로 어떻게 번역하면 좋겠느냐?" 어안이 벙벙하다. 중학 1학년에 들어오자마자 she는 '그 여자'라고 배웠는데, 선생님이 그런 것도 모르시나? 영어를 전혀 모르시는가 보다. 선생님은 학생들의 아는 체하는 교만한 눈빛을 보고 웃으시면서 이렇게 말씀하신다.

"우리말은 원래 he와 she를 구별하지 않았다. 꼭 필요하면, 남녀 구별 없이, 둘 다 그냥 '그 사람'이나 '그 이', '그분'이라고 불렀다. 그런데 서양문화가 들어와서, 글자에 성의 구별이 생기니, 야단났다. 어떻게든 구분해야 하는데 마땅한 말이 없다. he는 '그', 또는 '그 사람', '그 남자'라 하면, 그런대로 괜찮다. 그러나 she는 어쩌나? '그'라고 해서는 남녀 구별이 안 된다. 사실 '그'라는 말도 원래 우리말이 아니다. 일본 사람들이 쓰는 말을 그대로 옮겼다. 남성은 '그'란 일본어를 그냥 빌려 쓴다고 하더라도, 여성 대명사는 어떻게 표현해야 하나? 우리보다 먼저 서양문화를 접한 일본 사람들은 '가노죠'라고 한다. 우리말로는 '그 여자' 또는 '그 녀'다. 우리 소설에 이렇게 쓰는 사람들이 많지만, 일본 말을 그대로 번역하는 것이라, 썩 마음에 안 든다. 그래서 어떤 사람은 '그 미', '그 님', '그 여자분'이라고도 쓰지만, 오히려 뜻이 더 먼 것같다. 무슨 좋은 단어가 없을까? 알기 쉽게 he는 '그놈', she는 '그 년'이라고 할까? 그래서는 안 되겠지? 여러분도 어떤 말을 쓰면 좋을는지, 한 번 생각해 봐라. 해방이 되었으니 우리도 이제 우리말을 가다듬어야 할 것이 아닌가?

" 사실 우리말은, 오랜 세월, 중국 한자에 밀려 만신창이가 된 데다, 일제 식민지 교육을 통하여, 일본어로 서양문화를 받아들였기 때문에, 너무 많이 일본물이 들었다. 우리말인 줄 알고 쓰고 있는 말 중에, 우리말이 아닌 말이 아주 많다. 그 하나가 '낭만'이란 말이다. 여러분은 낭만이란 말만 들어도 가슴이 뛰지? 그럴 것이다. 그래야 정상적인 청년이다. 그런데 이 말도 일본 말을 그대로 번역한 한문자다. 어원이야 어떻든 간에, 영어든 불어든 〈romance〉는 일본 말로도 '로맨스'나 '로망스'로 발음되니, 일본 발음 그대로 〈로만(浪漫)〉이라 해도 별 무리 없다. 그러나 우리는 浪漫을 〈낭만〉이라고 읽지 〈로만〉이라고는 읽지 않는다. 전혀 엉뚱하게 읽으면서 감정만 〈로망〉인 체한다. 자네들, "땡 땡"이란 말 많이 쓰지? 그것도 일본말 "땐 땐"이다. 우리말로는 "점 점(點 點)"이다. 학교 종이 "땡땡" 치는 게 아니다. "똔똔"도 같다는 일본말이다. 〈고무신〉 신고 학교 온 사람 없어 그나마 다행이다.

"사실 지금 우리가 쓰고 있는 말, 특히 전문용어는, 거의 모두 일본말을 번역한 것이라고 해도 과언이 아니다. 모두 일본인의 머리를 거쳐 나온 일본정신이 스며있는 용어다. 이것은 분명한 문화침략, 문화 찬탈이다. 우리가 진정으로 일본으로부터 해방되고 독립하려고 하면, 이런 용어들, 즉 왜색화한 말들을 바로 잡아야 한다. 우리 문화를 되찾으려면, 우선 일본의 문화 예속에서 해방되어야 한다. 일본인이 만든 말을 그냥 그대로 쓴다면, 그게 어찌 해방이고 독립이란 말인가? 문화적, 정신적으로도 일본으로부터 벗어나야만 진정으로 해방되고 독립하는 민족이 되는 것이다. 우리 정신, 우리문화를 지키려고 하면, 일본말로 어지르진, 우리말부터 바로 잡아야 한다."

"그뿐만이 아니다. 이제는 미국 군인 따라, 영어까지 들어왔다. 영어는 우리말과는 구조부터 다른 데다가, 일본말보다 영향력이 훨씬 큰 국제어다. 우리말을 어지럽힐 가능성이 훨씬 더 크다. 당장 주어부터 문제다. 우리말과 달리, 주어를 너무 좋아한다. 나든 너든 그든 그것이든, 반드시 있어야 한다. 왜 꼭 주어가 있어야만 하나? 복수란 것도 꼭 챙기려고 한다. 돈도 아닌데 그게 뭐 그리 중요할까? 더욱 정신 시끄러운 것은, 완료형이란 것이다. 우리말 같이, 현재, 과거, 미래만 있으면 될 것을, 왜 현재완료, 과거완료, 미래완료, 대과거 같은 것을 만들어 사람 머리를 어지럽게 하는지 모르겠다. 우리말은 깨끗하게, 갔으면 갔고 왔으면 왔지, 갔었다, 갔었었다, 왔었다. 왔었었다, 같은 말은 안 쓴다. 너무 따지는 같지 않나? 또 좋으면 좋지, 왜 좋은 것 같다고 할까? 너무 겸손해서 인가? 이승만 박사 연설하는 거 들어봤지? 우리말과 많이 다르지? 우리가 영어를 배우면 배울수록, 우리말이 더 많이 영어화 할 수밖에 없다. 앞으로 영어 잘하는 사람들이 우리말을 얼마나 많이 〈영어화〉할지는 아무도 모른다. 어쩌면 우리말이 오히려 외국어 같이 들릴지도 모른다.

부산은 왜 부산일까? 대구가 달구벌, 광주가 빛고을, 밀양이 미리벌인 것처럼, 아마 가마뫼나 솥뫼였을 것이다. 이제 영어 물까지 들면, 푸산, 태구, 쾅주, 미량이 될 것이고, 원 우리말은 흔적조차 없어질지 모른다. 이렇게 한문, 일본말, 영어에 쫓겨 초라해진 우리말을 되찾아, 우리 문화를 우리 지켜야 한다. 우리 문화가 없어지면 우리 혼도 우리 정신도 함께 사라진다. 너희들이 이 일을 해야 한다. 우리말, 우리 문화, 우리 정신의 앞날은 바로 자네들 어깨에 달려있다."

모두 조용하다. 가슴이 벅찬 듯 숨소리 하나 없다. 그러나 속으로 가만히 중얼거린다. 그런 큰일을 겨우 중학교 1학년인 우리보고 하라 시나? 이미 외국어로 된 것을 그대로 쓴다고 해서, 안 될 게 뭐 있나? 뜻만 같으면 되는 거 아닌가? 또 독립하고는 무슨 관계가 있을까?" 꼭 최현배 선생 같이 〈배꽃계집아이큰배움집〉이라고 해야만 독립하는 건가? 일제에 맞서 붓 꺾은 문인은 단 두 분뿐이라던데? 야단 났다. 아직도 일본말이 나도 모르게 튀어나온다. 시골 교장선생님께 야단맞겠다. 영어 지껄인다고도 야단치실까?

15장

민족반역자를 처벌하라

1 반민족행위처벌법

〈대한민국 건국헌법 제101조〉. "이 헌법을 제정한 국회는 단기 4278년 8.15 이전의 악질적 반민족 행위를 처벌하는 특별법을 제정할 수 있다."

제헌국회는 이 조항에 따라, 1948년 8월 5일 〈반민족행위처벌법기초특별위원회〉(반민법기초특위)를 만들었다. 제헌국회 제40차 본회의에서, 반민족행위처벌법을 제정하기 위한 기초특별위원회를 만들자는 김웅진 의원의 긴급동의안이 찬성 105표, 반대 16표의 압도적 찬성으로 통과되었다. 각 도 대표 28명으로 구성된 반민법기초특위는, 입법의원이 만든 〈부일협력자. 민족반역자. 전범. 간상배에 대한 특별법률조례〉를 바탕으로, 일본 공직자추방령, 장개석정부의 전범처리법안, 북조선인민위원회의법안 등을 참조하여 만든, 전문 32조의 〈반민족행위처벌법〉초안을, 8월 16일, 국회 본회의에 상정했다. 국민의 관심도 뜨거웠다.

〈 반민족행위처벌법에 관한 논설〉 (경향신문, 1948년 8월 7일 자)

"-- 이 땅이 해방된 지 3년이 지난 오늘날까지 왜정에 아부하여 조국을 팔아먹고 동포를 괴롭혔던 악질적 친일파, 민족반역자를 처단하라는 국민의 부르짖음은 무시된 체 관리로서 미군정에 구석구석 파고들어 앉았으며 중요한 산업부문에 뿌리박고 들어 가 조금의 양심의 가책의 가책을 받음이 없이 뻔뻔스럽게 활개 치고 있지 않은가?

과거 입법의원에서도 친일파민족반역자처단법을 만들기는 하였으나 실행에 옮기지 못하여 유감천만이었는데, 이제 우리 손으로 뽑은 내세운 대변자 국회의원들이 문제를 들고 나선 것을 쌍수를 들어 환영하며 문서상의 처단법에 그치지 말기를 부탁하는 바다."

〈 반민족분자 처단과 정부의 책임.〉 (조선일보, 8월 20일 자)

"--신정부가 각급 정부에서 반민족행위자를 제거하여야 할 것은 먼저 본법의 실시 여부를 물을 것 없이 우리 민족 피의 독립운동사가 이를 냉엄히 명하고 있는 것이니 정부 자신은 그 지도적 입장에서 국민의 선두에서 솔선 실천함으로써 민간 각 기관의 개편과 그 운영에 모범이 되어야 할 것이다.

8.15 직후면 이런 것은 그리 큰 문제도 안 되었을 것이나 군정 하에서 군정은 그 처단을 정식 거부하는 태도를 고집하였기 때문에 반민족분자들은 '이것 봐라'하는 듯이 전일의 지배적 지위를 각 방면으로 차지하며 민주 혁신의 독립 정신을 여지없이 흐려 놓았고 또 군정과 특히 경찰이며 재계 실업계에 그들의 흑수를 마음대로 뻗쳐왔기 때문에 오늘 이 문제가 더 커진 것이다.

이제 신정부가 군정의 연장 아닌 민족정기를 받들고 나갈 자주적 정부임을 천하에 실증할 길은 오직 반민족 행위에 앞서 빈민족분자를 일체 제거할 용단을 보일 뿐이다.

새 부대에 새 술을 넣을 것뿐이다."

심의과정에서 김준연, 곽상훈을 비롯한 한민당 의원들이, 사회를 혼란에 빠트린다는 이유로 반대했으나, 독립운동한 의원들과 노일환 등 소장파 의원들은, 오히려 처벌을 더 강화하자고 주장했다. 열띤 토의를 거쳐, 여러 내용이 수정된 뒤, 제59차 본회의에서, 찬성 103표, 반대 6표의 압도적 다수로 가결되고(9월 7일), 국회를 통과한 15일 뒤, 대통령이 〈법률 제3호〉로 공포했다.

이것이 〈반민족행위처벌법〉 (반민법)이다.

해방되고 3년이나 지난 뒤에야, 마침내 친일파 민족반역자 척결을 열망하는 조선 식민지인의 한 맺힌 울분이 풀릴 수 있게 되었다. 대한국민으로 다시 태어난, 옛 조선사람들 모두가, 두 손 높이 환호했다.

이승만 정부는 당초 이 법률을 거부하려고 했다. 그러나 거부권을 행사할 수 없었다. 우선 거부할만한 명분이 없었다. 자칫하면, 불붙은 민족감정을 자극할 수 있을 뿐 아니라, 가장 시급한 양곡(강제)매입법안이 국회에 계류 중이었다. 만일, 이 법안이 거부되면, 가을추수봉기 같은 불상사가 다시 폭발할 수도 있다. 이승만은 마지못해 서명 공포했다.

3장 32조로 된 반민법 제1장, 반민족 행위자의 죄와 벌에 대한 규정은 이렇다.

제1조, 일본 정부와 통모 하여 한일합병에 적극 협력한 자, 한국의 주권을 침해하는 조약 또는 문서에 조인한 자와 모의한 자는 사형 또는 무기징역에 처하고, 그 재산과 유산의 전부 혹은 2분의 1 이상을 몰수한다.

제2조, 일본 정부로부터 작위를 받은 자 또는 일본제국의회의 의원이 되었던 자는 무기 또는 5년 이상의 징역에 처하고 그 재산과 유산의 전부 혹은 2분의 1 이상을 몰수한다.

제3조, 일본치하 독립운동가나 그 가족을 악의로 살상 박해한 자나 또는 이를 지휘한 자는 사형 무기 또는 5년 이상의 징역형에 처하고 그 재산의 전부 혹은 일부를 몰수한다.

제4조, 좌의 각 1호에 해당하는 자는 10년 이하의 징역에 처하거나, 15년 이상의 공민권을 정지하고 그 재산의 전부 혹은 일부를 몰수할 수 있다.

1. 습작한 자. 2. 중추원 부의장, 고문 또는 참의가 되었던 자. 3. 책임관 이상의 관리 가 되었던 자. 4. 밀정 행위로 독립운동을 방해한 자. 5. 독립을 방해할 목적으로 단체를 조직했거나 그 단체의 수뇌 간부로 활동하였던 자. 6. 군, 경찰의 관리로서 악질 적인 행위로 민족에게 해를 가한 자. 7. 비행기, 병기, 탄약 등 군수공업을 책임 경영 한 자. 8. 도, 부의 자문 또는 의결기관의 의원이 되었던 자로서 일정에 아부하여 그 민족적 죄적이 현저한 자. 9. 관공리가 되었던 자로서 그 직위를 악용하여 민족에게 해를 가한 악질적 죄질이 현저한 자, 10. 일본 국책을 추진시킬 목적으로 설립된 각 단체본부의 수뇌 간부로서 악질적인 지도적 행동을 한 자. 11. 종교, 사회, 문화, 경제 기타 각 부문에서 민족적 정신과 신념을 배반하고 일제침략 주의와 그 시책을 수행하는데 협력하기 위하여 악질적인 반민족 언론 저작과 기타 방법으로써 지도한 자. 12. 개인으로서 악질적인 행위로 일본에 아부하여 민족에게 해를 가한 자.

제5조, 일본치하에서 고등관 3등급 이상, 훈 5등 이상을 받은 관공리 또는 헌병, 헌병보, 고등경찰의 직에 있던 자는 본법의 공소시효 경과 전에는 공무원에 임용될 수 없다. 단 기술관은 제외된다.

제6조, 본법에 규정한 죄를 범한 자 중 개전의 정상이 현저한 자는 그 형을 경감 또는 면 제할 수 있다.

제7조, 타인을 모함할 목적 또는 범죄자를 옹호할 목적으로 본법에 규정한 범죄에 관하여 허위신고, 위증, 증거인멸을 한 자 또는 범죄자에게 도피의 길을 협조한 자는 당해 내용에 해당한 범죄규정으로 처단한다.

제8조, 본법에 규정한 죄를 범한 자로서 단체를 조직하는 자는 1년 이하의 징역에 처한다.

2 반민족행위특별조사위원회

〈반민족행위특별조사위원회〉(약칭 반민특위)는, 각 도별로 국회의원 중 1명씩, 투표로 선출된 10명의 위원으로 구성되었다. 10월 12일 제1차 위원회에서, 중경임시정부 문화부장 경북 위원 김상덕을 위원장, 서울 위원 김상돈을 부위원장으로 선임하여, 10월 23일 국회 본회의의 신임을 얻어 출범했다. 재판을 담당할 〈특별재판부〉는, 국회의원 5명을 포함하는 특별 재판관 16명, 기소를 담당할 〈특별검찰부〉 (특검)는, 특별 검찰관 9명으로 구성되었다. 특별재판부 재판 부장은 대법원장이, 특별검찰부 특별검찰부장은 검찰총장이 겸임했다.

11월 25일, 국회는 조사를 담당할 〈반민족행위특별조사기관조직법안〉, 특별재판부를 보좌할 〈반민족행위특별재판부부속기관조직법안〉, 및 조사기관의 조직 강화를 위한 〈반민법 중 개정법률안〉도 의결했다. 반민족행위조사기관조직법은, 필요시, 특별조사위원이 사법경찰관인 〈특별경찰대〉 (특경)를 설치하여, 독립적으로 지휘 감독할 수 있는 법이다. 이로써 반민특위는, 독자적인 조사권, 사법권, 경찰권을 모두 갖추게 되었다.

중앙사무국과 각도 조사사무분국을, 국회 산하기구로 설치하고, 중앙사무국의 조사관과 서기관, 및 특별경찰업무를 담당할 특경대원도 임명했다. 특위 산하기구를 국회 산하기구로 둔 것은, 경찰은 물론 검찰과 법원까지 모두 친일파가 장악하고 있을 때라, 그들의 방해를 받지 않고 독자적으로 조사 처리하기 위한 고육책이었다. 또 친일파의 비협조로 조사와 재판이 방해받지 않도록 〈정부가 반민특위 활동에 적극 협력해야 한다〉는 조항도 명시했다.

온 국민의 열렬한 성원 속에 출범한 반민특위는, 1949년 1월 5일, 중앙청 205호실에 사무실을 열고, 사흘 뒤, 친일 반민족 행위자 (반민자) 제1호로, 친일부호 박흥식을 잡아들였다. 일본제국을 위하여 비행기 공장을 설립한 박흥식은, 1942년 12월 16일 자 매일신보에 다음 같은 〈배알의 광영의 감읍〉이란 글을 올린 조선인(朝鮮人)이다.

"나는 산업 경제계 대표자의 한 사람으로 특히 반도 출신으로는 오직 한 사람으로서 황공하옵게도 배알의 광영에 욕하였는데, 지척에서 용안을 봉배한 때의 감격은 일생을 두고 잊을 수가 없습니다. 우리들 산업 경제계에 있는 사람들은 이 황공하옵신 대어심(大 御心)에 봉부코자 더욱 노력하지 않으면 안 됩니다.--대동아전쟁 이래 우리 반도 500만의 적자(赤子)가 얼마나 황민(皇民)됨에 자각을 높여 얼마나 성업 익찬을 위해서 지성을 다해 왔느냐 하는 데 대하여 나는 새삼스럽게 말할 것이 없습니다.--"

다음 해 12월 17일에도 같은 신문에, 〈배알 일주년 - 지성으로 봉공〉이란 글을 거듭 실었으며, 그 감격의 보답으로, 다음 해에, 거금 5,000만 원을 들여 〈조선비행기 공업주식회사〉를 설립하여, 〈대동아전쟁〉에 보국 충성한 친일파다. 당시 친일 재산가들의 최고 애국 행위가, 비행기 헌납이었고, 광산왕 최창학이 군용기 6대 제작비용으로 40만 원을 헌납하여 전설이 되었던 것으로 보아, 5,000만 원이 얼마나 엄청난 거액인가를 짐작할 수 있다.

해방 뒤에도 활보했다. 1946년 2월 15일, 배임 횡령 등 혐의로 서울법원 검사국에 체포되어 서대문형무소에 구금되었으나, 단 3시간 만에 풀려났다. 미군정 국방 국장 챔피니 대령이, 경기도(수도) 경찰부장 장택상을 데리고 대법원에 나타나, 하지 사령관의 명령을 앞세워 석방을 강요했다. 불구속으로 기소되어, 징역 3년에 벌금 200만 원이 구형되었지만, 서울지방법원은 무죄 판결했다(5월). 1947년 7월 4일에는, 흥한 피복주식회사 쟁의단이 "친일파 민족반역자 박흥식을 타도하라"는 벽보를 붙이자, 〈친일파〉로 매도한데 격분하여 〈명예훼손〉으로 고발하고, 경찰은 즉시, 쟁의단 대표 두 사람을 〈명예훼손죄〉로 체포, 구금했다.

두 번째로 잡힌 반민자는 이종형이다.

이 자는, 만주에서 일본군 고문 직책으로 군경 지휘권까지 가지고 밀정 짓을 하여, 250여 명의 우리 독립군을 추포 하여 그중 17명을 사형시켰으며, 그 뒤에도 수많은 독립투사를 죽게 한 민족반역자다. 1941년부터는 조선총독부 경무부 촉탁으로 있으면서, 중국에서 활동하는 독립투사들을 밀고하여 떼돈을 벌었으며, 친일단체 청진회를 조직하여 신사 참배를 강요하는 등, 극악한 반민족적 행위를 반복한 자다. 해방되자마자, 갑자기 민족주의자로 둔갑하여, 건준에 가담하려고 했지만, 여운형이 받아들일 리 없다. 건준 참여가 거부되자, 또 갑자기 철저한 〈반공산주의자〉로 돌변하여, 반공을 표방하는 '대동신문'을 만들어, 독립투사를 공산주의자, 빨갱이라 욕하고, 여운형을 친일파로 매도했다. 반민법이 상정되자, 자기 신문을 앞세워 "반민법은 망민법"이라고, 정면으로 규탄하고 나서는 한편, 독립투사들을 잡아 죽이고 번 돈으로, 〈반민법반대 궐기대회〉를 개최하는 등, 적극적으로 반대운동을 펼쳤다. 반민특위 사무실에 잡혀 가서도, "나는 애국자다. 나를 친일파로 몰아넣다니 이럴 수 있느냐. 내가 풀려나는 날, 한민당, 빨갱이, 회색분자들 모조리 토벌하겠다"며 날뛰었고, 마포형무소에 수감된 뒤에도 "내가 감옥에 들어온 것은 빨갱이 잡는데 앞장섰기 때문"이라고 발악했다.

수도경찰청 제3인자 노덕술도 잡혔다. 수도경찰청장 장택상 저격 혐의로 체포된 자를 빨갱이로 몰아, 고문치사한 혐의로 수사를 받다가, 경찰 묵인 아래 잠적 중 체포되었다. 그는 일제 경찰에서 조선인이 오를 수 있는 최고위직에 오른 악질 고등계 형사다. 수많은 독립투사들을 검거하여, 그중 세 사람을 고문치사했을 뿐 아니라, 일제의 전쟁수행을 적극 도운 친일파 중 친일파다. 해방되고도 버젓이 평양경찰서장 노릇까지 하다가, 소련군이 진주하자 인민위원회에 체포 구금되었다. 그러나 곧 풀려났고, 풀려나자마자 월남하여 제1경무총감 겸 수도관구경찰청장 장택상을 찾아가, 즉시 수도경찰청 수사과장으로 발탁되고 (1946년 1월), 곧 제1경무총감부 관방장 겸 수도관구경찰청 수사과장으로 승진했다.

부활 재기한 노덕술은 친일 경관의 악질 근성을 유감없이 발휘했다. 일제로부터 배운 탁월한 수사기법을 발휘하여, '반 이승만 세력 숙청'과, '좌익분자 척결'을 악랄하게 주도했다. 김원봉 장군 같은 불후의 독립투사들을 모질게 고문하는 만행도 서슴지 않아, 이승만으로부터 유능한 〈반공투사〉라는 극찬과 함께 지극한 사랑을 받았다.

반민특위는 친일 군인, 경찰, 검찰을 비롯하여, 정계, 관계, 종교계, 문화계, 재계의 친일반역자들을 잇따라 검거했다. 처벌 대상자 7,000여 명 중 688명을 체포했는데, 그중 일제 경찰 출신이 37%나 되었다. 그 가운데는 저명한 고위 경찰 최연도 포함되어 있었다. 그는 일제 강점기에 일제 경찰 최고훈장인 경찰기장을 받아, 조선총독부 경찰 조직에서 조선인에게 허용된 최고위직인 〈경기도경찰부 수사과장〉으로까지 출세했으며, 해방되자마자 수도경찰의 제2인자인 수도경찰청 관방장으로 출세한 자다. 박종표란 하급 경관도 이때 잡혀 들어갔다. 그는 일제 때 악명 높은 헌병보조원 아라이 겐기치(新井 源吉)였다. 몇 년 뒤, 한국의 역사를 바꾸는 〈마산 3.15 민주항쟁〉의 학살 주범으로 등장하는 인물이다.[주-10]

반민특위 활동이 본격화하여 심복 고위 경찰들이 줄줄이 체포되자, 이승만이 화가 났다. 내무장관 신성모와 법무장관 이인을 불러, 당장 대책을 세우라고 호통 쳤다. 다

---

10. 일제 헌병보조원이던 박종표는 반민특위에 잡혀갔지만, 곧 무죄 방면되어 경찰에 복직했다. 그로부터 10년이 지난 1959년 4월 11일, 마산 앞바다에서 왼쪽 눈에 최루탄이 박힌 김주열 군의 시체가 떠올랐다. 〈3월 15일 부정선거 반대 시위〉 도중 갑자기 사라졌던 어린 마산상고 학생이다. 조사 결과, 이 학생을 쏜 범인이 바로 마산경찰서 경비주임 박종표 경위로 밝혀졌다. 이 사건이 도화선이 되어, 부정선거 반대운동이 민주항쟁으로 커지고, 4.19학생민주항쟁으로 발전하여, 이승만 정권을 무너뜨렸다. 살인죄로 구속 기소 중이던 박종표는, 1961년 5.16 군사쿠데타로 집권한 군부의 〈혁명재판〉에서 사형이 선고되었다가 곧 무기징역으로 감형되고, 1968년, 박정희 대통령의 특별사면으로 석방되었다.

급해진 정부는, 국무총리 이범석 주재로 국무회의를 열어, 반민특위를 유명무실화하기 위한 〈반민족행위처벌법 일부개정의 건〉을 의결하여, 국회로 보냈다. 이승만 자신도 직접 나서, 반민법 개정 필요성을 역설하는, 〈대통령 특별담화문〉을 발표했다.

"근자 조사위원회에서 조사위원들이 경찰관 2, 3명을 데리고 다니며 사람을 잡아다 구 금, 고문한다는 보도가 있는데, 이는 국회가 조사위원회를 조직한 본의도 아니요, 정부로 서도 포용할 수 없는 것"이라고 비난하면서,

"반민특위가 〈삼권분립의 원칙에 위반〉되며, 〈안보 상황이 위급〉한 때에 경찰을 동요시켜서는 안 된다"는 것을 반민법 개정의 이유로 들었다.

친일파 척결 말이 날 때마다 "우리 정부 수립 후에 처리하자"던 이승만이, 막상 우리 정부가 수립되자, 딴 소리 한다. 우리 정부 주요 관리들, 특히 총애하는 고위 경찰 간부 거의 전부가, 반민족 행위자로 처벌되는 것을 그냥 두고 볼 수 없었을 것이다.

이승만의 담화는, 오히려 국회를 자극했다. 특별검찰관 노일환 등 소장파 의원들은, "대통령의 담화는 친일파를 옹호하겠다는 저의를 드러낸 것"이라며 맹비난했다. 반민특위 제1조사부장 이병홍은, "반민법을 민족의 성전으로 생각하고, 이 법률을 발동할 때는 언제나 옷깃을 여미고 경건한 마음과 엄숙한 태도를 갖추는데, 특위가 행패를 부리는 것처럼 헐뜯는 것은 있을 수 없다"라고 항변했다. 반민특위위원장 김상덕도 반박 성명을 내었다.

"1) 반민법 운영이 삼권분립에 위배된다고 하였는데, 반민법은 헌법 제101조의 규정에 의하여 만들어진 특별법으로, 이를 무시하는 대통령의 행위는 헌법을 무시하고 삼권을 독점하려는 의도이며, 반민법 운영을 방해하려는 행위다.

2) 반민특위 활동이 치안에 중요한 영향을 준다고 하는데, 우리나라의 치안은 반민자가 담당하여야만 하는가? 제주도사건, 여순사건, 38선 충돌사건 등등이 반민자를 처단함으로써 발생한 것인가?

3) 특위위원 2-3인이 자의로 사람을 잡아다가 난타 고문한데 대해, 특위의 체포는 반민 법 제16조, 특별조사기관조직법 제6조에 의하여 권한이 부여되어 있다. 백보를 양보해 서 '과거 수십 년 동안 독립군을 살해하고 애국자를 악형으로 고문하여 허위의 문서로 투옥시키던 악질 반역자를 약간 고문이 있었다한들 이것이 또한 무슨 큰 실수이며 대통령은 무엇 때문에 가슴이 아프고 뼈가 저리는 가"

사법부도 힘을 보탰다. 반민특위 특별재판부장인 대법원장 김병로는, "대통령이 법을 개정하려는 것은, 법률 자체가 헌법에 위반되니까 이를 수정하려는 것이라고 생각되나, 이는 헌법위원회에서 심의할 성질의 것이며, 반민특위의 체포, 구속하는 조사 활동은 불법이 아니라고 본다"는 담화문을 발표하여, 정부의 협조를 촉구했다. 이승만이 국회의장 신익희, 대법원장 김병로를 경무대로 불러 설득했지만, 정부가 제출한 반민법 개정안은 부결되었다. 이때까지 만 해도 국회는 단결하여, 이승만에 대립하는, 반민특위를 적극 옹호했다.

그러나 반민특위 활동은 험난했다. 처음부터 비협조적이던 이승만은, 반민특위가 업무를 시작하자마자, 탄압하고 방해했다. 반민법이 공포된 바로 다음 날(9월 23일), 대한민국 내무부 주관으로, 〈반공국민총궐기대회〉가 열렸다. 형식상으로는 흔해빠진 관제 반공궐기대회였지만, 실제로는 〈반민법반대 국민총궐기대회〉였다. 정부가 직접 국민을 동원하여, 반민법을 만든 국회를 〈적구(赤狗), 빨갱이〉로 규탄했다. 일제 침략 전쟁을 극구 찬양하던 친일파 윤치영 내무장관은, 대통령 축사를 대독한 뒤에, "해방 후 처음 보는 애국적 대회"라고 격찬했다.

국회는 즉시 친일파의 음모를 규탄하고, 반공 대회가 국회를 〈적구, 빨갱이〉라고 모독한 데 분개하여 이승만 정부를 맹렬히 비난했다.

처벌 대상 친일파들의 반격도 거세었다. 반민특위 요인을 암살하려는 음모까지 꾸몄다. 반민법 공포 직후, 조선정판사사건을 비롯한 불온사상사건을 뜻한 대로 척결하여 이승만의 신임이 두터운 친일경찰 최란수를 비롯한 노덕술, 박경림, 홍택희, 이종형과 친일부호 박흥식이 공모하여, 테러 전문가 백민태에게 특위위원들의 암살을 청부했다. 특별검찰관 노일환과 김웅진, 특별재판관 김장열을 납치하여, 〈나는 38선 이남에서 국회의원 노릇하는 것보다 이북에서 살기를 원한다〉는 강제로 쓰게 한 자필성명서를, 신문사 등에 보낸 뒤, 38선 가는 길목에서 살해하여, 애국청년들이 살해한 것처럼 위장하기로 했다. 그러나 테러를 담당한 백민태가 거사 직전에 자수하여, 암살 흉계가 무산되었다. 친일파들은 자신의 과오를 뉘우치기는커녕, 오히려 특위관계자들을 〈빨갱이〉로 몰아 죽일 음모 꾸미기에 바빴다.

이승만 정부는, 전 정부차원에서, 공식적 정면적으로 반민특위 와해 공작을 강행했다. 전국적으로 반민법 반대 관제데모를 벌려, 반대 여론을 조성하는 한편, 반민법 개정작업을 강력 추진했다. 뿐만 아니라, 반민특위가 합법기관임에도 불구하고, 예산을 배정하지 않았으며, 필요한 자료 요청도 거부했다. 반민특위는 다음 해 1월 14일, 대통령에게, 반민법 제5조 대상자들을, 1월 말까지 공직에서 추방해달라고 요청했다. 이승만도 일단 조사해보라고 내각에 지시했다. 그러나 해당자가 너무 많아 정부 자체가 무너질 것 같자, 태도가 돌변했다. 해임은커녕, 도리어 반민특위에 체포되어 있는 노덕술을, 정부가 보증해서라도, 석방시키고(1월 28일), 노덕술을 체포한 특검관계자들을 처벌하라고 명령했다.(2월 22일), 국회의장 신익희와 반민특위위원장 김상덕을 경무대로 불러, 직접 노덕술의 석방을 요구했는데도 거절하자, 즉시 〈공산파괴분자의 활동〉을 들먹이면서, 반민특위 활동에 신중을 기하라는 협박 담화를 발표하고, 정부 내 반민법해당공무원 조사중지명령을 내렸다.

용맹 무쌍한 반공투사라고 극구 칭찬하는 심복 경찰간부들은 말할 것도 없고, 서울의 10개 경찰서장 중 9명이, 애국독립지사들을 체포, 고문한 전력이 있는 악질 친일 경찰이었다. 그자들을 경찰에서 추방하면 대한한국의 반공 치안이 마비되지 않을 수 없다.

이 백척간두의 위기를 극복하기 위해 이승만이 빼어 든 무기는 〈빨갱이로 몰아 죽이기〉이었다. 일제 군국주의자들이, 불령선인 처단용으로 즐겨 써먹은 전가의 보도를, 이승만도 꺼내 들었다. 여건은 충분하다. 지난해 10월 2일, 제주도 폭동진압에 증파된 국방경비대가 반란을 일으켜 폭동 세력에 가담했으며, 10월 19일에는 여수. 순천지구 군부대 일부가 반란을 일으켜, 비상경비사령부가 설치되었다. 11월 5일, 이승만이 "여순반란사건에 학동들이 가담한 것은 통탄할 일이다", "공산분자를 철저히 숙청하라"는 담화를 발표했다.

근간의 모든 불온한 일들이, 남로당의 정부 전복 음모에서 나온 책동임에도 불구하고, 국회가 이런 중차대한 위기를 외면한 체, 친일청산이라는 반정부적 작태에만 골몰하고 있어, 더는 참을 수 없었다. 반공만이 살 길이다. 그것이 〈국회프락치사건〉으로 터져 나왔다.

3 제도야당의 등장

5.10 총선거는 남한 단독정부 수립을 주장하는 이승만 지지자들만 나선 선거였다. 따라서 제헌국회의원은 모두 친 이승만 일수밖에 없다. 게다가 무소불위한 국가보안법(1948년 12월 1일, 법률 제10호)까지 버티고 있어, 감히 이승만에 대들고 나설 자가 있을 수 없었다.

그러나 국회에 반민특위가 생기고, 이승만이 친일파 척결 문제를 둘러싸고, 반민특위와 마찰이 생기면서부터, 변화의 조짐이 나타나기 시작했다. 친일행적이 화려한 자들은 이승만 그늘 아래 숨는 것 말고는 다른 도리가 없었지만, 그렇지 않은 의원들, 특히 독립운동에 몸 바친 의원들은, 친일파를 감싸려고 반민특위를 방해하는 이승만의 반민족적 작태에 회의를 느끼지 않을 수 없었다. 원조 이승만 친위세력에서 반 이승만 세력으로 돌변한 김성수와 한민당은 이 기회를 놓치지 않았다.

한민당은, 앞서 본 바와 같이, 건준 대신 임정을 우리 정부로 모시자는 임정봉대기치 아래 모인 정당이다. 그러나 미군정 실세로 자리를 굳혀 더 이상 독립투쟁 세력에 기댈 필요가 없어지자, 임정 대신 이승만을 받들어, 대한민국 정부 수립 일등공신이 되었다. 뿐만 아니라, 제헌국회 초, 이승만이 대통령중심제를 고집할 때도 적극 앞장서 성사시켰고, 또 그 헌법에 따라, 이승만을 대통령으로 모시는데도 주도적 역할을 한 이승만의 충신 중의 충복이었다. 당연히, 이승만의 대한민국 정부에서도, 미군정 때 누리던 실세에 버금가는 특권을 충분히 기대할만했다. 그러나 이승만은 차가웠다. 모든 정파가 사전에 합의한 내각책임제를 거부하면서까지 대통령제를 고집한 이승만이 권력을 나누려 할 리 없다.

양지만을 누리며 살아온 콧대 높은 한민당 지도부 또한, 예기치 못한 이승만의 푸대접에 당하고만 있으려 하지 않았다. 호시탐탐 기회를 노리던 중, 마침내, 동병상련

신세가 된 신익희, 지청천을 붙잡았다. 이 두 사람 또한, 임정과 김구를 버리고 이승만에 충성하여 중용되었지만, 어언간 이승만 눈 밖에 나, 용도폐기 단계에 있던 중경 임정정부 요인들이다.

신익희는 이승만과 김구가 반탁운동하려고 만든 독촉국민회에서 반탁운동하다가, 남한 단독선거를 두고 김구와 이승만이 대립하자, 김구를 버리고 이승만 따라 남한 단독정부 수립에 앞장섰다. 덕분에 제헌국회 원내 최대 의석을 차지한 이승만의 독촉을 대표하여 국회부의장으로 당선되었다가, 이승만이 대통령에 당선되자, 제헌국회 의장으로 승진했다.

중경 임시정부 광복군 총사령관 지청천은, 이승만의 뜻을 부름을 받아, 〈대동청년단〉을 만들었다.(1947년 9월). 이 청년단은, 미군정이 이승만 견제용으로 적극 지원하는 청산리전투 영웅 이범석의 〈조선민족청년단〉이, 거대 반공청년단체로 급성장하는 것을 저어한 이승만이, 같은 독립투사이며 장군인 지청천을 차출하여 만든 이범석 견제용 청년단체다, 지청천 또한, 신익희와 마찬가지로, 임정과 한독당을 버리고 이승만 지지세력만 남아있는 독촉에서, 이승만의 단독정부 수립을 적극 지지했다. 5.10 총선거에 출마하여 제헌국회의원으로 당선되자, 이승만은, 그를, 초대 무임소 장관으로 발탁했다.

이승만의 두터운 신임을 등에 업은 제헌국회의장 신익희는, 1948년 11월 13일, 이승만이 주창하는 〈일민주의〉를 당시로 하는 〈대한국민당〉을 창당하여, 대표 최고위원이 되었다. 지청천도 대동청년단을 이끌고 여기 합류하여, 이승만 최측근 윤치영, 임영신, 이인과 함께, 당 최고위원이 되었다. 대한국민당은 제헌국회 의석 198석 중 71석을 차지하는 원내 최대의 친 이승만 정당으로 등장했다. 그러나 이승만은 거들떠도 보지 않았다.

모든 국민 위에 군림하는 제왕적 지도자를 자임하는 이승만은, 이름만 거창한 원내 친위 정당이나 정파가 아니라, 대한민국의 모든 정당과 단체를 아우르는 거국적인 이승만 충성 단체를 원했다. 드디어 1948년 12월 19일, 지청천의 대동청년단을 중심으로 하여, 전국 우익청년단체들을 모두 통합한 〈대한청년단〉이 탄생했다. 조선청년총동맹, 국민회청년단, 대한독립청년단, 서북청년회 등 유력 반공청년단체는 물론, 20여 군소 청년단체들도 모두 여기에 들어갔다. 가장 강력한 반공청년단체인 이범석의 족청은, 창립대회에 참가하지 않았으나, 이승만의 압박으로, 다음 해 1월 20일 합류했다. 이로써 대한청년단은 200만 단원을 자랑하는 대한민국 최대이며, 유일무이한 강력한 우익 반공청년단체가 되어, 이승만을 총재로 받드는 〈준국가기관〉으로 국민 위에 군림하게 되었다. 최고위원에는 장택상, 지청천, 전진한, 노태준, 유진산, 서상천, 강낙원, 신성모가 취임했다.[주-11]

신익희와 지천천이, 이승만을 위해 견마지로를 다하고도, 2인자를 인정하지 않는 이승만으로부터 멀어져가고 있을 때, 한발 먼저 이승만으로부터 소외된 한민당 지도자 김성수가 손을 내어밀었다. 이승만이, 친일파를 보호하려고, 국회 반민특위를 부당하게 협박하고 있을 때, 독립투쟁에 반평생을 바친 투사들에게는 구원의 손길이 아닐 수 없었을 것이다.

〈민주국민당〉(민국당)은 이렇게 생겨났다.(1949년 2월 10일). 여당을 자처하는 대한국민당의 대표 최고위원 신익희와 최고위원 지청천이, 반 이승만 세력인 한민당과

---

11. 대한청년단의 선언문은 이렇다.
　　"우리는 총재 이승만 박사의 명령에 절대복종한다. 우리는 피와 열과 힘을 뭉치어 남북 통일을 시급히 완수하여 대한민국의 국위를 천하에 선양하기를 맹세한다. 민족과 국 가를 파괴하려는 공산주의 도구배를 남김없이 말살하여 버리기를 맹세한다."

손을 잡았다. 명목상으로는 한민당과 대한국민당의 합당으로 이루어진 정당 같지만, 정강정책은 한민당 것 그대로였다. 원조 이승만계 독촉 의원 12명이 신익희를 따라와, 원내 당원 70명에 이르는, 대한민국 헌정사상 최초의 〈야당〉이 되었다. 이승만의 독주를 견제하기 위해 만든 정당이라, 그 목표는 당연히 한민당과 똑같은 〈내각책임제 개헌〉이다. 대통령을 국가의 상징으로 높이 모셔두고, 국회의원들이 내각을 만들어, 정치 실권을 장악하겠다는 정략이다.

  이승만이 가만있을 리 없다. 국회프락지사건을 만들어, 반민특위와 동시에 야당을 압박하는 한편, 지지자들을 다시 책려했다. 국회에서 내각책임제 개헌안이 논의되자마자, 대한국민당에 그대로 앉아있던 최고위원 윤치영, 이인이 앞장서서, 1949년 11월 12일, 대한국민당을 재건하고, 여기에 신정회 의원 23명 전원, 일민구락부 의원 24명, 대한노동당 의원 20명과 무소속 4명을 끌어들여, 원내 최대 의석(71석)을 가진 친정부 〈여당〉으로 부활했다. 대한민국 제헌국회에 비로소 정부 여당과 반대 야당 비슷한 것이 생겨났다. 여당은 대한국민당이고, 야당은 민주국민당이다.

4 ▶ 국회프락치사건

1949년 5월 20일, 국회 소장파 의원 이문원, 이구수, 최태규가 갑자기 구속되었다. 남로당 지령으로 프락치 활동을 하고 있다는 혐의다. 자수한 남로당원 전우겸이 제공한 정보에 의하여 잡아넣었다 한다. 국회는 즉시 임시총회를 열어 석방결의안을 상정했으나 부결되었다. 국가보안법에 걸린 빨갱이들을 편들 만큼 간 큰 국회의원이 많을 리 없다.

하필이면, 이럴 때에, 미국 국무부 대변인이 "군사고문단을 제외한 모든 주한미군이 철수한다"라고 발표했다. 이승만 정부는 발칵 뒤집혔다. 당장 거창한 거국적 〈미군철수반대국민운동〉 대회를 연일 개최했다. 이런 급박한 정세에도 불구하고, 국회는 계속 정부에게 친일파 청산만을 압박했다. 6월 3일, 〈전 국무위원 사임요청안〉을 의결하고, 6월 8일에는 〈국무위원 총퇴진〉을 재의결했다. 이승만의 화가 극에 달했다. 몸소 국회에 나가(6월 14일), 정부에 적극 협조해줄 것을 강경하게 요청한 뒤, 육군 헌병사령부에 〈국회프락치사건특별수사본부〉를 설치하여(19일), 대대적인 국회 내 이승만 반대파 소탕작전에 들어갔다.

그로부터 이틀 뒤, 월북하던 남로당 여성특수공작원 정재한을 체포하여, 월북한 박헌영에게 보내는 〈국회 내 남로당의원의 프락치비밀보고서〉가 들어있는 암호문서를 압수했다는, 중대발표가 나오자마자, 육군 헌병대가 국회에 들이닥쳐, 국회의원 겸 특검 차장인 노일환을 비롯한, 김병회, 김옥주, 박윤원, 강욱중, 서용길, 황윤호 의원 등 7명을 붙잡아갔다. 경찰이나 검찰이 아니라 육군 헌병대가, 군인 아닌 민간인, 그것도 특검을 주도하는 현역 국회의원들을, 〈국회프락치〉 혐의로 체포했다. 6월 25일에는, 항일 독립투사이며 현직 부의장인 김약수 의원, 8월 10일에는 신성균, 배중혁, 오택관 의원 등 모두 14명이 〈국가보안법위반〉 혐의로 기소되었다. 모두, 반민특위 활동에 앞장서고 있는 열혈 혁신소장파 의원들이다.

반민특위를 만들어, 애국자를 친일파로 잡아들이는 것도 모자라, 언제 북괴가 남침할지도 모르는 이 엄중한 시국에, 〈외국군 완전철수〉, 〈남북정치회의를 통한 남북통일정부수립〉 등 나라를 통째로 공산당에 갖다 바치려는, 〈평화통일방안 7원칙〉[주-12]까지 주장하는 얼빠진 극회의원들을, 〈미군영구주둔〉, 〈북진통일〉만이 살 길이라고 굳게 믿는 이승만이 가만둘 리 없다. 〈평화통일〉을 주장하는 것만으로도, 이승만과 대한민국의 권위에 도전하는 반역행위인 동시에, 북괴에 부화뇌동하는 불온한 '빨갱이'요 민족반역자다.

한민당 의원이며 특검 차장인 노일환 등 소장 혁신파 의원들을 구속하게 한 유일한 증거 제공자인 여성 공작원은, 단 한 번도, 법정에 나타나지 않았다. 얼굴 없는 가공인물로부터 압수한 소지품에 증거능력이 있을 리 없다. 그러나 뒤가 구린 〈대한민국법원〉은 모든 피의자에게 징역 3년에서 10년까지의 실형을 선고했다.(1950년 3월 14일). 적용된 법률은 일제 〈치안유지법〉을 본뜬 〈국가보안법〉이다. 당시 미국 대사관 문정관으로 근무하던 핸드선은, 이 사건을 직접 방청하고 면밀히 조사한 뒤, "정재한은 존재하지 않는다"는 결론을 내렸다.

이 사건을 진두지휘한 특별수사본부장은, 육군 헌병사령부 부사령관 전봉덕이다. 그는 일제 조선인 최고위 경찰에서, 미군정 최고위 경찰간부가 되었다가, 곧바로 〈대한민국〉 고급장교로 변신한 천재다. 일제 강점기에 고등문관시험에 합격하자 바로 일제 경찰에 투신하여, 조선인에게 허용된 일제 경찰 최고위직인 경시로까지 출세하여,

---

12. 평화통일방안 7원칙이란, "외국군대 완전 철퇴, 남북 정치범의 전원 석방, 남북정당사회단체대표의 남북정치회의 개최, 남북정치회의에서 정하는 일반, 평등, 직접, 비밀의 선거규칙으로 최고 입법기관 구성, 최고 입법기관이 헌법을 제정하고 통일중앙정부 수립, 반민족 행위자 처단, 조국방위군 재편성"이다.

사상범을 전담하는 평양북도 경찰부 보안과장과 경기도 경찰부 수송보안과장 등을 역임했다.

해방 뒤에는, 미군정의 〈일제 경찰 우대정책〉에 따라, 경기도 경찰부 보안과장으로 계속 근무하던 중, 장택상 눈에 들어, 미군정 경무부 공안과장, 경찰전문학교 부교장으로 급속 영전했다. 일제 강점기에는 감히 쳐다보지도 못한 경찰 최고위직에, 해방되자마자, 수직 상승했다. 친일파로 처벌받은 것이 아니라 도리어 영전의 은전을 누렸다.

1948년 9월, 반민법이 제정되어 친일경찰 처벌이 예견되자, 88구락부 동지이며 국방장관인 신성모 주선으로, 육군사관학교 제1기 고급장교반에 들어가(10월), 두 달 뒤인 12월, 졸업과 동시에 육군 소령으로 임관되고, 다음 해 3월, 중령 진급과 함께, 헌병사령부 부사령관으로 발탁되었다. 얼마 뒤, 국회프락치사건이 터지자, 이승만은, 헌병사령부 내에 〈국회프락치사건 특별수사본부〉를 만들고, 그를 본부장으로 임명하여, 국회프락치사건에 엮인 반민특위 의원들을 체포, 구금하는 권한을 주었다. 친일파로 체포당한 것이 아니라 오히려, 친일파를 처벌하려는 국회의원들을 체포하여, 빨갱이로 몰아 고문하는 대역전극을 총지휘했다.

뿐만 아니다. 1949년 6월 26일 김구 선생이 암살되자, 김구 선생 암살 배후 인물이라는 말이 파다했음에도 불구하고, 이승만은, 그를 헌병사령관에 임명하여, 김구 암살 수사 지휘를 맡겼다. 그 뒤에도 승승장구했다. 국무총리 비서실장을 끝으로 관직을 떠나 변호사를 하면서, '대한변호사협회' 회장, '대한법사학회' 회장을 역임했다. 일제 강점기의 악행으로 말미암아 출세에 불편을 겪은 일은 단 한 번도 없었으며, 처벌받은 일 또한 단 한 차례도 없었다. 오히려 정 관 법조계의 대 원로로 존경받으며, 오래오래 편히 잘 살았다.

국회프락치사건으로 소장파 의원들이 줄줄이 묶여 들어가던 1949년 6월 3일, 탑골 공원에서 "국민계몽대"가 주관하는 〈반공대회〉가 열렸다. 국회프락치사건으로 구속된 국회의원들의 석방동의결의안에 "찬성투표 한 빨갱이 국회의원들을 국회에서 소탕하자"는 성토대회다. 이 데모 주동자는, 일제 강점기 친일단체 〈임전보국단〉에서 활약했던 죄로, 반민특위의 수배를 받고 있던 손홍원, 김정한 등 반민자들이었다. 데모대 중 3, 4백여 명이 반미특위 사무실에 몰려가, "반민특위 내 공산당을 숙청하라" "빨갱이를 죽여라"는 구호를 외치며, 정문을 부수고 쳐들어갔다. 반민특위는 곧바로 중부경찰서에 경호 요청을 했으나 아무런 대답이 없었다. 부득이 특경대가 직접 난동자들을 해산시키지 않으면 안 되었다.

이 성토대회가 친일경찰이 배후에서 조종한 관제데모였다는 사실이 밝혀지자, 반민특위는 즉시 이 사태에 대하여, 이승만 대통령과 내무부에 강력 항의하고, 다음날 배후자로 지목된 서울시경찰국 사찰 과장 최운하, 종로경찰서 사찰 주임 조응선, 국민계몽 회장 김정한 등 반민자들을, 반민법 제7조 해당자로 체포했다. 이승만이 가만있을 리 없다. 최운하가 체포되자, 내무장관대행 내무차관 장경근과 치안국장 이호를 시켜, 최운하를 즉시 석방하지 않으면 실력행사하겠다고 협박했다. 반민특위가 거부하자, 실제 실력행사에 들어갔다.

6월 6일 오전 7시, 이승만 정부가 작전을 개시했다. 내무차관과 치안국장 주도하에, 시경국장 김태선과 중부서장 윤기병이 직접 지휘하는 경찰병력이, 반민특위 사무실을 급습하여, 특경대장 오세훈 등 35명을 폭행, 체포하여, 중부서 등 각 경찰서에 분산 감금했다. 검찰총장을 겸하고 있는 특별검찰부장 권승열과 특별검찰관 곽상훈 의원까지 변을 당했으며, 반민특위 사무실의 서류와 집기도 모두 빼앗겼다. 경기도, 강원도 등 지방 반민특위 사무실들도 '상부의 지시'에 따라, 동시에 습격당했다.

오후에는 서울시경 사찰과 직원 440명이, 〈반민특위의 간부 교체, 특경대 해산, 경찰의 신분보장〉을 요구하면서, 집단사표를 제출했다. 다음날에는 서울시경찰국 직원 9천여 명이, 〈6월 6일 결의문〉이 지켜지지 않으면, 총 사임하겠다고 협박했다. 이승만 대통령은, 이 충직하고 충성스러운 〈대한민국 애국 경찰의 충심〉에 깊이 감동하여, 〈부득이〉 선처를 약속하고, 업무에 복귀할 것을 간청했다.

행정부의 집단폭행에 대하여 반민특위도 반발했다. 즉시 긴급회의를 소집하여 국회에 진상규명을 제의하고, 국회도 즉시 반민특위의 원상회복과 난동 책임자 처벌을 정부에 요구했다. 그러나 이승만은 오히려 비웃었다. 6월 8일, AP통신과의 기자회견에서 반민특위 습격사건은 〈자신이 직접 지시한 것〉임을 분명히 밝혔다.

"내가 특별경찰대를 해산시키라고 경찰에게 명령한 것이다. 특별경찰대는 국립경찰의 노련한 경찰관인 최운하 등을 체포하였는데, 현재 특위에 의한 체포의 위협은 국립경찰에 중대한 영향을 미치고 있다."

나아가 6월 11일, "반민특위 활동으로 민심이 소요되어 부득이하게 특경대를 해산하게 되었다"는 담화문을 발표하여, 국회의 요구를 완전 묵살했다.

국회도 강경 대응했다. 당장 의원내각제 개헌안을 추진하여, 이승만을 압박했다. 그러나 힘에 부쳤다. 국회프락치사건으로 기가 죽은 국회의원들이 몸을 사리기 시작했다. 게다가 6월 26일, 민족주의 통일세력의 정신적 지주이며, 친일반역자 청산의 적극적 후견인인 민족주의 독립투사 김구 선생이, 서북청년단 간부 출신 반공투사 현역장교 안두희 소위에 의하여 공공연하게 피살되자. 넋이 빠졌다. 개헌에 대한 논의마저도 얼버무리고 말았다.

5 무너진 친일 청산

6월 6일의 특경대 습격사건은, 반민특위에 대한 치명타였다. 특경대뿐 아니라 특별조사위원과 특별검찰관의 가택을 수색하고, 특별조사위원회 사무국과 특별재판부의 서류를 압수하는 등, 정권차원의 치밀한 반민특위 와해 작전이 전개되었다. 국회나 반민특위는 속수무책이었다. 이승만 정부는, 잇따른 타격으로 혼이 빠진 국회를 완전히 장악하여, 전 법무장관 이인 의원 주도로, 7월 6일 〈반민법공소시효단축〉을 골자로 하는 정부개정안(2차 개정안)을 통과시켰다. 반민자의 공소시효를, 이해 8월 말까지, 단 50일만 남게 한 〈친일파청산 청산법〉이다. 친일파 청산은 사실상 끝났다.

다음 날, 김상덕 위원장을 비롯한 반민특위위원 전원과, 특별검찰관 3명, 특별재판관 3명이 사표를 내었다. 독립투사 반민특위 위원들이 전원 사퇴하자, 즉시 이인, 김익진 등, 친일 친 이승만 의원만으로 〈반민특위〉를 재구성했다. 반민특위를 반대하는 친일파와 친일 비호세력으로 구성된 반민특위가, 친일파를 청산하려 할 리 없다. 새 반민특위가 할 수 있는 일은, 좀 더 정확하게, 하려고 하는 일은 오직 반민특위 자체를 없애는 것이었다. 드디어 9월 23일, 〈반민족행위특별조사기관조직법과 반민족행위특별재판부부속기관법에 대한 폐지안 및 반민법 개정〉 법안이 통과되어, 반민법으로 조직된 모든 부속기구가 없어졌다. 이것이 〈반민법 3차 개정〉이다. 이로써 반민특위는 형체마저 사라졌다.

그동안 반민특위는 반민족 행위자 7천여 명을 파악하여 682건을 조사하고, 그중 559건을 특별검찰부로 송치했다. 지역별로는 중앙(서울) 282, 경기 32, 황해 26, 충남 24, 충북 26, 전남 27, 전북 35, 경남 50, 경북 34, 강원 19건이다. 그러나 체형을 선고받은 반민 행위자는 단 7명에 불과하고, 그들마저 곧 석방되어, 실제로 처벌을 받은 자는 단 한 명도 없었다. 국민의 열렬한 소망과는 달리, 아무런 성과 없이, 허무하게 끝나버렸다.

친일 재벌 박흥식은 무죄판결받았고, 민족문학을 일으킨 사람으로 존경받다가 갑자기 민족성 개조론을 펼친 소설가 이광수는 불기소 처분되었다. 철면피한 악질 친일경찰 노덕술도 당당하게 걸어 나왔다. 천하의 고문귀 하판락도 무혐의로 풀려났다. 친일파를 응징한 것이 아니라, 오히려 친일파에게 면죄부를 주었다. 그들은 이제 대한민국의 모든 분야에서 〈대한민국〉을 이끌어나가는 떳떳한 애국 반공투사요 민족주의자로 존경받게 되었다.

반면에 그들을 무모하게 해코지하려고 한 반민특위 관계자들은, 〈민족반역자, 반국가분자〉에 '빨갱이'로 몰려, 불안에 떨며 살지 않을 수 없게 되었다. 순식간에 어처구니없는 대역전극이 벌어졌다. 대한민국 건국에 적극 헌신한 〈건국공신, 국가유공자〉를, 친일파 민족반역자로 욕하는 자들이야말로, 민족반역자요 비애국자, 반국가 빨갱이로 급전직하했다. 독립국가로 우뚝 선 대한민국에서는, 일제강점기의 친일행각이, 어떤 분야이든 간에, 부끄러운 반민족 행위 아닌 영광스러운 출세의 발판이 되었다. 친일행적이 화려하면 할수록 더욱더 존경받았으며, 친일경력을 가문의 영예로 자랑했다. 〈친일청산〉는 이렇게 끝났다.

한국인, 아니 조선인은, 역시 조선인이다. 왜놈들 말마따나 외세에 굴종하지 않고는 살아갈 수 없는 못난 〈축생〉일지 모른다. 문득 일본인 눈으로 조선을 보는 〈식민사관〉이나 〈식민지 근대화론〉 같은 억지 주장이, 망발만이 아닐 수도 있다는 생각이 든다. 우리 민족의 유구한 종속 체질에서는 필연적으로 나올 수밖에 없는 소리일 것 같다. 길고 긴 우리 배달민족의 반만년 역사상, 과연 우리 민족이 자주나 주체나, 주체의식 같은 것을 가지고 있은 적이 있기나 했는지 모르겠다.

6 때맞춘 농지개혁

친일파를 앞세운 이승만의 반공 독재체제가 무르익어 가던 1949년 4월 28일, 농림부와 국회 소장파 의원들이 경쟁적으로 제출한 〈농지개혁법안〉이 국회 본회의를 통과했다. 그리고 6월 21일, 바로 그 소장파 의원들이 국회프락치사건에 엮여 줄줄이 헌병대에 끌려가던 바로 그날, 바로 그 소장파 의원들이 그렇게도 애써서 만든 〈농지개혁법〉이 공포되었다. 해방 이래 그토록 원하던 농민들의 소원이 이루어져 대한민국 정치지형에 새 장이 열렸다.

정부는 재정문제를 이유로 국회에 보상금 조정을 요청했으나 거부되자, 한발 물러서 일단, 법률 제31호로 〈농지개혁법〉을 공포하고(6월 21일), 계속 개정을 요구하여, 1950년 3월 10일에 개정법을 공포했다. 그리고 3월 25일에 시행령, 4월 28일 시행규칙을 공포하여, 5월부터 〈농지개혁사업〉이 시작되었다.

대한민국의 〈농지개혁법〉은 북한의 무상몰수, 무상분배와는 차원이 다른 〈유상 수매, 유상 분배제〉이지만, 남한의 소작농민도 제 땅을 〈소유〉할 수 있게 되는, 역사적인 법률이다. 국회프락치사건으로 묶여 들어간 소장파 국회의원들이 〈기를 쓰고〉 입안하여, 기득권 세력의 반대를 무릅쓰고, 〈기를 써서〉 국회를 통과시킨 법률이다. 해방 전에, 일제에 빼앗겼던 농지를 모두 국유화하고, 또 부재지주와 3 정보를 초과하는 대농가의 농지를 국가가 돈을 주고 사들인 뒤, 이를 영세 소작농민에게 고루 나누어 주었으며, 땅을 분양받은 소작농민은, 5년간, 수확량의 30%를 상환하기만 하면, 완전히 자기 땅을 가질 수 있게 되었다.

농지개혁법 제정에는 또 한 사람의 공로자가 있었다. 박헌영을 비난하면서 조선공산당을 버리고, 이승만 정부의 농림장관이 된 조봉암이다. 북한과 내통했다는 혐의로 체포된 국회의원들과, 전 조선공산당 간부였던 농림장관이 앞장선 이 법으로, 남한 전체 농지의 92%가, 법적으로 자작농의 땅으로 바뀌어, 대략 160만 명의 소작농민이, 자영농민으로 신분상승하게 되었다. 이제 소작농민도 자기 땅을 갖는 지주가 되었다. 더 이상 소작인이 아니다. 앞으로 5년간, 수확량의 30%를 국가에 바치기만 하면, 어엿한 지주가 된다. 조상 대대로 꿈에서도 그리던 〈내 땅〉을 갖는 벅찬 감격을 맛보게 되었다.

  그동안 좌익세력이 그토록 핏대 올리며 주창하던 농지개혁을, 좌익과 생사를 겨루는 대한민국 정부가 해내었다. 유럽에서 농노가 해방된 것과도 맞먹는 대 변혁이 대한민국에서 일어났다. 그리고 그다음 달 6월 25일, 〈6.25 사변〉으로 시작된 〈한국전쟁〉이 터졌다.

(1부 끝)

자유, 자주

그리고

민주주의

나의 대한민국 정치사회사

제2부

6. 25 전쟁

1 전쟁 전야

1950년 1월 27일, 민국당이, 일부 무소속 의원들을 끌어들여, 〈의원내각제 개헌안〉을 국회에 제출하자, 이승만이 또 화났다. 당장 전국적으로 개헌 반대 데모를 벌이게 하는 한편, "국민투표로 개헌 채택 여부를 결정하자"는 담화문을 발표했다. 국회 본회의에 상정된(3월 14일) 내각책임제 개헌안은, 난투극까지 벌이는 열띤 토의 끝에, 제적의원 179명 중, 가 79, 부 33, 기권 66, 무효 1표로, 제적의원 3분의 2에 못 미쳐 부결되었다.

그러나 내각책임제에 〈부〉표 던진 의원은 33명밖에 안 되었다. 여당을 자처하는 대한국민당 소속 의원의 절반에도 못 미쳐, 대한민국 국민 모두가 자기만을 추종한다고 믿고 있는 이승만의 제왕적 망상에 심각한 타격을 입혔다. 요란한 관제데모 덕에 당장의 위기를 넘기기는 했지만, 이제 곧 제헌국회 임기가 끝나고, 제2대 국회의원선거를 치러야 한다. 이대로 가다가는 다음 국회에서 대통령에 당선될 가능성이 거의 없다. 무언가 특단의 조치를 취하지 않는 한, 한평생 누려온, 제1인자 자리를 내어 놓지 않으면 안 될지 모른다.

이승만은, 급한 대로, 5월 30일로 예정되어 있는 제2대 국회의원 선거일을 11월로 늦추기로 했다. 선거 연기로 시간을 벌어, 그동안에 친위세력을 총결집한 거대 정당을 만들지 않는 한, 선거에 이길 수 없다고 판단했다. 그러나 미국이 반대했다. 미국을 공식 방문 중이던 국회의장 신익희가, 주미대사 장면을 데리고 미국 국무장관을 찾아가자, 미국 국무장관 애치슨은, 선거 연기는 있을 수 없다고 엄중 경고하면서, 만일 듣지 않으면, 한국에 대한 군사, 경제 원조를 당장 중단하겠다고 위협했다. 아무리 콧대 높은 이승만일지라도 미국 정부에 맞설 수는 없다. 부득이 당초 예정대로 5월 30일에 총선거를 치르지 않을 수 없다.

1950년 5월 30일, 예정대로 제2대 민의원 선거가 치러졌다. 제헌국회와 마찬가지로, 소선거구에 단순다수투표제이고, 민의원 의원 정수는 10명 늘어난 210명이다. 39개 정당, 단체가 후보자를 내었지만, 무소속 출마자가 더 많았다. 입후보자 2,209명의 68.5%인 1,513명가 무소속 후보자였다. 가장 많은 후보를 낸 정당은, 165명을 공천한 정부여당 대한국민당이고, 다음은 154명의 후보를 낸 보수야당 민국당이었다. 이 밖에도 친 이승만 정치단체인 국민회, 대한청년단, 대한노동총연맹 등이 많은 후보자를 내었다.

제헌국회와는 달리, 입후보 조건이 완화되어, 부일협력자(민족반역자)는 물론, 이승만의 〈북진통일론〉과 다른 〈남북협상을 통한 평화통일론〉을 주장하는 혁신세력도 후보자를 낼 수 있게 되어, 제헌국회 선거와는 분위기가 확연히 달랐다. 제헌국회 선거를 거부한 중도성향 남북협상파 사람들이 많이 참여한 것이 특히 눈에 띄었다.

총선거 도중, 중도성향 평화통일 후보들에 대한 극우세력의 협박과 중상모략은 지독하고 악랄했다. 즉각 사퇴하라는 협박 전단은 말할 것도 없고, 월북했다거나, 구속되었다거나, 이미 사퇴했다는 허위전단까지 흐드러지게 나돌았다. 정부도 나섰다. 선거일 일주일을 앞두고, 부산에서, 당선이 유력한 장건상, 임갑수, 윤우현, 김칠성 등 입후보자들을, 국가보안법 위반 혐의로 무더기로 잡혀 들어갔다. 총선거가 막바지에 치달은 5월 22일에는, 경찰이, 박건웅, 김성숙, 장건상, 김찬, 윤기섭, 조소앙, 원세훈 등 남북협상에 참여한 협상파 후보들이, 거물간첩 성시백의 포섭대상자라고 공식 발표하여. 선거분위기가 급속히 얼어붙었다.

살벌한 아수라장 속에서도 908만 유권자의 91.9%가 투표에 참여했다는 정부 발표가 나왔다. 당선된 민의원 210명 중, 무소속이 126명으로 60%나 되었다. 제헌국회에서, 여당과 야당을 자처하던 대한국민당과 민국당은, 나란히 24명의 당선자를 내었다. 이승만을 지지한다고 내건 정당. 정파는 예상대로 대패했다. 모두 합쳐 57석밖에 얻지 못했다. 제헌국회의원 중 재선에 성공한 사람은 31명뿐이었다. 제1여당 대한국민당의 최고위원이며, 이승만 최대 심복인 윤치영이 낙선했으며, 제1야당 민국당에서도, 부위원장 김준연, 이영준과 함께, 조병옥, 백남훈, 서상일, 백관수 고문 등, 한민당계 핵심 간부들이 수두룩이 떨어졌다.

가장 놀라운 이변은, 미군정 경찰총수로 해방정국을 주름잡았고, 이승만 정부에도 중용되었던 반공 거물 조병옥이, 임정요인이며 남북협상파인 사회당 조소앙에게 참패한 사건이었다. 서울 성북구에 출마한 조병옥은, 경찰력을 총동원하여 조소앙의 선거운동원들을 구속하고, 불온사상을 가진 조소앙이 월북했다는 전단을 뿌리는 등, 갖은 부정과 협박, 만행을 저질렀음에도 불구하고, 대패했다. 조소앙이 전국 최다 득표로 반공 경찰총수 조병옥을 물리쳤다는 놀라운 소식을, 모든 신문들이 연일 대서특필했다. 부산에서는 국가보안법 위반 혐의로 구속된 장건상이 전국 3위 득표로 당선되었으며, 함께 구속된 김칠성은 옥중 당선되었다.

남한 단독선거를 밀어붙였던 이승만과 극우정당들이, 온갖 불법과 편법, 부정, 협박, 특히 관권과 금품, 물품 등 물량공세를 펼쳤음에도 불구하고 완패했다는 사실은, 대한한국 국민은, 미군정과 이승만이 강압적으로 만든 이승만 정부를 인정하지 않는다는 것을 증언한다. 대한한국 국민은, 정당 정파와 상관없이, 일제 강점기에 고단한 독립운동에 몸 바친 자주독립투사들을 〈여전히〉 존경하는 반면, 주둔군 힘에 기대어 자주건국세력을 무자비하게 타도한 친미 친일파와 그 비호세력을, 냉소하고 증오한다는 사실을 투표로 앙갚음했다.

5. 30 민의원 선거로 반대세력이 대거 등장하자, 이승만은 불안했다. 반정부 성향, 특히 진보파 반정부 의원들이 압도적으로 우세한 국회에서, 국회의원 투표로 대통령에 다시 당선될 가능성이 전혀 없다는 것이 명백해졌다. 계속 대통령 자리를 지키려면, 우선은 국회의원 다수의 지지를 받을 방법을 찾아야겠지만, 그것이 어려우면, 무언가 새로운 묘수를 마련하지 않으면 안 되게 되었다. 그중 가장 쉽고 익숙한 방법이 국민 총동원령이다. 어용 세력을 총동원하여 국회를 압박하는 한 편, 그 힘을 조직화하여 국회에 대항하는 방법이다.

그러나 머리를 더 굴릴 필요가 없게 되었다. 6월 19일에 개원한 대한민국 제2대 국회가, 자리를 잡기도 전에, 6.25 전쟁이 났다. 판세가 완전히 바뀌었다. 이승만은 국회 따위에 신경 쓸 필요가 없게 되었다. 대한민국에서 대통령 할 사람은, 역시, 이승만밖에 없다.

2 춤추는 학제

　대한민국 정부가 생기면서 교육제도를 둘러싼 힘겨루기도 함께 시작되었다. 36년 동안 몸에 익은 일본식 학제로 하느냐, 아니면 미군정이 도입한 6-3-3-4와 6-6-4, 병용 신학제로 하느냐를 두고 다투었다. 오랜 힘겨루기 끝에야 겨우, 1949년 12월 31일, 〈대한민국교육법〉을 제정하여, 6-4-2-4 단선학제를, 다음 해(1950년 1월 1일)부터 실시키로 결정했다. 독일에서 공부한 문교장관 안호상을 비롯한 교육 담당 고위공직자 거의 모두가, 일제교육에 몸담았던 사람들이라, 아무래도 독일 일본식 교육제도에 대한 향수가 더 컸던 것 같다. 그러나 대한민국 최초의 국가 백년대계는 시행도 되기 전에 갑자기 바뀌었다.(1951년 3월 10일), 겨우 두 달 만이다. 2년이던 고등학교 수업연한이 3년으로 늘어나고, 중학교는 4년제를 그대로 유지하되, 3년을 수료하면 바로 고등학교 진학시험을 치를 수 있게 되었다. 학제는 일본식에 가까우면서 운용은 미국식인 괴상한 미일 타협 구조이기는 하지만, 고등학교가 새로 생기는 것만은, 변함이 없다.

　5월 초, 전국의 고등학교가 동시에 입학시험을 치렀다. 한국 최초로, 각도 도청소재지 도시에 하나씩만 생긴, 일본식 인문고등학교는 인기가 아주 높았다. 그러나 합격한 학생들은, 등록금까지 내고도, 문교부 지시에 따라, 고등학교가 아닌, 구제 중학교 4학년에 진학하여, 정상 수업했다. 중학교 4학년 담임선생님은, 고등학교제도가 워낙 말썽이 많아, 무효가 될 수도 있으니 열심히 다니라 하신다. 그렇게 조마조마하게 보름도 더 지난 〈1950년 6월 22일〉 목요일, 고등학교가 입학식을 치렀다. 한국 최초의 인문고등학교는 없어지지 않았다.

　입학식 다음날부터 정식 수업이 시작되었다. 교사가 없어, 중학교 빈 교실을 옮겨 다니며, 문과 이과 구분 없이 한 방에서 셋방살이 고등학교 수업을 받았다. 선생님은, 수학, 국어, 화학, 사회 선생님 네 분뿐이다. 교과서도 없다. 교복도 없고 교모도 없는 〈자유학생〉이다.

그리고 사흘 뒤인 〈1950년 6월 25일, 일요일〉. 6.25 전쟁이 났다.

교사도 교실도 없이 뜨내기 공부하는데, 전쟁까지 났으니, 학교생활이 순탄할 리 없다. 고등학교 학생들이, 간신히, 정식 교복, 교모를 갖추고, 맨 먼저 한 과외활동이란 것이, 반공궐기대회였다. 전선이 자꾸 남쪽으로 밀려 내려와 점점 불안해질 때다. 초량에 있는 셋방 학교를 출발해서 서대신동에 있는 부산 공설운동장까지, 전차 길 따라 행진하여, 부산지역 〈중학교 학도호국단〉이 주최한 〈북괴타도반공궐기대회〉에 참가했다.

공설운동장을 가득 메운 부산의 모든 남녀중학교 학생들 앞에서 연설하는 사람은, 거구의 경남지구위술사령관 김종원 대령이다. "나는 일본군 육군 상등병으로 해방을 맞았다. 입대할 때, 일본군이 주는 군복이 너무 작아 입을 수 없다 하니, 머리를 탁 치면서, 〈몸을 옷에 맞춰!〉하며 호통 치더라. 할 수 없이 억지로 껴입었더니, 헝겊 옷 입은 인형 군인 같더라." 어색한 웃음이 한차례 지나가자, "북한 괴뢰군이 쳐들어왔다. 이제 너희들도 몸을 옷에 맞출 때가 왔다. 모든 걸 버리고 국가를 위해 목숨 바쳐라." 집으로 가는 길이 멀다.

전쟁 난리에 학교가 온전할 리 없다. 반공 궐기대회 몇 번 하고는 임시교실에서마저 쫓겨났다. 부산의 모든 학교가 미국군이나 한국군 병영이 되거나, 피난민 수용소로 바뀌었다. 선생님들 노력으로 학교 아래 있는 〈인보관〉 이층에 세 들어 책걸상 둘러메고 이사 갔지만, 며칠 못 버티고 밀려나고, 영도의 조그만 유치원에서마저도 사흘 만에 쫓겨났다. 공부할 곳이 없다. 세계 최강 미국군이 참전했는데도, 피란민이 자꾸자꾸 밀려 내려와, 빈 집이 없다. 자동 휴교다. 언제 다시 개학할지 모르는 무기 방학이다. 게다가 길거리에서 군경 검문에 걸리면 그 길로 바로 최전방으로 가야 하니, 함부로 나다닐 수도 없다.

3 민족통일전쟁에서 체제전쟁으로

해방 3년 만에, 조선은 둘로 갈라졌다. 1948년 8월 15일, 남쪽에 서울을 수도로 하는 대한민국 정부가 생기자, 북쪽에도 9월 9일, 평양을 수도로 하는 조선민주주의 인민공화국이 들어섰다. 유구한 배달민족의 역사를 돌이켜 보아 사달이 안 날 수 없다.

미국이 유엔에서 남한 단독정부를 결정했을 때, 이미, 많은 사람들이 남북전쟁을 예언했다. 김구를 비롯한 임정 사람들은, 남한 단독선거는 반드시 민족 간의 전쟁을 불러온다면서, 미국의 단독정부 수립 계획을 극력 반대했다. 1948년 2월 말, 유엔 소총회에서 남한 단독선거 안이 가결되자, 소련을 비롯한 반대국가는 물론, 호주와 캐나다 등 기권 국가 대표들도, 한결같이 "한국의 분단을 영구화할 뿐 아니라, 결국에는 세계평화를 위협할 것이다."라고 우려했다. 뜨거운 냉전의 전초기지에서 으르렁거리는 한민족 두 국가가, 화목하게 평화를 누리리라 생각하는 식자는 아무도 없었다. 전쟁은 불가피했다. 단지 시간문제일 뿐이었다.

북위 38도선 경비책임이, 미군으로부터 한국군으로 넘어오면서부터, 남북 양군 간의 충돌이 빈번해졌다. 북한 인민군(북한군)은, 김일성 항일 부대와 중국 공산군에서 일제에 맞서 싸운 항일 독립투사들을 중심으로 하는, 일본군과 싸운 경험이 있는, 막강한 군대였다. 이에 비해, 한국 국방군(한국군)은, 태평양전쟁에 진 일본제국군과, 일제 괴뢰정부 만주 제국군에서 복무한 하급 장교와 병사들을 중심으로 급조된 군대였다. 마치, 일본군이 주도하는 일만연합군 같아, 일제로부터 해방된 독립국가 군대로서의 정체성이 흐릿해, 일제에 대한 독립투쟁경험이 있는 북한군과 충돌할 가능성이 높을 수밖에 없었다.

1950년 4월, 트루먼 대통령 특사로 방한한 제섭(P. Jessup) 교수는 "38도선은 정말 하나의 전선이다. 늘 전투가 있었으며 어떤 전투는 1, 2천 명이 개입되는 진짜 전투였다."고 미국 정부에 보고한 것을 보면(김학준, 한국전쟁, 89쪽), 남북 군대가 38 도선에서, 얼마나 시도 때도 없이, 전쟁연습을 하고 있었던 가를 잘 알 수 있다. 그렇게 티격태격하다가, 1950년 6월 25일 새벽, 갑자기 북한군이 대거 남쪽으로 쳐내려 왔다. 동네싸움이 전쟁으로 커졌다.

한국전쟁의 원인에 대해서는 남침설, 남침 유도설, 북침설 등 여러 설이 있으나, 남침설이 가장 유력하다. 남침설은, 대개 북한이 소련의 승인을 받아 남한을 침공했다는 주장이다. 김일성이 소련, 중국과 음모하여 남침했다는 설도 있다. 미국이 남한을 극동 방위 지역에서 제외하는 정책이 확실해지자, 존립이 불안한 남한을 조기에 정복하여 남북통일국가를 만들려 했다는 주장이다. 한국과 미국의 북한 전문가 대부분이 주장하는 정설이다.

남침 유도설은, 미국이 북한으로 하여금 남침하게끔 유도했다는, 수정주의자들의 주장이다. 미국 국무장관 애치슨이, 1950년 1월 20일, 전국신문협회에서, "한국이 미국의 방위선에서 제외된다" 하고서, 한반도에서 분쟁이 발생할 경우 "미국은 군사적 개입을 확실히 배제한다"라고 발표한 극동 방위전략을, 결정적 증거로 든다. 애치슨의 이 연설은, 전혀 새로운 것이 아니었다. 그 보다 2주일 전에 열린 〈미국 국가안전보장회의〉 결정사항을 발표한 것에 불과했다. 뿐만 아니라 이미 1948년 3월, 공산주의 봉쇄정책 입안자인 조지 케넌도 동조한 바 있는 맥아더의 〈도서 봉쇄전략〉과도 같은 것이었다. 1949년 1월 미 극동군사령관 맥아더가 미국 정부에 보고한 것을 보면, 미국이 아시아에서 방위할 지역은, 북으로 알류샨 열도, 미드웨이, 일본의 모든 섬, 필리핀의 클라크 공군기지와 오키나와를 포함하는 U자형 지역이었고, 한국과 대만은 완전 제외되었다. 이와 같이, 한국이 미국의 극동 방위 지역에서 제외되었다는 사실이 전혀 새로운 것이 아닌데도 불구하고, 애치슨 연설이 중대한 의미를 갖는 것은, 미국 정부가 공식적으로 한국 제외 정책을 확인했기 때문이다.

미국 정부는, 한국에 대한 〈군사적 불개입 정책〉을 확정한 뒤에, 한국 정부의 자생력을 키우기 위해 대대적인 군사, 경제 원조를 제공하기로 했다. 그러나 이승만이 북진통일 주장을 굽히지 않자, 세계평화를 위협한다는 구실로, 남한에 대한 군사원조를 의도적으로 제한하고, 경제원조 또한 고의로 지연시켜, 남한 정부의 불안정성을 증폭시킴으로써, 북한의 오판을 유도했다는 설이다. 이미 트루먼 독트린 선언으로, 세계 곳곳에서 적극적 반공 전쟁을 벌이고 있는 미국이, 중국 대륙마저 공산화된 마당에, 최강 공산국가들과 마주 보고 있는 전초기지를 포기할 리는 절대로 없다. 그럼에도 불구하고, 미국이 한국을 방위구역에서 제외한다고 선언하여 한국을 완전 포기한 것처럼 보이게 한 것은, 북한을 비롯한 공산국가들에게 전쟁을 일으킬 빌미를 제공하기 위한 공작이었다는 주장이다. 이승만이, 강경한 북진통일론으로 북한의 도발을 유인하여 미국의 개입을 유도함으로써, 일거에 북한 정권을 괴멸시키려고 했다는 주장도 있다. 이승만이 1949년 2월부터 반공 북진 무력통일을 주장하기 시작하여, 9, 10월부터는 그 강도를 더욱 높여 북한을 자극하고 있었던 것이 이 설의 근거다.

북침설은, 미국 극동군총사령관 맥아더의 정치적 야심에서 구상되고, 여기에 한국 대통령 이승만과, 전쟁 직전에 한국을 공식 방문한 미국 국무부 고문 덜레스가 공모하여, 북한을 도발했다는 설이다. 1950년 6월, 이승만이 덜레스에게, 중공 정권이 안정되기 전에 남북의 분단을 제거해야 한다고 강조한 것이 이 설의 근거다. 남침 유도설과 마찬가지로 좌파 수정주의자들의 주장이다. 어떤 주장이 옳은 가는 앞으로도 계속 논쟁거리로 남을 것이다.

그러나 앞서 본, 여러 국내외적 요인이 복합적으로 작용하여, 6.25 전쟁이 일어난 것만은 부정할 수 없는 사실이다. 국제적으로는 냉전이 격화하고 있었고, 국내적으로는 일제 강점으로 축적된 민족 갈등과 계급 갈등이 한국의 단독정부 수립으로 절정에 치달아, 많은 사람들이, 전쟁이 일어나지 않을 수 없다고 예언한 것 또한 사실이다. 누가 일으키고, 원인이야 어떤 것이었던 간에, 한국전쟁은 일어날 수밖에 없었고, 마침내 일어났다.

6월 25일 새벽, 북한군이 한꺼번에 남쪽으로 밀고 내려오자, 한국군은 힘 한번 써보지 못하고 무너졌다. 사흘 뒤(28일) 서울이 함락되었다. 국방 책임자들 중 가장 황당한 사람은, 국방장관 신성모다. 신성모는, 1919년에 조선의 위임통치를 국제연맹에 청원한 이승만을 성토한 적이 있음에도 불구하고, 이승만 정부에서 승승장구했다. 외국상선 선장을 지낸 그는 국회에 나가, "5,000톤급 배 한 척만 주면, 공산당을 다치고 바다를 다 치겠다." "전쟁 나면 점심은 평양에서, 저녁은 신의주에서 먹을 수 있다"라고 큰소리쳤다. 전쟁이 터져, 북한군이 계속 밀려 내려오고 있는데도, 육군 참모총장 채병덕과 입 맞추어, 〈우리가 지금 이기고 있다〉고 허풍 떨고는, 황망히 서울을 버리고 달아났다.

가장 신바람 난 사람은 대통령 이승만이었다. 유일한 북진통일 수단인 전쟁이 낫기 때문이다. 6월 26일 밤, 국회가 심야회의까지 열어, 〈수도사수결의〉를 했음에도 불구하고, 비상 국무회의에서, 수도를 수원으로 옮기기로 결정하고는, 그 몇 시간 뒤인, 다음날(27일) 새벽 2, 3시, 비상열차 타고 서울에서 도망쳤다. 비밀이 샐까 봐 비서진에게 만 알리고, 국방장관, 군 지도부, 국회에는 아무 통지 없이 가만히 떠나 단숨에 대구까지 갔다.

작년 가을(1949년 10월 8일), 미국 UP통신 부사장과의 회견에서, "제3차 세계대전을 우려해서 북진을 유예한다"라고 한 사람이, 대구까지 남진했다. 수원 천도를 결정하고 대구까지 내려간 것이 멋쩍었던지, 대전으로 되돌아가, 한국에 단 하나뿐인 KBS 라디오 방송 기자를 불러, "동포 여러분. 아군이 의정부를 탈환했다. 계속 진격하고 있다. 서울시민은 안심하라."는 요지의 육성 방송을 했다. 이 녹음은, 6월 27일 밤 10시부터 12시까지 계속 방송되었다. 이미 미아리에 포성이 들리고 있을 때다. 다음날 새벽 한강 다리가 폭파되었다. 존경하는 우리 대통령 이승만의 육성 방송을 굳게 믿고 잠자던 서울시민은 꼼짝달싹 못하고 갇히는 신세가 되고 말았다. 서울대 문리대 교수이던 김성칠은, 그때 사정을 이렇게 썼다.

1950년 6월 26일. "오늘 하루 호외가 두 번이나 돌고, 신문은 큼직한 활자로 "괴뢰군의 38 전선(全線)에 긍(亘)한 불법남침"을 알리었다.--시시각각으로 더해지는 주위의 혼란과 흥분과는 딴판으로 신문 보도는 자못 자신만만하게 "적의 전면적 패주"라느니 "국군의 일부 해주시의 돌입"이라느니 "동해안 전선에서 적의 2개 부대가 투항(投降)"이라느니 하는 낙관적인 소식들을 전하여주고 있다." (김성칠, 역사 앞에서, 창작과비평사 59쪽).

1950년 6월 27일. "라디오를 틀어놓으니 대한민국 공보처 발표라 하고 아침에 수원으로 천도 운운한 것(신성모 국무총리서리의 특별방송)은 오보이고, 정부는 대통령 이하 전원이 평상시와 같이 중앙청에서 집무하고 있고 국회도 수도 서울을 사수하기로 결정하였으며, 일선에서도 충용무쌍한 우리 국군이 한결같이 싸워서 오늘 아침 의정부를 탈환하고 물러가는 적을 추격중이니 국민은 군과 정부를 신뢰하고 조금도 동요함이 없이 직장을 사수하라고 거듭 외치었다. 그러나 자꾸만 가까워지는 총포성은 무엇을 의미함일까?(앞의 책, 63-64쪽)

대전에 자리 잡은 대통령 이승만은, 임시수도 수원이 아니라, 한참 더 남쪽인 대전에서 비상 국무회의를 소집하여, 비상 전시령인 〈비상사태 하의 범죄처벌에 관한 특별조치령〉을 의결하고(28일), 이를 6월 25일 자로 소급하여, 〈긴급명령 제1호〉로 반포했다. "비상사태라 함은 단기 4283년 6월 25일 북한 괴뢰집단의 침략에 인하여 발생한 사태를 말한다." "본령에 규정한 죄의 심판은 〈단심〉으로 하고 지방법원 또는 동지원의 단독판사가 행한다.' '본령에 규정한 죄에 관한 판결에 있어서는 증거 설명을 생략할 수 있다."

이는 곧, 〈아무 증거가 없어도 용의자를 처단할 수 있는〉 엄벌주의 긴급명령이다. 비상사태하에서, 반민족적, 비인도적인 범죄를 신속하게 처벌한다는 미명으로, 부역자나 부역자로 의심되는 자는 물론, 정적도 마음대로 처단하려는, 극악무도한 살인명령이다.

이 법령에 의하여, 6월 말부터 8월 중순까지 국민보도연맹원, 형무소 재소자 등 수많은 사람이, 재판 없이, 무더기로 죽임을 당했다. 또 이 법령을 빙자하여, 국군 11사단을 비롯한 국방군과 경찰이, 거창, 함양, 산청, 남원, 영광, 함평 등지에서, 빨치산이던 민간인이던, 어른이던 아이던 가리지 않고, 모두 죽였다. 무고한 민간인, 그것도 어린이와 부녀자까지, 무차별 학살했다. 일제 강점기, 악독한 왜놈 군경이 조선 독립군에게 저질은 악행과 조금도 다르지 않은 반인간적 만행을, 동족에게 저질렀다. 잔학한 왜놈에 조금도 뒤지지 않는 악마였다.

갈팡질팡 허둥대는 한국 정부와는 정반대로, 미국 정부는, 재빠르고 단호하게 대응했다. 북한군이 쳐내려 오자마자, 기다리기나 한 것처럼, 유엔안전보장이사회(안보리) 긴급소집을 요청했다. 6월 25일이 일요일인데도 불구하고, 오후 3시에 개최된 안보리에서, 미국 대표는 "북한의 남한에 대한 무력공격은 평화파괴행위"라 규탄하고, "북한군이 즉각적으로 38도선 이북으로 철수할 것"을 요청하는 결의안을 제출하여, 9 ; 0으로 가결시켰다. 거부권이 있는 상임이사국 소련대표가 장기결석 중이었고, 유일한 공산국가 유고는 기권했다.

유엔의 〈즉각 철수〉 결의에도 불구하고 북한군이 계속 밀고 내려오자, 미국정부는, 다음날, 안보리를 다시 소집하여, 미국과 유엔이 보다 더 적극적인 조치를 취해줄 것을 호소하는 대한민국 대통령의 요청을 받아들여, "한국에 대한 군사공격을 격퇴하고 그 지역의 국제평화와 안전을 회복하는데 필요한 원조를 한국에 제공할 것"을 결의했다.

미국은, 북한의 남침을 국제사회에 널리 알려, 개입 명분을 만들자마자 한국 파병을 결정했다.(27일) 트루먼은, 극동군사령관 맥아더에게 한국군에 즉시 무기를 공급하고 군사지원을 시작하라 명령하고, 동시에 해, 공군에게 한국 출동명령을 내렸다. 채 이틀이 안 걸렸다.

맥아더는 "트루먼 대통령의 한국전 참전 결정이 세계를 공산주의 지배로부터 구제하는 역사적인 일"이라 극찬하면서, 즉시 공군에게 출격 명령을 내렸다. 그날 밤, 미국제5공군 소속 B-26 폭격기가 첫 폭격에 나가고, 다음날 낮에는 F-80, F-82 전투기와, 미국제20공군 소속 B-29 폭격기도 참전했다.(김철범, 한국전쟁과 미국, 248쪽). 드디어 6월 30일, 트루먼은 맥아더에게, 해 공군뿐 아니라 지상군도 투입할 수 있는 권한과 함께, 〈필요시 38도선 이북의 군사목표를 공격할 수 있는 권한을 부여했다〉고 발표했다. 6월 27일, 트루먼이, 미국 의회 지도자들에게, 해군과 공군이 이미 한국전투에 참가하고 있다고 말한 것으로 미루어보면, 미국이 북한의 침략에 얼마나 재빠르고 치밀하게 대처했던가를 잘 알 수 있다.

미국의 발 빠른 대응과는 달리, 북한군은 느긋했다. 서울을 점령하자, 사흘 동안, 승리를 자축하면서 편히 쉰 뒤에야 남하하기 시작했다. 소련제 탱크를 앞세워 파죽지세로 남진하다가, 6월 30일 오산에서 처음으로 미국군 선발대와 마주쳤다. 맥아더가 일본에서 비행기에 실어 보낸 미국 육군 제24사단 특수부대 1개 대대 병력이 북한군을 막아섰으나, 역부족이었다. 다음에는 일본 규슈에서 급파된 제24사단 본진이 대전에서 북한군을 막아섰다. 주한미군 사령관 겸 제24사단장 딘(William Dean) 소장 진두지휘 아래, 북한군의 남진을 저지했지만, 역시 실패했다.(7월 20일), 패전하여 도망다니던 딘 소장은, 한 달 뒤, 전북 진안에서 북한군 포로로 잡혔다.(8월 20일). 9월 중순까지, 북한군은 동으로는 경북 경주, 영천, 대구, 서로는 경남 창녕, 마산을 잇는 경상도 남단을 제외한 모든 한국 영토를 점령했다.

전쟁이 진행되면서 전쟁의 성격도 바뀌어갔다. 7월 9일. 안보리가 미국이 주도하는 〈유엔군사령부〉 설치를 의결하여, 미국군은 국제연합군(유엔군)의 이름으로, 한국전을 치를 수 있게 되었다. 이제 전쟁의 성격이, 북한군과 한미연합군의 대결에서, 북한군 대 서방연합군(유엔군)의 대결로 승격했다. 유엔군 총사령관은 물론 미국 극동군 총사령관 맥아더다. 신바람 난 이승만은, 7월 14일, 한국군의 전시작전지휘권(전작권)을 미국군에게 넘겨주는 협정을 맺고는, 트루먼에게 "38도선을 무시하고 북진통일을 완수해야 한다"는 친서를 보냈다.

전투는, 9월 13일을 고비로 유엔군에 유리해졌다. 영천전투에서 북한군을 격퇴하면서 전세가 역전되기 시작했다. 과속 남진하다 지친 북한군이, 세계 최강 전투력, 특히 제공권을 독점한 미국군의 물량공세에 무너져 내렸다. 맥아더가 모험적으로 감행한 인천 상륙작전마저 성공하자(9월 15일), 북한군은, 두 동강 나, 황망히 북으로 달아났다.

인천 상륙에 성공한 미국군이, 9월 28일 서울을 도로 빼앗았다는 소식을 들은 이승만은, "하루빨리 유엔군이 38도선 이북으로 진격하여 북한 괴뢰군을 완전 소탕해야 한다"는 담화를 발표했다. 다음날, 맥아더는, 함께 모셔온 이승만에게 서울을 대한민국 정부에게 넘겨주는 〈수도 탈환식〉을 거행했다. 미군이 도로 찾아 이승만에게 넘겨준 서울 표정을 보자.

〈1950년 10월 3일.〉, 예상했던 바와 같이 학교는 UN군이 쓸 테니 모든 교사를 비워내라는 명령이 내려왔다. 일인들이 그네들의 식민정책의 일환으로 세워진 이 학교는 엄연히 우리 땅에 서 있었건만 조선 사람 학생의 비율은 5대 1로 그 존재가 희미하였고 많은 젊은 청년이 원한에 사무친 눈으로 이 교사를 흘겨볼 뿐, 현해탄을 건너고 압록강을 넘어서지 아니할 수 없었으며, 8.15 직후 잠시 동안 편향적인 자치위원회가 날치었으나 이내 미군이 진주하며 이 교사를 쓰게 되었고, 이듬해 봄에 미군이 옮아가고 경성대학으로 새로운 발족을 보았으나 군정 당국의 우매한 문교 정책과 모든 기회를 이용하여 마지않는 좌익계열의 파괴적인 투쟁전술이 주합 하여 잠잠하던 학원에 때아닌 국대 선풍(國大旋風)이 일어나서 오랫동안 혼란의 실마리가 풀리지 아니하였고, 그렇듯한 불안의 공기가 미쳐 가셔지기도 전에 6.25 사변으로 말미암아 인민군이 들고 뒤미쳐 이른바 시 인민위원회가 소재하여오고 이들이 함께 도망하여 가자마자 뒷수습할 시간도 없이 다시 미8군사령부로 쓰이게 된 것이다. 가엾다. 이 땅 학원의 기구한 운명이여. (앞의 책, 237쪽)

〈1950년 10월 16일〉인공국시절에 '계속 남진 중'이란 말이 웃음거리로 유행하더니, 지금은 '남하'란 말이 세도가 당당하게 씌어가고 있다. 지난 6월 27일 "우리는 중앙청에서 평상시와 다름없이 일 보고 있으며 우리 군은 이미 의정부를 탈환하고 도처에서 적을 격파하여 적은 전면적으로 패주하고 있는 중이니 시민은 안심하고 직장을 사수하라" 하고 목이 메도록 거듭 되풀이하여 방송하는 사이에 정부는 '남하'하고 모당(某黨)은 국민을 포탄 속에 속여서 내버려 두고 당원끼리만 비밀로 연락하여 '남하'를 권면하였다 하고 정부의 고관 혹은 모당의 당원이 아니더라도 눈치 빠른 사람들은 약삭빠르게 피난하여 정처 없이 나선 것이 그럭저럭 가다 보니 대구나 혹은 부산에서 우연히 정부와 행동을 같이하게 되어 이른바 '정부를 따라 남하한' 것이 되고, -- 그리고 어리석고도 멍청한 많은 시민(서울시민의 99% 이상)은 정부의 말만 믿고 직장을 혹은 가정을 '사수'하다 갑자기 적군(赤軍)을 맞이하여 90일 동안 굶주리고 천대받고 밤낮없이 생명의 위협에 떨다가 천행으로 목숨을 부지하여 눈물과 감격으로 국군과 UN군의 서울 입성을 맞이하니 뜻밖에 많은 '남하'한 애국자들의 호령이 추상같아서 "정부를 따라 남하한 우리들만이 애국자이고 함몰 지구에 그대로 남아 있는 너희들은 모두가 불순분자이다" 하여 곤박이 자심하니 고금 천하에 이런 억울한 노릇이 또 있을 것인가.(앞의 책 251-2쪽)

10월 1일. 한국군이 미국의 허락을 받아, 맨 먼저, 38도선을 넘었다. 다음날에는 미국군도 넘어갔다. 38도선을 넘어도 된다는 안보리 결의는 아직 없었다. 맥아더는 "유엔군이 38도선을 넘어가도 좋다"는 미국 정부의 사후 결정을 한국 정부에 전달하는한편, 북한 정부에게 항복을 요구하는 최후통첩을 보냈다. 미국제8군은, 서쪽에서 평양으로 북진하고, 제10군은, 동쪽에서 원산 방면으로 북한군을 맹추격했다. 유엔총회는 10월 7일에야 뒤늦게, 군사적 점령에 의한 한반도의 통일을 허용하는 〈한국 통일에 관한 공동결의안〉을 통과시켜, 이미 북한 땅 깊숙이 쳐들어 간 유엔군의 국제법적 침략행위를 〈사후 승인〉했다.

10월 19일, 미국군이 서쪽에서는 평양, 동쪽에서는 함흥을 점령했을 때, 중공군이 가만히 압록강을 건넜다. 그동안 미국군의 빠른 북진과 만주 폭격으로 긴장하고 있던 중화인민공화국(중공)이, 드디어 행동을 개시했다. 민족통일을 목표로 한 배달민족의 내전이, 마침내 공산주의 진영군과 자본주의 진영군이 대결하는 체제대전으로 확대되었다. 맥아더는 중공군 참전을 보고받고서도 소수 의용병이 북한을 도우러 온 것으로만 믿으려 했다. 유엔군이 모든 전선에서 승리하여, 압록강과 두만강을 코앞에 두고 있어, 소수 의용병쯤은 그리 문제 될 것 같지 않았다. 중공 참전은 절대 없을 것이라 장담하던 맥아더의 중차대한 판단 착오는, 미국이 예상한 국지전을 넘어, 제3차 세계대전으로 발전할지도 모르는 단계에까지 왔다.

맥아더는, 중공군의 숫자가 기하급수적으로 불어난 뒤에야 할 수 없이, 11월 5일, 유엔군이 현재 중공군과 교전하고 있다는 특별보고서를 안보리에 제출하는 한편, 미국 극동공군사령관에게, B-29 폭격기 90대로 신의주와 만주를 잇는 압록강 철교를 폭파하라 명령했다. 미국 국무부는 즉시 이를 유세 중인 대통령에게 보고하고, 트루먼은 즉시 폭격 중지명령을 내렸다. 미국 정부는 한국 내전이 중국으로까지 번지는 것을 원치 않았다.

맥아더는 아군의 붕궤를 막기 위해서라도 불가피하다면서, 강력히 재고를 촉구했지만, 받아들여지지 않았다. 화가 난 맥아더는, 워싱턴의 염려에도 불구하고, 11월 24일 아침, 공산군 섬멸 총공격을 개시한다는 특별성명을 내었다. 온 힘을 기울인 중공군 섬멸작전은, 첫날에는 순조롭게 진행되었다. 그러나 다음날 오후, 강력한 중공군의 측면 기습공격을 당하면서 주도권을 빼앗겨, 총퇴각 명령을 내리지 않을 수 없는 지경에 이르렀다.(28일)

예기치 못한 유엔군 붕괴에 맞닥뜨린 미국 정부는 양자택일 갈림길에 섰다, 전쟁을 중국으로 확대하여 중국군과 북한군을 함께 궤멸하던가, 아니면 미국군과 서방 동맹군을 보호하기 위해 정전할 것인가를 결정해야만 했다. 영국 등 서방 동맹국은, 어떠한 정치적 대가를 치르더라도, 미국이 정전에 응할 것을 강력히 요구했다. 미국 정부도 정전이 불가피하다는 쪽으로 기울어 있었다. 그러나 맥아더는 달랐다. 전쟁을 확대하지 않으려고 하는 것은, 승리할 의사가 없는 것이라고 맹비난했다. 이런 절박한 상황을 김 교수는 이렇게 썼다.

〈1950년 12월 4일〉. 중공군의 대량 참전이 전해지고 UN군의 평양 철수가 소문만에 그치지 아니한 어제오늘 원자탄을 쓰느냐 않느냐는 문제가 항간의 이야깃거리로 되어 있다. 서울신문은 하루빨리 원자탄을 써야 한다고 강경히 주장하고 있다. 무슨 소리를 한댔자 세계에서 거들떠보지도 않을 것이니까 마음 내키는 대로 아무런 말이라도 하는지는 모르지만 남이 만들어놓은 원자탄을 우리 땅에 제발 써주십사 하는 태도는 그래도 명색이 일국의 대신문으로서 취할 바 태도가 아닐 것이다. 아무리 사세가 다급하기로서니, 이는 동족상잔의 전쟁을 벌르집음과 그 마음씨에 있어서 다를 바 없다 할 수 있을 것이다. 될 수만 있으면 원자탄 같은 건 다시는 살인의 무기로는 쓰지 말았으면 하는 것이 세계의 양식일 것이다. 그것을 하필 우리 땅에 던져서 동족상잔의 무기로 써줍소서 하는 마음보는 이해하기 어려운 노릇이다.(앞의 책, 293쪽)

전쟁이 불리해지자, 맥아더는 11월 28일, 유엔군을 평양-원산을 잇는 방어선으로 물리고, 다음날에는 청천강 이남으로 후퇴시켰다. 12월 4일, 평양에서 물러나고, 12월 24일에는 흥남에서도 철수했다. 중공군의 지원을 받은 북한군은, 12월 26일. 다시 38도선을 넘고, 다음 해 1월 4일 서울을 두 번째 점령했다. 미국군은 다시 오산에까지 후퇴했다. 군대를 재정비한 미국군은, 압도적으로 우세한 공군으로 중공군의 진격을 차단하여, 1월 20일부터 반격을 개시했다. 3월 14일 서울을 되찾고, 3월 24일에서 30일까지, 중공군을 38도선 이북으로 밀어내고, 6월 11일에는, 중부전선에서 38도선을 넘어 철원, 금화 등 요지를 점령하는 데 성공했다. 그러나 그 뒤로는, 모든 전선이 38도선을 중심으로 하여 교착상태에 빠졌다. 전쟁은 사실상 끝났다. 전쟁이나 전투능력보다 정치문제가 더 중요해졌다.

중공군이 참전하면서부터, 미국 정부와, 한국전쟁 주역인 맥아더 사이에, 전쟁의 성격을 둘러싼 의견 충돌이 커졌다. 과감한 인천상륙작전 성공으로 안하무인이 된 맥아더는, 전쟁을 중국 대륙으로 확대하여 중공을 굴복시켜 한반도 문제를 즉시 해결코자 했다. 1950년 12월 30일, 맥아더가 합참에 보낸 전략은 이렇다. (1) 중국 해안 봉쇄. (2) 중국 본토 군수산업시설 폭격. (3) 장개석군 한국파견. (4) 장개석군 중국 본토 공격. (5) 원자탄 사용. 이에 대해 합참은, "유엔군의 전력 보존을 유의하면서 축차적인 방위작전을 수행하라"라고 지시했다.

뿔난 맥아더는 〈유엔군의 전면 철수를 피하기 위해 중공에 보복조치를 취하던가, 아니면 일본 방위와 유엔군의 전력 보존을 위해 한반도를 포기하든가 양자택일하라〉고 맞섰다. 트루먼은, 1월 13일, 〈최악의 경우, 유엔군은 제주도 같은 남한 연안의 섬으로 철수해서 전투를 계속할 수도 있다〉면서, 맥아더의 제의를 거절했다. 트루먼은, 전쟁이 확대되는 것은 원하지 않지만, 어떠한 경우에도, 한국을 포기할 생각이 전혀 없다는 것을 명백히 밝혔다.

무법천지

1 ▶ 백성이 사람이냐

6. 25 전쟁 동안, 대한민국 정치와 사회는 글자 그대로 난장판이었다. 지레 겁먹은 대통령이 정신없이 허둥댄 것이 가장 큰 원인이었다. 대전에서 비상 국무회의를 주재하던 이승만은, 북한군이 계속 남쪽으로 밀고 내려오자, 7월 1일 새벽 3시, 또다시, 대통령 전용열차를 타고 남진했다.

이번에는 경부선이 아니라 호남선 타고 목포로 가서, 무장선으로 바꾸어 타고, 부산으로 〈몽진〉했다. 경부선으로 내려가다가, 혹시 산속에서 흉악한 빨갱이 게릴라가 튀어나올까 두려워, 산 없는 호남평야로 멀리 돌아 목포에서, 남해 바닷길로, 안전, 무사하게 부산으로 피난했다.

대통령이 또 갑자기 사라진 대한민국 정부는, 일단 대구로 천도키로 결정했다가(7월 16일), 다음날, 대통령이 기다리고 있는 부산으로, 임시수도를, 다시 바꾸었다. 북한군은, 7월 20일에야 대전에 들어갔다.

국회도 정부 따라 내려와, 7월 27일 부산극장에서 첫 〈천도 국회〉를 열었으나 곧 휴회하고, 한 달도 더 지난 9월 1일에야 겨우 부산문화극장에서 다시 개회했다.

6.25 전쟁 나고부터 줄곧, 이승만으로부터 푸대접만 받아온 국회가, 이승만을 좋아할 리 없다. 개회하자마자, 혼자 도망쳐 다닌 대통령의 독선과 무책임을 성토하고, 독재정치 규제에 나섰다.

맨 먼저, 잔학 무도한 긴급명령 제1호 〈비상사태 하의 범죄 처벌에 관한 특별조치법〉에 의한 인권유린을 막기 위해, 〈사형(私刑) 금지법〉을 의결하고(18일), 〈대통령비상조치령에 관한 개정법률안〉과 〈비상조치령폐지법률안〉을 통과시켰다. 그러나 이승만은 막무가내였다. 국회가 의결한 모든 법안에 거부권을 행사했다.

국회도 이에 맞서, 이승만 정부의 부정부패와 잔학성을 계속 폭로하여, 국민의 실망과 분노도 덩달아 커졌다.

정부가 저질은 수많은 잔학행위 중에서도, 가장 소름 끼치는 사건은, 국민보도연맹원 학살사건, 국민방위군사건, 거창양민학살사건이었다.

모두 인간이 한 짓이라고는 믿기 어려운 잔혹하기 그지없는 학살사건이다.

2 국민보도연맹 사건

국민보도연맹은, 대한민국 정부가, 1949년 6월 5일에, 국가보안법에 저촉되는 자나 전향자들을 강제로 가입시켜 만든 〈좌익 보호감시기구〉인 동시에, 〈대한민국 정부 절대지지〉, 〈북한 정권 절대반대〉, 〈남로당 분쇄〉를 행동강령으로 하는 〈친정부 반공단체〉다. 일제가 1938년 7월에, 사상범 등 불령선인의 사상전향을 강요하여 만든 〈시국대응전선사상보국연맹〉을 운용한 경험이 있는 공안 관계자들이, 그 조직을, 그대로 본떠 만든 기구다.

가입조건도 일제 때와 똑같다. 남로당 등 국가보안법에 저촉되는 단체에 가입한 적이 있는 좌익 사상자들을 전향서 받아 가입시켰다.

그러나 실제로는 좌익정당 가입자 말고도, 건준이나 건준 치안대 등 건국운동에 참여했거나, 그 단체의 집회에 한 번이라도 참여하여 박수 친 적이 있는 사람까지 모두 강제로 가입시켰다. 이런 사람들만도 아니었다. 공짜 배급표 준다니까 배급표 받으러 간 사람들, 심지어 호기심 많은 10대 중학생들까지, 지방 관리의 머리수 채우기 작전에 말려들어 도장 찍은 경우가 허다했다. 덕분에, 1949년 말에는, 회원수가 30만을 넘는, 국내 최대 규모의 국가 주도형 〈반북반공단체〉로 급성장했다.

6.25 전쟁이 일어나자, 친정부 반공단체 보도연맹의 위상이 갑자기 바뀌었다. 정신없이 허둥대던 타고난 반공투사 이승만은, 과거에 좌익 경력이 있는 보도연맹원이 북한군에 동조할까 두려워, 아예 확실히 없애버리기로 마음먹었다.

그래서 나온 것이 〈비상사태 하의 범죄 처벌에 관한 특별조치령〉 곧 〈긴급명령 제1호〉다. 가뜩이나 공산당을 미워하는 대한민국 정부 관리와 국군, 경찰과 반공청년단체들은, 이 사실상의 〈살인명령〉을 앞세워, 조금이라도 사상이 의심스럽다고 생각되면, 닥치는 대로, 동물적 감각으로, 무자비하게 쓸어버렸다.

　가장 먼저, 가장 많이 잡혀 죽은 사람들이, 국민보도연맹원이다. 정부 믿고 소집명령에 따른 사람이나, 미리 검속 된 사람이나 간에, 모두, 집단으로 즉결처분되었다. 얼마나 많은 보도연맹원이, 언제, 어디에서, 어떻게 학살되었는지는 아무도 모른다. 학살 과정에 서북청년단 등 극우 반공단체들이 군경 보조역할을 한 것으로 미루어 볼 때, 즉흥적이거나 우발적인 잔학행위가 아니라, 철저히 기획된 계획적인 학살 작전이었던 것을 충분히 알 수 있다. 정부 주도하에 공공연하게 민간인을 대량 학살한 비인도적 만행에, 국제적 비난이 들끓었으며, 참다못한 미국 정부마저, 한국 정부에 〈민간인을 학살하지 말라〉고 공식적으로 경고했다.

3 국민방위군사건

국민방위군은, 1950년 12월 16일 〈국민방위군설치법〉에 의하여, 만 17세에서 40세 미만의, 제2국민병으로 구성된 군사조직이다. 중공군의 인해전술에 맞서 싸우려면 많은 병력이 필요하다는 정부 판단에 따라 서둘러 만든 군대다. 12월 21일, 대통령의 소집명령이 내리자마자, 50만이 넘는 애국청년이 순식간에 모여들었다. 1951년 1월 3일, 정부가 다시 부산 천도를 결정하여, 30만 서울시민이 얼어붙은 한강을 건널 때, 서울, 경기 등 각지에서 모여든 50~60만 국민방위군도, 자의 반 타의 반, 정부 따라 함께 남하했다. 그냥 두면 북한 의용군으로 편입될 수 있는 장정들을 남겨둘 수는 없었다.

문제는 이 거대한 신병집단을 관리할 예산이었다. 1951년 1월 30일, 국회에서 국민방위군 50만 명의 3개월치 예산 209억 원이 책정되었다. 이 돈으로는 100만에 가까운 국민방위군의 식량비에도 모자랐는데, 이마저도, 국민방위군장교로 벼락출세한 대한청년단 간부들이 횡령하여, 무수한 방위군이 굶어 죽고 얼어 죽었다.

정부 공식통계로는, 동아사자가 1,700명이지만, 실제 희생자는 5~10만은 된다고 했다. 배고픔과 추위를 견디지 못한 방위군 거지들이 목숨 걸고 집단탈출한 뒤에야 비로소 이 어마어마한 참사가 국민에게 알려졌다.

정부는 사건을 축소 은폐하려 했다. 국민방위군 사령관이, 이승만정부 실세 신성모 국방장관 사위이기 때문이다. 신성모는, 장인 덕에 대한청년단 단장에서 일약 육군준장에다, 국민방위군사령관으로 초고속 출세한, 씨름선수 김윤근을 살리기 위해, 백방으로 노력했으나 실패했다. 이승만은, 신성모를 편애하고 있었지만, 여론이 워낙 거칠어 부득이 면직했다.

이기붕이 후임 국방장관으로 임명된 뒤, 국회가 사건을 다시 조사한 결과, 방위군 간부들이, 방위군 예산 10억 원을 착복하고, 정계에 수천만 원의 뇌물을 준 것이 드러났다. 분개한 부통령 이시영이, "국정혼란과 사회부패상에 대한 책임을 통감한다"는 대국민성명을 내고, 국회에 부통령직 사임서를 제출했다.

얼마 뒤, 다시 열린 공개 군사재판에서, 국민방위군사령관 김윤근 등 간부 5명에게 사형이 선고되고, 즉시 공개 처형되었다. 그러나 뇌물 받은 정관계 인사들에 대한 조사나 처벌은 전혀 이루어지지 않았다.

국민방위군은 1951년 3월 30일에 해산되고, 5월 12일, 〈국민방위군 폐지법〉 공포로, 법적으로도 사라졌다.

4 거창양민학살사건

죄 없는 민간인학살은, 6.25전쟁 이전에도, 제주도에서 벌어진 대규모 초토작전 같이, 더러 자행되었지만, 전쟁난 뒤에는, 거의 관행화되었다. 게릴라가 출몰하는 산간지역 민간인은, 시도 때도 없이, 영문 모르고 죽임을 당했다. 이승만이 발령한 긴급명령 제1호 〈비상사태하의 범죄처벌에 관한 특별조치령〉을 빙자하여, 닥치는 대로 즉결처분했다. 모두 빨갱이로 몰아, 법과 원칙에 따라 죽였으니, 법적으로는 아무 하자 없는 정당한 〈법치행위〉다.

재판이 있을 리 없다. 어쩌다 있는 재판기록이란 것도, 마음대로 짜 맞춘 서류에 불과했다. 군인과 경찰, 그리고 극우반공단체가 저지른 수많은 만행들이 거의 모두 알려지지 않고 흐지부지 묻혀버렸지만, 기적적으로 밝혀진 것 중 하나가, 거창양민학살사건이다.

거창양민학살사건은, 1951년 2월, 빨치산 토벌에 동원된 육군 제11사단 장병들이, 경남 거창군 신원면 일대의 민간인을 무차별 학살한 만행이다. 공비토벌 명목으로 출동한 11사단 9연대 1대대 장병들이, 2월 10일과 11일 이틀 동안, 남녀노소 주민 570명을 산으로 끌고 가 총살하고 시체에 휘발유를 뿌려 태운 뒤에 매장한, 흉악무도한 학살사건이다. 기적적으로 살아남은 사람들의 제보로 이 사실이 세상에 알려지자 온 국민이 하늘을 우러러 탄식했다. 국회는 즉시 내무, 법무, 국방부 공동 진상조사단을 구성하여 현장에 급파했다. 이참에 공비토벌작전을 빙자하여, 수없이 자행되고 있는 양민학살의 진상을 파악하려고 했다.

숱하디 숱한 양민학살 소문이 사실로 밝혀져, 민심이 이반 할 것을 두려워한 이승만 정부는, 곧장 국회조사단의 조사방해공작에 돌입했다. 이승만의 심복 경남지구 계엄사령관 김종원 대령이 직접 나서, 국군 1개 대대를 공비로 위장시켜, 조사 가는 국회

조사단에게 위협사격을 가해 조사를 중단시키는 한 편, 죽은 자들은 모두 양민이 아니라 진짜 빨갱이들이라고 억지 주장하여, 사건을 은폐 호도하려 했다. 그러나 위장 습격음모가 폭로되자, 국회는 다시 조사단을 파견하여(5월 8일), 사건전모를 밝혀내었다. 정부도 더 이상 감출 수 없었다. 내무, 법무, 국방 3부장관이 자진 동반사임하고, 11사단장 최덕신을 직위해제했다.

12월에 열린 군법회의에서, 양민학살을 저지른 11사단 9연대장 오익경 대령은 무기징역, 3대대장 한동석 소령은 징역 10년, 국군을 공비로 위장시켜 국회조사단의 조사를 방해한 경남지구계엄사령관 김종원대령에게는 징역 3년형이 선고되었다. 수많은 죄 없는 양민들의 억울한 죽음에 비하면 너무 가볍고 관대한 징벌이다. 그러나 그마저도 지켜지지 않았다.

이승만은 즉시 특별사면령을 내려 범죄인 모두를 석방했으며, 한 술 더 떠, 조사방해작전을 지휘한 김종원을 경찰로 특채하여, 경찰최고위직인 내무부 경찰국장에 임명했다. 무고한 사람들을 그렇게나 많이, 그렇게도 잔인하게, 학살하고도 책임 진 자는 단 하나도 없었다.

3장

이승만은 나의 목자시니

1 부산정치파동

1951년 5월 15일. 민국당은, 공화구락부의원 30여 명의 지지를 얻어, 반이승만 선두 주자 김성수를 새 부통령으로 뽑았다. 이승만이 움찔하지 않을 수 없다. 1948년에 선출된 이승만의 대통령 임기는 1952년에 끝난다. 헌법상, 이 국회에서 재선 되어야만 다시 대통령을 할 수 있다. 그러나 가장 강력한 반이승만 지도자를 부통령으로 뽑은 지금 국회 분위기로는 재선 될 가능성이 전혀 없다. 국회를 개편하던가, 아니면 대통령 선출방법을 바꾸지 않는 한, 한 번 더 대통령 되기는 글렀다. 그래서 나온 것이 〈대통령직선제 개헌안〉이다.

1951년 8월 15일, 이승만은, 광복절경축사에서 "농민과 노동자를 토대로 삼아, 일반 국민이 나라의 복리와 자기들의 공동복리를 확보하기 위하여," 노동자 농민의 새로운 정당을 만들겠다고 선언했다. 신당조직 담화도 발표했다.(8월 25일). 정당무용론을 입버릇처럼 되뇌던 이승만이, 전혀 어울리지 않는 〈노농정당〉을, 마치 전제군주가 정부기구 하나 만들듯이 발표하자 온 국민이 깜짝 놀랐다. 그러나 이승만이 정당 창건을 발표하자마자, 즉시 충성스러운 추종자들이, 국회 안팎에서 동시에, 이승만의 〈성의〉(聖意)를 관철하기 위한 충성경쟁을 벌였다. 원내에서는 공화민정회를 중심으로, 원외에서는 이범석의 족청을 중심으로, 정당조직을 추진했다. 여기에 대한독촉국민회, 대한청년단, 대한노동조합총연맹, 농민조합총연맹, 대한부인회를 비롯한 국내 모든 관변단체들이 총집결했다. 임시 당명을 〈자유당〉으로 정했다.

그러나 이승만이, 또 갑자기, 〈대통령직선제와 국회상하양원제〉를 골자로 하는 개헌안을 내어놓자(11월 30일), 충성경쟁하던 자유당 추진세력이, 개헌안 찬반으로 분열하여, 갑자기 원내파와 원외파의 두 자유당이 동시에 생겨났다. 원외정당이 먼저 〈통일노동당〉을 창당하여(12월 17일), 원내 세력과의 통합을 전제로, 〈원외자유당〉으로 이름을 바꾸고, 당수에 이승만, 부당수 이범석을 선출했다. 원내파는, 원외파와 무관하게, 자유당 발당준비위원회를 열어, 〈원내자유당〉을 만들었다.(12월 23일). 두 〈자유당〉의 생각은 전혀 달랐다.

원외자유당은 이승만의 뜻을 받들어, 직선제 개헌안을 관철하기 위해 만든 정당답게, 직선제 개헌안을 적극 지지했다. 그러나 원내자유당은, 국회가 가지고 있는 대통령선출권을 포기할 생각이 없었다. 이승만을 대통령으로 추대는 하되, 내각책임제로 개헌하여, 국회가 실권을 갖기를 원하는 의원이 더 많았다. 장택상 등 대통령제 개헌안을 지지하는 소수의 잔류파(간부파)는 원외자유당과의 합당을 주장했지만, 다수인 합동파(삼우장파)는, 국회가 가지고 있는 기득권을 지키기 위하여, 원외자유당과는 무관한 원내조직으로 남으려 했다.

이듬해(1952년) 1월 18일, 정부가 국회에 제출한 〈대통령직선제개헌안〉이, 재석의원 163명 중 가 19표, 부 143표, 기권 1표의 압도적 표차로 부결되자, 이승만이 격분했다. 원외자유당을 비롯한 관변단체들이 또다시 총출동하여, 〈개헌안 부결반대 민중궐기대회〉를 열고, 개헌안 반대의원에 대한 국민소환운동을 펼치는 등으로 국회를 압박했다.

야당 민국당은, 이승만 지지세력이 분열되어 있는 것을 틈타, 내각책임제 개헌을 적극 추진했다. 4월 17일, 원내자유당 일부와 민우회, 무소속 등 반이승만 의원들을 포섭하여, 곽상훈을 비롯한 국회의원 122명의 서명을 받아, 〈내각책임제 개헌안〉을 국회에 제출하고, 국회가 이를 공고했다(5월 7일). 내각책임제 개헌안에 서명한 의원 122명은, 헌법개정선인 국회제적의원 2/3선을 넘는 숫자다. 따라서 상정만 되면, 즉시, 국회를 통과할 수 있다. 신속히 특단의 조치를 취하지 않는 한, 내각제 개헌안이 통과될 것이고, 통과되면, 이승만은 대통령에 재선 된다고 하더라도, 대통령제 같은 전제권력을 행사할 수 없게 된다.

다급해진 이승만은 즉시 원외 관변단체들에 총동원령을 내렸다. 대통령의 명령이 떨어지자마자, 원외자유당을 비롯한 18개 어용단체가, 〈내각책임제개헌안반대 전국 정당투쟁위원회〉를 조직하여, 국회를 비난하는 성명을 내고 시위에 나섰다. 뿐만 아니다. 지방의회선거에서 압승한 자유당이, 전국 모든 지방의회 의원들을 총동원하여, 연일 국회를 압박했다. 이승만은, 대통령직선제개헌에 소극적인 국무총리 장면을 해임하고, 대신, 직선제개헌안을 적극 지지하는 장택상을 국무총리로 임명했다.

내각제 개헌을 둘러싸고, 국회 내에 찬반양론이 날카롭게 대립하고 있을 때, 내각책임제 개헌안에 앞장선 서민호 의원이, 현역대위를 사살하여 구속되는 사건이 발생했다. 국회는, 서의원의 살인이 정당방위이고 구속은 정치적 음모라고 판단하여, 즉각 〈서민호의원석방결의안〉을 가결했다.(5월 14일). 바로 이날, 정부도 부결된 바 있는 대통령직선제 개헌안을 수정한 〈대통령직선제 및 양원제개헌안〉을 국회에 제출하고, 국회가 이를 공고했다.

국회에는, 이제 국회가 자체 발의한 〈내각책임제 개헌안〉과, 정부안인 〈대통령직선제 및 양원제 개헌안〉이란, 대립되는 두 개헌안의 표결을 앞두게 되었다.

5월 19일, 서민호 의원이 〈국회의원석방 결의〉에 의하여 석방되자, 임시수도 부산은 아수라장으로 변했다. 민중자결단, 땃벌떼, 백골단 같은 정체불명의 무시무시한 이름의 어용단체들이, 연일 〈살인국회의원을 석방한 국회는 해산하라〉면서, 정부, 국회, 국회의장 관사, 대법원 청사 등 정부기관을 습격 포위했다. 23일에는 〈반민족국회의원추방운동〉 시위대가 국회를 포위하고, 다음날에는 국회 앞에서 거창한 〈민족자결 선포대회〉를 거행했다. 모든 지방의회가 국회해산요구를 결의하고, 〈반 민의국회해산 궐기대회〉를 열어 가세했다.

임시수도 부산의 국회 해산 시위가 갈수록 험악해지자, 이승만정부는, 난데없이, 5월 25일 0시를 기해, 부산을 포함한 경상남도와 전라남북도 일부지역 23개 시, 군에, 비상계엄을 선포했다. 이유는 엉뚱한 〈공비소탕〉이다. 즉시 언론이 검열되고, 내각책임제개헌을 주도하는 서민호, 정헌주, 이석기 의원 등이 줄줄이 구속되었다. 다음날에는, 국회의원 40여 명을 태우고, 국회와 함께 있는 임시중앙청으로 들어가던 국회통근버스가, 중앙청 정문에서, 헌병대로 끌려가, 곽상훈 등 국회의원 12명이 국제공산당 연루혐의로 체포되었다.

국회도 강력히 맞서, 28일 〈계엄해제요구결의안〉과 〈구속의원즉시석방결의안〉을 의결했다. 정부가 아무런 반응도 하지 않자, 5월 29일, 김성수 부통령이, 이승만 대통령을 비난하는 성명을 내고, 국회에 부통령직 사표를 내었다. 6월 20일, 이시영, 김성수, 김창숙, 백남훈, 장면 등 재야인사 60여 명이, 국제구락부에서 〈반독재호헌구국투쟁위원회〉를 결성하여, 호국선언대회를 열려는 순간, 괴한들이 쳐들어와 난동 부려, 대회가 무산시켰다.

보다 못한 유엔한국위원단이 나섰다. 이승만 대통령에게 체포된 국회의원들의 석방을 요청하고, 한국정부에 부산 등지의 계엄령 해제를 요구하는 등, 사태의 진전을 심히 우려한다는 강경한 성명을 발표했다. 미국대통령 트루먼도, 이승만 정부에 원만한 사태 해결을 촉구하는 각서를 보냈다. 그러나 소용없었다. 도리어 분위기가 더 험악해졌다. 모든 지방의회가, 이승만 대통령에게 대통령직선제지지문을 전달하고, 전남의 모든 지방의회의원들이, 국회해산운동에 동참하기 위해 부산에 모여들고, 전국 659개 면의회가, 〈국회를 해산하고 총선거를 실시하라〉는 결의문을 이승만 대통령에게 전달했다.

정부는, 계속 공포분위기를 조성하고, 분노한 데모대는 연일 〈반민족국회해산국민총궐기대회〉를 개최하여, 야당의 숨통을 조인 다음, 6월 12일, 국무총리 장택상 의원이, 신라회와 삼우장파가 합의한 〈발췌개헌안〉을 국회에 제출했다. 이 개헌안은, 이미 부결된 대통령직선제 정부안과 계류 중인 국회안인 내각책임제 개헌안을 절충한 것이라고 하지만, 실은 〈대통령직선제〉에 〈상하양원제〉을 덧붙인 대통령직선제이었다. 내각책임제적 요소는 국무총리 요청에 의한 국무위원 임면, 국무위원에 대한 국회 불신임결의권 뿐이었다. 국회가 주장하는 내각책임제와 절충하여 국회의 의사를 존중했다는 명분을 준 것에 불과했다.

6월 27일, 친정부 국회의원들이 〈자율적 국회해산결의안〉을 제출하자, 이승만 대통령이 이를 받아들여, 제12회 정기국회가 폐회되는 6월 30일, 국회에 보낸 폐회식 치사에서, "만일 발췌개헌안을 채택하지 않을 때에는 국회를 해산할 용의가 있다"라고 협박했다.

민중자결단이 국회의사당을 포위하여 국회의원 80여 명을 연금한 가운데, 7월 1일, 발췌개헌안을 심의하기 위한 제13회 임시국회가 소집되었다. 그러나 놀란 야당의원들이, 거의 모두 잠적하여, 개헌안 가결에 필요한 정족수를 채울 수가 없었다. 정부는 즉시 구속의원들을 〈개헌심의국회 출석 조건부〉로 석방하고, 대통령이 친히 발표한 "국회의원들의 신분보장을 약속한다"는 성명을 빌미로, 야당의원들을 강제 연행하여, 이틀간 국회에 연금했다. 군대와 경찰이 겹겹이 국회를 포위하고, 여당의원들이 야당의원들을 엄중 통제하는 가운데, 1952년 7월 4일 야간국회에서, 발췌개헌안 표결이 실시되었다. 표결방식인 기립투표 결과, 출석의원 166명 중, 가 163표 부 3표의 압도적 다수로 통과되자, 정부는 즉시 이를 공포했다.(7월 7일). 대한민국 제1차 헌법 개정인 〈발췌개헌〉은 이렇게 만들어졌다.

대통령직선제가 도입되자, 새로 제정된 정부통령선거법에 따라, 8월 5일에 정부통령선거가 실시되고, 예정대로 이승만이 당선되었다. 이승만은 대통령직선제 개헌파동을 전후하여, 여러 차례, 다시 대통령 할 생각이 없다고 사양했지만, 연일 계속되는 애국국민의 〈재출마읍소데모〉와, 350만 애국국민의 충성 어린 〈재출마 탄원서〉에 감동하여, 부득이 다시 출마하여 낙승했다. 부통령은 함태영이, 이승만이 점찍은 후보라는 사실만으로 당선되었다. 이범석은 자유당 공천으로 부통령에 출마했으나 낙선했다. 이승만 특명으로 자유당을 만들고, 이승만의 재선을 위하여 대통령직선제 개헌에 발 벗고 앞장서, 폭력까지 불사하며 충성을 다했지만, 이승만은 거들떠도 보지 않았다. 이승만은 자신이 대통령에 재선 되기 위해 만든 자유당의 공천을 거부했을 뿐아니라, 자유당 공천후보 아닌, 정치기반이 전혀 없는 연세 높은 무소속후보 함태영을, 부통령으로 밀었다. 연로한 이승만의 후계를 노려, 온갖 악역을 마다하지 않고 충성한 이범석은 끝내 팽 당했다. 이승만은 자신의 장기집권에 위협이 될 수 있는 어떠한 제2인자도 용납하려 하지 않았다.

2 전시학교

발 빠른 미국군의 선전으로 전황이 유리해 지자, 한국인의 교육열이 다시 불타올랐다. 학교 건물과 교실은 징발되었지만, 가르칠 선생님과 배울 학생은 그대로 있다. 자의반 타의반 군대에 나간 학생이 더러 있기는 하나 그리 많지 않다. 전쟁에 밀릴 때는 눈에 불을 켜고 장정들을 붙잡아 군대에 집어넣던 군경도, 8월 중순쯤부터는, 검문검색을 완화하여 통행도 한결 수월해졌다. 교실만 있으면 당장 수업할 수 있다.

전쟁이 조금 잠잠해진 8월 30일, 정부당국의 학교운영대책 발표로, 수업재개 분위기가 조성되자, 수많은 학교들이 다시 문을 열었다. 유휴 공유지나 빈터에, 천막이나 널판때기로 어설프게 판자 천막집을 얽어, 큼지막한 학교 간판을 내다 걸었다.

부산지역 학교는 물론이고, 서울 등지에서 피난 온 학교들도, 서둘러 개학했다. 대학들도 개울가나 산 중턱에 어설프게 엮은 엉성한 천막판자교사에서 상아탑의 문을 열었다. 지붕이 천막이나 판자라, 웬만한 비는 줄줄 새어, 금세 교실 안이 질퍽거리는 명실상부한 판자탑이다. 아마 일제 강점기 거지소굴이 이랬을 것이다. 그러나 그런 것을 탓할 처지가 아니다. 이 살벌한 전쟁판에서 수업을 받을 수 있다는 것이 그지없이 고맙다.

부산고등학교도 초량배수지 올라가는 언덕길 중턱 오른쪽 민가 텃밭에 천막 하나를 쳤다. 선생님들이 학부모들을 찾아다니면서 모은 돈으로 천막 등 재료를 사고, 선생님과 학생들이 직접 천막교사를 지었다. 이것이 천하 〈부산공립고등학교〉의 처음이자 마지막인 자체 교사이고 교실이다. 책상은 길고 두툼한 나무판자 몇 개를 허리 높이로 땅에 박아 고정한 것이고, 걸상은 엉덩이만 올릴 수 있는 긴 나무판자다. 그것도 잘해야 50명쯤이 앉을 수 있다. 재학생이 모두 나오면 낭패지만 그런 염려는 없다. 자의반 타의반 군에 간 학생도 있고, 고향 가거나, 미군부대에서 일하는 학생도 있어, 많이 출석할 수 있는 처지가 아니었다. 선생님도 국어, 수학, 화학 선생님 세 분뿐이다. 다른 선생님들은 미군 통역하러 가셨단다. 수학선생님은 원래 물리선생님이셔서, 학생들은 매일, 국어, 수학, 화학, 물리만 배워, 문과학생들은 죽을 맛이다. 그래도 학생들은 열심히 학교에 나갔다. 다만 비가 조금만 많이 내려도 종강이다. 천장에서 비가 새고 덮쳐 앉아있을 수 없다.

　대학도 문을 열었다. 전쟁이 급박할 때는, 당연히 신성한 국토방위의 의무를 이행하기 위하여 전선에 나가야 했지만, 전쟁이 유리해지자 분위기가 달라졌다. 문교당국은, 1950년 11월 2일, 한국전쟁 직전까지 서울 등지에 있던 공사립대학과 부산의 대학들을 모두 모아, 법정, 경상, 이학, 공학, 의학, 농학, 문학의 7개 학부와, 가정과, 신학과를 포함하는 〈부산전시연합대학〉을 만들었다. 이승만정부의 특별 은전이다. 교수는 〈부역행위를 하지 않은 자〉로 충원하고, 학생은 공사립 막론하고, 학부에 적이 있으면 모두 받아들였으나, 역시 〈부역행위를 하지 않은 자〉로 한정했다. 다음 해 2월 18일. 문학부, 이공학부, 의약학부, 농수산학부, 법정경상학부, 예술학부, 체육과, 가사과로 편성하여, 학부별 합동수업으로 개강했다.

　전시연합대학은 부산 외에 대전, 전주, 광주에도 있었지만, 학생 대부분이 부산에 있었다. 법적 근거는, 개강 뒤에 만든, 문교부령 제19호 〈전시연합대학의 운영 등에 관한 대학교육에 관한 전시특별조치령〉(1951년 5월 4일 공포)이다. 학생들은, 제4조에 따라, 일정한 군사훈련을 받는 조건으로, 징집이 연기되어, 고위층 자제 징집기피 수단이라는 비난도 따랐다.

　이해 9월 학기부터, 이화여대, 부산대 등이 전시연합대학에서 이탈하면서, 다른 대학들도 함께 떠나, 다음 해 3월에 해체되고, 대학들은 각기 독자적인 판잣집 임시교실을 만들어, 개별적으로 다시 학교 문을 열었다. 그러나 대학생들의 징집 연기 혜택은 그대로 유지되었다.

신설 고등학교 학생들이, 천막교실에서 수업받고 있는 동안에, 또 갑자기, 학제가 바뀌었다. 〈제2차 개정교육법〉(1951년 3월 10일)에 의해, 6-4-2-4에서, 6-3-3-4 제로 바뀌었다.

국민학교, 고등학교, 대학교의 수학연한은 그대로지만, 중학교가 3년으로 통일되었다. 드디어 새 문교장관 백낙준을 중심으로 하는 미국식 민주교육파가 독일 일본식 엘리트교육파에 완승했다.

중학교 수업연한이 3년으로 줄면서, 전국 모든 6년제 중학교가, 3년제 중학교와 3년제 고등학교로 나누어져, 갑자기 고등학교 풍년이 왔다. 겨우 1년 전, 1도(道), 1인문고등학교 엘리트교육을 표방하며 생긴 현 고등학교는, 고등학교 입학시험을 치렀던 중학교에서 분리 신설되는 신제 고등학교에 합병되어 자동 소멸하고, 학생 또한, 그 중학교 5학년 진급생과 함께, 신 고등학교 2학년에 진급하게 되었다. 대한민국 대명천지에, 어떻게, 이런 황당한 불상사가 있을 수 있단 말인가? 높푸른 꿈에 부풀었던 엘리트 인문고등학교 학생들은 망연자실했다.

3 전시 수도 부산

피난민이 끊임없이 밀려 내려와 임시수도 부산 인구가 급격히 불어났다. 1945년. 해방으로 귀환동포들이 돌아와, 부산 인구가 늘어났을 때와는 딴판이었다. 1949년에 473,619명이던 인구가, 1951년 844,134명, 1952년 85만을 넘어, 드디어 서울을 제체고, 대한민국 최대도시로 등극했다. 정부는 황급히 〈피난민구호에 관한 임시조치법〉(법률 제145호)(1950년 8월)을 만들어, 피난민 구호대책을 세우고, 〈피난민 수용소 설치계획〉을 발표했다.(12월). 그러나 피난정부 행정능력으로는 급격한 인구 팽창을 따라잡을 수 없었다.

부산과 경상도 사람들은 인정 많고 착했다. 오랜 세월 서울깍쟁이에게 푸대접받으며 살아온 일 같은 것은 까맣게 잊고 정성껏 피란민을 도왔다. 친인척은 말할 것 없고 조금이라도 인연이 있으면 누구나 모두 정성스레 모셔 함께 살았다. 생판 모르는 사람에게, 거의 공짜로, 방을 내어주는 사람들도 허다했다. 만일에 말이다. 만약에 거꾸로 일본군대가 쳐들어 와, 부산사람들이 서울로 피란 갔으면 어땠을까. 서울사람들도 부산사람들에게 이런 인정을 베풀었을까? 아마 아닐 거다. 그러나 선행에도 한계가 있다. 꾸역꾸역 밀려오는 피난민을 더 이상 받아들일 여력이 없었다. 한발 늦게 내려온 사람들은, 공공건물이나 수용소에 들어가거나, 아니면 판자나 천막으로 얽은 움막에서 노숙을 면할 수밖에 없었다.

우리 집에도 피난민이 왔다. 서울에서 판사 하시는 중부님이 공부방을 차지하셨다. 이모 가족과 외사촌 형들, 그리고 사촌 형도 와 함께 살았다. 사람들이 넘쳐났다. 6.25 전쟁이 나기 전에는, 막내 삼촌만 와 계셨다. 자영농민으로 방앗간도 경영하시던 막내 삼촌은, 고향에서 떼강도에까지 시달려다 못 견뎌 내려와 계시다가, 건준 관련자로 경찰서에 잡혀 갔지만, 큰 죄 없다고 전향서 쓰고 금방 나오셨다. 그러나 전쟁 나고 며칠 뒤, 보도연맹 훈련소집에 나가시고는 소식이 없어졌다. 고등학교 일학년 조카가 숙부

앞을 막아서서, 제발 나가시지 마라고 애원했는데도 막무가내였다. 정부에서 나오라는데 무슨 걱정이냐면서 어머니가 싸주신 도시락 받아 들고 웃으며 나가셨다. 그리고는 돌아오지 못하셨다. 서류상 부산형무소에 수감된 것까지는 중부님이 확인했지만, 그 뒤로는 아무런 기록이 없어 어찌 되었는지 모른다. 용당동에 손목 묶여 총살된 시체더미가 오륙도 앞바다를 떠돌아다닌다는 소문이 나돌았지만 확인할 길 없었다. 공화당과 공산당을 구별할 줄 모를 만큼 정치지식이 없던 막내 삼촌의 죄라고는 고향 건준에 나간 것뿐이었다. 고향마을 사람 십여 명도, 건준 모임에 나가 "옳소" 하고 박수친 죄로 보도연맹에 가입했다가 모두 행방불명되었다. 언제 죽었는지 알아야 제사라도 지낼 수 있어 점을 쳤더니, 8월 15일에, 한꺼번에 변을 당하셨더란다.

1950년 겨울은 매우 추웠다. 서면 로터리에서 가야로 가는 다리 네거리 노점에는 일찍부터 〈드럼깡〉 장작불 위에서 〈꿀꿀이죽〉이 끓었다. 〈부대찌개〉 원조다. 서면 하일리아 미군부대에서 먹고 버린 음식쓰레기를 드럼통에 넣어 끓여 파는 음식이다. 그 속에서는 소, 돼지 뼈다귀는 물론 담배꽁초나 휴지 같은 이물질이 숫하게 나왔지만, 전혀 개의치 않았다. 귀한 소시지 같은 영양가 높은 미국 음식이 더러 섞여있어, 춥고 배고픈 사람들에게는 꿀맛이다. 싼 값에 허기와 추위를 달랠 수 있어 고맙기 그지없다.

이 해 따라 감기도 유난히 빨리 찾아왔다. 사람이 갑자기 많아져서인지 모른다. 보통 고뿔은, 시간 지나면, 대게 저절로 낫는데, 이번에는 아니다. 약을 먹어도 안 낫는다. 심한 감기 걸린 넷째 동생 유수가 너무 괴로워해, 한 밤중에 병원에 업고 갔지만 허사였다. 서면에 단 둘 뿐인 병원 의사들이 모두 군대에 나가 의사가 없다. 조수가 폐렴이라 자기로서는 어쩔 도리가 없다 한다. 5리도 더 되는 길을 되돌아오면서 자꾸 울었다. 세찬 겨울바람 속에서도 평생 처음 업혀보는 형의 등이 좋았던지 살며시 얼굴을 기대며 연신 형아를 부른다. 다음날, 토요일 아침, 학교가면서 어루만져 주니 "힝아 내 낫겠제?" 힘없이 웃는다. "그래 낫고말고. 꼭 낫는다." 수업 마치자마자 돌아왔으나 동생은 이미 깊이 잠들었다. 연신 "힝아"를 불렀단다. 아직 몸이 따뜻하다. 어머니가 넋 놓고 계신다. 한참 뒤에야 정신을 차렸다. 서둘러 자전거 끌고 좌천동 관 파는 데 가서, 작은 관 사 싣고 와, 미리 불러둔 일꾼 지게에 얹어, 서면 공동묘지 큰외삼촌 묘 앞에 묻었다. 내년 봄에 학교 간다며 그렇게나 좋아하던 셋째 남동생 유수는 그렇게 겨울바람 타고 떠나갔다. 11월 25일이다.

유엔군이 북진하면서부터, 부산 거리에 인민군 포로들이 자주 나타났다. 부산에 포로수용소가 생긴 것은, 이 해 7월 24일이다. 전쟁터의 임시포로수용소와 달리, 장기 수용하기 위한 수용소라, 규모가 제법 컸다. 이름은 "주한 미8군사령부 제1포로수용소(Camp EUSAK No.1)," 약칭 "제1포로수용소"(POW Enclosure)다. 전황이 유리해져 포로 수가 많아지자, 제6수용소까지 생겨나, 전포동 농막, 일제 강점기 일본인 논장이던 넓은 빈 땅에도 설치되었다. 거제리수용소는, 양정에서 동래로 가는 내리막 분지에 설치되어, 높이 솟은 인공기외에는 그리 눈에 뜨이지 않지만, 전포동 수용소는 서면을 내려다보는 언덕에 있어, 인공기가 펄럭이는 게 국민정서상 매우 불안했다. 그래서인지 전포동에 있던 것을 없애고, 대신 12월 중순에, 좀 더 외진 광안리에 "수영 대밭 제1, 제2, 제3 포로수용소"와, 서면 가야리에 "가야 제1. 제2. 제3 포로수용소"를 설치하여, 14만여 명까지 수용했다.

포로들이 처음 서면 로터리에 나타났을 때 깜짝 놀랐다. 저렇게 키 작고 깡마르고 때에 찌든 누더기 옷 입고, 무겁게 걸어가는 허약한 사람들이, 어떻게 전쟁을 쳤을까 의아했다. 그래도 포로 행렬을 만날 때마다 열심히 살펴보았다. 혹시 북한 의용군 나간 동무들을 만날 수 있을까 해서다. 의용군에 둘 나갔다. 하나는 밀양상동국민학교 다닐 때 가장 친했던 손영민이고, 또 하나는 부산성지국민학교 급우 이종욱이다. 둘 다 서울에서 중학교 다녔다. 영민은 경동중학이고, 종욱은 경기상업이다. 영민이는 이름처럼 영리하고 민첩한 동무였다.

해방 첫 학기인 5학년 1학기, 박봉흠 총각선생님 점심 시중들다 밥을 태워 쩔쩔매며 함께 웃던 동무다. 5학년 2학기 말, 부산으로 전학 갈 때, 안종승 담임선생님이 특별히 마련하신 환송 자리에서, 고향노래 애연히 불러주어, 먼 산 쳐다본 일을 잊은 적 없다.

"푸른 산 저 너머로 멀리 보이는, 새파란 고향 하늘 그리운 하늘
언제나 고향집이 그리울 때면, 저산 넘어 하늘만 바라봅니다."
서울에서 중학교 다닐 때도, 방학마다 고향에서 즐겁게 만났는데, 그만 의용군으로 나가고는 소식이 없다.

부산성지초등학교 동기 이종욱은, 언제나 잘 웃는 착한 친구다. 귀환동포라 발음이 어눌하여, 동무들이 "아기는 젖만 빤다." 해 보라며 놀렸으나 그저 따라 웃기만 하던 착한 동무다. 이북출신인 부모님 따라 서울 올라가, 경기상업 다니다가 의용군으로 나갔다.

둘 중, 누구라도, 죽지 않고 포로로 잡혔으면 틀림없이 이 길을 지나 포로수용소로 갈 것 같아, 포로들이 지나갈 때마다, 가까이 다가가, 눈 똑바로 뜨고, 뚫어지게 살펴봤다. 저 지친 포로들 중에, 혹시나 영민이나 종욱이 있을 것 같아, 열심히 자세히, 찾아보았다. 그러나 아무리 자세히 살펴봐도 표정 없이 느릿느릿 걸어가는 누렇게 뜬 얼굴들을 구별할 수 없었다.

그로부터 3년 뒤, 국군포로석방으로 풀려난 이종욱을 만났다. 종욱이는 만나자마자 반갑게 손 맞잡으며, "너 봤다" 한다. 어느 날 일행과 함께 거제리수용소에서 가야수용소로 이동하면서 서면 로터리를 지나가는데. 길가에서 포로들을 똑바로 쳐다보고 서 있더란다. 마치 자기를 나무라는 것 같아 부끄러워 고개를 더 숙이고 지나갔단다. "아이고 종욱아. 왜 그랬나. 얼마나 보고 싶었는데." 그러나 영민이는 영영 만나지 못했다.

전쟁이 길어지면서 미국군이 자꾸 더 늘어났다. 하일리아 건너편에 있는 우리 밭까지 수용되어 미군부대가 들어앉았다. 하일리아부대 주변에는 언제나 배고픈 아이들이 떼 지어 모여들어, 미군이 나오면, "할로 쪼꼬렛"하며 손 벌린다. 초코렛이나 사탕 과자를 주는 군인도 있지만 대개는 그냥 간다. 자꾸 따라가 손 벌이면, 쥐어박을 듯 "갓댐, 사나가비치" 한다. 입술연지 짙게 바른 여인들도 많다. 미군을 기다린다. 목구멍이 포도청이다. 피난 나와 먹고살기 위해 무슨 일을 못 하겠나. 술에 만취한 미군들이 거리에서 행패 부리는 일도 자주 일어났다. 술병 들고 비틀거리며, 지나가는 사람을 무단히 때리고, 다녀도 어쩌지 못한다. 청년들이 모두 군대 나가고 노인들과 아이들만 있는데, 덩치가 집체만 한 술 취한 미국 군인을 말릴 재간이 있을 리 없다. 그렇다고 때리면 정말 큰일 난다. 한 번은 술 취해 난동 부리는 덩치 큰 미군을 고등학생들이 응징하는데, 어떻게 알았는지, 순식간에 '지프차' 타고 달려온 미군 헌병과 한국 경찰이, 빨갱이 잡는다며, 한바탕 소동을 벌였다.

전쟁 막바지인 1953년 3월. 대학에 들어갔다. 서울의 대학들이 거의 다 부산에 와 있었고. 서울대도, 대신동 골짜기에 단과대학별로 판잣집 지어, 학생들을 가르쳤다. 서울대의 다른 단과대학들은, 모두 부산공설운동장 뒤편 개울가 평지에 있는데, 유독 문리대만은 개울 건너 구덕산 중턱까지 한참 밀려 올라가 자리 잡았다. 서면에서 새벽밥 먹고, 전차 한 번 갈아타고 가서, 시험 치고 합격했다. 천막 고등학교 나와 판잣집 대학에 들어갔으니 별로 밑질 건 없지만, 아름다운 상아탑을 거니는 황홀한 대학생의 꿈은 간곳없다.

산 아래 너절한 공터에서 입학식 치르고, 교복 교모 배지도 받았다. 그래도 대학생이 된 기분이 전혀 안 난다. 교수이며 장군인 이선근 정치학과 주임교수가, 천막교사에서 엄숙하게 오리엔테이션을 한다. "대학의 대학 문리대. 과의 과인 정치학과에 들어온 것을 환영한다." 대충 그런 말이다. 한껏 치켜세워주니 기분은 좋다만, 문제는 수업이다. 정치학개론을 담당한 신도성 교수는, 가물에 콩 나듯 나오시다가, 금방 끝낸다. 거의 모든 강의가 다 그렇다. 서면에서 새벽밥 먹고 두 시간이나 걸려 학교 나왔는데, 교수님이 안 계실 때가 더 많다. 짜증 난다. 한 번도 안 빠지고 강의하시는 분은 단 한 분뿐이다. 정치학원서강독 이세구 강사님이다. 두터운 안경 끼고 침 튀기며 열강 하시는 데 끌려, 단 한 번도, 안 빼먹었다.

그리고 기말시험이 왔다. 휴전되어, 2학기부터 서울 본교로 올라간다고 시험을 앞당겼다. 정치학개론은 강의를 거의 안 했는데도 시험문제는 거창하다. 어떻게 써야할지 몰라 망설이는데, 마이크 소리마저 요란하다. 우리 천막 교실 바로 뒤에 있는 부산여자고등학교가, 하필이면 오늘, 학도호국단 대대장 선거를 한다. 시끄러운 정견발표 연설이 있은 뒤, 막간인지, 찬조인지는 모르지만, 노래가 나온다. 눈을 번쩍 떴다. 정지용의 "고향에 돌아와도"다.

가장 좋아하는 시이고, 가장 좋아하는 노래다. 가사는 언제나 가슴속에 있지만 곡은 잘 모른다. 고등학교 3년 동안, 음악시간은 단 한 시간도 없었고, 또 달리 음악공부할 일도 없으니 못 배우는 건 당연하다. 고등학교 3학년 때는 천막 음악교실이 있기는 했다. 단 한 분인 윤이쌍 음악선생님이 전축을 털어놓으면 학생들이 가서 들었다. 음악 좋아하는 원응민 따라가, 베토벤의 운명이나 영웅도 듣고 선생님 해설도 들었다. 그러나 정지용의 〈고향에 돌아와도〉 노래를 들은 일은 없다. 정지용이 월북했다고, 시며 노래며 모두 금지되었으니, 들을 레야 들을 수 없었다. 그런데도 이 곡을 알고 있었다. 어디선가, 누군가 부르는 것을 귀에 담아, 제멋대로 흥얼거리며 그리워하고 있었는데, 뜻밖에도 바로 그 노래를, 그 금지된 노래를 맑고 고운 목소리로, 정식으로 부른다. 시험문제가 눈에 들어올 리 없다.

"고향에 고향에 돌아와도 그리던 고향은 아니러뇨.
산꿩이 알을 품고 뻐꾸기 제철에 울건만. 마음은 제고향 지니지 않고
머언 항구로 떠도는 구름. 오늘도 뫼 끝에 홀로 오르니 흰 점 꽃이 인정스레 웃고

어린 시절에 불던 풀피리 소리 아니 나고, 메마른 입술에 쓰디쓰다.

고향에 고향에 돌아와도 그리던 하늘만이 높푸르고나." ^{주-1}

노래가 끝났는데도 멍히 천정을 쳐다보고 있다. 그렇게도 듣고 싶은 노래를 시험 중에 듣다니. 그것도 어린 음악가의 곱고 아름다운 목소리로. 감독님이 고개를 기웃거리며 지나간다.

정치학원서강독 시험만은 자신 있다. 얇은 원서 한 권을 다 배웠지만, 열심히 공부했으니 어떤 문제가 나와도 상관없다. 한참 동안 써내려 가는데, 옆에 앉은 선배가 답안지 보여 달란다. 깜짝 놀라 손을 저어니 괜찮단다. 감독하는 조교도 책 보고 있다. 아예 통째로 옮겨주었더니 열심히 베껴 쓴다. 아직 군대에 있어 공부할 시간이 없다면서 고맙다 한다. 기가 막힌다. 최고의 지성을 자랑하는 대학, 그것도 대학 중의 대학인 문리대, 과의 과라는 정치학과 학생이 커닝을 하다니. 말도 안 된다. 우골탑이 따로 없다.

---

1. 이 노래는 뒷날 서울대 문리대 운동권학생들이 즐겨 부르는 노래가 되었다.

4 휴전

6.25전쟁을, 맨 먼저, 끝내자고 한 나라는 미국이다. 한국전쟁이 터진 바로 그 날, 미국유엔대표가 안보리에서, "북한은 남한에 대한 적대행위를 즉각 중단하고, 북한군을 38도선 이북으로 철수시킬 것"을 제안하여 가결시켰다. 휴전이 아니라 바로 철군 종전을 요구했다. 북한군은 이를 무시했다. 통일을 눈앞에 둔 북한이, 군대를 물리려 할 리 없다.

두 번째 종전 제안국은 소련이다. 북한군이, 미국군의 반격을 견뎌내지 못할 것을 안 소련이, 종전안을 내었다. "중국 대표와 남북조선 대표를 안보리의 한반도문제 토의에 참여시키고, 전쟁을 종결하고 외국군을 철수하자"라고 했다. 이번에는 미국이 거부했다. 〈북한 수복〉을 눈앞에 두고 있는 미국이 양보할 리 없다. 오히려 북한군을 더욱 맹렬히 밀어붙였다.

인천상륙작전 성공으로 북한군이 정신없이 달아나자, 신바람 난 미국은, 유엔정치위원회에서, "무력으로 북한을 완전 굴복시키겠다." 장담하고는, 서방 8개국의 동조를 받아, 〈무력에 의한 북한의 점령과 유엔감독하의 남북총선거에 의한 통일정부수립〉을 요구하는 공동결의안, 곧 〈대한민국에 의한 통일정부수립안〉을 제출했다. 이에 맞서, 유엔 활동에 다시 돌아온 소련 외무장관 비신스키(A. Vyshinski)도, 〈한반도문제를 해결하기위한 7개항 결의안〉을 유엔정치위원회에 제출했다.(10월 7일). 주요 내용은 〈38도선에서 즉시 휴전, 외국군 즉시 철수, 유엔 감시하의 남북 총선거와 남북이 동등권을 갖는 공동임시정부 수립〉이다.

10월 7일, 유엔정치위원회는, 비신스키의 소련안을 46대 5, 기권 8표로 부결하고, 서방안 즉 〈대한민국에 의한 통일정부수립안〉을 47대 5, 기권 7표로 가결했다. 캐나다 외무장관 피어슨(Lester B. Pearson)이, 미국 국무장관 애치슨에게, 북한과의 외교적 접촉이 이루어질 때까지 서방 안의 총회표결을 연기하자고 제의하자, 애치슨이 이를 트루먼에게 보고했으나, 트루먼은 즉시 거부했다. 트루먼은 군부의 자만에 찬 조언에 들떠, 유엔군에 의한 한반도 통일이 당장 이루어질 것으로 확신하고 있었다. 유엔총회는 한 발 더 나가, 10월 12일, 한국에 통일정부가 수립될 때까지 〈유엔군사령부가 점령지 북한의 행정을 주관하는 결의안〉을 의결했다. 필생소원이며 국시인 북진통일을 눈앞에 둔 이승만은, 즉시 〈북한통치문제에 대한 유엔결의에 성실히 따르겠다〉고 발표했다.(17일).

그러나 중공군의 참전으로 정세가 급변했다. 맥아더가 중공군의 참전을 유엔에 보고한 뒤(11월 5일), 신의주철교를 폭파하자(8일), 중공군의 참전을 전혀 예기하지 못했던 서방과 아시아 국가들은 혼비백산하여, 즉시 휴전을 요구했다. 맥아더의 군사적 모험주의로 소련까지 개입하여, 제3차 세계대전으로 번질까 두려웠다. 이미 중공을 중화인민공화국(중국)으로 승인하고 있는 영국과 인도가 가장 적극적으로 나섰다. 아시아와 아랍권 13개국도 나서, 〈한국문제의 평화적 해결〉을 골자로 하는 결의안을 유엔에 제출하여 통과시키고 (12월 14일), 〈3인위원회〉를 구성하여 조속한 시일 내에 휴전방안을 마련할 것을 권고했다.

유엔군 참전국들은 유엔군이 다시 38도선 넘는 것을 바라지 않았다. 만일 미국이 단독으로 다시 북진을 감행하면, 한반도에서 철군하겠다는 의사를 분명히 전달했다. 미국정부는, 억울하지만, 전전상태로의 원상회복만으로 전쟁을 끝낼 수밖에는 다른 도리가 없게 되었다.

1951년 3월 14일, 유엔군이 서울을 재탈환하여 중앙청에 다시 태극기가 올라가자, 이승만은 또 신이 났다. 당장, 임시수도 부산에서, 거창한 〈한만국경진격 국민대회〉를 개최하고, "한만국경선에 도착하기 이전에 정전하면 안 된다"는 담화를 발표했다. 그러나 정세는 이승만 소망과는 다르게 움직였다. 전황이 유엔군에 다소 유리하게 전개되어, 6.25전쟁 이전 상태로의 회복가능성이 보이자, 미국정부는 물론 유엔에서도 휴전논의가 급물살을 탔다. 중공 참전을 예견 못하고, 마지못해 미국을 지원하던 서방국가들, 특히 영국 등 서유럽국가들은 서둘러 전쟁을 끝내려 했다. 미국정부 내에서 확전과 휴전으로 격론을 벌이고 있을 때, 영국수상 애틀리가, 급히 미국을 방문했다. 애틀리는 트루먼과의 정상회담에서, 어떠한 정치적 대가를 치르더라도 휴전에 응할 것을 강력히 요구하여, 한국전쟁을 협상으로 해결하고, 중국군을 38도선에 묶어두고, 한반도를 평화적 방법으로 통일시키자는데 합의했다.

만주를 폭격하고 장개석 군대를 중국본토와 한국전에 투입하자는 맥아더의 확전론이 드디어 묵살되고, 맥아더는 1951년 4월 11일 자로, 유엔군 최고사령관직에서 해임되었다. 이로부터는 전쟁 모양새가 달라졌다. 이승만 소원대로 한만국경까지 진격하는 북진통일전쟁이 아니라, 38도선 위에서 군사적 균형을 유리하게 유지하기 위한 〈땅따먹기〉 국지전만이 계속되었다. 전선 밖에서는 동서 양진영 간의 외교전이 치열하게 전개되었다.

1951년 7월 10일. 양측 군사대표가 만났다. 유엔을 대표하는 미국대표와, 북한대표와 중국대표가, 개성에서 첫 회담을 가졌다. 쟁점은, 휴전선 획정문제와 전쟁포로 처리문제였다. 전전상태로의 복귀를 위한 휴전선이, 기존 경계선이었던 38도선이 아니라, 전쟁관례에 따라 38도선을 중심으로 하는 현 전선으로 정해질 가능성이 유력해지자, 동서 양진영군은, 보다 좋은 휴전조건을 확보하기 위해 치열하게 싸웠다. 1951년 11월 27일. 30일간의 유예기간을 두고 잠정적 분계선을 긋는데 합의하자, 전투는 더욱 격해졌다. 단지, 휴전협상에서 유리한 위치를 차지할 욕심만으로, 무수한 젊은이 목숨이 허무하게 사라졌다. 결국 미국이 승리하여, 1953년 6월 17일에, 재조정된 군사분계선에 관한 협정을 맺었다.

한국정부, 즉 이승만은, 정전이든 종전이든 간에, 전쟁이 끝나는 것을 원치 않았다.

이승만은, 미국 덕에 간신히 버티고 있으면서도, 무력북진통일만을 고집하며, 휴전을 받아들이려 하지 않았다. 미국이, 유엔까지 이끌고 참전한 이 천우신조의 호기를 놓치면, 북진통일 기회가 다시는 오지 않을 뿐 아니라, 북진통일론이 없어지면 대통령을 계속할 명분마저 사라진다는 사실을 잘 알고 있는 외교전문가 이승만이, 휴전을 받아들일 리 없다.

그러나 미국이 알 바 아니다. 전쟁을 주도하는 것은 미국이지 이승만이 아니다. 미국은 무슨 일이 있더라도 전쟁을 여기서 종결시키려 했다. 전쟁 시작과 더불어 개입한 트루먼은 물론이고, 공화당대통령후보 아이젠하워도 한국전쟁 종결을 대선공약으로 내걸고 당선되었다. 더구나 전쟁이 시작되자마자, 이승만으로부터 한국군 전작권을 넘겨받아, 한국군 통제권마저 미국이 쥐고 있다. 그런데도 이승만은 북진통일의 꿈을 버리지 않고, 휴전협상을 방해하기 위한 온갖 수단을 동원했다. 하루도 빠짐없이 학생과 국민을 동원하여, 미국대사관이 들어있는 서면 하일리아부대 앞에서, 〈정전결사반대〉를 외치게 하고, 〈거제도포로수용소〉 포로들을 탈출시키는 모험까지 감행했다. 미국도 묵인했다. 이 정도 어설픈 놀음쯤으로는, 휴전협상이 깨어지지 않는다는 것을 북한을 비롯한 당사국들 모두가 잘 알고 있었기 때문이다. 드디어 7월 27일, 미국군과 유엔군을 대표하는 미국대표 클라크 장군과, 북한군과 중국군을 대표하는 북한대표 남일 장군이 휴전협정에 서명했다.

3년 동안의 동족상잔은 이렇게 끝났다. 제3차 세계대전으로 치닫는 위기는 면했지만, 수백만 배달민족의 고귀한 목숨이 희생되는 민족사상 최악의 대가를 치르고서야 끝이 났다. 한국전쟁 휴전협정의 공식명칭은, 〈국제연합군 총사령관을 일방으로 하고 조선인민군 최고사령관 및 중국인민군지원 사령원을 다른 일방으로 하는 한국전쟁의 군사정전에 관한 협정〉이다. 종전협정이 아니라 휴전협정이다. 협정 제4조는 이렇다.

〈한국문제의 평화적 해결을 보장하기 위하여 쌍방의 군사령관은 쌍방의 관계 각 정부에 휴전협정이 조인되고 효력이 발생한 후 3개월 내에 각기 대표를 파견하여 쌍방의 한 급 높은 정치회담을 소집하고, 한국으로부터의 모든 외국군대의 철수 및 한국 문제의 평화적 해결 등을 협의할 것을 건의한다.〉

　전쟁을 끝내는 협정이 아니라 전투를 잠깐 쉬는 협정에 지나지 않는다. 따라서 언제라도 전쟁이 다시 일어날 여지가 있다. 한국이 휴전협정 주당사국이 아니란 것도 눈에 띄었다.

5 사사오입 개헌파동

　1952년의 제1차 개정헌법인 발췌개헌에는, 〈대통령의 임기는 4년이며, 재선으로 일차 중임할 수 있다〉고 규정하고 있다. 따라서 어느 누구도, 대통령을 두 번 이상은 할 수 없다. 3선은 절대 안 된다. 이것이 문제다. 이승만은, 1948년, 제헌국회가 시작되자마자, 국회의원 간접선거로 임기 4년의 대통령에 선출되어, 대한민국 초대 대통령인 동시에, 그의 첫 번째 대통령이 되었다. 그리고 4년 뒤, 6. 25전쟁이 치열하던 1952년, 임시수도 부산에서 발췌개헌에 의한 국민 직접투표로, 임기 4년의 두 번째 대통령에 당선되었다.

　따라서 이승만의 대통령 임기는 1956년 8월까지다. 헌법상 더 이상 대통령에 출마할 수 없다. 이승만은 대통령을 더 하고 싶을 뿐 아니라, 대한민국 천지에는, 이승만 말고는 대통령 할 위인이 없는데도 불구하고, 헌법이 3선을 금지하고 있다. 헌법을 바꿀 수밖에 없다.

　1953년 10월 1일, 한국정부는, 워싱턴에서, 한국 최초의 군사동맹인 〈한미상호방위조약〉을 체결하는 데 성공했다. 주요내용은 이렇다. 제4조 〈상호 간의 합의에 의하여 미합중국의 육군, 해군과 공군을 대한민국의 영토 내와 그 부근에 배치하는 권리를, 대한민국은 허용하고, 미합중국은 수락한다.〉, 제6조 〈이 조약의 효력은 무기한이다. 어느 당사국이든지 타 당사국에 통고한 1년 뒤에, 이 조약을 종식시킬 수 있다.〉, 〈1954년 11월 18일에 발효한다〉.

　자유당은, 〈미국군의 한국영구주둔권〉을 보장한 이 조약을 적극 활용했다. 이승만 대통령 덕에 〈미국군 영구주둔〉에 성공하여, 북한 침공을 더 이상 염려할 필요가 없게 되었다고 극구 칭송하면서, 이승만의 3선에 온 힘을 쏟았다. 족청계를 제거하고 실권을 잡은 이기붕 등 자유당 주류는, 먼저, 1954년 5월 20일에 실시되는 제3대 국회의원선거부터 적용되는 〈정당단일공천입후보제〉를 활용하여, 3선 개헌지지자만 미리 서명을 받고 공천하기로 했다. 살인미수로 구속된 자라도 개헌지지만 하면 공천된다는 말까지 나온 뒤에야, 공인입후보자 181명, 무공천입후보자 61명을 공인하고, 공천자의 당선확률을 높이기 위해, 비공천입후보당원 200여 명을 제명처분했다. 다음, 정부가 주도하는 〈개헌추진위원회〉를 만들어 전국적으로 개헌추진국민대회를 개최했다. 야당은 선거자유분위기 파괴행위라면서, 선거거부까지 내세워 위협했지만, 자유당은 오히려 〈선거분위기 발현〉이라 항변했다.

총선거 분위기는 무시무시했다. 유권자 매수는 말할 것도 없고, 폭력배를 동원해 야당 유세장을 습격하고, 야당과 무소속후보에게 공개적으로 테러위협을 가했다. 조봉암은 괴한에게 등록서류를 빼앗겨 입후보조차 못했으며, 다른 야당후보들, 특히 혁신계 후보들은, 생존문제에 직면하여, 입후보 사퇴를 하지 않으면 안 되었다. 온갖 부정과 불법이 판치는 가운데 치러진 선거 결과, 자유당은 공인후보자 99명을 포함하여 114명을 당선시켰다. 제일야당인 민국당의 15명에 비하면 압도적인 대승리다. 그러나 최대 현안인 〈초대대통령 무제한출마〉를 위한 개헌선인, 제적의원 2/3의 136명에는, 한참 모자란다.

개헌선을 채우기 위하여, 무소속의원들을 포섭하고 있을 때, 야당 내에서 집안싸움이 터졌다. 〈뉴델리 밀담사건〉이다. 민국당 대표이며 국회의장인 신익희가, 인도 뉴델리 공용출장 중에, 북조선에서 간 조소앙을 만나, 〈영세중립음모〉를 꾸몄다는 사건이다. 이 문제로 야당이 서로 헐뜯고 싸울 때, 때맞추어, 유엔총회 의제에 〈한국통일선거안〉이 올라갔다.

자유당은 이 기회를 놓치지 않았다. 〈주권의 제약 또는 영토의 변경을 가져오는 국가 안위에 관한 중대 사항은 국민투표에 부쳐 결정해야 한다〉는 헌법정신을 들먹이며, 국민투표제를 도입하기 위해서라도 헌법 개정을 해야 한다고 주장했다. 개정 내용은, 개헌추진위원회가 제시한, "국민투표제 신설, 대통령제로의 환원, 자유경제체제 강화, 초대대통령의 3선 금지조항 철폐, 부통령의 대통령 승계권, 국무총리제 폐지, 개별 국무원 불신임 인정, 자유주의경제체제 강화" 등이다. 이기붕, 임철호, 윤만석, 박일경, 백한성, 한희석, 장경근, 한동석 등 8명을 헌법기초위원으로 정했다.

자유당은, 김두한을 제외한 모든 의원과 미리 포섭한 무소속의원 등 136명의 서명을 받아, 9월 6일, 헌법개정안을 국회에 제출했다. 원외에서는 국민회 주도로 개헌추진단체 〈전국애국사회단체선전협의회〉를 만들어 국회를 압박했다. 드디어 1954년 11월 27일, 자유당이 제출한 개헌안이 비밀투표에 붙여지고, 투표 결과, 제적의원 203명, 재석의원 202명 중, 찬성 135, 반대 60, 기권 6, 무효 1표가 나왔다. 개헌에 필요한 의결정족수는, 203의 2/3인 135.333...이라, 자연인으로는 136명이다. 자유당이 136명의 서명을 받아 개헌안을 제출한 것도, 또 예행연습, 조별투표를 한 것도, 바로 이 정족수에 맞추기 위한 것이었다. 그러나 투표 결과 135표 밖에 얻지 못하여, 개헌 의결정족수인 136표에 한 표 부족했다. 사회자인 국회부의장 최순주가, 부득이 부결을 선포하여, 개헌논의가 끝났다.[주-2]

자유당 지도부는 죽을 맞이다. 반드시 개헌에 성공하여 이승만을 3선 대통령으로 모셔야 하는데 그것을 실패했다. 이대로 표결 결과에 승복하면, 이승만을 다시 대통령으로 모실 수 없다. 무슨 수를 쓰서라도 반드시 개헌을 하지 않으면 안 되었다. 궁여지책으로 나온 묘안이란 것이 〈신사사오입이론〉이다. 사사오입은, 구하는 자리보다 한자리 아래(단자리 이하) 숫자가 5이하 이면 버리고, 5이상 이면 올리는, 국민학

---

2. 자유당의원 중, 한자를 모르는 사람이 기표를 잘못하여, 무효표 처리가 되었다는 말이 있었다. 투표용지의 가, 부가 모두 한문으로 可, 좀로 표기되어 있어, 네모(口)에 도장을 찍으라는 예행연습까지 시켰지만, 두 쪽 모두에 口가 있어, 양쪽 모두 찍었다고 했다.

교에서 배우는 수학용어다.

자유당 간부회는, 공보처장 갈홍기의 제의로, 사사오입 원리를, 한국수학계 태두의 자문까지 받아, 이를 역이용했다. 신시시오입이론에 의하면, 국회재적의원 203명의 2/3는 135.333명이라, 수학이론상 소수점 이하인 .333은 버려야 한다. 더욱이 0.333명이란 자연인은 존재할 수 없으니, 개헌의결 정족수인 203명의 3분의 2는 136명이 아니라 135명이다. 따라서 135명이 찬성한 헌법개정안은, 부결된 것이 아니라, 가결된 것이다.

다음 날 즉시 의원총회를 열어, 신 이론을 채택하고, 그다음 날(11월 29일), 국회에 〈개정헌법안 번복가결동의안〉을 상정하여, 야당의원이 모두 퇴장한 가운데 표결에 붙여, 재석의원 125명 중, 김두한, 민관식을 제외한 123명의 찬성으로 통과시켰다. 그리고 앞서 개헌안 부결을 선포했던 최순주 국회부의장이, 〈계산착오에 의한 잘못된 선포〉를 취소하고, 〈가결〉된 것으로 선포한 뒤, 곧바로 정부로 보냈다. 정부는 국회에서 이송된 개헌안을, 그날 즉시, 공포했다. 제2차 헌법 개정은 이렇게 이루어졌다. 죽었다가 다시 살아났다.

사사오입개헌은, 자유당이 너무 무리하게 만든 위헌 헌법이다. 의원정족수 2/3 이상은 당연히 136명이라는 기본적 수학 원리를 무시했을 뿐 아니라, 일단 부결되었다고 선포한 것을, 상식 이하의 억지 논리로 번복한 것은, 불법, 탈법의 차원을 넘어, 천하의 웃음거리다. 이승만 단 한 사람을, 세 번 대통령으로 받들기 위하여, 해괴한 수학이론을 만들면서까지 헌법을 바꾸는 이상한 나라를 민주주의국가로 존중할 사람도 국가도 없다.

4장

태풍전야

1 갈라서는 반독재세력

사사오입이론으로 헌법이 개정되자, 대한민국 정치지형이 크게 흔들렸다. 두 번이나 대통령 하는 동안에, 자유민주주의 지킨답시고, 그 많은 사람들을 죽인 것도 모자라, 민주주의 본질까지 왜곡하여 대통령 더하려는 권력편집광을 좋아할 사람이 많을 리 없다. 뿐만 아니다. 그런 자를 또다시 대통령 시키려고 새 수학법칙까지 만들어 아부하는 얼빠진 정치집단을 좋아할 사람이 있을 리 없다. 자유당원들 조차 자괴감에 빠져, 이승만식 민주주의로부터 멀어져갔다. 반면에 이승만 독재에 주눅 들어 움츠려 있던 반대세력들은, 대동단결할 수 있는 명분을 얻었다. 이승만에게 팽 당한 자들뿐만 아니라, 6. 25전쟁을 거치면서 철벽화한 반공논리에 갇혀 있던 진보세력도, 반독재 민주주의투쟁에 나서야 할 때를 찾았다.

사사오입개헌이 선포되던 날, 기막힌 개헌에 분개하여 본회의장을 뛰쳐나간 야당 의원들은, 범야연합전선을 만들어 독재와 싸우기로 뜻을 모았다. 제일야당 민국당을 비롯하여, 무소속동지회와 무소속의원 등 60여 명이 〈민의원위헌대책위원회〉를 만들어 헌법수호를 선언하고, 이를 모체로 범야세력을 통합하는 〈반이승만 범야단일신당〉을 만들기로 했다. 김성수를 비롯한 신익희, 조병옥, 장면, 곽상훈, 박순천, 윤보선, 유진산 등 민국당 인사들이 앞장서고, 장택상, 정일형, 오위영 등 전 자유당계 인사와, 조봉암, 장건상, 박기출, 서상일 등 혁신계 인사들이 합류했다. 다음날에는 민의원 61명이 〈호헌동지회〉를 결성하여, 원내교섭단체 등록도 마쳤다. 그러나 반독재 세력이라 해서 모두 다 받아들이는 것은 아니었다. 똑 같이 이승만을 3선 대통령 만드는데 앞장섰는 데도, 발췌개헌을 진두지휘한 장택상은 호헌세력이 되었지만, 자유당을 창건하여 이승만을 직선제 대통령 만드는데 헌신한 이범석은 배척되었다. 정당 만들기도 전에 차기대권 감투싸움부터 시작했다.

공산당을 떠난 조봉암을, 신당에 참여시킬 것인가를 놓고도, 호헌동지회가 자유민주파(보수파)와 민주대동파(혁신파)로 갈라졌다. 신당 창당 주도인물인 김성수를 비롯하여, 장택상, 서상일, 박기출은 조봉암의 참여를 지지한 반면, 윤보선, 조병옥, 김도연, 김준연, 곽상훈, 장면, 박순천 등 보수파는 극력 반대했다. 그중 조병옥이 가장 심하게 반대했다. 조봉암의 사상이 의심스럽다는 것이 표면적 이유였다. 미군정 경찰 총수로 제주4.3인민항쟁 학살 등, 좌익세력 소탕작업을 주도한 한민당 중진 조병옥이, 공산당 전력이 있는 인사를 용납할 리 없다. 더욱이 제2대 국회의원선거에서, 독립투사 조소앙에게 전국 최대득표 차 참패 수모를 당한 조병옥에게, 같은 독립투사이며 좌경성향인 조봉암이, 마음에 들 리 없다.

야권 선두주자 신익희가, 어정쩡한 중립을 지키는 가운데, 야당 통합 핵심인물인 김성수가 죽자, 조봉암 지지파가 갑자기 약화되어, 조봉암의 동참은 결국 무산되었다. 조봉암을 지지하던 서상일, 박기출 등 혁신계 인사들도 함께 떠나갔다. 동시에 신익희 다음의 〈호헌세력〉 대통령 후보는 조병옥으로 굳어졌다. 조봉암을 거부한 새 통합야당의 이념 색깔은 불문가지다. 자유당과 전혀 다르지 않거나, 오히려 더 적극적인 반공 보수정당이 될 것이 확실하다. 해방 직후, 무식한 좌익분자들의 준동으로부터 기득권을 지키기 위해 급조한 한민당의 창당 정신을, 한층 더 굳건하게 이어나갈 것이 분명해졌다.

호헌동지회는, 승리한 자유민주파(보수파) 주장을 중심으로, 신당 기본구도인 4대 원칙을, (1) 반 공산독재를 시작으로, (2) 건전한 대의정치와 책임정치제도 확립. (3) 사회정의에 입각한 수탈 없는 국민경제체제 확립. (4) 자유우방과의 협조 제휴를 통한 평화적 국제질서수립으로 정했다. 조직요강에도 〈좌익전향자와 독재나 부패행위가 현저하여 규탄을 받은 자는 신당발기에 참여할 수 없다〉고 못 박았다. 누가 현저한 독재자나 부패행위자인 가를 가려내기는 어렵지만, 누가 좌익전향자인가는 분명하다. 정부형태는 내각책임제다. 한민당이 이승만으로부터 소외당한데 대한 앙심으로, 다시 들고 나온, 바로 그 반이승만 정부형태다.

12월 3일, 〈신당조직추진위원회〉를 만들었다. 민국당의 신익희, 조병옥, 윤보선, 김도연, 김준연을 비롯하여, 자유당을 나온 장택상, 오위영, 현석호와, 장면, 정일형 등 전 이승만 추종자, 그리고 어정쩡하게 무소속이 된 곽상훈, 박순천과, 조선민주당 한근조 등 18명이 이름을 올렸다. 좌익전향자는 조직요강에 따라 철저히 배제했지만, 이승만 독재체제 확립에 공헌한 사람은, 이범석 빼고는, 모두 받아들였다. 신당추진위원 중, 독립운동 한 사람은, 신익희, 백남훈 정도였으며, 나머지 거의 모두가 독립운동과는 거리가 멀지만, 이승만 독재체제수립에는 지대한 공훈을 세운, 반공 반자주 보수주의자들이다.

신당추진위가 구성된 뒤에도 창당은 아득했다. 계파간의 권력 다툼이 갈수록 심해져 해결 기미가 보이지 않았다. 호헌운동 주도세력인 민국당과, 그 밖의 참여인사들 간에, 장장 9개월에 걸친 끈질긴 흥정 끝에야 간신히 타협하여, 9월 18일 〈민주당〉으로 창당했다. 신익희가 당 대표최고위원으로 선출되고, 조병옥, 장면, 곽상훈, 백남훈이 최고위원이 되었다.

반공, 반독재를 내걸고 출범한 민주당은, 원내 최대야당이 되기는 했지만, 의석수는 겨우 33석이었다. 호헌동지회를 창립하면서 기대한 강력한 여당견제세력과는 거리가 한참 멀었다. 당내 갈등은 창당 뒤에도 계속되었다. 한민당계인 조병옥, 김도연, 유진산 등 민주당 구파는, 당 주도권은 당연히 한민당 후신인 민국당이 가져야 한다고 한 반면, 자유당을 버리고 나온 장택상과 무소속 곽상훈, 장면 등 신파는, 새롭고 진취적인 이미지 확립을 위해서라도 자기들이 당을 주도해야 한다고 맞섰다. 범야 호헌신당 창당에 적극 참여하던 장택상은, 최고위원 자리에서 밀려나자, 자유당으로 되돌아갔다.

호헌신당에서 배척된 조봉암과 서상일, 박기출, 김성숙, 장건상, 이동화 등 민주대동파 혁신세력도, 1955년 12월 22일, 가칭 〈진보당〉 발기취지문과 강령초안을 발표했다.

"우리는 공산독재는 물론, 자본가와 부패분자의 독재도 배격하고 민주주의체제를 확립하여 책임 있는 혁신정치를 실시, 생산 분배의 합리적 통제로 민족자본의 육성, 민주우방과 제휴하여 민주세력이 결정적 승리를 얻을 수 있는 조국통일의 실현, 교육체제의 혁신에 의한 국가보장제 수립을 지향한다."

이를 바탕으로, 다음해 1월 26일. 조봉암, 서상일, 김성숙, 박기출, 이동화, 신숙, 신백우, 양운산, 정구삼, 박용의, 김인태, 장지필 등 12명을 위원으로 하는 〈진보당 창당추진위원회〉를 구성하여, 혁신야당 창당을 서둘렀다. 반공테러 공적이 화려한 김두한의원도 진보당 창당에 자진 합류했으나, 경찰이 사기혐의로 내사하자, 서둘러 탈퇴했다. 강령 초안에, 민주당과 똑같이 〈반 공산독제〉를 명시했음에도 불구하고, 혁신은, 여전히, 빨갱이이었다.

 한편, 자유당에도 작은 변화가 있었다. 말하기조차 부끄러운 무리한 개헌에 식상한 소속의원들이 떠나갔다. 12월 6일, 손권배를 시작으로, 9일에 한동석, 민관식, 김영삼 등 12명이 집단 탈당하고, 10일에 도진희가 가세하여, 모두 14명이 떠났다. 자유당 간판 걸고, 관권과 금권을 총동원하여 더럽게 당선된 지위탐닉자들까지, 정의를 앞세워, 몸을 사렸다. 권력에 아부하는 자들일수록 변신기술 또한 능한 법이다. 그래도 자유당 지도부는 끄떡도 하지 않았다. 오히려 김두한, 김지태 등 7명을 해당행위자로 제명하고, 개헌안이 정당하게 통과되었음을 선포하는 국회결의안을 통과시켰다.(18일). 나아가 무소속의원을 대거 영입하여, 다시 124석으로 늘여, 원내 안정 의석을 유지했다.

2 1956년 5월 15일, 정부통령선거

1956년 3월 5일. 자유당은 임시전당대회를 열어 이승만 총재를 제3대 대통령후보, 이기붕 당중앙위원회의장을 제4대 부통령후보로 지명했다. 그러나 문제가 생겼다. 이승만이 지명되자마자, "두 번이나 나라를 위하여 봉사했으니 이제는 쉬겠다."는 출마사양 편지를 자유당에 내려 보냈다. 〈신사사오입론〉으로 온 세상이 난장판일 때는 아무 말 없이 지켜만 보던 양반이, 대통령에 추대되자마자, 갑자기 〈출마고사병〉이 도졌다.

어쩌면, 지극정성으로 떠받드는 미국의 정치관례가 마음에 걸렸을지 모른다. 미국은, 헌법수정 제22조(1951년 발효)에 따라, 어느 누구든 연달아 세 번 대통령에 당선될 수 없다. F. 루즈벨트가 제2차 세계대전 중의 대통령선거에서, "강 가운데서 말을 바꿔 타면 안 된다"는 중국 속담을 빌려, 내리 네 번 대통령에 당선되고 죽자, 앞으로는 누구도 세 번 연달아 대통령으로 당선될 수 없도록 헌법을 고쳤다. 비록 대통령직을 승계했다고 하더라도, 남은 임기가 2년 이상일 때는, 세 번째 대통령에 출마할 수 없다. 따라서 미국대통령 임기는, 아무리 길어도, 연속적으로는 10년 이내다. 이승만이 이번에 3선되면, 임기가 12년이 된다. 미국헌법의 연속 3선 금지는 물론, 임기 연속 10년 이내 규정마저 무시하여, 미국 헌법정신을 능멸하는 꼴이 된다. 당연히 한 번쯤은 〈3선 출마 합리화 쑈〉를 펼칠 필요가 있었을 것이다.

이승만이 대통령후보를 사절하자 또 난리가 났다. 당장 다음날부터, 수많은 어용단체들이, 일제히, 두 번째 대통령으로 추대할 때의 학습효과를 자랑하기 시작했다. 대한국민회, 대한부인회, 대한노총 같은 어용단체들이 기다리기라도 한 듯 떨쳐 일어나 〈불출마번의탄원궐기대회〉를 열어 3선출마를 호소하고, 전국 방방곡곡에서, 끊임없이, 재출마를 호소하는 〈불출마철회청원 시가행진〉을 벌였다. 혈서와 진정서가 경무대에 무더기로 쌓이고, 경무대 앞에는 연일 전국에서 몰려든 출마호소시위대로 인산인해를 이루었다. 국민학교를 포함한 각급 학교학생들이 재출마를 외치며 거리를 누비고, 거리마다 전단과 벽보가 흐드러졌다.

소와 말까지도, 이승만의 선정에 감읍하여, 시위행진을 벌였다. 우마차들이 남대문에서 광화문 거쳐 중앙청 앞에 이르는 서울 중심거리를, 소똥 말똥으로 온통 어지럽히며 〈우의마의 데모〉 행진하자, 경찰들이 앞장서서 정중히 호위했다. 아무리 고집센 〈불출마 고질병환자〉라도, 이토록 엄청난 〈천의〉를 거슬릴 수는 없다. 사람과 동물을 가리지 않는 눈물겨운 3선 출마 호소에 감격한 이승만은, 수시로 몸소 거리로 나와 시위대를 위로하다가, 드디어, "민심은 곧 천심인데 어찌 하늘의 뜻을 무시하겠느냐"하면서, 천심을 수락했다.

야당도 정부통령후보를 내었다. 민주당은, 대통령후보 신익희, 부통령후보 장면, 진보당은, 대통령후보 조봉암, 부통령후보 박기출이다. 민주당후보 신익희는, 야당후보 단일화를 바랐다. 여론도 그러했다. 조봉암이, 두 야당 후보지명을 백지화하고, 연합후보를 내자고 제의하자, 신익희가 화답하여 조봉암과 비밀회동을 가졌다. 조봉암이, 대통령후보를 사양할 터이니, 부통령후보를 자기에게 달라고 제의하자, 신익희가 고려해보겠다고 약속했다.

그러나 민주당지도부 생각은 달랐다. 자유당보다 더한 강경 반공주의를 고집하는 민주당이 조봉암을 부통령후보로 받아들일 리 없다. 범야권이 모두 뭉쳐, 민주헌법을 수호하자며 만든 호헌신당에서 마저 쫓아버린 좌익분자 조봉암을, 부통령후보로 모시려 할 리 없다. 차라리 이승만 독재를 지지할지언정, 빨갱이와 손잡을 민주당 지도부기 아니다.

5월 들어서도 단일화협상에 진전이 없어, 두 야당이 독자적으로 선거운동을 펼치고 있을 때, 갑자기 민주당 대통령후보 신익희가 타계했다. 한강백사장 유세에 운집한 30여 만 청중에 감격한 신익희후보가, 몸을 사리지 않는 선거유세에 지쳐 쓰러졌다(5월 5일). 이제 좋든 싫든, 야당 대통령후보가 한 명 만 남았다. 진보당은 야당후보 단일화를 위해, 박기출 부통령후보를 사퇴시켜, 결과적으로 야당의 정 부통령후보가 단일화했다. 공식적으로 야당 대통령후보는 조봉암, 부통령후보는 장면뿐이다.

용기를 얻은 조봉암이, 5월 14일, 성명을 내었다.

"공동투쟁전선에서 신익희 선생은 불행히도 유명을 달리했지만 야당 단일후보로서 반독재구국투쟁의 선두에 서게 된 본인은, -- 다음 세 가지 당면과업, 〈거국일치내각 조직. 내각책임제 개헌. 평화적 국토통일수행〉을 전 국민 앞에 공약하는 바이다."

선거구호도 "이번에도 못 바꾸면 4년 다시 더 못 산다"로 정하여, 이승만정권 교체의 굳은 의지를 천명했다. 그러나 조봉암의 기대는 어긋났다. 민주당선거대책위원회는, 즉시, "민주당은 대통령선거에서는 어떤 후보도 지지하지 않겠다"는 성명을 내었다.

야당단일후보를 인정하지 않고, 어부지리로 단일화한 자당 부통령후보 만을 지지하겠다는 말이다. 이승만을 도와, 용공 좌익분자들을 소탕하는 데 앞장섰던 민주당 지도부가, 공산당 전력이 있는 조봉암을 도우려 할 리 없다. 자유니 민주니 독재 타도니 하는 것도, 자신의 기득권을 지키기 위한 수단일 뿐, 좌익분자들이 권력에 접근하는 길이 되어서는 안 되었다.

선거 결과, 민주당의 소망이 이루어졌다. 이승만은 5,046,437표(55.7%)를 얻어, 다시 대통령에 당선되었다. 조봉암은 낙선했다. 그러나 관례화한 관권개입과 폭력, 부정으로 얼룩진 선거임에도 불구하고, 2,163,808표(23.9%)를 얻었다. 제2대 대통령선거에서 무소속으로 얻은 797,504표에 비하면 놀라운 득표다. 대통령선거 무효표도 아주 많이 나왔다. 전체 투표수의 20.5%인 1,856.818표나 되었다. 서울에서는 총투표수의 절반에 가까운 46.2%나 되었다. 부통령선거 무효표 421,700표에 비하여 천문학적 수치다. 무효표 대부분이 민주당 후보 신익희에 대한 추모표로 추정되었다. 온갖 부정에도 불구하고, 대통령 추모표 추정 무효표가 20% 이상이나 나왔다는 것은, 주로 이승만 독재에 대한 국민의 반감이 컸기 때문이었겠지만, 동시에, 좌경성향에 대한 국민의 불안 심리 또한 대단히 높다는 사실을 알려주었다.

부통령은 운 좋은 민주당 후보 장면이 차지했다. 4,012,654표를 얻어, 3,805,502표를 얻은 자유당 이기붕후보를 이겼다. 장면은 도시지역에서 승리하고, 이기붕은 농촌지역에서 압승하여, 이른바 여촌야도현상이 뚜렷했다. 서울에서는, 장면 451,037표 대 이기붕 95,454표로, 큰 차이가 났다. 경기도, 충청남도, 전라북도, 경상북도, 경상남도에서도, 관권개입이 상대적으로 불리한 도시지역에서는, 장면 표가 더 많이 나왔다. 자유당을 창당하고도 자유당에서 쫓겨난 이범석은, 공화당 후보로 출마하여, 간신히 317,579표를 얻는데 그쳤다.

3 야당 탄압

1956년 8월 15일. 정부통령 취임식이 성대히 거행되었다. 그러나 부통령으로 당선된 장면은, 취임 연설할 기회마저 얻지 못했다. 천주교 덕에 미국유학하면서, 미국 민주주의를 몸소 눈으로 보았고, 또 미군정의 각별한 배려로 입신양명한 장면이, 미국식 민주주의 절차를 모를 리 없다. 일제 강점기에는 일제의 압박이 두려워 순응했지만, 이제는 아니다. 미군정 때, 서울대 국대안 관철에 발 벗고 앞장선 바 있는, 행동하는 반공 반좌익 자유민주주의 지성인 장면이, 이승만정부에 괄시당한 분풀이를 했다. "우리는 첫째 불안으로부터 해방되어야겠다."는 성명을 내고, 같은 날, 외신기자 회견에서, "일본과의 관계를 증진하고, 이승만대통령의 철권정치의 일부를 제거하기 위한 여론조성에 나서겠다"라고 호언했다.

이승만이 뿔났다. 공산당 전력까지 무시하고 농림장관 시켜준 조봉암이, 두 번씩이나 하나님이 점지하신 신성한 대통령 자리를 넘봐, 심기가 불편한 판에, 온갖 높은 벼슬에다 국무총리까지 시켜준 심복이, 부통령 되었답시고 대어 드는 꼬락서니에 울화통이 터졌다.

취임 첫 기자회견(9월 17일)에서, "장부통령이 정부를 방해할 목적으로 정부를 훼손하는 성명을 발표했다."라고 꾸짖었다. 이 말 듣고 가만있을 자유당이 아니다. 즉각 국회에 〈장부통령의 외신기자회견담화에 대한 경고결의안〉을 제출하여, 야당이 퇴장한 가운데, 제석의원 109명 중, 가 86 부 5로 가결했다.(9월 28일). 바로 그다음 날, 민주당전당대회장에서 총소리가 울렸다. 단상에서 내려오던 장면부통령이 총에 맞았다. 다행히 왼손을 조금 다쳤을 뿐이라 응급치료 뒤 귀가했다. 자유당은 민주당 내부 갈등으로 생긴 사건이라 우겼다. 그러나 재판 도중, 총격범 김상붕 배후에 경찰고위간부와 내무장관까지 있다는 사실이 밝혀져, 내무장관 해임결의안이 발의되고, 치안국장 김종원이 법정모독죄로 옷을 벗는 사태로까지 발전했다.

장면부통령 저격사건으로 국민의 불신이 커지고 있는데도 야당 탄압은 누그러지지 않았다. 민주당이 급격히 대안정당으로 떠올라, 자유당의 영구집권을 위협할 가능성이 높아졌기 때문이다. 다음 해 5월 25일, 장충단공원에서 열린 민주당 〈국민주권옹호투쟁위원회〉 강연회장에서, 30만 민중이 자유당 독재를 성토하고 있던 중, 갑자기 정치깡패 30여 명이 들이닥쳐 대회를 중단시켰다. 난동 깡패들이 유지광의 〈화랑동지회〉란 사실이 밝혀지고, 언론이 몇 개월 동안 줄기차게 진상을 대서특필했지만 아무런 진전이 없다가, 연말이 되어서야, 겨우, 유지광이 재물손괴혐의로 구속 기소되었을 뿐, 배후관계는 전혀 밝혀지지 않고 끝났다. 장부통령 총격사건이, 자유당 수뇌부와, 내무장관 이익흥, 경찰국장 김종원을 비롯한 경찰 고위간부 작품이었다는 사실이 밝혀진 것은, 1960년 4.19 민주항쟁이 성공한 뒤이다.

4 ▶ 빨갱이를 없애라

또 하나의 제도야당인 진보당은, 1956년 1월 26일 〈진보당추진위원회〉를 만든 뒤, 이 해 11월 10일에야 겨우 발기인대회를 열어 창당된 정치단체다. 공산당 전향자란 이유로 반 이승만 야당연합에서 조차 밀려난 조봉암을 중심으로, 〈책임 있는 혁신정치, 수탈 없는 계획경제, 민주적 평화통일〉을 3대 정강으로 내걸고, 혁신적 반독재 민주세력이 모여 만든 정당이다.

진보당은, 공산주의를 반대하는 제3의 길인 민주사회주의 또는 사회민주주의정당임을 밝혀, 공산당 같은 극좌정당이 아니라, 유럽의 진보적 민주정당과 똑같은 반공 반독재 민주정당임을 거듭거듭 강조했다. 그러나 안 통했다. 정부의 탄압은 냉혹했다. 미국과 꼭 같은 자유민주주의만이 민주주의이지, 그 밖의 민주주의는 모두 반 민주주의라고 우기는 이승만과 극우익 반공주의자들에게, 사회주의란 것은, 어떤 머리글자가 붙던지 간에, 공산주의와 똑같은, 민주주의를 파괴하는 반민주적 불온사상일 따름이었다.

평화통일은 더 나쁘다. 대한민국에는 오직 이승만의 염원이자 국시인 북진통일밖에 없다. 그럼에도 불구하고, 조봉암은, 두 번이나 대통령에 출마하여 이승만의 심기를 불편하게 한 것도 모자라, 국시를 무시하는 평화통일을 빌미로, 나라를 통째로 공산당에 갖다 바치려는, 반역행위를 하고 있다. 당장 박살내지 않으면 대한민국 국기가 흔들릴 수도 있다. 진보당이 창당을 시작하자마자, 중앙, 지방 가리지 않고, 경찰과 깡패를 총동원하여 훼방 놓았다.

진보세력에 대한 탄압은 어제오늘의 일이 아니다. 일제는 빨갱이로 몰아 처단했고, 미군정은 자주독립세력으로 한데 묶어 숙청했다. 대한민국이 생기면서는 더 심했다. 6.25전쟁 때는 〈비상조치령〉으로 무더기로 죽였다. 진보세력만이 아니다. 이웃사람들마저 모조리 없앴다. 어린아이까지 죽였다. 온 가족이 몽땅 무장간첩 총에 맞아 죽은 산골 아이 이승복이, 입이 찢어지면서도, "나는 공산당이 싫어요"란 유언을 남겼다는 조선일보 기사에 감격한 이승만이, 국민학교마다 동상 세우고 기념관 만들었다. 빨갱이소탕을 하명 받은 용맹무쌍한 반공군경에게는 아마도 그렇게 들렸을 수도 있었을 것이다. 죽은 자는 말이 없다.

　제일 야당 민주당도 정부를 거들었다. 생태적으로 자유당보다 더 진보와 혁신을 두려워하고 혐오하는 민주당이, 혁신세력의 부활을 방관할 리 없다. 자유당의 잇단 무리수로, 힘 안 들이고 대안정당으로 떠올라, 정권창출에 접근하고 있는 마당에, 혁신을 내건 새로운 야당이 등장하는 것은, 보수양당구도라는 지상목표에 대한 심각한 도전이다. 절대 안 된다.

　조봉암에 대한 핍박은, 제3대 대통령에 출마한 뒤에는 더욱 사나워졌다. 정우갑 간첩사건, 김정재 간첩사건 같이, 주로 남파간첩과 엮어, 보수국민의 반공의식을 드높이는 방법으로 없애버리려 했다. 남파간첩 박정호와 혁신계 인사들을 무더기로 엮어 잡아들인 〈근민당 재건사건〉에서까지, 거듭 무죄 판결이 나오자, 이승만정부는 조봉암을 정조준했다.

　1958년 1월 24일. 경찰이 조봉암을 비롯한 진보당 간부 10명을 잡아, 〈간첩 및 국가보안법 위반〉으로 검찰에 넘겼다. 〈정부를 변란 할 목적으로 진보당을 창당 조직하고, 북한괴뢰집단과의 협상으로 무력 재침의 선전구호인 평화통일 공작에 호응하여 정부전복을 기도했다〉는 죄명이다. 검찰은, 즉시, 조봉암을 간첩죄, 국가보안법위반 및 무기불법 소지혐의로, 나머지 간부들은 국가보안법위반 혐의로 기소했다.(2월 16일) 그러자 갑자기 육군특무대가 튀어나와, 조봉암이 남파간첩 양이섭(일명 양명산)과 접선하여, 공작금을 받았다고 추가 고발했다. 일제 강점기에 신의주형무소에서 알게 된 양이섭이, 육군특무대 HID 공작원으로 여러 차례 남북을 드나들던 중, 북한에 매수 조종되어 조봉암을 포섭했다는 혐의다.

정부는, 조봉암을 비롯한 진보당 간부들이 기소되자마자, 기획대로, 법적 절차를 전혀 무시하고, 진보당의 정당등록을 전격 취소했다.(2월 25일). 정식 재판이 시작도 되기 전이다.

서울지방법원에서, 3월 13일부터 7월 2일까지 열린 1심 재판에서, 재판장 유병진 부장판사는, 조봉암과 양이섭에게는 징역 5년, 나머지 진보당 간부 모두에게 무죄를 선고했다. 경찰이 고발한 간첩사건은 모두 사실 아님이 밝혀졌으나, 육군특무대가 고발한 양이섭 간첩사건 만은, 양이섭 스스로 기소사실을 일관적으로 시인하는 데다, 조봉암이 비록 북한공작금인 줄 몰랐다고 하더라도, 간첩으로부터 돈을 받은 것은 분명하여, 징역 5년형이 선고되었다. 이승만의 기대와 달리, 조봉암에게 사형언도가 내려지지 않자, 난데없이, 반공청년단을 자처하는 깡패 수백 명이 법원에 쳐들어가, "친공판사 유병진을 타도하라", "조봉암을 간첩죄로 처형하라"라고 난동을 부려, 대한민국이 생긴 이래, 최초의 〈재판파동〉을 일으켰다.

이런 난장판에도, 민주당은 조용했다. 조작인 것이 분명한 간첩방조죄로 조봉암과 진보당 간부들이 구속되고, 진보당이 등록 취소되고, 더욱이 깡패들이 사상 초유의 법정난동을 부리는 야만적인 불법행위가 자행되고 있는데도 불구하고, 시종일관, 초연히 침묵했다. 정부의 불법 일탈행위를 견제해야 하는 제일 야당의 정치적 책임을 기꺼이 팽개치고, 모르는 척 눈감았다. 자유당정부 덕에 진보세력이 없어져, 양당구도가 정착되면, 국민의 불만이 모일 곳은 민주당밖에 없다. 자유당의 반 인권적, 반민주적 불법행위가 오히려 반가웠을 것이다.

9월 4일부터 서울고등법원 부장판사 김용진 주재로 열린 2심 재판에서는, 1심 재판 때 자기 죄를 순순히 시인하던 양이섭이, 갑자기 진술을 번복했다. 조봉암을 제거하기로 결정한 국가방침에 협조해야만 살아남을 수 있다는 특무대의 회유와 협박 때문에, 특무대 각본대로, 허위 자백했다고 진술했다. 또 조봉암에게 준 자금도 출처를 명확히 제시하여, 북한공작금이 아니라는 것을 분명히 밝혀, 조봉암이 뒤집어쓴 북한 공작금 수수혐의가 모두 깨끗이 사라졌다. 그러나 2심 재판부는, 양이섭의 진술을 깡그리 무시하고, 조봉암과 양이섭에게 사형을 선고하고, 진보당간부 모두에게도 국가보안법위반으로 유죄 판결했다.

1959년 2월, 대한민국 〈최고법원〉인 대법원 판결이 나왔다. 재판장 김세완, 주심 김갑수, 배심 백한성, 허진, 변옥주 등 대법관 5인은, 조봉암에게 이중간첩 양이섭과 공모하여 간첩행위를 한 죄로 사형을 선고하고, 나머지 진보당 간부들에게는 무죄를 선고했다.

조봉암은 재심을 청구했지만, 상고심을 맡았던 대법원 재판부가 사건을 다시 맡아, 기각되었다.(1959년 7월 30일). 그리고 바로 다음날, 전격적으로, 사형당했다. 또 하나의 야만적인 대한민국 〈사법살인〉이 자행되었다. 그는 형장에서 이렇게 유언했다.

"나는 이박사와 싸우다 졌으니 승자로부터 패자가 이렇게 죽음을 당하는 것은 흔히 있을 수 있는 일이다. 다만 내 죽음이 헛되지 않고 이 나라의 민주발전에 도움이 되기 바랄 뿐이다."

5장

4.19 민주항쟁

1 보수정당들의 음모

자유당은, 5월 2일의 제4대 민의원선거에 온 힘을 쏟았다. 무슨 수를 쓰서라도, 이번 총선거부터 모든 선거에 압도적으로 승리해야만, 영구집권체제를 구축할 수 있다고 보았다. 그 첫 수가, 〈협상선거법〉이었다. 자유당은 민심이 이미 떠나갔다는 것을 알고 있었지만, 민심을 되찾을 생각은 하지 않았다. 대신 민첩한 관료기구를 활용하여 민심을 왜곡하는 권위주의적 관행에 집착했다. 미군정이 임대한 조선총독부 관료 조직을 그대로 승계하여, 해방 민의를 성공적으로 분쇄한 이승만 정부에게는, 다른 대안이란 있을 수 없었고, 있을 필요도 없었다. 국민의 압도적 지지를 받는 자주독립세력마저, 빨갱이로 몰아 단칼에 없애버린 유능한 관리들이, 백성을 두려워할 리 없다.

그들에게 국민이란, 여전히, 식민지 노예와 다름없는 무지몽매한 〈조선인〉일 따름이다. 제도야당도 신경 쓸 것 없었다. 이승만의 독재를 반대하는 것만 다를 뿐이지, 지도이념이나 정책지향이 자유당과 조금도 다를 바 없는 사실상 한 뿌리 초록동색이다. 모두 다 이승만 덕을 본 기득권세력이다. 자유당의 거듭되는 무능과 부정부패에 진저리난 국민의 반감으로, 잠깐 동안 반사이익을 얻고 있을 뿐이지, 국민의 마음을 얻지 못하기는 매한가지다. 게다가 서로 죽을 판 살 판 싸우고 있다.

문제는 민중이다. 민중이 깨어나고 있다. 그것이 문제다. 그들의 입을 막아야 한다. 그래서 나온 것이, 〈선거법 개정〉이다. 선거위원회에 민주당 추천위원을 넣어주는 것 같은 미끼로, 민주당을 꼬드겨, 이른바 〈협상선거법〉을 만들었다. 우선, 선거공영제라는 미명으로, 〈선거기탁금제〉를 도입하여, 돈 없는 진보세력과 무소속, 신인의 정치 참여를 원천적으로 봉쇄하고, 입후보자의 선거운동을 제한했다. 다음, 정부와 정당의 실정을 속속들이 파헤쳐 민심을 오도하는, 못된 신문의 쓴소리를 막기 위해, 언론을 대폭 규제했다.

그러나 제4대 민의원의원선거 결과는 기대와 달랐다. 자유당은 만반의 준비를 갖추고, 동원할 수 있는 관권은 말할 것도 없고, 폭력배까지 끌어들여 원시적 물리력을 행사하는 불법 부정, 폭력을 감행했는데도, 겨우 126석을 얻은 데 그쳤다. 반면에 민주당은, 예상을 뒤엎고, 80석이나 차지하여, 힘 안 들이고 개헌저지선을 확보한, 강력 야당으로 등극했다. 득표차도, 67만여 표밖에 안되었다. 그밖에는 통일당이 1석, 무소속이 26석을 차지했다.

위헌적인 사법살인까지 저지르며 무리하게 진보세력을 제거한 것이 오히려 민주당을 키웠다. 이대로 가다가는, 다가오는 정부통령선거에서, 자유당이 낙승할 가능성이 전혀 없다는 것이 분명해졌다. 정권을 계속 유지하려면, 더욱더 세차게 재야세력을 억압하지 않으면 안 되게 되겠다. 그래서 나온 묘책이란 것이, 〈신국가보안법〉과

〈신지방자치법〉이다.

국가보안법 개정안이 국회에 상정되자, 야당은 물론 언론계를 비롯한 각계각층이, 언론자유와 인권을 침해하는 악법이라며 거세게 반대했다. 그러나 자유당은 개의치 않았다. 보란 듯이 〈반공투쟁위원회〉를 만들어, 〈반공에 반대하는 이적행위〉를 더 이상 하지 마라고 오히려 협박했다. 결국 1958년 12월 28일, 국회에서 개정반대농성중인 야당의원들을 끌어내고, 자유당 단독으로, 〈신국가보안법〉(신국보법)을 통과시켰다. 이것이 〈2.4 정치파동〉이다.

이 법은, 자유당이 5.2 총선거에서 진 것은, 재야세력과 언론의 선동 때문이라고 단정하여, 정부 비판세력, 특히 진보세력과 언론을, 반공을 빌미로, 억압하기 위한 것이다. 기존 국가보안법보다 적용대상과 이적행위범위가 넓어지고, 국가기밀의 범위를 경제, 사회, 문화 분야로까지 확대하고, 예비와 음모를 기수범과 똑같이 엄벌할 수 있게 했다. 〈무엇이 반정부적 언동인가〉를, 사법당국이 판단하는 데다, 경찰의 조서증거능력을 인정함으로써, 한국 민주주의와 국가안보의 장래가, 모두 정부, 특히 경찰과 검찰의 손끝에 매달리게 되었다.

민주당은, 당연히 강경 반대했다. 강력한 제일 야당으로 올라선 정당이 극악무도한 반인권법을 방관할 수 없다. 원내외가 합심하여 반대했다. 원내는 단식투쟁에 들어가고, 원외는 반대시위를 벌였다. 자유당이 반대농성의원들을 끌어내고 신국보법을 통과시키자, 곧바로 〈2.4 의결 무효확인〉 성명을 내고, 국회의사일정을 모두 거부했다. 그리고 재야 정당 단체와 연합하여 〈보안법반대국민대회준비위원회〉를 만들어, 거국적 규탄대회를 열기로 결의하는 등, 초강경 반대투쟁에 들어갔다.

그러나 다음 해 1월, 신국보법이 〈발효〉되자마자, 이렇듯 강력 반대하던 민주당이, 기다리기나 한 것처럼, 즉시 반대운동을 철회했다. 외로이 남은 허약한 재야인사들의 반대투쟁이 경찰의 억압을 이겨낼 리 없다.

신국보법 첫 희생자는, 미군정법령 제88호에 의하여 폐간된(1959년 4월 30일) 경향신문이다. 차기 야당대선후보로 가장 유력한 장면부통령과 연이 있는 천주교 신문사다.[주-3]

---

3. 신국보법 제정을 극력 반대하다가, 발효와 동시에 반대를 철회했던 제일 야당 〈민주당〉은, 뒷날 4.19 덕에 권력을 잡자마자, 오히려 더욱더 광신적으로, 이 법을 악용하여, 정부의 부정과 불법을 비판하는 언론과 혁신세력을, 〈법과 원칙에 따라〉 엄중 교화했다.

2 3.15부정선거

2. 4 정치파동 때, 자유당은 지방자치법도 함께 통과시켰다. 그동안 선거로 뽑던 시.읍. 면장 등, 지방행정기관장 모두를 임명제로 바꾸고, 이장과 동장까지 임명제로 했다. 이승만정부 스스로 민주주의의 표본이라며 극구 칭찬하던 지방행정체계가, 단숨에, 일제 강점기 군국주의 관료체제로 되돌아갔다. 모든 지방행정기관 공무원을 모두 여당사람으로 채워, 민심을 철저히 감시 지도하지 않고서는, 다가오는 정부통령선거에서 이길 수 없다고 판단했다.

중앙정부조직도 선거체제로 바꾸었다. 어떤 무리수를 쓰더라도, 다가오는 정부통령선거에 반드시 이기려고 했다. 젊은 야심가 최인규를 내무장관으로 전격 발탁하여, 정부통령선거 총괄업무를 맡기고, 내무장관을 중심으로, 재무, 법무 등, 선거에 관여할 수 있는 부처장관들로 〈6인위원회〉라는 선거담당 각내각(閣內閣)을 만들어, 선거를 총괄했다.

단숨에 이승만 종신집권 첨병으로 출세한 내무장관 최인규는, 중책을 맡자마자, 모든 공무원에게 〈이승만 대통령을 위하여 거룩한 일〉을 해 줄 것을 엄숙하게 당부한 뒤, 대대적인 인사개혁을 단행했다. 중앙은 물론, 지방의 모든 행정기구를, 내무장관과 치안국장을 중심으로 하는, 경찰국가 선거체제로 바꾸었다. 도지사와 경찰간부는 물론, 선거와 관련 있는 지방고위공무원 모두를, 이승만 충성서약자로 채웠다. 행정력만으로도 충분히 이승만을 4선 대통령에 당선시킬 수 있는 모든 준비를 갖춘 다음, 6월 29일 전당대회를 열어, 이승만과 이기붕을 정부통령 후보로 지명했다. 다음, 이승만 장기집권에 가장 큰 걸림돌인 조봉암을 즉각 처형했다.(7월 31일) 이승만 대통령에 대한 어떠한 도전도 용납하지 않는다는 것과 동시에, 장기 집권을 위해서는 무슨 짓이라도 할 수 있다는, 굳은 결의를 만천하에 알렸다.

민주당도 정부통령 후보를 내었다. 치열한 당권투쟁 속에서, 〈당분규수습10인위원회〉 조정으로 간신히 열린 정부통령 지명대회에서(11월 26일), 구파 조병옥이 이겨, 당선가능성이 전혀 없는 대통령 후보에 추대되고, 진 신파의 장면은 당선가능성이 아주 높은 부통령후보로 지명되었다. 그러나 다음날의 전당대회에서는, 거꾸로, 어제 진 신파가 압도적으로 승리하여, 장면이 당대표 최고위원으로 추대되었다. 굳센 단결력을 뽐내며, 철저한 사전 준비를 마친 자유당과는 달리, 민주당 신구파간의 갈등은 갈수록 깊어져, 선거기간 내내, 상호 협력을 기대하지 않는 사실상 별도의 선거운동을 하지 않으면 안 될 만큼 나빠졌다.

이런 판국에, 정부가 갑자기 선거일을 〈1960년 3월 15일〉로 공고했다.(2월 3일). 농번기를 피한다는 구실로 두 달이나 앞당겼다. 그러나 사실은, 조병옥 민주당대통령후보가, 선거를 치르지 못할 만큼 병세가 악화되어 있었던 것이, 조기 선거의 진짜 이유였다.

2월 5일, 자유당이 정부통령후보를 먼저 등록했다. 이틀 뒤 민주당도 등록하여, 선거전에 돌입했다. 선거포스터도 나붙었다. 자유당은 "나라 위한 80 평생 합심하여 또 모시자." "이번에는 속지 말고 바로 뽑자 부통령." 민주당은 "협잡선거 물리치자."이었다.

자유당은, 짜 놓은 각본대로, 동원할 수 있는 관권 금권을 모두 동원했다. 공무원은 말할 것 없고, 돈과 권력으로 동원할 수 있는 어용단체와 명사들을 총동원했다. 특히 반공청년단과 반공예술인단 같은 폭력배와 연예인을 적극 활용했다. 반면에 민주당은 진짜 초상집이 되었다. 어처구니없는 규제와 방해에, 무차별 폭력까지 난무하여, 제대로 선거운동을 할 수 없는 판국에, 대통령 후보 조병옥이, 예상대로, 2월 15일, 미국의 한 육군병원에서 세상을 떠났다.

민주당은, 한 번 더, 부통령선거만을 치르지 않을 수 없게 되었다. 그러나 대통령 후보가 있건 없건 별 문제가 아니었다. 민주당 부통령 후보 진영은, 아예 처음부터 조병옥 대통령 후보 진영과는 별도로 선거운동을 진행하고 있었기 때문이다. 조병옥은, 미군정 경찰 총수로, 국민의 원성을 하도 많이 쌓아, 관권과 금권이 완전히 배제된 깨끗한 공명선거를 치른다고 하더라도, 이승만을 이길 가능성이 전혀 없었다. 또 설사 신익희만큼 덕망이 있었다고 하더라도, 이번 선거에서는, 절대로 이길 수 없었다. 자유당이 반드시 이길 수 있는 여러 편법을 준비하여 예행연습까지 마치고 기다리고 있었기 때문이다. 자유당 후보 표 40%를 투표함에 미리 넣어둔 것이, 오히려 자충수가 될 줄은 미처 몰랐을 것이다.

3 젊은 그들

국민은, 이승만 정부의 부정부패, 권력남용을 잘 알고 있었다. 그러나 눈감았다. 한국의 자유와 민주는, 국민 것이 아니라, 정부 것이었다. 자유의 범위는 공안당국이 정하고, 민주는 관리가 대신했다. 국민에게는 복종의 자유가 있을 뿐이었다. 일제강점기와 별로 다를 바 없었다. 일제강점기의 식민지 훈육에 주눅이든 데다, 해방으로 끓어 오른 자주독립열기마저, 반자주세력의 폭압에 짓밟히는 꼴을 보고 넋을 잃었다. 먼 산보고 사는 것이 차라리 편했다.

자유당의 대안으로 떠오른 민주당도 기대할 수 없기는 마찬가지였다. 이승만에 빌붙어 호강하다가 팽 당한 퇴물들이 주류다. 자유당과 똑 같이, 반자주적 권위주의 관행에 젖어 있는 벼슬 사냥꾼들이다. 정권교체를 해봤자 달라질 게 없다. 더구나 상황판단을 너무 잘한다. 자유당은 무능하고 부패하지만, 교활하거나 변덕스럽지는 않다. 같은 수구세력이 권력을 잡을 바에야, 약삭빠른 민주당보다, 차라리 자유당의 방종을 묵인하는 편이 나을 것 같았다.

그러나 학생들은 달랐다. 해방과 더불어 민주교육을 받았다. 일제의 군국주의 교육방식으로 미국의 자유민주주의를 배우기는 했지만, 무엇이 자유이고, 민주인 가는 배웠다. 특히 자유민주주의는, 공산주의나 군국주의와 달리, 개인의 자유를 존중하고 독재를 반대하는 정치이념이란 것을 배웠다. 전제주의나 공산주의는 인권을 무시하는 독재정치를 하고, 선거가 없거나, 있더라도 개인의 자유의사가 아니라 강제 투표시키는, 나쁜 정치라고 배웠다. 그런데 바로 그 나쁜 정치라고 배운 독재를 이승만이 하고 있다. 이승만 민주정치에 회의를 느끼지 않을 수 없었다. 게다가 계속되는 부정부패, 무질서와 혼란으로, 국민생활마저 나아질 기미가 없었다. 불만이 쌓일 수밖에 없다. 더더욱 10대 후반 청소년은 진취적이고 반항적이다. 일제 교육 관행을 버리지 못한 학교 당국의 비민주적 교육행정에 대한 대물림받은 불만까지 겹겹이 쌓여, 언젠가, 어디에서나, 계기만 있으면 터지게 되어 있었다.

　고등학생들의 반정부시위는 10월 인민항쟁의 원혼이 서린 〈진보의 요람〉 대구에서부터 시작되었다. 학교당국의 권력아부관행에 대한 오랜 불만이, 정부통령선거를 계기로 폭발했다. 2월 28일이 일요일인데도 불구하고, 민주당 유세장 가는 것 막으려고 학생들을 강제 등교시킨 것이 탈이었다. 온 대구시민이, 민주당 정견발표회를 손꼽아 기다리고 있었고, 실제로 20만이 넘는 시민이 모인 유세장에, 학생들을 못 가게 했으니 사달이 안 날 수 없었다.

　대구 학생시위는, 다른 지역으로 빠르게 번졌다. 선거 전날까지, 서울, 부산 등 대도시뿐 아니라, 대전, 수원, 충주, 청주, 포항, 인천, 문경 등 전국적으로 퍼져나가, 수많은 지역의, 수많은 고등학생들이, 한밤중까지 부정선거 규탄데모를 벌였다. 그런데도 정부와 자유당은 눈 하나 깜짝하지 않았다. 일간신문들이 자유당의 부정선거계획을 다투어 보도하여, 모든 국민이 흥분하고 있는데도 불구하고, 정부와 자유당은 조금도 두려워하지 않았다. 언제나와 마찬가지로, 빨갱이 타령 한 방 만 터트리면, 금방 수그러들 것이라고 자만했다. 제일 야당 민주당 또한 다르지 않았다. 유례없는 부정선거에 대해, 관례대로, 의례적인 불만을 늘어놓을 뿐, 근원적 정치개혁을 외치는 학생들의 외침을, 대수롭게 생각하지 않았다.

　자유당과 정부는, 모의훈련까지 마친 원시적 부정선거계획을 거침없이 실행했다. 사전투표, 무더기 투표, 대리투표, 3인 조투표에다 표 바꿔치기 같은 모든 관례적인 부정수법을 모두 동원했다. 친 야당 인사에게는 아예 투표용지조차 주지 않았으며, 야당참관인을 투표소에 들어가지 못하게 막는 경우도 허다했다. 야당후보에게 투표하지 못하게 하는 공포분위기 조성만으로도 충분히 이길 수 있었는데도, 과잉 충성이 오히려 파탄을 자초했다,

4 3.15 민주항쟁

선거일인 3월 15일. 전국 곳곳에서 원천적 부정선거 항의소동이 일어났다. 그중에서도 마산이 가장 격렬했다. 항의군중을 진압하는 과정에서, 어린 학생을 포함한 26명이 경찰 총에 맞아 죽고, 86명이 다치고, 220여 명이 잡혀 들어갔다. 부산, 진주, 서울 등 다른 지역에서도 고등학생들의 항의시위가 잇따라 일어났지만, 경찰이 강경 진압했다. 정부는 관례대로, "간악한 공산당의 배후조종으로 일어난 난동"을 단호히 척결하겠다고 협박했다.

개표결과, 자유당 이승만은, 9,633,376표로 자동 당선되고, 부통령후보 이기붕도 8,337,059표를 얻어, 1,843,758표를 얻은 민주당 장면후보를 압도적 표차로 누르고 이겼다. 다음날, 중앙선거관리위원회는 정부통령 당선을 확인하고, 투표율이 94.3%라고 발표했다.

자유당은, 즉시 자당 정부통령후보를 지지해준 국민의 성원에 심심한 감사를 드리는 성명을 발표했다. 그러나 바로 그 날, 기분 나쁘게, 한국 최대우방국 미국대통령 아이젠하워가, 한국의 정부통령 선거에서 "폭력사태가 발생한 것을 개탄한다"는 유감의 뜻을 보내왔다.

3월 18일. 국회가, 야당의원이 퇴장한 가운데, 정부통령 당선을 공표하자, 민주당 의원들은 〈선거무효선언문〉을 낭독하고 총퇴장했다. 민주당의원들은, 마산에서 벌어진 반인간적 만행에 항의하기 위하여 의원직 총사퇴문제를 논의했으나 또 실패했다. 또다시 신구파가 대립하여, 아무 결론도 내리지 못해 흐지부지 되고 말았다. 정부와 자유당은 서둘러 민심수습에 나섰다. 부정선거를 총지휘한 내무장관 최인규의 사표를 수리하여, 홍진기 법무장관을 내무장관으로 임명하고, 학생데모를 사전에 차단하기 위해, 학교에 경찰을 배치했다. 덕택에 학생데모는 누그러졌다. 부산에서 고등학생 1,000여 명이 시위를 벌였을 뿐이다.

끝난 것 같던 항의시위가 다시 불붙은 것은, 4월 11일, 마산 앞바다에 데모학생의 시신이 떠오르면서였다. 3월 15일, 시위 도중 행방불명되어 어머니가 며칠 동안 실성한 듯 찾아 헤매던 김주열 군이, 얼굴에 최루탄이 박힌 체 떠오르자, 마산시민들은 격노했다. 그 많은 사람을 죽여 놓고도, 공산당 배후공작을 들먹이며 협박하는, 이승만 정권의 잔인하고 염치없는 짓거리에 울화통이 터졌다. 수만 명의 학생과 시민들이, 부정선거와 관련 있는 자유당 사무실과 관공서, 파출소를 습격했다. 이 북새통속에서 또 두 사람이 죽고 여러 사람이 다쳤다.

항의시위는 다음날에도, 또 그다음 날에도, 계속되었다. 학생들이 앞장서고 학부모가 뒤따랐다. 어린 학생을 무참히 죽이고도, 공산당 배후타령만 뇌까리는 자유당정권의 후안무치한 언동에, 부녀자들이 더 화가 났다. 김주열 학생을 최루탄 쏘아 죽인 자가, 친일경찰이라는 사실이 알려지자, 시민들은 더 이상 참을 수 없었다. 상가도 문을 닫고 시위에 나섰다.

그런데도 정부는 사태의 심각성을 깨닫지 못했다. 오히려 더욱 강경 대응했다. 미군 정으로부터 물려받은 선진적 진압방식으로 강력히 눌렀다. 문교장관 김선기는 학생데모 배후조종자를 하루 빨리 색출하고, 제2차 마산데모에 참가한 학생들도 찾아내어, 명단을 통보해달라고 내무부에 요청했다. 검찰도 나섰다. 저명 반공검사 오제도 대검검사를 마산으로 급파하여, 간악한 배후조종 공산도배 색출에 몰두했다. 국회 마산사건 대정부질의에 나온 신언한 법무차관은 "분명히 공산당 개입혐의가 있다"라고 답변했다. 네 번째 대통령에 당선된 이승만도, "공산당이 배후에서 조종하고 있다"는 특별담화를 발표했다. 정부는 공식적으로 "이번 사건은 공산주의자들에 의하여 고무되고 조종된 것"이라고 발표하고, 반국가적 난동을 부추긴 공산당 배후를 철저히 밝힌다는 구실로 엉뚱한 사람들을 줄줄이 잡아넣었다.

드디어, 대학생이 나섰다. 4월 18일. 고대생이 국회의사당 앞에서 연좌데모하고 학교로 돌아가다가, 종로4가에서, 반공청년단의 습격을 받아 10여 명이 다쳤다. 학생 한 명이 죽었다는 소문이 퍼지자, 흥분한 학생과 시민들이 밤중까지 항의시위를 벌였다. 부산에서는 동래고등학교 학생들이, 경찰의 공포탄과 최루탄에 맞서 싸워 여러 명이 다치고, 청주에서도 3천여 학생이 가두시위를 벌이는 등, 고등학생들의 겁 없는 시위가 전국적으로 번졌다.

이 날 밤, 대학을 갓 졸업한 양춘우가 찾아 왔다. 입학하자마자 문 닫은 문리대 기숙사 방을 고쳐 함께 있던 국민학교부터 줄 후배다. 들어오자마자 화를 낸다. "나쁜 자식들. 내일 같이 나가기로 해 놓고 하루 먼저 나가다니, 말이 됩니까?" "무슨 말이요?" "대학 대표들이 비밀히 모여, 19일 화요일에 일제히 일어나기로 했는데, 고대 애들이 자기들만 먼저 나갔단 말입니다. 아무튼 우리는 내일 아침 학교에서 모여 나갑니다." 분위기가 심상치 않다.

다음날 아침, 일찌감치 학교에 나갔다. 문리대 동부연구실 모퉁이에 줄지어 핀 라일락 꽃향기가 오늘따라 진하다. 교문 앞다리 주변으로 학생들이 모여든다. 그리 긴장한 표정들이 아니다. 데모할 사람들 같지 않다. 학생들이 문리대 안과 의과대학 뒷문까지 찰 때쯤 누군가 선언문을 읽는다. 그리고는 종로5가 쪽으로 행진한다. 잠깐 동안 부정선거를 규탄하는 외침이 들리는 듯했지만 곧 조용히 걸어간다. 모든 대학 학생들이, 태평로 국회의사당 앞에, 모이기로 했단다. 교문 앞에 멍청히 서서 시위행렬 뒤를 바라보고 있는데 곁에 있던 한 후배가 힘주어 말한다. "이제 경무대로 쳐들어 갈 겁니다." 그게 될까? 가슴이 뛴다.

대학생들이 국회 앞에 모였다. 서울대 각 단과대학생들이 차례로 합류하고, 동국대, 건국대, 성균관대, 연세대, 중앙대를 비롯하여 홍익대, 경기대, 외국어대, 단국대, 국학대, 국민대, 서라벌예술대 학생들이 모두 모였다. 고대생도 다시 나왔다. 검은 교복

사이에 흰 가운 입은 의과대학생들도 눈에 띄었다. 동성고를 비롯한 고등학생과 중학생들도 함께 모였다. 어린 여학생들도 있다. 일반 시민들, 주로 직업청소년들도 엉거주춤 함께 모여, 국회 근방이 사람들로 가득 찼다. 을지로 내무부 앞에서부터 반도호텔, 시청, 국회 앞, 종로까지 학생들로 넘쳤다. 무장 경찰들이, 학생들의 경무대 진입을 막으려고, 중앙청 앞에 진을 치고 있다. 검은 옷 입은 학생들과 검은 옷 입은 경찰, 그리고 길가에 널어선 시민들. 심상치 않다.

국회 근방에서 얼른 점심 먹고, 외무부 통상과에 근무하는 유종현을 찾아갔다. 국회 맞은편 굽은 골목길을 돌아, 무교동 중국집 중흥각 옆 4층 건물에 외무부가 들어 있고, 그 건물 옥상 베란다에서는, 소방서와 동아일보 사이로, 광화문 네거리를 넘어 중앙청까지 훤히 내려다보인다. 시위대 구경하기 안성맞춤이다. 이미 여러 사람이 올라가 있다. 중앙청 앞까지 빽빽이 들어 찬 학생들을 한참 동안 바라보다가, 길가에서 따라가며 보려고 내려가고 있는데, 갑자기 총소리가 벼락 친다. 거의 동시에 베란다에서 "총 맞았다." 외침이 들린다. 유종현과 같은 과에 근무하는 김사무관이 유탄에 맞아 쓸어졌다. 중앙청 앞에서 시위학생 저지하는 경찰이 쏜 일제사격에 변을 당했다.

경찰은, 중앙청 앞뿐만 아니라, 경무대로 행진하던 학생들에게도 일제 사격을 가하여, 최소 21명이 사망하고 172명이 부상당했다. 참변을 목격한 학생들이 울부짖었다. 신문팔이, 구두닦이 같은 직업청소년과 뜨내기들은 더 못 참았다. 얼마 지나지 않아, 국회 맞은편에 있는 정부기관지 서울신문사가 폭발하면서 불길이 치솟았다. 불 끄러 나온 소방차도 불붙었다. 반공회관도 함께 불탔다. 서대문 이기붕 집 앞에서 동대문 운동장에 이르는 종로거리와, 을지로 내무부 근방에서 국회 앞 태평로의 모든 길을 시위군중이 점거했다.

정부도 물러서지 않았다. 오후 3시, 오후 1시로 소급하여, 서울에 경비계엄을 발령하고, 경찰트럭을 동원하여, 광화문 일대의 데모대에게 무차별 총격을 가했다. 오후 5

시에 경비계엄이 비상계엄으로 강화되면서, 시위와 진압도 함께 과격해졌다. 동북방면에서는 경찰이, 트럭에 올라 시위하는 데모대에 발포하여, 많은 희생자가 나고, 흥분한 시위대는 동대문과 청량리 일대 파출소를 불태우고 총기를 빼앗아 무장했다. 시위대의 주장도 과격해졌다. "민주주의 사수" "부정선거 다시 하라"에서, 어느덧 "일인독재타도," 이승만 물러나라"로 바뀌었다. 드디어 완전무장한 계엄군이 탱크 앞세우고 서울시내에 들어왔다. 군인이 들어온 뒤에도, 변두리로 밀려난 시위대와 경찰 간에 간간이 총격전이 벌어졌지만, 밤이 깊어가면서 잠잠해졌다. 부산, 대구, 전주, 제주 등 여러 지방 도시에서도 시위가 격렬해져 희생자가 늘어나자, 정부는, 지방 도시에도 계엄령을 내렸다.

다음날 서울시내는 조용했다. 광화문과 종로, 서대문, 중앙청 등 서울 중심가 일대에, 중무장한 군인들이 삼엄한 경계를 펴고 있었다. 군인들은 전차와 장갑차 옆에 묵묵히 서서 제자리를 지키고 서 있을 뿐, 지나가는 시민들에게는 전혀 관심이 없었다. 어제 총 쏜 경찰과는 아주 다르다. 지나가는 시민이나 학생들도 목석같이 서있는 계엄군을 조금도 무서워하지 않았다. 시민들은 아무런 불편 없이 평상시와 다름없이 서울 시내를 마음 놓고 나다녔다.

변두리로 나갈수록 경찰들이 더 눈에 띄지 않고 고요했다. 저녁에 사회학과 4학년인 안병규가 찾아왔다. 시위 계획에는 참여하지 않았지만, 시위대열이 진행방향 문제로 의견이 엇갈릴 때, 용감하게 경무대로 행진하는 서울대 학생 대열에 앞장서 경찰에 맞섰다 한다.

학생들의 반정부시위에 놀란 것은, 이승만과 자유당만이 아니었다. 미국이 더 놀랐다. 이승만이 저질은 온갖 잔악행위를 감싸주던 미국이, 이제야 겨우 정신을 차렸다. 그러나 이승만은, 미국의 질책에도, 정신을 못 차렸다. 학생들의 반정부시위가, 오직 무리한 부정선거 때문에 일어난 것으로 착각하여, 시위의 원인인 부정선거에 대한 모든 책임을 자유당에 떠넘기고, 정부통령선거를 다시 하는 선에서 가능한 한 빨리 사태를 수습하고자 했다.

유일 야당, 민주당 지도부 생각도 같았다. 자기들과 무관하게 진전하고 있는 학생들의 반독재 민주화투쟁 불길이 더 커지면, 자유민주주의의 허구에 기생하는 민주당의 지반마저 무너질 수 있다는 것을 잘 알고 있었다. 그러나 국민의 마음은 달랐다.

4월 25일. 대학교수들이 움직였다. 서울의대 함춘원에 모인 여러 대학의 교수들이, "이승만 정권 물러가라"라고 외치며 종로로 나섰다. 학생들이 뒤 따랐다. 국대안파동과 6.25전쟁을 거치면서, 집권세력과 사회적 가치를 공유하는 반공보수세력이 장악한 교수사회마저 등을 돌렸다는 것은, 이승만 자유독재의 정치적 기반이 완전히 무너졌다는 것을 뜻한다.

이승만의 버팀목인 미국이 외면하고, 국민을 감시하는 경찰이 손을 놓고, 정권을 뒷받침하는 호위집단이 등을 돌렸으니, 아무리 하나님이 점지한 이승만이라도 도리가 없다. 물러날 수밖에 없다. 교수데모가 있던 날 밤, 돈암동 전차종점에서 양춘우를 만나, 김성희 교수 집을 찾아갔다. 점심식사 뒤, 교수회의 간다고 나가셨으니 분명히 데모에 참여했을 것이라, 안부가 궁금했다. 대문을 뚜드리니 사모님이 놀라신다. 경찰이 잡으러 온 줄 아셨단다.

학생데모 때와는 달리, 경찰도 손을 놓았다. 교수데모 다음날에는, 아침부터 수많은 학생과 시민이 거리로 몰려나와, "이승만 즉시하야"를 외쳤다. 계엄군은 시민의 박수를 받으며 침묵했다. 이승만도 더는 견딜 수 없었다. 깨어난 젊은이들의 민주의식이 마침내 이승만 독재정치를 무너뜨렸다. 이승만으로부터 팽 당한 기득권 보수세력이 민주주의를 염불하고 있을 동안에, 어리고 젊은 학생들이 자유와 민주를 실천했다.

이승만이 대통령 사임서에 서명하자(4월 26일), 자유당이 다수인 국회가, "이승만 대통령 즉시하야", "정부통령선거재개", "의원내각제개헌"을 만장일치로 의결했다. 이승만이 물러나자, 헌법에 따라, 수석국무위원 외무부장관 허정이 대한민국 초대 대통령 권한대행이 되었다.

제2공화국

1 허정과도내각

흔들리는 기성체제를 지키기 위한 합헌적 선택으로 등장한 허정내각의 5개 정책은 이렇다. (1) 확고한 반공정책의 진전. (2) 부정선거의 처벌대상자 제한. (3) 혁명적 정치개혁의 비혁명적 방법으로의 수행. (4) 4월혁명과정에서의 반미적 언동자 처벌. (5) 한일관계 정상화.

4.19민주항쟁의 원인을, 이승만과 꼭 같이, 부정선거로 돌리면서도, 처벌대상자를 제한하고, 〈4.19혁명과정의 반미행위자를 비 혁명적 방법〉으로 처벌하겠다고 하는, 철저한 반동정책이다. 4.19 민주항쟁과 사회혼란의 주된 원인인 이승만의 독제만행

에 대해서는 아무 말이 없다. 오히려 이승만 독제체제의 바탕인 친미 반공정책을 강화하고, 친일정책까지 추구하겠다고 한다. 피 흘려 이룩한 〈4.19 민주정신〉을 거스르는 반혁명적 반동이다.

허정임시내각은, 생태적으로, 4.19정신을 수용할 수 없었다. 4.19 민주항쟁은, 이승만의 자유민주주의독제에 항거하여 되살아난 자주독립정신의 부활이다. 자유당의 부패와 부정선거만을 규탄하는 차원을 넘어, 진정한 민족적 민주주의국가를 수립하려는 외침이었다.

그러나 허정은 다르다. 이승만과 정치지향을 같이하는 반 혁신 자유민주주의자다. 미국 유학 중에는, 이승만이 제멋대로 만들어 임시정부와 불편한 관계이던, 구미위원회 위원을 역임하고, 해방되고는 임정봉대 앞세운 한민당의 창당 멤버다. 또 이승만이 정권을 잡자마자, 교통부장관, 사회부장관, 국무총리 서리, 무임소장관, 서울시장 등 정부 요직을 두루 거쳐, 1959년에는 한일회담 수석대표도 맡았던 이승만 심복이다. 이승만 연줄로 출세한 허정이, 이승만을 축출한 자주민주세력과 손잡고, 이승만을 처단할 만큼 민주적인 정치인은 결코 아니다. 이승만정부에서 물러난 뒤에도, 민주당 최고위원이 된, 반 좌익 보수인사에게 4.19민주정신이 통할 리 없다. 그러나 학생들은 침묵했다. 이승만 하야만으로 민주주의가 완성된 것으로 착각했다. 기성 반자주정치집단의 반동화에 대응할 의지도 없었고 능력도 없었다.

6월 15일, 국회가 의원내각제를 중심으로 하는 새 헌법을 만들자, 허정은 신헌법에 따른 의원내각제 정부의 임시국무총리로 선출되어, 엉겁결에, 제2공화국 초대 국무총리와 동시에, 제2대 대통령권한대행도 겸하는 횡재를 했다. 그러나 무거운 벼슬을 한 몸에 진 허정이 할 수 있는 일은 거의 없었으며, 또 하려고도 하지 않았다. 기껏 국민의 분노를 선거부정으로 돌려, 만만한 부정선거 원흉 몇을 잡아넣고는, 이승만을 안전하게 해외로 도피시키는 〈비혁명적 방법으로〉, 국민을 농락했을 뿐이다.

4.19 민주정신과 거리가 먼 허정내각이 할 일, 또 하나는, 민주당 입맛에 맞는 신정부를 구성할 국회의원을 뽑는, 선거관리 대행이다. 보다 정확히 말하면, 이승만이 다져놓은 반자주 반공통치체제 권력을, 힘 안 들이고 횡재한, 〈호헌동지〉들에게 넘겨주는 배달부 역할이다. 따라서 허정내각정부는 중간정부(interim government)나 임시정부(transitional government)가 아니라, 선거관리내각(caretaker cabinet)이나 문깔개정부(doormat government), 안내원정부(usher government), 아니면 정권이삿짐센터였다.

2 7. 29 총선거

6월 23일. 국회에서 〈민 참의원 동시선거 대정부건의안〉이 통과되자, 정부는 27일 제5대 민의원 및 초대 참의원의원 총선거를 7월 29일에 실시한다고 공고했다. 선거 기간은 32일이다. 젊은 민주세력이 혁신적 민주주의를 실천하기에는 너무 짧다. 만일 4.19항쟁이 혁명이었다면, 혁명을 주도한 주체세력이 정치권력을 장악하거나, 아니면 주도세력을 후원하는 새로운 정치세력이 혁명으로 생긴 신질서를 관리 옹호해야 한다.

그러나 4.19항쟁은 혁명으로 전진하지 못한 반정부항쟁으로 끝났다. 부정과 불법으로 지탱하고 있던 이승만의 독재정치를 끝났을 뿐, 체제자체는 그대로 남겨두었다. 항쟁을 주도한 학생들은 체제를 바꿀 계획도 없었고, 정권장악 의지도 능력도 없었다. 따라서 7.29총선거는, 기성체제에 대한 심판이 아니라 기성체제를 관리할 기성세력을 찾는 선거가 될 수밖에 없으며, 그 세력은 자멸한 자유당의 유일한 대안정당인 민주당뿐이다. 게다가 기성체제를 지탱하는 기민한 관료조직이 그대로 있다. 일제 강점기 이래 반복적으로 학습한 권위주의관행을 쉽사리 버릴 만큼 민주적인 사람이 반봉건 관료국 관리가 되었을 리 없다. 상명하복의 군국주의를 익힌 관료가 군림하고 있는 한 젊은 자주민주세력이 끼어들 틈은 없다.

진보진영도 마찬가지다. 오랜 독재가 무너지자, 혁신적 민주체제를 건설할 여건이 성숙된 것으로 착각했다. 자유당독재 타도에 흥분하여 정국의 흐름을 명확히 파악하기 힘들었을 것이다. 해방 뒤, 자주독립세력이 미국자본주의란 최대 변수를 간과했던 것과 별로 다르지 않다. 장장 15년 간, 미국과 이승만이 다져놓은 친미반공체제의 강도를 그들은 잘 못 알았다.

7.29총선거에는 민의원의원 233명에 1,518명이 입후보했다. 기성 정당인 민주당

과 자유당 말고도, 급조된 많은 정당들이 후보를 내었다. 집권이 확실한 민주당은 땅 집고 헤엄치기 감투를 서로 차지하려고 심하게 다투었다. 신구파간의 치열한 갈등 끝에, 정원 233명인 민의원 후보에, 정규 공천자 227명을 포함하여 305명의 민의원의원 후보를 내었다. 자유당은 후보를 공천하지 않았다. 자유당정권을 심판하는 총선거에 공천해야 실익이 있을 수 없어, 대부분 무소속으로 출마했다. 그래도 자유당 이름으로 출마한 사람이 54명이나 되었다. 자유당정권은, 이승만과 함께, 무너졌지만 자유당은 그냥 그대로 살아있었다. 4.19민주항쟁 열기에 들뜬 혁신계도 다투어 정당을 만들어, 입후보자를 내었다. 사회대중당 129명, 한국사회당 19명, 혁신동지총연맹 13명, 한독당 12명, 사회혁신당이 1명이다.

각 도별, 중선거구제인 참의원의원 선거에는 정원 58명에 201명이 출마했다. 민주당은 여기에도 정원보다 많은 60명을 공천했다. 자유당 11명, 사회대중당 7명, 한국사회당 2명, 한독당 1명 후보를 내고, 기타 단체와 무소속 등록자가 115명이었다.

선거는, 외견상으로는, 보수와 혁신의 대결이었다. 두 진영 모두 자유당 독재를 청산하고, 새로운 정치문화를 만들려고 하는 점에서는 같았다. 보수세력은 기성체제의 민주화에 중점을 둔 반면, 혁신세력은 혁신적 민주주의체제를 원했다. 그러나 승부는 이미 정해져 있었다. 혁신계는 4.19민주항쟁으로 새로운 민주주의가 힘을 얻을 것으로 기대했지만, 전혀 아니었다. 이승만체제의 탄압과 분열정책으로 사실상 잠자고 있던 혁신세력이 대열을 재정비하기에는 시간이 너무 짧았을지도 모른다. 힘을 합치더라도 힘든 싸움인데도 노선갈등으로 흩어져 싸웠으니 참패할 수밖에 없었다. 자유당 독재 타도에 만족한 국민은, 먼 진보보다 빠른 안정을 원했다. 신체제를 만들려는 항쟁세력이 아니라 기성체제의 호헌세력으로 등장한 민주당을 택했다. 게다가 기민한 관료체제가 이를 도왔다.

총선거 결과, 민주당은 민의원의석 175석, 참의원31석을 차지하는 압승을 거두었다. 혁신계는 민의원에서 사회대중당 4석, 한국사회당 1석을, 참의원에서 사회대중당 1석, 한국사회당 1석을 얻었다. 자유당은 공천하지 않았는데도, 민의원 4석, 참의원 2석을 얻고, 무소속도 다수 당선되어, 소리만 요란한 혁신계를 무색하게 했다. 한국국민은, 4.19민주항쟁의 성공에도 불구하고, 오랜 반공 훈육으로 다져진 반 좌익 강박관념을 넘어설 수 없었다.

이 선거 출마를 결심하고, 먼저, 김성희 교수에게 지원을 부탁했다. 4.25 교수데모에 앞장서셨고, 또 부산 서면출신이라 부산에 발이 넓어 큰 힘이 될 것이라 생각했다. 교수님은 그리 내키는 않으신 것 같았지만, 다음날 함께 부산에 내려가 주시기로 했다. 서둘러 기차표 사러 서울역에 갔다. 예매는 서울역창구에서 하지 않고 역사 왼쪽 길가 건물에 있는 매표소에서 한다. 표사기가 무척 힘든 때라 걱정스러운 얼굴로 들어가려는데, 낯선 청년이 친절하게 대신 사주겠다 한다. 얼핏 보아도 역전 깡패가 분명한 것 같지만 급한 마음에 고맙다고 돈을 주었다. 그러나 한참을 기다려도 안 나온다. 안으로 들어가 보니 없다. 어떻게 저런 사기꾼을 믿었을까? 처음부터 싹수가 노랗다. 직원에게 사정하여 간신히 표를 구했다. 다음날 부산 당감동 김교수 처남집에서 기다리는 청년들과 저녁 먹으며, 선거 이야기를 나누었다.

결국 4.19 열기에 들떠 부산진 갑구 민의원 선거에 무소속으로 출마했다. 공약은, 〈남북협의에 의한 평화통일, 군축에 의한 전쟁방지 등〉, 학생들 요구 그대로다. 당초 혁신계 정당으로 나가려고 사회대중당과 협의했으나 안 되었다. 사회대중당 지도자 박기출이, 연고지인 중구와 동구 대신 부산진 갑구를 고집해서, 처음부터 성사 가능성이 없었다. 중구와 동구에는, 민주당 거물 오위영과 박순천이 나오는 반면, 부산진 갑구 민주당 후보자는 이종남이란 정치신인이다. 국민학교 동기인 김규철이, 박기출 참모 김배영, 김한덕과 협의하여, 민의원 보다 당선 가능성이 높은 참의원 출마를 적극 권했지만 실패했다.

대다수 국민은, 4.19항쟁의 진전이 아닌 조속한 안정을 바란다는, 보수신문들의 줄기찬 여론몰이로, 유일야당인 민주당이 압도적으로 유리할 때다. 음지로 쫓겨난 진보세력이, 모두 뭉친다 하더라도 승산이 전혀 없는 상황임에도 불구하고, 뭉쳐지지 않았다. 서양 진보주의자와 달리, 한국 진보세력은, 4.19 열병으로 인한 과대망상증에 걸려 이성을 잃고 있었다.

출마하기로 결심은 했지만 돈이 없다. 선거가 돈 먹는 하마인 줄 미처 모른 게 탈이다. 처음부터 첩첩산중이다. 부모님에게 손 벌일 수밖에 없지만, 가세가 기울어 큰 집 팔고 작은 집으로 옮긴 처지라, 부모님에게 남은 돈이 있을 리 없다. 결국 고향에 있는 남은 재산 처분할 수밖에 없다. 당장 공탁금부터 내어야 한다. 그것도 이번 선거부터는, 자유당과 민주당이 짜고 만든 이른바 〈협상선거법〉에 의하여, 무소속후보는 두 배나 더 내어야 한다. 땅이 안 팔려 안절부절 뛰어다니는데, 다행히 국민학교와 대학 후배인 신영화가 군말 없이 선 듯 내어놓는다. 당시 선거분위기로 보아, 무소속 출마자가 공탁금을 되돌려 받을 공산이 전혀 없는데도 불구하고, 신영화는 개의치 않고 선 듯 내어놓았다.

선거운동이 시작되었다. 아버지 친구 두부공장 사무실을 임시 연락사무소로 빌렸다. 선거 관리는 친동생 남수와 계수가 맡고 양춘우가 도왔다. 고향과 부산의 친인척은 물론이고, 정효택, 신영숙, 정이수, 최경지 같은 서면 친구들과 정재영, 이종균, 김장욱, 옥정석, 이성환 등 중고교 동기들도 모두 물심 양심으로 도와주었다. 선거운동은 주로 후배들이 맡았다. 이기우, 손영태 등, 부산고. 경남고, 부산상고, 동래고 가리지 않고, 후배들이 끼니를 굶으면서도 고장 난 마이크 둘러매고 열심히 뛰어다녔다. 그중, 손영태는 온 가족이 밤낮 가리지 않고, 가야동 일대를 샅샅이 누볐다. 갑오경장으로 면천하고도 강정을 지키던 김씨 부부가, 환갑 넘은 연세에도 아랑곳하지 않고, 열심히 허드렛일을 도와주셨다.

선거가 시작되고 얼마 안 되었을 때다. 아이들이 뛰어다니면서 이상한 노래를 한다. "히수는 허수다. 실수는 종수다." 물론 맞는 말이다. 그런데 하필이면 왜 이때 이런 말이 나오나? 가뜩이나 자신 없는 판에 분위기마저 잡혔다. 선거가 중반을 넘었을 때, 대학 동기인 연합통신 김영수가, 동아일보 권오기와 함께, 취재 겸 격려 겸 찾아왔다. 반가운 두 명문 언론사 기자들을 만나 차 마시며, 솔직히 잘해야 3등밖에 못할 것이고, 아마 공탁금 찾기도 힘들 것이라 전망했다. 민주당은, 누가 후보가 되던, 말뚝만 꽂아도 당선될 것이 분명하고, 박기출이 부통령 후보까지 한 저명인사라 차석을 차지할 것이니, 3등이라도 하면 그나마 최대 선전이 될 것이라 했다. 다음날 동아일보에, 부산진 갑구 선거전망 기사가 말한 그대로 나와, 쓸쓸히 웃었다. 떨어질 줄 알면서 선거운동하다니. 제정신인가?

3 ▶ 인간의 조건

　마의 7월 29일. 선거운동이 끝나고 투표가 시작되었다. 아침부터 민주당이 부정투표를 저지르고 있다는 소문이 들린다. 협상선거법에 따라, 여야당 모두 선거위원을 둘 수 있지만, 자유당 후보자가 없으니, 선거위원 모두가 사실상 민주당 사람인 데다가, 부정선거 실행 경험이 풍부한 관리들이 직무에 충실했을 가능성도 없지 않다. 부정선거 피해를 당해본 사회대중당사람들이 흥분했다. 자칫 잘못하다가는 함께 말려들 것 같아, 미리 자리를 떠, 선거와 관계없는 집에서 쉬고 있었다. 그러나 기 오른 젊은 운동원들이 가만 두지 않는다. 투개표부정을 모두 잡아 증거가 확실한데 왜 가만히 있느냐고 흥분한다.

　마지못해 따라 나가 개표장인 부산상고 담장 옆길에 모였다. 강당에서 개표가 시작된 오후 7시가 좀 지나 서다. 모인 사람이 2, 3백 명은 족히 된다. 긴 여름 해에 익어 아직도 뜨거운 보도를 "부정선거 다시 하라", "민주주의 되찾자."라고 외치며, 개표장과는 정반대편인 부산상고 정문 쪽으로 행진했다. 행진이 시작되자마자, 사람 키보다 두 배나 높은 담 안쪽에서 돌멩이가 연신 날아온다. 주먹만 한 것도 있다. 행렬 뒤쪽 청년들 여럿이 맞아 비명소리가 이어진다. 앞선 사람들은 급히 걸어 돌을 피했지만, 뒤따르던 열혈청년들이 가만있을 리 없다. 날아온 돌멩이를 주워 도로 학교 안으로 던진다. 담장이 높아 바깥에서 안쪽으로 던지는 돌에 힘이 실릴 수 없을 뿐 아니라, 담장 따라 나무들이 서 있어, 돌 던진 자를 맞출 수 없다. 단지 돌 맞은 데 화가 나 분풀이로 도로 던져 넣었을 뿐이다.

　계속 날아드는 돌멩이에 쫓겨 몇 걸음 나가니 경찰과 민주당원이 앞을 막는다. 대뜸 폭력시위했단다. 돌 던진 자들은 민주당원이고 이쪽은 맞기만 했는데, 그것이 〈소요죄〉란다. 폭력행사한 자들이 피해자를 도리어 폭도라 협박한다. 자유당보다 훨씬 더 교활한 자들이다. 단지 백 미터쯤 구호 외치며 걸어갔을 뿐인데 어이없는 범법자가 되었다.

한동안 경찰서 안 의자에 앉아 있었다. 아직 개표가 끝나지 않아 후보자 대우한단다. 밤이 깊어지자 형사가 책상으로 불러 몇 마디 묻더니 유치장에 넣는다. 무슨 놈의 법이 이리도 쉽게 사람을 잡아넣나? 유치장 안에는 여러 사람이 들어있다. 한쪽 구석에 기대앉으니 잠이 퍼붓는다. 선거운동하느라 심신이 모두 지쳤다. 얼마나 잤을까. 누가 깨운다. 형사가 나오란다. 무슨 역적질했다고 한밤중에 불러내나? 반쯤은 졸면서 대답할 수밖에 없다.

먼저, 누구 집에 가서 연설하지 않았느냐고 묻는다. 아버지 친구 가게에 오라 해서 아버지 친구 몇 분과 커피 마시며 이야기한 일이 있다. 아마 그걸 묻는 것 같아 "이야기했다" 하니, 〈호별방문〉이란다. 그리고는 항의시위에 참가했는가 묻는다. "그렇다" 하니 고개를 끄떡인다. 그밖에 다른 것 몇 가지 묻고는, 짜증 나듯 혼잣말처럼 중얼거린다. "하필 왜 박기출 같은 놈하고 섞이나요?" 멍청하게 쳐다보고 있으니, 유치장에 들어가 다시 자란다. 다음날에도 낮에는 얼씬도 않던 형사가 또 한밤중에 불러내어 보충 조사라는 것을 한다. 잘 못한 것이 더 없는데 왜 자꾸, 그것도 하필이면 한밤중에, 불러내는지 모르겠다. 정말 짜증 난다.

다음날 오후 늦게 호송차 타고 형무소로 갔다. 동대신동 산자락 외진 곳이라 그 근방에는 얼씬도 하지 않았는데, 어쩌다가 이 음침한 곳으로 오게 되었는지 모르겠다. 입소 수속하고, 푸른 저고리와 바지로 갈아입고 나니 밤이다. 그러고도 한 참이나 지난 뒤에야, 밥그릇 국그릇 수저 안기더니, 구불구불 돌고 돌아 큰 철문 열고 들어간다. 침침한 긴 복도 좌우로, 육중한 나무문을 단 방들이 죽 늘어서 있다. 단 한 번도 쳐다보지 않고 한마디 말도 없던 간수가, 한 방 앞에 서더니 굵은 열쇠로 문을 따고는 등을 민다. 방으로 한발 들여놓자마자 욕이 나온다. "이 새끼 왜 밥통 밟아?" 경상도 말이 아니다. 간수는 우두커니 지켜보고 섰다가 쾅 문 잠근다. 방안이 희미하여 잘 보이지는 않으나 적어도 서른 명쯤이 양방향으로 어깨를 기대어 누워있다. 문 앞에 누운 사람이 "안으로 들어가" 하면서, 무슨 죄냐고 묻는다. "데모죄요" 하니 조용하다. 누운 사람 밟지 않으려고 조심스레 맨 안으로 들어가 간신히 비집고 누우니, 옆에 있는 통에서 냄새가 난다. 똥냄새다. 긴 새우젓통 뚜껑 밖으로 물이 스며 나는 것이 어둠 속에서도 보인다. "팔자 사납네" 하며 돌아누웠더니, 옆에 누운 사람이 가만히 묻는다. "어디에서 왔습니까." "부산진 갑구입니다. "그렇습니까. 저는 창녕에서 왔습니다. 우리도 데모하다 잡혀 왔습니다." 그러면서 자리를 바꾸잔다. 열 살은 더 많아 보이는 정선생이, 똥통 안고 자겠단다. 깜짝 놀라 싫다 했지만, 첫날은 어려우니 오늘만 바꿔 자잔다. 못 이긴 체 바꾸었다. 눈물이 돈다. 이 악물고 참아 온 울분이 가슴을 친다.

다음날 아침. 기상 소리에 일어나 두 줄로 방문 보고 앉아 점고받는다. 간수 둘을 대동한 간수장이 무거운 방문을 열자, 방장이 "점호"하면서 "하나"하고 외치자, 뒤이어 "둘, 셋, 넷, – 스물여덟, 스물아홉 끝". 그리고는 아침밥이 나온다. 누런 콩이 반도 훨씬 넘는 둥근 콩 보리 밥덩이를 식구통을 통해 하나씩 문지방 위에 던진다. 문지방 밟는다고 욕하던 이유를 이제야 알겠다. 방장과 부방장이, 문지방위에 던져놓는 콩밥덩이를 얼른 그릇에 담아 부지런히 안으로 밀어낸다. 국은 큰 국통에서 방장이 내민 국그릇에 그냥 퍼준다. 멀건 된장 채소 국을, 마치 돼지죽 주듯, 퍼준다. 이건 사람이 아니라 짐승 취급이다.

누런 콩보리밥 아침 먹고 나자, 출정 나갈 사람들은 불려 나가고 남은 사람들은 아무렇게나 둘러앉아 잡담을 한다. 절도죄 등으로 벌써 여러 번 들락거린 별이 셋이나 되는 마흔 쯤 되어 보이는 건장한 방장이 사회자다. 이야기는 주로 자기 범죄에 관한 것이다. 대개, 자기 죄가 이러이러하니 얼마쯤 징역 살겠느냐고 묻는다. 신기한 것은, 이야기하는 사람들 모두, 자기는 절대로 잘 못한 것이 없는데, 억울하게 잡혀왔다 한다. 범법자가 저지른 일을 다 털어놓으면, 중구난방 끝에 방장이 형량을 선고한다. "너는 이러이러한 죄를 지었으니 징역 1년에 처한다." 이야기한 사람은 실망하여 시무룩해진다. 옆에 있던 사람이 장단을 맞춘다. "지금까지 우리 방장님 선고한 형량 안 맞은 일 없다." 상고심이다.

미결사 건물에는, 긴 복도 양쪽으로 감방이 쭉 늘어서 있고, 입구에서 왼쪽으로는 모두가 큰 방, 오른쪽은 작은 방이다. 처음에는 아마 오른쪽 작은 방은 1, 2인용이고, 왼쪽 큰 방은 많아야 10명쯤 수감하는 방이었을 것이다. 그러나 지금은 죄지은 사람이 하도 많아, 큰 방에는 30명 내외, 작은방에는 4, 5명을 넣는데도 방이 모자란다. 일제 때보다 부산인구가 너무 많이 늘어났기 때문일 것이다. 사흘 뒤, 방을 옮겼다. 맞은편 너 댓 사람씩 들어있는 작은 방이다. 아마 밖에서 여러 사람들이 애를 써서 편한 방으로 옮겨주었을 것이다. 미안하고 고맙다. 이른바 잡범들의 진한 땀 냄새를 덜 맡는 것만으로도 큰 호사다.

새로 든 8호 방에는, 창녕에서 데모하다 들어온 30대 중반의 김선비와, 부산세관에서 밀수꾼을 가장 많이 잡은 이감시과장, 그리고 경상남도 곽재무 국장이 먼저 들어 있다. 바로 옆방에는 대학 은사인 신도성 경남도지사가, 자유당 부정선거사범으로 들어와 있다. 대학 들어가자마자, 첫 과목인 정치학개론 강의 하시다가, 이승만 독재 타도한다면서 문리대 정치학과 교수직까지 박차고 민주당에 들어가신 분이, 어쩌다가 이승만 자유당정권 도지사 되고 일 년도 안 되어, 형무소 신세 지고 있다. 한국 최고 재벌이며 4사 5입 개헌에 빌미를 제공한 것으로 알려진 대동공업 이용범사장도 옆방에 함께 들어있다. 이용범 사장은 시원하고 재주 좋은 분이다. 이따금 이 열 종대로 줄지어 식당에 가, 특식 점심을 함께 사 먹으면서, 재미있는 통 큰 이야기 많이 들었다. 6.25전쟁 중, 수영에 미군비행장 격납고 지을 때는, 돈이 넘쳐 가마니로 쳐 담아도 남아 감당을 못하겠더란다. 실제로 한문 글자를 모르는지는 모르지만, 일상생활에 대한 지식은, 함께 있는 대학교수 도지사보다 훨씬 더 낫다. 재미있게 웃기는 이야기를 누구보다 많이 알고, 더 잘하고, 게다가 겸손하고 소탈하다. 누가 감히 이 사람을 무식하다고 비웃으며, 교만하게 학식 자랑을 할 수 있을까?

작은 방에 들어온 뒤 출정을 했다. 전쟁 치러 나가는 출정(出征)이 아니라, 법원에 나가는 출정(出廷)이다. 전날 저녁때나 그 날 아침에 미리 통보를 한다. 옷차림 바로 하고 기다리다가 호명하면, 줄 서서 호송차로 걸어간다. 물론 포승줄로 두 손과 허리를 묶는다. 그리 단단히 묶지는 않지만 호송버스에 오르내리기는 힘들다. 호송차는 출발하자마자 창을 가려 어느 길로 가는지 모른다. 법원에 도착하면 곧바로 법원 안에 있는 유치장에 들어가 기다린다. 바깥세상 구경이란 어림도 없다.

한참 뒤, 간수가, 죄수 허리에 두른 포승줄 끝을 잡고, 법원 청사 안에 있는 검사실로 데려간다. 말이 〈호송〉이지, 돼지 몰고 가는 거나 별로 다르지 않다. 왜놈들이 조선인, 특히 불령선인을 〈축생〉라 불렀던 이유를 알만하다. 검사가 흘깃 보더니 앉으란다. 그리 무례한 것 같지는 않다. 옆에 앉은 서기에게 몇 마디하고 심문을 시작한다. 해봤자 경찰서에서 형사가 한 것을 반복하는 것뿐이다. 죄 될 것이 전혀 없다. 죄가 된다고 하더라도 구속할 만한 사유가 안 된다는 것을 검사가 모를 리 없다. 심문이 거의 끝날 때쯤, 난데없이 감방생활이 어떠냐고 나직이 묻는다. "답답해서 죽을 지경이지요." 심문이 끝나자, 대기하고 있던 간수가, 또 등 뒤로 늘어진 포승줄 잡고 밖으로 몰고 나와 유치장에 넣는다.

점심시간이 될 때쯤, 심문 끝낸 사람들이 제법 많아지자, 호송차 타고 형무소로 돌아갔다. 이런 일이 몇 번 거듭되었다. 묻는 건 그게 그거다. 같은 걸 자꾸 물으니 귀찮다. 그러나 미결수들은 출정을 기다린다. 심문받는 게 좋아서가 아니다. 답답하고 무더운 감방에서 벗어나 잠시나마 바깥바람을 마실 수 있어서다. 미결수 감방에는, 사람 키가 닿지 않는 높은 곳에 쇠창살 쳐진 조그만 창문이 있지만, 너무 높아 바람이 비껴간다. 장골 허벅지보다 더 굵은 통나무로 짜진 출입문에도, 콩밥 넣는 식구통과 감방 안을 살피는 좁다란 간수용 감시구(눈깔통)만 여닫을 수 있을 뿐, 바람 들 틈새가 없다. 못 견디게 무덥고 답답하다.

미결 재소자들에게도 즐거운 일이 있다. 첫째가 면회 나가는 것이고, 다음이 점심 특식 사 먹는 것이고, 그다음은 운동장 산보 나가는 거다. 세 경우, 모두 답답한 감방에서 나갈 수 있기 때문이다. 기결수와는 달리, 미결수는 면회 횟수가 제한되어 있지 않아 수시로 면회 나갈 수 있다. 친인척과 친구들, 그리고 보람 없는 선거운동에 죽을 고생 하고서도 아무 말이 없는 착한 후배들이, 근심스레 위로한다. 정효택과 신영숙은 사식비를 주고, 최해순은 책을 넣어준다. 그 책들에는 1428호란 죄수번호가 적혀있다. 푸른 죄수복 가슴에 새겨진 번호지만, 한 번도 보지 않고, 보려고도 하지 않은 미결수의 이름이다.

생년월일이 똑같은 부산지법 박우동 판사도 왔다. 생일이 같으면 사주팔자도 같을 텐데, 어째서 한 사람은 판사로 면회 오고, 한 사람은 죄수복 입고 있느냐고 했더니, 박판사 왈 "둘 다 관록 먹지 않느냐" 한다. 깜짝 놀라 쳐다보니, "형무소밥 먹으니 그게 관록 받는 게 아니냐?" 며 웃는다. 문득 부산진 갑구에서 함께 출마한 이후보 생각이 난다. 환갑이 지난 한학자인 이후보는, 4.19민주항쟁 혼란 중에 주역을 떼어보니, 관운이 들었더란다. 민의원의원 당선을 확신하여, 주위의 만류를 완강히 뿌리치고 출마하셨는데, 그만 데모한 죄로, 지금 부산형무소에서 관식 하고 있다. 세상일이란 생각하기 나름이라더니, 과연 그런 것 같다.

두 달이 거의 다 지나자, 날이 조금 시원해진다. 그동안 검찰이 기소하여 법원에도 몇 번 〈출정〉했다. 죄목은 소요죄다. 소요죄는 대한민국 형법 제115조, "다중이 집합하여 폭행. 협박 또는 손괴의 행위를 한 자는 1년 이상 10년 이하의 징역이나 금고 또는 1,500만 원 이하의 벌금에 처하는" 법률이다.[주-4]

---

4. 이 법은 원래 일제가 민심을 억압하기 위하여 만든 것인데도, 한국정부가 그대로 계승 활용하고 있

부산진 갑구 소요사건은 부산지법 합의부에 배정되었으며, 재판장은 부장판사 한상대다. 처음 법정에 나갔을 때에야, 이른바 공범이 열 명이나 되는 걸 알았다. 출마자 넷에다 운동원 여섯이다. 그중 하나는 손영태다. 잡혀왔다는 말은 들었지만, 설마 기소까지 되어 법정에서 만날 줄은 몰랐다. 미안해 어쩔 줄 모르겠다.

재판장이 인정심문한 뒤에, 심문이라며 한다는 게 좀 이상하다. 우리 쪽이 먼저 돌을 던지고 폭행까지 했다고 한다. 먼저 돌 던진 자들이 학교 담장 안에 있고, 시위행렬은 거꾸로 가고 있는데, 어떻게 뒤로 돌을 던질 것이며, 담장 안에 있는 사람을 어떻게 때릴 수 있단 말인가? 그러나 맞았다고 하는 자의 증언을 읽어주며, 폭행한 것이 확실하다고 밀어붙인다. 참 이상하다. 판사는 공평무사하고 정의를 실현하는 판관이라고 하던데, 이놈의 판사는 왜 이 모양일까? 정의와 공정과 완전 반대 방향으로 몰고 간다. 아무리 아니라 해도 안 통한다. 더 말하면 짜증스레 "그만, 그만. 알았어요." 하며 말을 자른다.

그렇게 두어 번 더 나가 어이없는 핀잔을 듣다가 선고 날이 왔다. 최후진술하라 해서, 어떻게 저지르지도 않은 행위가 죄가 되느냐 하니, 또 "알았어요. 그만, 그만" 한다. 뭘 어떻게 알았단 말인가? 화가 나지만 어쩔 수 없다. 왜 정당한 최후진술도 못하게 하나? 양심에 부끄러워 속이 꿀리는 게 틀림없다. 결과는 드러나 마나다. 입후보자 네 사람 모두에게 징역 1년을 선고한다. 선고를 듣고서도 놀라는 사람은 아무도 없

는 군국주의 악법이다. 일제로부터 해방되었을 뿐 아니라, 자랑스러운 자유민주주의국가로 탄생한 대한민국형법으로는 절대로 어울릴 수 없는 악법이다. 그런데도 1962년 12월에 〈집회 및 시위에 관한 법률〉(약칭 집시법)이 제정되기 전까지는, 모든 집단 시위행위가, 이 법으로 응징되었다. 해방되고도 15년이나 지난 대한민국 국민이, 악랄한 일본제국주의가 남긴, 악법으로 심판을 받았다. 1995년 12월 29일에 개정되었다.

다. 이미 예상한 바다. 오히려 재판장이 당황하여 황급히 자리를 뜬다. 다행히 운동원들은 모두 집행유예로 풀려났다. 호송차로 끌려가면서 초가을 하늘을 하염없이 바라본다. 짓지도 않은 죄로 1년이나 징역 살란다. 세상에 이런 법이 어디 있나? 대한민국 판사들이 어찌 이리도 등신이란 말인가? 유전무죄 무전유죄 만이 아니다. 강자 무죄, 약자 유죄다. 이런 게 대한민국 국법이란다.

4 대구형무소

11월 초. 어느 깨끗이 맑은 가을날. 대구행 기차를 탔다. 대구고등법원에 올라간다. 형무소에서 주는 수의 대신, 어머니가 지으신 흰 겨울 조선옷으로 갈아 입고 기차 타러 갔다. 호송차에서는 포승줄을 가볍게 매었지만, 부산역에 내리면서 풀어준다. 기차도 급행열차다. 보통 사람이 잘 안 입는 흰 조선옷 입고, 간수가 붙어있어 죄수인 줄 알지, 조금만 떨어지면 아무도 눈치 채지 못할 것 같다. 한 시간쯤 뒤 고향마을을 지나간다. 하염없이 바라보며 시름에 잠겨있는데, 어느 듯 대구역이다. 기다리던 호송차가 대구형무소로 데려간다.

대구형무소는 넓고 깨끗하다. 중학교 1학년 겨울방학에, 큰집에 아버지 심부름 와, 눈 오는 새벽, 삼덕동 벌판에서, 〈민주경찰〉 부르며 구보하는 경찰학교 학생들 바라보며 눈 구경하던 것이 어제 같은데, 그 삼덕동에 있는 형무소에 다시 왔다. 감방에는 이미 세 사람이 들어 있다. 20대 초반의 두 젊은이는 화양에서 폭행죄로 잡혀온 깡패들이다. 한 사람은 이름이 최고봉이고, 또 한 사람은 김군이다. 깡패라지만 착하고 예의 바르다. 나머지 한 사람은 40대 중반의 늠름한 장골이다. 언 듯 보아도 평범한 사람은 아닌 것 같다. 아니나 다를까. 상고심에서 사형이 확정되어 사형을 기다리는 거물 빨치산 간첩 손대수다. 깜짝 놀랐다.

고향마을에서도 두 사람이 산에 들어갔다. 신상삼과 박흥근이다. 둘 다 두세 살 많은 형들이지만 친구처럼 허물없이 잘 지냈다. 잘 웃고 장난 좋아하는 상삼형은 국민학교에 입학하자마자 그만두었다. 입학할 나이가 넘었는데도 입학하지 않으면 벌금을 물어야 하지만, 입학만 하면 벌금이 면죄되어, 입학하자마자 그만두는 학생이 아주 많았다. 밥도 못 먹는 판에 그 많은 월사금 낼 돈이 있을 리 없다. 상삼형은, 몇 년 뒤, 우리 집 작은 머슴을 살다가 6.25전쟁이 나자마자 산으로 갔다. 6.25전쟁이 끝난 한참 뒤, 빨치산 소탕작전 중에 전사했다는 소식을 들었다. 똑똑하고 머리 좋은 박흥근은, 6.25전쟁 직전에 중학교 중퇴하고 야산대에 들어갔다. 혁명 신념이 굳은 청년이라고 들 했다. 그러나 전쟁 끝나기 전에, 전향하여 빨치산 소탕작전에서 큰 공 세워, 밀양 남부 한 경찰지서 지서장이 되었다.

손대수는 이런 빨치산들과는 차원이 다르다. 팔공산에서 생포된 최후의 거물 간첩이라고, 모든 신문들이 떠들썩하게 대서특필했던 바로 그 거물 빨치산이다. 남한에서 가장 오랫동안 활약한 남도부부대 정치위원이었다. 남도부는 자유당 때 체포되어, 오랫동안 전향 여부를 놓고 신문들이 연일 대서특필한 최고위 빨치산이다. 해방 직후 남한에서 태권도를 보급하다가 북으로 넘어가, 북한 태권도를 부흥시킨 일당백의 투사라는 찬사를 받던 사람이다. 체포된 뒤, 여러 차례 전향 가능성이 있다고 보도되어 이름이 더욱 높아졌으나, 끝내 투항하지 않아, 바로 여기 대구형무소에서 사형당했다.

손대수는 남도부부대가 와해된 뒤, 부대재건을 도모하다가, 팔공산 토굴에서 생포된 남한 최후의 최고위 빨치산이다. 남두부와 같은 대구사람이고 계급도 남도부와 같은 중장이란다. 기골이 장대하고 힘이 아주 세다. 대구형무소 직원 중 팔씨름으로 이긴 사람이 아무도 없었다. 얼마 전에는, 부산에서 올라온 부산최고주먹 명주덕과 팔씨름 겨루어 모두 이겼단다.

빨치산 된 것도 아주 평범했다. 일제 말, 대구농림학교를 졸업하자 징집영장이 나오더란다. 일본군 입대를 거부하고 지리산에 들어가 다른 병역거부청년들과 함께 항일운동 하다가, 해방되자 대구로 돌아와 건준에 합류하여 건국운동 하고, 남한단독정부수립 반대운동하다가 남로당원으로 월북하여, 모스크바 정치대학에서 공부하고, 6.25전쟁 나자 인민군으로 참전하고, 휴전 뒤에는 빨치산으로 남북을 오가다가, 끝내 조직 재건에 실패하고 체포되었단다.

탄탄한 몸매와는 달리, 이야기를 아주 잘한다. 미소 띤 얼굴에 살짝 콧소리 섞어 조용히 야산대 이야기할 때는, 듣는 사람들이 조마조마 안달한다. 그러던 어느 날 저녁, 방 젊은이들이 빨치산 노래 1절을 열심히 부르고, 2절, 〈참고 견딘 고향 마을 만나러 가자 출진이다.〉를 부르는데, 갑자기 감방 문이 덜컹 열린다. 화가 난 간수가 무섭게 노려보며 불온한 노래를 부른다고 호통 친다. 잘못하면 감방 동료들이 혼나게 생겼다.

때마침 돌아누워 졸고 있다가 놀라 일어나, 간수에게 물었다. "왜 그래요?" "지금 빨갱이 노래 불렀잖소?" "그래요. 나는 조느라 몰랐는데 그게 빨갱이 노래요? 이상하다. 당신은 그 노래가 빨갱이 노래란 걸 어떻게 아요, 불러 본 일 있소?" 간수가 한참을 멍하게 쳐다보더니 "조심해. 한 번만 더 걸리면 즉시 보고한다." 문을 쾅 닫고 돌아간다.

그렇게 겨울이 가고, 봄이 오고 있는데도 재판 소식은 없다. 원래 상소심은 일심보다 더 오래 걸리는 것이라니 기다릴 수밖에 없다. 그러나 너무 오래 걸린다. 출정도 없고 면회도 거의 없으니 더욱 답답하다. 대구에 아는 사람이라고는 두수 사촌누님과 자형뿐이라 면회 올 사람이 있을 리 없다. 어느 날 간수가 변호사 선임계를 가져와 도장 찍으란다. 대구지법 경주지원장으로 계시는 중부님이 김달호 변호사를 선임하셨다. 1심 때부터 이른바 공범인 박기출의 변호를 맡고 있는 사람이다. 변호사까지 대어주는 걸 보면, 가족과 친척 친지들 고생이 많은 것 같아, 속에서 불이 난다. 대한민국 법이 어찌 이리도 형편없는 건가?

4월도 한참이나 지났을 때에야 법정에 나오란다. 그때 변호사를 처음 만나 인사했다. 중부님이 심려하신다고 전해준다. 어쩐지 분위기가 화기애애하다. 싸늘하던 부산법정 같지 않다. 재판장 앞에 일렬로 서니 선고를 한다. 소요죄는 전원 무죄다. 호별방문은 선고유예다. 재판장이 가볍게 웃으며 안으로 들어간다. 드디어 해방되었다. 모두 즐겁게 인사하며 환하게 웃었다. 무려 8개월이 더 넘는 세월이 흘러갔다. 1년형의 2/3 이상이 지났다.

감방에 들러, 인사하고 보따리 챙겨, 형무소 담 밖으로 나왔다. 동생과 사촌누님 내외분이 기다린다. 누님이 미리 준비해 온 두부를 먹인다. 시키는 대로 정신없이 받아먹었다. 나머지는 형무소 담벼락에 던졌다. 그래야 형무소 다시 들어가지 않는단다. 자형 자동차 타고 누님 집에 갔다. 음식 준비하는 동안, 양해 구하고 밖으로 나가. 책방에 들러 책 세권 샀다. 손대수가 가능하면 두어 권 사주었으면 좋겠다던 책들이다. 미리 익혀놓은 주소를 묻고 물어 찾아갔다. 찌그러진 사립문을 밀면서 "계십니까"하니, 흰머리에 수척한 할머니가 주춤주춤 걸어 나와, 겁에 질린 눈으로 어떻게 왔느냐고 묻는다. 감방에 같이 있다가 오늘 풀려 나온 사람이라 하니, 측은한 듯 웃는다. 책 싼 봉투 건네며 "저는 내일 부산으로 내려가야 합니다. 이 책 선생님께 좀 전해 주십시오." 할머니가 지그시 눈을 감으신다,

할머니 집은, 일제 때 과수가 천주나 되는 부자였단다. 해방되고 자식이 공산당 하면서 가세가 기울고, 바깥주인은 고문 후유증으로 세상을 뜨고, 며느리도 반병신이 되어 겨우 산단다. 경북고등학교에 다니는 손자 하나 키우는 것 위안 삼아, 그럭저럭 살고 있단다. 우두커니 한참 서 있다가 잘 계시라 깊게 인사하고 나왔다. "이런 줄 알았으면 자형에게 돈을 좀 빌려 오는 건데!" 이렇게 어렵게 살 줄은 미처 몰랐다. 누님 집 가는 길이 흐릿하다.

다음 날, 경주로 중부님께 문안 들이러 갔다. 숙모님이 동해 생선으로 마련한 진수성찬을 대접하신다, 변호사비만 해도 큰돈 쓰셨을 텐데 큰 대접까지 받으니 송구스럽다. 어린 사촌동생들과 이야기하며 모처럼 배불리 잘 먹었다. 다음날 중부님이 부산 가는 기차표를 사주셔서, 출옥한 지 사흘 만에야 부모님을 뵈었다. 어머니는 연신 눈물 흘리며 웃으신다. 손대수 어머님 얼굴이 겹친다. 아버지는 몸이 불편하신데도 고향에 개간하러 가셨단다.

부산에 돌아온 며칠 뒤, 부산지방법원을 찾아갔다. 근 일 년 동안이나 형무소 생활

한 것이 하도 분해서 참을 수 없었다. 먼저 검사실로 갔다. 중년이 거의 다 된 김검사는 차를 권하며, 서기를 나가라 하고는, 하소연한다. 검찰 조직은 상명하복 체계라 말단 검사는 지시를 따를 수밖에 없다고 솔직히 털어놓는다. 다음에는 한상대 재판장을 찾아갔다. 바쁘다 하면서도 맞아준다. 역시 어쩔 수 없다는 변명이다. 당신이 이 자리에 앉았으면 어쩌겠느냐고 묻는다. 자리를 버릴 수 있겠느냐 한다. 대한민국 같은 관료만능 권위주의사회에서 천신만고 출세한 재판장 자리를, 〈법〉을 지키기 위해 팽개칠 〈법관〉은, 아마도 없을 것이다. 씁쓸한 뒷맛 씹으며 발길을 돌렸다. 법이란 무엇일까? 정의란 것이 있기는 한 것인가?

5 제2공화국 민주당정부

7.29 총선거에 승리한 민주당은, 파벌싸움에 기가 올라, 사상 초유의 뜨거운 여름을 보내고 있었다. 창당 전부터 다투던 신구 양파가, 총선거압승으로 정권이 눈앞에 펼쳐지자, 물불 가리지 않는 감투싸움을 벌였다. 민주당은, 생태적으로 서로 싸울 수밖에 없는 정치인 모임이다. 한민당과 마찬가지로, 정책보다 특정인을 쫓아내려고 모인 정치인집단이기 때문이다. 뿌리인 한민당은 스스로 정권을 잡으려고 만든 정당이 아니다. 점령지 정부인 미군정의 정책을 반대하거나 지지하기 위하여 모인 정치단체가 아니었다. 오직 여운형과 건준을 쳐부수기 위하여, 중경에 있는 대한민국 임시정부를 우리 정부로 모셔오자는 깃발 쳐들고 모인 소수 보수명사들의 안내인집단(usher group,) 또는 접대인집단(hostess group)이다.

민주당도 마찬가지다. 이승만 추종자들이 저질은 기발한 헌법개정에 식상한 정치인들이, 민국당을 중심으로 갑자기 모여 〈호헌동지회〉를 만들고, 그중에서 여운형과 건준을 닮은 조봉암과 진보세력을 쫓아내고, 그리고도 오랫동안 지분 실랑이를 하다가, 간신히 타협하여 만든 정당이다. 처음부터 정부여당의 대안정당(Opposition party)으로 나타난 것이 아니라, 이승만을 반대하는 소수 반자주반공정치인이, 이승만에게 쫓겨난 분풀이로 이승만을 쫓아내기 위해 만든 혼성정당(mixed party)이다. 게다가 자리다툼하느라 정권담당 능력 기를 겨를마저 없었다. 그런데 하필이면, 이런 어중이 정당에게, 갑자기 공짜로, 정권이 굴러 떨어졌으니 감투에 굶주린 지위탐닉자들이 아귀다툼을 벌이지 않을 수 없다,

민주당 신구파는, 아예 당선자대회부터 따로 했다. 신파 85명, 구파 95명씩 모여, 따로 자축연을 열었다. 그런 다음, 8월 12일 민 참의원 합동회의에서, 구파 윤보선 의원을 압도적 다수로 대통령으로 선출했다. 나흘 뒤, 총리 지명권을 가진 윤보선 대통령은 같은 구파의원 김도연을 총리로 지명했으나, 실패했다. 난데없이 남대문시장 상

인들이 엉뚱한 "김도연 인준반대데모"를 하는 가운데 가진 투표에서, 111 대 112, 무효 2표로 부결되었다. 이틀 뒤, 두 번째로 지명된 신파의원 장면은, 117 대 107, 기권 1표로 인준받아(8월 19일), 대한민국 제2공화국 정식 초대 국무총리가 되어, 대한민국 최초의 〈의원내각제정부〉가 탄생했다.

제2공화국은 생기자마자, 대통령과 국무총리가 권세 다툼부터 시작했다. 의회정부 경험이 없을 뿐 아니라, 이승만 밑에서 오랫동안 대통령중심제만 학습한, 헌법상 국가원수인 구파 대통령 윤보선과, 의원내각제의 헌법상 실권자인 신파 국무총리 장면이, 국가 최고 권력을 놓고 다투었다. 정부 권력에서 멀리 떨어져 있을 때도 지분 싸움으로 날 새운 지위탐닉자들이, 최고 권력을 앞에 두고 물러설 리 없다. 권력싸움은, 신 구파에만 한정된 것이 아니었다. 노장파, 소장파, 남파, 북파 등으로 얼기설기 엉켜, 조선조 사색당파 뺨치게, 치열하게 다투다. 결국 권력에서 밀려난 구파가 〈신민당〉을 만들어 갈라섰다. 그러나 구파 모두가 함께 떠난 것이 아니다. 권력에 미련이 있는 자들은 그대로 눌러앉았다.

의원내각제란 것은, 영국에서 절대권을 가진 군주가 의회에 〈명예롭게〉 권력을 내어주면서, 서서히 정착된 서민원(하원) 중심 통치체제다. 영국에서는 성공했다. 전통적 지배계급이, 식민지 노예의 피땀을 잘 굴려, 성장하는 시민계급의 이익을 적절하게 조절할 수 있었다.

프랑스도 이와 비슷한 의회중심 정치체제를 시도했으나 번번이 실패했다. 단 한 번도 정국을 안정시키지 못했다. 대혁명으로 생긴 제1공화국은 얽히고설킨 파벌싸움 끝에, 나폴레옹 1세에게 넘어갔으며, 2월 혁명으로 탄생한 제2공화국 또한 수많은 노동자를 죽인 6월 혁명까지 거치면서, 나폴레옹 3세에게 넘어갔다. 나폴레옹 3세가 프로이센에 항복하고 생긴 제3공화국도, 영국과 거의 같은 의원내각제를 채택했으나, 결과는 영국과 달랐다. 군소정당 난립으로 수시로 내각이 바뀌다가, 독일에 패배하여 또 무너졌다. 제2차 세계대전에서 이겨 독립한 제4공화국의 의원내각제 또한, 계속되는 정국 혼란으로 허둥대다가, 알제리독립전쟁을 계기로, 강력한 대통령을 원하는 드골의 요구에 따라, 제5공화국의 2원집정제로 바뀌었다. 프랑스의 의회 중심 정치는, 이렇게 단 한 번도, 정국을 안정시키지 못하고 실패했다.

한국이라고 다를 수 없다. 대통령제만 경험한 한국인에게는 의원내각제가 낯설 수밖에 없다. 게다가 장면, 윤보선 같은 순응주의자들에게 이승만 같은 카리스마가 있을 리 없다. 독립운동에 무심하던 서양유학파로, 해방되자마자, 반 건준 반자주 전선인 한민당에 동참하여 미군정을 도우고, 이승만을 대통령 만드는데 앞장선 사람들이다. 게다가 이승만에게 중용되어 국무총리, 서울시장 등 최고위 벼슬을 두루 거쳤으며, 장면은 이승만독재 반사이익으로 부통령까지 횡재했다. 그것이 그들의 한계였다. 당내 분쟁조차 조정하지 못하는 정치력으로는, 이해 조정을 바탕으로 하는 의원내각제를, 효율적으로 이끌어나갈 수 없다. 국민은 4.19 민주항쟁으로 생긴 정치공백을 메울 대안으로 민주당을 택했지만, 민주당 지도자들에게는 자유와 민주를 되찾으려는 국민의 소망을 충족시킬 수 있는 의지도 능력도 없었다.

장면정부는, 계파 간 권력싸움 중에서도, 해야 할 일이 많았다. 가장 시급한 것이, 4.19 항쟁 도화선인 부정선거 청산이다. 아니꼬운 자유당 잔당과 경제인을 제거하는 작업이라 오히려 신이 났다. 즉시 〈부정선거관련자처벌법〉, 〈부정축재자특별처리법〉, 〈반민주행위관련자공민권제한법〉을 만들었다. 지방자치제를 회복하여 4.19 세력의 민주화 욕구를 달래는 것도 빼어놓을 수 없다. 곧 〈새 지방자치법〉을 만들어, 자치단체장(시 읍 면장, 도지사, 특별시장)과 지방의회(시 읍 면, 및 도, 특별시의회) 의원을 주민의 직접선거로 뽑기로 했다.

다음은, 경제, 외교 문제다. 1인당 국민소득(GNI)이 겨우 79$로, 북한의 절반도 안되는 절대빈곤국인 한국이, 〈북한의 끊임없는 남침위협〉을 극복하고 살아남을 수 있는 길은, 오직 세계 최강 우방국 미국의 보장뿐이다. 대한민국을 만들어주었을 뿐 아니라, 6.25 전쟁 때 피 흘려 지켜준 미국 덕에, 오늘의 대한민국이 있다. 미국에 적극 의존하지 않을 수 없다.

이승만은, 이러한 한미관계를, 탁월한 외교력으로 적절히 조절했다. 미국의 속내를 잘 아는 이승만은, 조선인공을 약화시킬 때도, 또 남한을 분리 독립시킬 때도, 언제나 미국을 앞세웠다. 한국의 공산화를 저지하려는 미국의 정의에 불타는 자유민주주의적 〈기사정신〉을 최대한 활용했다. 미국에 오래 살면서, 〈강한 자에는 부드럽고 약한 자에는 무자비한〉 서부정신을 배웠다. 때로는 강하게 때로는 부드럽게, 미국의 장단을 잘 맞추어주는 것, 이것이 이승만 대미외교 진수였다. 미국 역시 이승만에게 장단만 맞춰주면, 미국의 이익이 최대한 보장될 수 있어 밑질 것 없다. 다소 불편하더라도 같이 춤추어주었다.

장면이나 윤보선에게는 이승만 같은 잘 닦은 외교력이 없었다. 평생을 시대상황에 순응하여 부드럽고 편안하게 살아온 합리주의자들에게, 이승만 같은 고차원적 외교술은 언감생심이다. 오히려 미국이 손 뗄까 봐 불안해 큰소리 칠 형편이 못되었다. 미국 하자는 대로 고분고분 따를 수밖에 없었다. 당장 미국 요구대로 환율을 인상하고, 대한원조를 미국이 직접 관리 감독하는 〈한미경제협정〉을 체결했다. 〈적극적 굴욕외교〉란 비난이 그래서 나왔다.

일본에 대해서도 마찬가지였다. 이승만은, 노련한 외교력으로, 일본을, 한국사람 속이 시원할 만큼, 마음대로 주물렀다. 일제의 침략 강점 만행에 대하여, 임진왜란 때까지 소급해, 천문학적 배상금을 요구하는가 하면, 독도는 말할 것도 없고, 대마도마저 우리 땅이라 우기며 실지반환을 강력히 요구했다. 미국의 반대에도 아랑곳하지 않고, 동해 한가운데에 이승만 라인이라는 〈평화선〉을 그어, 일본 어선들을 닥치는 대로 붙잡아 와 팔아치웠다.

그러나 장면이나 윤보선에게는 그런 뚝심도 민족의식도 없었다. 게다가 미국 원조만으로는 4.19 민주항쟁 여파로 휘청거리는 경제를 바로잡을 수 없었다. 일본의 협력과 도움이 절실했다. 한국전쟁 특수로 횡재하여 부자가 된 일본도 마찬가지였다. 태평양전쟁으로 초토화된 상처를 순식간에 말끔히 씻어내고, 급속히 경제대국으로 되살아나자, 옛 식민지 한국시장을 선점하려는 자본주의적 팽창욕구를 주체할 수 없었다. 장면정부는, 이승만의 대일 강경정책을 버리고, 서둘러 〈한일국교정상화화담〉을 시작하고, 〈대일무역 3개 방안〉에 따라 일본상품 수입을 허가했다. 매판자본의 배를 불려, 민주당의 기반을 굳히는 동시에, 수입허가권으로 정치자금도 챙길 수 있어, 일거양득이다. 그러나 국민의 상실감은 매우 컸다.

또 하나 시급한 문제는, 민주당의 영구집권 기틀을 마련하는 과업이다. 민주당은 생태적으로 친미 친일 반공 북진통일세력이다. 이승만, 자유당과 꼭 같은 정통 반좌익 보수집단이다. 민주당이 이승만을 반대한 것은, 이승만의 일인 독재정치일 뿐이지. 친미반공노선이 아니었다. 지금 한창 핏대 올려 권력투쟁하고 있는 신 구파 간부 모두가, 북진통일을 국시로 삼은 영도자 이승만을, 대통령으로 받들어 모셔 큰 감투 썼던 자들이다.

그러나 4.19 항쟁 덕에 반공보수를 다투던 이승만 직계가 사라져 더 이상 다른 보수세력에 신경 쓸 필요가 없어졌다. 다시 고개 드는 좌경세력만 제거하면, 민주당 정권의 앞날은 밝다. 빌미는 있다. 4.19 열기에 들뜬 혁신세력이, 제마다 정당, 단체를 만들어, 자본주의를 규탄하고 남북협상을 통한 평화통일을 주장하면서 대한민국의 정통성에 맞서고 있다. 이참에, 국기를 무시하는 빨갱이들 뿌리를 뽑아, 다시는 고개 들지 못하게 해야겠다. 그래서 나온 것이 2대 악법인 〈반공임시특례법〉(반공법)과 〈집회시위규제법〉 또는 (데모규제법)이다.

이 중, 반공법은 특히 악독하다. 6.25 전쟁 때 이승만의 빨갱이 소탕명령인 〈비상사태하의 범죄처벌에 관한 비상조치령〉과 별로 다르지 않다. 이승만의 비상조치령은, 빨갱이라고 추정만 되면, 증거나 설명 없이 사형을 선고할 수 있어, 즉결처분하고 난 뒤에 보고만 하면 끝났다. 빨갱이는 인간이 아니라 마귀이고, 빨갱이 가족은 사람이 아니라 짐승이었다. 그중 두드러진 희생양이, 보도연맹원과 거창사람들이었다. 얼마나 많은 사람이 이 명령으로 학살되고 생매장당했는 지는, 하늘도 모르고 사람도 모르고, 땅도 모르고, 역사도 모른다.

부산피란정부 때부터, 야당 의원들이 철폐하려 했지만, 이승만의 거부권 행사로 실패했다. 민국당을 비롯한 야당 의원들은, 문제의 심각성을 잘 알고 있으면서도, 적극적으로 없애려고 는 하지 않았다. 혁신세력을 억누를 수 있는 가장 효과적인 장치를 굳이 없앨 필요가 없었다. 4.19민주항정으로 이 악법의 포악성이 만천하에 폭로되고 나서야, 비로소 마지못해, 1960년 10월 13일, 〈비상사태 하의 범죄처벌에 관한 비상조치령 폐지와 동법에 기인한 형사사건 임시조치법〉을 만들어 폐기했다. 악귀보다 더 나쁜 〈이승만의 대통령령〉 하나 없애는데 10년이 넘게 걸렸다. 그러나 이 악법이 없어지자, 좌익세력을 억누를 적절한 방법이 없다는 문제가 생겼다. 좌익세력이 무섭게 커지고 있고, 학생들이 시도 때도 없이 몰려다니며 "가자 북으로. 오라 남으로"를 외쳐대는 것을, 〈반공궐기〉를 먹고 자란 민주당 정부가 바라만 보고 있을 수 없다. 그래서 나온 것이 반공법과 데모규제법이다.

반공법은 〈대통령긴급명령 제1호〉에 버금가는, 사상 초유의 악법이다. 〈평화통일〉을 주장하는 단체는 모두 간첩집단이고, 〈빈곤타파〉란 말만 해도 반역자가 될 수 있는 법이다. 그것도 대통령령이 아니라, 법률이다. 〈데모규제법〉은, 경찰의 허가나 지도 없는 모든 데모를 금지하는 법률이다. 일제 악법인 〈소요법〉을 부활하여, 보수반공 반자주체제를 지키려는 반인권적 악법이다. 이승만 독재를 타도하고 신질서를 갈망하는 젊은 민주화세대가 이러한 천인공노할 반민주적 악법을 좌시할 수 없다. 학생들과 혁신세력이 당장 반발했다. 민주화운동학생들이 사회대중당, 민주민족청년동맹 등 재야 정당 단체들과 함께, 1961년 2월, 〈2대 악법 반대 공동투쟁위원회〉를 결성하여, 반대투쟁을 시작했다.

　3월 22일, 1만여 민중이 모여, "2대 악법반대 서울시민궐기대회"를 열고, 다음날에는 39개 정당 단체들이 국회 앞에서 항의집회를 가진 뒤, 해가 지자, 횃불을 들고 "장면내각타도"를 외치며 시가행진 했다. 이 날, 부산에서는, 부산역 광장에 학생들을 중심으로 하는 6천여 민중이, "반공법안 및 데모규제법안 반대 성토궐기대회"를 열어 2대 악법을 성토했다. "대미굴욕외교와 굴욕적인 한일국교정상화"도 함께 성토했다. 반대 열풍은, 서울과 부산을 넘어, 대구 광주 등 여러 도시로 번져나갔다. 4.19 만주 항쟁 덕에 국가권력을 횡재한 민주당정권이, 4.19 항쟁 주역의 반대를 넘어설 수 없다. 장면정부는 마침내 굴복하여, 민의를 수용했다. 청년 학생들로 다시 영근 민주민족세력이, 다시 한 번, 민주주의를 지켰다.

7장

5.16 군사정권

1 ▶ 5.16 혁명공약

1961년 5월 16일 새벽, 반란군 한 떼가 한강 다리를 뚫고 서울로 쳐들어와, 육군본부, 서울시청, 치안국, 서울시경찰국, 서울중앙방송국 등 주요 기관을 모두 점령했다. 부산, 대구, 대전, 광주 등 주요 도시에서도, 반란군이 거의 동시에 별 저항 없이, 순식간에 주요 시설들을 장악했다. 반란군 핵심세력은, 정군운동으로 미국의 비위를 거슬러, 강제예편이 확정된 육사 8기 장교들과, 그들이 추대한 제2군 부사령관 박정희 소장이다. 서울점령에 성공한 반란군은, 오전 5시 서울중앙방송국 첫 방송에서 〈5.16 혁명 제1성〉을 발표했다.

"친애하는 애국동포 여러분.

은인자중하던 군부는 드디어 금조 미명을 기해 일제히 행동을 개시하여 국가의 행정, 입법, 사법의 삼권을 완전히 장악하고 이어 군사혁명위원회를 조직하였습니다. ---
대한민국 만세! 궐기군 만세!

군사 혁명위원회 의장 육군 중장 장도영.

〈혁명공약〉도 발표했다.

"1. 반공(反共)을 국시의 제일의(第1義)로 삼고-- 반공태세 재정비 강화. 2. 유엔헌장을 준수하고-- 미국과의 유대 공고화. 3. 부패와 구악을 일소하고-- 청신한 기풍 진작. 4. 민생고를 시급히 해결하고 국가 자주경제재건에 총력 경주. 5. 국토통일을 위해-- 실력배 양에 전력 집중. 6. 이와 같은 우리의 과업이 성취되면 참신하고도 양심적인 정치인들에게 언제든지 정권을 이양하고 우리들은 본연의 임무에 복귀할 준비를 갖춘다."

오전 9시, 〈군사혁명위원회 포고령〉으로, 전국에 비상계엄령을 내리고, 금융동결, 공항 항만봉쇄, 옥내집회금지, 국외여행불허, 언론검열, 야간통행금지시간연장을 단행했다. 오후 5시 반, 〈군사혁명위원회 포고 제4호〉로 정권인수를 선언하고, 이날 밤, 군사혁명위원회 의장 겸 계엄사령관 장도영은 다음 요지의 담화문을 발표했다.

"군시혁명위원회 및 계엄사령부는 정부의 권한을 접수하고 정식 시무에 들어갔다. 이번 거사는-- 오로지 부패, 무능한 기성정계를 일신하여 희망적이며 고무적인 내일의 한국을 재건하자는데 목적이 있다. -- 북한 괴뢰의 준동이 염려됨을 자각하시고 군사혁명위원회가 천명한 반공의 국시에 조금이라도 틈이 생기지 않도록 각별한 유의를 요망한다."

서울중앙방송국 첫 방송으로, 반란 소식을 들은 국민은 깜짝 놀랐다. 그러나 소수 불만 군인들의 어설픈 반란이 성공하리라고 믿는 사람은 그리 많지 않았다. 철통 같은 반공태세를 완비한 강력한 국군과, 한국군 작전권을 움켜쥐고 있는 미국군이 버티고 있는 나라에서, 미국 승인 없는 반란은 절대로 성공할 수 없다고 확신했다. 미국 말 잘 듣지 안 듣는 이승만을 몰아내고 들어선 순종적인 장면정부를, 미국은 결코 버리지 않을 것이라고 생각했다.

실제로 유엔군과 한국군 작전권을 쥐고 있는 미8군사령관 매그루드는, 그린 주한 미국대리대사와 함께, 반란을 반대하는 공동성명을 발표하고, 한국군의 원대복귀를 호소(명령)했다. 가장 강력한 야전부대인 육군 제1군 사령관 이한림 장군도 군사반란을 적극 반대했다.

그러나 미국정부가, 슬며시, 그러나 재빨리, 반란군을 지지하고 나서면서 사정이 달라졌다. 지난해에 극적으로 성공한 쿠바 반미혁명 신경증을 앓고 있는 미국정부는, 학생들에게 끌려 다니는 허약한 장면 민주정부 대신, 반공을 국시로 내건 쿠데타군부에 의지하여, 한국적 제2 쿠바사태를 미연에 방지코자 했다. 자유민주주의를 뽐내는 미국이, 쿠바의 자주독립혁명에 화가 나, 한국의 자유민주주의를 내 팽개쳤다. 미군의 눈치를 살피며 오락가락한 육군참모총장 장도영의 기회주의적 태도도 일조했다. 반란군의 서울 진입을 막기 위해 헌병대를 보내고도, 반란군의 군사혁명위원회 의장으로 앉아, 〈혁명공약〉을 발표했다.

가장 큰 화근은, 역시, 민주당정부의 무능과 갈등이었다. 국군통수권자인 장면 국무총리는, 참모총장으로부터 반란소식을 듣자마자, 미국대사관으로 피신했으며, 미국대사관이 거절하자, 곧바로 천주교 수녀원으로 도망가 숨었다. 대통령 윤보선도 마찬가지였다. 미8군사령관 매그루더의 진압명령 요청을 무시하고, 장면내각에게 "희생 없는 사태수습"을 요청하는 담화를 발표하여 오히려 군사반란을 묵인했다. 자신이 수반인 정부를 지키려는 의지보다도, 보기 싫은 장면내각이 무너질 때가 왔다는 생각을 먼저 했다.

반란에 성공한 군사혁명위원회는, 다음날 모든 정부기관에 연락장교단을 파견하여 신속히 행정부를 장악하고, 체포령이 내린 장차관을 제외한, 사무차관 이하 전 공무원에게 원직 복귀를 명했다. 모든 정부 부처를 점령한 연락장교단은 부처 최고기관으로서, 부처공무원을 지휘 감독할 뿐만 아니라, 공무원 자격을 재심사하여 복직 여부를 결정하는 살생권도 행사했다. 병역 미필자나 사상이 불온하다고 생각되는 자들을 모두 쫓아내고, 그 자리를 군인들로 채워, 정부기구를 일제 군국주의 관료체계로 복원했다. 사법기관도 예외가 아니었다.

그런 한편으로는, 반란에 저항하는 세력을 소탕하기 위해, 〈영장 없는 체포구금과 군사재판관할에 관한 포고〉와, 〈청신한 사법운영촉구에 관한 포고〉를 내어, "영장 없이 잡아넣어 청신하게 처벌하는" 만행을 법제화했다. 이 두 포고령으로, 21일까지, 반혁명세력 〈용공분자〉 3천여 명을, 깡패 4,200여 명과 함께, 속전속결 체포 구금했다.

반란 이틀 뒤인 18일, 미국으로부터 버림받은 장면내각이 군사반란군에 무릎 꿇었다. 군사혁명위원회가 내린 비상계엄령을 공식 추인하고, 내각총사퇴를 결의했다. 대통령 윤보선도 이를 추인하면서, "전 국민이 군사혁명에 협력할 것"을 호소하는 담화문을 내었다.

다음날(19일), 반란군은 군사혁명위원회를 〈국가재건최고회의〉(최고회의)로 바꾸었다. 대통령 윤보선은, 이날, 하야 성명을 내었지만, 다음날, 다시 번복하여 〈국민을 위하여〉 대통령 자리를 지키기로 했다. 미국국무부도 재빨리 "민주주의와 합헌정치를 위하여 대한원조를 계속하겠다."는 성명을 발표하여, 반란군정부를 공개적으로 추인했다. 감격한 최고회의도, 다음날 유엔사무총장에게 "유엔을 존중하고 협조하겠다."는 메시지를 보내어 화답했다.

5월 21일, 계엄사령부는 〈계엄고등군법회의 설치 및 운영 등에 관한 공고〉를 발표하여, 군인과 민간인을 가리지 않고, 모든 반혁명분자를 군법회의에서 처벌하는 법을 만들었다. 1950년 6월 28일에, 이승만이 6월 25일 자로 소급 발령한 〈긴급명령 제1호〉에 버금가는 악법이 또 생겨났다.

이어서, 〈국가재건비상조치법〉제22조, "국가재건최고회의는 5.16 군사정변 이전 또는 이후에 반국가적 반민족적 부정행위 또는 반혁명적 행위를 한 자를 처벌하기 위하여 특별법을 제정할 수 있다"는 조항에 의거하여, 6월 22일, 〈특수범죄처벌에 관한 특별법〉을 만들고, 이 법을 집행할 〈혁명재판소〉와 〈혁명검찰부〉를 설치했다.(7월 7일). 영장 없이 체포할 수 있는 법률에 따라, 영장 없이 체포 구금되어 있는 3천여 반혁명분자의 운명은, 〈계엄고등군법회의〉에서 〈혁명재판소〉와 〈혁명검찰부〉로 넘어갔다.

2 25시

5.16 군사반란을 부산에서 맞았다. 대구고법에서 무죄판결받고 얼마 지나지 않아서다. 군사반란 뉴스를 들었지만, 그리 마음에 두지 않았다. 어쩌면 기분이 좋았을지도 모른다. 입맛대로 법을 해석하는 기성 보수세력 망하는 꼴이 속 시원했을 것이다. 남로당 경력이 있다는 박정희가, 〈반공을 국시의 제1의로 삼고〉라는 공약을 내건 것이 다소 불안했지만, 그래도 권력주변에서 어정거리는 반공기생충보다는 나을 것이라 생각했다. 세상이 조금은 달라질 것 같았다. 아침 먹고 서면로터리에 담배 사러 갔다. 사람들이 부지런히 나다닌다. 군사반란 같은 것을 느끼는 사람은 아무도 없는 것 같다. 담배 한 갑 사 뚜껑 뜯으며 돌아서다가, 지나가는 사람과 살짝 부딪혔다. "아쿠 미안합니다" 하며 고개를 드니, 새파란 육군소위가 "조심해" 하고는 바삐 사람들 속으로 사라진다. "저 자식을 그만." 담배 맛이 쓰다.

다음날 아침 5시, 새벽밥 먹고 낚싯대 들고 나서려는데, 누가 대문을 두드린다. 이른 아침에 누굴까 하며 문을 여니 형사들이다. 어쩐 일이냐니까, 머뭇거리다가, "동생분 집에 계십니까?" 묻는다. "시골 갔습니다." "아 그래요. 동생분이 이적단체 가입한 것 때문에 물어볼 것이 있으니 잠깐 서로 좀 가주셔야겠습니다." "그러지요." 동생이 언제 무슨 단체에 가입했던가? 잘 모르겠다. 별일 아닌 거라 생각하고 따라 나섰다. 골목에서 나오자마자, 나이 든 형사가 역정을 낸다. "이렇게 시끄러운 때 왜 집에 계십니까? 우리도 어쩔 수 없지 않습니까?" "왜 그래요?". "반혁명분자로 모셔오랍니다." 정신이 번쩍 든다. "옛 내가 반혁명분자라고요?" 아이쿠 또 걸렸구나, 어리석은 물고기 낚으려다 내가 낚였구나. 입술이 쓰디쓰다.

경찰서에 들어가 형식적인 인정심문받고 나니, 한 귀퉁이 의자에 앉아 있으란다. 반혁명분자란 중대사범인 데도 불구하고, 형사들이 그리 신경 쓰는 것 같지 않다. 경찰서 안이 어수선하여, 마음만 먹으면 얼마든지 도망칠 수 있겠다. 얼마 지나지 않아, 같이 낚시 가려던 정효택, 신영숙이 찾아왔다. 기다려도 안 와, 또 변고가 생긴 줄 알았단다. 내가 반혁명분자 되었다고 하니 싱겁게 웃는다. "어떤 정신 나간 반혁명분자가 낚시하러 다니냐?" 이후보와 정후보가 함께 들어온다. 연세 높은 이후보는 장남의 부축을 받고 있다. 친구들이 떠나고도 한참이나 지난 뒤에야 유치장에 넣는다. 기자출신인 정후보가 분통을 터트린다. "그놈의 빨갱이 박기출 때문에 또 고생하네. 왜 하필 우리 구에 출마해서 우리까지 고생시키나?"

갑자기 긴장된다. 만일 우리가 박후보와 같은 빨갱이로 몰린다면, 이건 보통 문제가 아니다. 반공을 국시로 삼은 군사반란에서 빨갱이가 살아남을 길은 절대 없다. 반란을 일으킨 군인이 법 같은 걸 따질 리 없다. 6.25 때 보도연맹 운명과 다를 바 없을 수도 있다.

다음날 오후, 호송차 타고 또 부산형무소로 갔다. 재수생이니까 그리 긴장되지 않는다. 간단한 신원 조회하고, 푸른 옷으로 갈아입고, 미결사 감방으로 직행했다. 이번에는 작은 방이다. 작년에 있던 방 바로 옆방이다. 신도성, 이용범이 있던 방이다. 이미 세 사람이 들어있다. 방장이 왜 왔느냐 물어 "반혁명분자요" 했다니 눈이 둥그레진다. "반혁명분자요?". "예". "무슨 일 했는데요?" "데모요" 방장이 피식 웃는다. "데모가 무슨 반혁명이야." 한 구석에 이불 기대고 앉으니 만감이 교차한다. 작년에는 얼떨결에 들어왔고, 또 죄가 성립되지 않을 것으로 확신하고 있었기 때문에, 형무소 생활이 그리 불편하지 않았다. 그러나 이번은 다르다. 군사반란을 일으킨 무지막지한 군인들이 반혁명분자로 낙인찍었으니, 자칫하면 사형이다. 있는 법도 없애는 무자비한 자들이 무슨 짓을 할지 어찌 알겠나?

감방동료들은 전혀 다르다. 자유당 사람이나 선거사범 같은 정치범은 없다. 보통 범법자, 이른바, 〈잡범〉들이다. 옆방에 우리 동장님이 계신다. 솜공장 하시는 점잖은 분이다. 어떤 사람이 가져온 헌 솜을 샀는데, 그게 훔친 것이었단다. 장물취득죄다. 모르고 산 것도 도둑 물건이면 죄가 된다. 동장님은 사람 보기가 부끄러운지 언제나 고개를 푹 숙이고 다닌다. 개 도둑으로 들어온 사람도 있다. 서른댓 쯤 되는 청년이다. 서울에서 한 장군 집 세파트를 훔쳐 운반책에게 넘겼는데, 불심검문에 걸려, 함께 들어오게 되었단다. 저렇게 얌전하고 순하게 생긴 사람이 어떻게 그런 사나운 개를 훔쳤을까? 그게 별 거 아니란다. 쇠고기 조각에 특수 향료를 발라 개에게 접근하면, 아무리 사나운 개라도 꼬리 내리고 순순히 따라온단다. 개도 자기들이 무서운 줄 아는 것 같단다. 참 신기한 기술도 다 있다.

그렇게 며칠이 지났을 때다. 간수가 면회 왔다고 이름을 부른다. 반가워 벌떡 일어서다가 정신을 잃었다. 얼마나 지났는지 모른지만, 눈을 떠보니 여러 사람이 내려다보고 있다. 부축받아 간신히 일어나 앉았지만 정신이 없다. 한참 뒤에야 면회 나갔다. 동생에게 쓸어졌다는 말을 하니 걱정한다. 그리고 이삼일 뒤다. 간수가 문을 따더니 병사로 옮기란다. 아마 동생 이야기를 들은 정효택이, 수산대 동기 장선덕에게 부탁했을 것이다. 장선덕 춘부장이 부산형무소 간부로 근무하고 있다는 말을 들은 적이 있다. 그지없이 고맙다.

병원 병실은 우선 넓어서 좋다. 큰 방에 침대 둘밖에 없다. 옆에는 기결수 병실도 있다. 감방 병실이지만 상당히 자유롭다. 병원 내에서는 거의 자유롭게 다닐 수 있어, 미결 감방에 갇혀있을 때와는 딴판이다, 의사와 간호사는 일반인이지만, 보조간호사는 형이 확정된 기결수, 즉 죄수들이다. 미결사에서는, 밥 배급하는 사람과 식당 사람들밖에는 볼 수 없었지만, 여기서는 아니다. 미결수는 병원 가기가 힘들지만, 기결수는 그렇지 않은 것 같다. 일하다가 다쳐서도 오고 배가 아파도 온다. 형무소 안에서는 비교적 자유로운 것 같다.

하루는 병실밖에 멍청히 서 있는데 한 건장한 장년이 말을 건다. "어디가 아파 왔시우?" 평양 말이다. "현기증입니다." "그래요. 조심해야지요." "선생님은 왜 여기 계십니까?" 싱긋 웃더니 "빨치산이외다." 깜짝 놀라 "예? 아직도 빨치산이 있나요?" "지리산 최후 전투에서 잡혔시오. 많이 잡혔어요. 모두 재판받아 형이 확정됐는데, 전향한 사람은 모두 풀려났어요. 우린 전향 안 해서 여기 그냥 있어요. 풀려나 봤자 우리 집에 못 갈 거 아입니까? 차라리 이안에 있는 게 낫지요. 요즘도 계속 전향하라 치근대지만 그런 일은 절대 없을 거요. 형기 끝나면 그때 나가서 고향 찾아갈 거외다. 여기도 전향 안 한 굳센 동무들이 스무 명 넘게 있어요." 조금도 주저하지 않고 당당하게 말한다. 이념이란 게 이렇게 무서운 건가? 가톨릭 같은 일신교 믿었으면 성자라도 되었을 텐데. 아깝다.

7월 중순이 되어서야, 서울 서대문형무소로 떠났다. 반혁명재판은 모두 서울에서 받는다. 날이 몹시 덥다. 며칠 동안 비가 안 와, 아주 무덥다. 어머니가 넣어주신 흰 여름옷 입고 호송차 탔다. 이후보와 정후보와 단 셋이다. 부산역에서 특급열차를 탔다. 부산형무소의 배려인지, 반혁명분자 가족들 주선인지는 모르지만, 특급대우다. 기차가 또 고향 앞을 지나간다. 남들은 금의환향한다고 떠들썩한데, 포승줄에 묶여 지나간다. 그것도 두 번씩이나. 진짜 혁명하다 실패해 잡혀간다면 가슴이나 뿌듯하겠지만, 겨우 데모죄로 두 차례나 끌려가다니. 참으로 못난 놈이다. 5시가 넘어서야 서울역에 도착했다. 이후보 장남이 서둘러 택시 잡아 서대문형무소로 가다가, 조금 못 미쳐, 독립문 바로 앞 건널목에서 선다. 건너편 이층에 중국집이 있다. 사형수가 사형 전에 최후 음식 먹는 기분이지만, 오랜만에 포식하니 살 맛 난다. 점심 겸 저녁 잘 먹고 천천히 서대문 형무소로 걸어 들어갔다. 7시도 더 넘었다.

서대문형무소의 압송죄수 인수사무실은 음침하고 칙칙한 지하다. 큰 폭포 밑 동굴 속 푸른 박쥐가 사는 곳 같다. 먼저 도착한 사람이 여럿 있다. 그중 대구에서 압송되어 온 사람이 낯익다. 반공 씨름선수로 유명한 자유당 국회징계위원장 신도환이다. 헌칠한 근육질 장년이 발가벗고 서 있는 게 꼭 아테네 장사조각상 같다. 여기서는 누구나 발가벗고 앞으로 나가면 간수가 미군용 디디티를 온 몸에 뿌려준다. 눈에도 들어갈 만큼 사정없이 철저히 뿌려준다. 기생충 박멸용이다. 디디티 세례 받은 뒤에야, 죄수복으로 갈아입고, 한 사람씩 간수 따라 형무소 안으로 들어간다. 절차가 하도 느려 한 여름인데도 어둑어둑하다.

한참을 걸어가니 높은 담이 가로막는다. 문 앞에 헌병이 지키고 섰다. 담 이쪽은, 해방 뒤에 지은 신사고, 저쪽은 일제 때 지은 구사다. 구사는 원래 기결수감방이었으나, 군사반란 뒤 기결수를 옮기고, 반혁명분자 중, 반체제적 혁신분자로 찍힌 자들을 가두었다. 입구에서 신원확인하고 구사로 들어갔다. 얼마 안 가 왼쪽에 희뿌연 사각건물이 눈에 들어온다. 간수가, 아무렇지도 않게, 사형장이라고 알려준다. 조금 더 가니 오른쪽으로 칙칙한 이층 붉은 벽돌 건물들이 여러 체 나란히 서 있다. 그 첫 번째 건물 앞에 섰다. 그기도 헌병과 간수가 함께 지킨다. 간수가 신원을 인수하자, 갑자기 헌병이 "수고하십니다"하며, 거수경례 해, 깜짝 놀랐다. 세상에, 반혁명분자보고 수고한다고 경례를 하다니. 참으로 사람다운 헌병이다. 엉겁결에 "고맙소" 하고, 두 번째 방으로 들어갔다. 첫 째 방은 난동죄수 가두는 독방이고, 두 번째부터 반혁명분자가 산다. 감방 안쪽 귀퉁이에 똥통이 있는 것은 부산형무소와 같다. 그러나 다른 한 구석에 밥상 있는 것이 부산과 다르다. 아마 기결사여서 일 것이다.

방에는 이미 세 사람이 앉아있다. 모두 연세 든 혁신계 사람들이다. 유명 여배우 남편 신아무개도 있다. 피학살자유족회 사람도 있다. 모두 풍파를 많이 겪은 분들이라 이해심이 깊어 방 분위기가 아주 좋다. 그 연세에도 다투어 청소하고 똥통 들어낸다. 여름철이라 변기통은 아무리 뚜껑을 잘 닫아도 흘러내려 냄새를 못 막는다. 이층 방은 더하다. 열기가 위로 올라가 똥통이 끓어올라 넘치는 일이 허다하다. 간수와 기결수들이 재빨리 닦아내지만 한동안 온 옥사에 〈변향〉이 진동한다. 높은 창문 말고는 환기할 데가 없어, 그 향기가 아주 오래간다. 사람은 여럿인데 똥통은 하나밖에 없어 일어나는 인위적 자연재해라며 웃는다.

이삼일에 한 번꼴로 옥사 바로 앞에서 잠깐 운동도 시켜준다. 더운 여름 한낮이라, 나이 든 분들은 잘 안 나간다. 말이 운동이지, 옥사 바로 앞으로만 제한되어 있어, 바깥바람 쇠는 정도라 군이 나갈 필요도 없다. 그래도 운동 나가면 좋다. 시원한 공기 마시고, 높이 솟은 돌담 따라 핀 꽃들도 볼 수 있다. 그중에는 처음 보는 꽃도 있다. 하와이무궁화란다. 낯익은 사람들도 이따금 있다. 바로 앞방에 있는 민족일보 사장 조용수와, 그 옆방의 민주당정부 법무장관 조재천도 자주 나와, 제자리 뜀뛰기를 한다. 부산과 마찬가지로, 감방문이 워낙 두터운 데다, 구멍이라고는 식구통과 감시통 밖에 없어, 앞방이나 옆방과는 고함을 질러도 안 들린다. 누가 있는지는 만나지 않으면 모른다. 운동 나가서야 비로소 알 수 있다. 운동 나가면 또 흐뭇한 일이 있다. 옥사 담당 간수와 헌병이 반드시 같이 지키는데, 감시보다는 격려하는 것 같다. 눈이 마주치면 언제나 다정하게 미소 지으며 "고생하십니다"라고 인사한다. 틀림없이 훌륭한 부모님을 모시고 자란 젊은이 일 것이다.

이따금 목욕도 한다. 한 달에 한 번 꼴로, 간수와 헌병 호위 아래, 신사에 있는 목욕탕에서, 목욕시켜준다. 찌는 여름이라 정말 고맙다. 면회도 한다. 무서운 군사정부 치고는 제법 관대하다. 면회소는 신사에 있어, 구사에 들어있는 반혁명분자들이 면회 가려면 반드시 사형장 옆을 지나가야 한다. 사형수를 사형장 데려갈 때는 대개 면회 간다고 안심시키고 이 길로 데려간단다. 사형장 옆에만 가도, 나무 붙잡고 늘어지는 사람도 있다는데, 사형하러 간다고 미리 알려줄 리 없을 거다. 면회 가는 줄 알고 즐겁게 따라가다가 발길을 오른쪽으로만 돌리면 그게 바로 사형장이다. 그러면 그것으로 이 세상 하직이다. 그러니 면회 가자는 말에도 신경이 쓰일 수밖에 없다. 사형장 흘깃 보며, 딱 한 번 온 면회 나가니, 하대돈이 싱겁게 웃는다. 하대돈이, 옆자리에서 면회하는 사람보고, "어 어 당신도 왔소?"해서, 돌아보니, 대학 후배 윤식이다. '북으로 가자'는 데모한 혐의로 반혁명분자가 되었단다.

어느 날 아침, 멍하게 앉아있는데, 갑자기 간수들이 "보지 마시오. 내다보지 마시오." 소리친다. 놀라 옆 사람에게 물으니, "사형시킨다는 말입니다." "예?" "곧 사형장으로 사형수 데려가니 내다보지 말라는 말입니다." 우리 감방 오른쪽 대략 45도 각도로 사형장이 있고, 그 거리가 20m도 안 된다. 그 사이에는 자그만 나무 두어 그루밖에 없어 시계가 아주 좋아, 들어가고 나오는 사람들을 똑똑히 볼 수 있다. 사형하는 날은 미리 알 수 있다. 아침부터 푸른 옷 입은 기결수들이 사형장 가는 길을 쓸고, 사형장 안으로도 청소하러 들어간다. 그리고 조금 있으면, 간수들이 "내다보지 마시오" 외쳐, 사형이 곧 시작된다는 것을 알려준다. 사형집행에 앞서, 종교, 법조관계자들이 먼저 사형장으로 들어간다. 그다음은 모른다. 사형장 안을 볼 수 없으니 알 도리가 없다. 저녁 먹고 난 뒤에, 사형장을 내다보면 기결수들이 리어카에 관을 싣고 나온다. 때로는 대여섯 개를 포개서 싣고 가는 일도 있다. 가장 많은 것은 두 리어카에 여덟, 아홉 개쯤 되던 것 같다. 그게 모두 8월 15일 전후다. 간수 말로는 그때 간첩들을 무더기로 처형했단다. 간첩이라면 그중에는 분명히 좌익분자도 있을 거다.

사실, 8월 15일 낮에는, 재소자 모두가 한동안 공포에 질렸다. 대낮에 비행기 한 대가 서울상공을 시끄럽게 날고 있어서다. 그것도 한두 번이 아니다. 간수도 무슨 영문인지 모르겠단다. 형무소 담장 안에 있으면, 재소자나 간수나 마찬가지다. 만일 비상사태가 생겼으면, 여기 있는 반혁명분자들은, 죄과 고하 막론하고, 모두 다 죽은 목숨이다. 초비상이다. 한 참 뒤, 교대한 간수가 와서야 비로소 그 이유를 알았다. 비행기 납북으로 부도난 전 KNA사장 신아무개가 죽었다고 추모비행했단다. 하필이면 이런 비상시국에, 칼날 같이 날카로운 군사정권이, 어떻게 서울상공에 비행기가 날도록 내버려두었을까? 폭탄 하나라도 떨어 터트리면 어쩌려고? 아무튼 반혁명분자가 무더기로 죽지는 않게 되었으니 천만다행이다.

언제부터인가, 혁명재판받으러 출정하는 사람들이 늘어났다. 아침 먹고 나가면 대개 저녁 무렵 돌아온다. 그리 엄격하지 않은지 돌아오는 사람들 모두 풀죽은 모습이 아니다. 대체로 평상시 같이 곳곳하게 돌아온다. 어느 날 오후, 앞방에 있는 민족일보 조용수 사장이 재판받고 돌아왔다. 간수가 문 따는 동안 식구통에 대고 "어찌 되었소?" 물으니, 싱긋 웃으며 손칼로 목 치는 시늉을 한다. 사형 구형받았다는 말이다. 조총련 돈으로 민족일보를 설립했다는 간첩 누명을 쓰고 있다지만, 아무리 반란군이 모질다 하더라도, 설마 그만 일로 사형이야 시키겠냐며 따라 웃었다. 다른 반혁명분자들도 혁명재판소에 자주 드나들지만 어찌 돌아가는지는 알 도리가 없다. 알아볼 수도 없고 알려주는 사람도 없다. 직접 나가거나 아니면 같은 방 사람이 나갔다 와야 알 수 있다. 어느 날 밤, 떠들썩하더니 한 사람이 바로 앞방으로 들어간다. 다음 날, 간수 말이 1군 사령부 탱크부대장 김대령이란다. 군인들은 모두 마포형무소로 가는 데 왜 이리로 보냈을까? 며칠 뒤 마포형무소로 떠났다.

거창한 반혁명분자로 조마조마하게 지낸 날들이 얼마나 지났을까. 아마 두 달은 넘었을 거다. 간수가 이름을 부른다. 재판 나가는 것이 아니라 감방 옮긴다고 사물 챙겨 나오란다. 그냥 나가면 혹시 사형장으로 갈지도 모르지만, 짐 챙기라니 사형장은 아니다. 감방동료들에게 마음을 다해 90도 인사드리고 방을 나섰다. 간수 말이 혁명재판에서 민사재판으로 관할이 바뀌었단다. 그동안 여러 사람들이, 혁명재판 깜이 아니라고, 줄기차게 탄원한 덕에 혁명재판에서 빠지게 되었단다. 그게 9월 14일이다. 여러 사람에게 또 신세 졌다. 이 날. 얼치기 소요사건으로 잡혀온 49명이 함께 혁명재판에서 민사재판으로 넘어갔다.

서대문 형무소 신사는, 구사와는 구조부터 다르다. 구사는 긴 복도 양옆으로 감방이 배열되어 있지만, 신사는 긴 복도 대신 얼마쯤 가면 ㄱ자로 꺾어지기를 거듭하고, 그 길가에 방들이 있다. 모든 방이, 창문이 낮아, 빛이 잘 들고 시원하고, 구사보다 크고 깨끗하다. 지금까지 살아본 형무소 감방 가운데 가장 좋다. 해방되고 지은 집이라, 인권 물을 좀 먹은 모양이다. 몇 방 건너에는 외국인전용 감방이 있다. 양변기에 침대도 있다. 호텔방 같다. 그러나 비어있다. 간수 말로는 외국인이라도 다 들어가는 것이 아니라, 미국인 만 들어간단다.

신사 감방에는 이미 네 사람이 들어 있다. 그중 두 사람은 중년의 지방 신문기자다. 사회정화 차원에서 지방신문기자들을 대거 잡아넣었단다. 또 한 사람은 예비역 공병 대위다. 돈을 빌려 못 갚아 사기죄에 걸려 들어왔단다. 자기는 사기 친 일이 절대 없단다. 돈을 못 갚았을 뿐이란다. 또 한 사람은 서해안 어부다. 조업하다 배가 이북으로 넘어가, 이북 경비정에 잡혀 해주로 끌려갔고, 얼마 뒤, 생선이 가득 실린 배를 찾아 돌아오다, 우리 경비정에 붙잡혀 간첩혐의로 들어왔단다. 혹시 선장이나 기관장이 간첩행위를 했는지는 알 수 없지만, 자기는 무식한 어부라 아무것도 모르는데 잡혀와 억울하단다. 바로 건너 방에는 김연준 한양대 이사장이 부정축재 등으로 들어와 있다. 이 사람뿐만 아니라, 반혁명분자라도, 자유당 사람들과 정치깡패 같은 이승만 준봉주의자들은, 모두 신사에서 군사재판을 기다렸다.

신사는 구사와는 분위기부터 다르다. 구사에는 헌병이 지키고 있지만 신사에는 간수도 잘 안 보인다. 구사의 반혁명분자들은, 삶에 지쳐 조용히 앉아 있지만, 신사에서는 이야기가 그치지 않는다. 주로 대전에서 사람이 유창한 말솜씨로 좌중을 지배한다. 하루는 심한 말싸움이 났다. 간첩혐의로 들어온 어부가, 북한에서 구경시켜줄 때 보니, 아파트 자재를 기중기로 들어 올려 조립하더라 한 것이 발단이다. 초 애국자인 예비역 공병대위가 그런 빨갱이 같은 새빨간 거짓말 말라고 고함지른다. 어떻게 아파트 벽을 미리 만들어 붙일 수 있느냐, 말도 안 된다고 흥분한다. 그래도 어부는 "내가 직접 봤시유" 하며, 지지 않고 고집 세우니, 흥분한 예비역 대위가 "이 새끼 순 빨갱이구나." 하고 멱살을 잡는다. 북한 이야기만 해도 빨갱이로 몰리는 세상인데, 어부가 그만 큰 실수 했다. 점잖은 지방신문기자들이 간신히 말려 싸움은 끝났지만, 뒤에도 육군 대위는 어부를 아주 못마땅해했다.

어느 날, 안경 낀 거만한 동아일보 기자가 필화사건으로 들어왔다. 별것 아닌 기사인데 군사정부가 과잉 반응했단다. 읽는 책을 보니, 밀즈(Wright Mills)의 "Power Elite"다. 경제부기자치고는 좀 별나다. 신기해서 물어보니 좋아하는 사람이란다.

"Listen Yankee"에서도 알 수 있듯이, 밀즈는 지극히 반미적이고 좌경적인 사람인데, 반공을 국시로 모시는 군사정부가 어떻게 이런 책을 사도록 내버려 두었을까? 미국 서점에 직접 주문하면 얼마든지 살 수 있단다. 한 열흘쯤 지났을까. 의기양양하게 출소한다. 군부의 오해가 풀렸단다.

　겨울 조선옷으로 갈아입고도 한참이나 지난 11월 중순, 점심 먹고 게으르게 졸고 있는데, 간수가 이름을 부르더니 "무죄 석방이오." 하며 웃는다. 깜짝 놀랐다. 민사재판으로 넘어간 지 두 달쯤 밖에 안 되었는데 벌써 끝나다니. 바깥사람들 고생이 많았겠다. 주섬주섬 사물 챙겨 들고, 간수 따라 사무실로 갔다. 이후보와 정후보도 나와 있다. 간단히 신원 확인하고, 간수들 배웅받으며, 형무소 밖으로 나왔다. 드디어 정전이다. 역시 법은 법이다.

　법이란 것은, 미신과 종교로 안 되니까, 물리력을 동원하여 사람 겁주는 현상보호장치다. 문제는 그 본질이 해석학이라는 데 있다. 집행하는 자의 〈해석〉에 따라 뜻이 달라진다. 집행자의 마음이 〈준법정신〉이고, 집행자의 해석이 〈실체적 진실〉이며, 집행자가 〈법과 원칙에 따라〉 내리는 해석이 〈법치주의〉다. 정의니 공정은, 법을 해석하는 집행자의 〈기분〉에서 나온다. 해석하는 자에게는 복이 있나니 인권이 저희 것이라.

　이후보 장남이 기다리고 있다. 서울역 가는 택시가 중앙청 쪽으로 돌아간다. 서울 구경하잔다. 중앙청 앞 옛 경기도청 자리와 그 옆으로 광화문 네거리까지는, 미군 폭격으로 벽돌 조각들만 무더기로 쌓여있는 폐허였고, 어느 겨울, 한국일보사가 그중 일부를 정리한 자리에서, 러시아 무용단의 아이스댄싱 공연을 한 일이 있다. 그런 너절한 폐허에 날씬한 5-6층짜리 직사각형 건물 두 채가 나란히 서 있다. 이후보 장남 말로는, 얼마 전에 미국 원조로 지었는데, 하나는 미국이 쓰는 유솜이고, 다른 하나에는 우리 경제기획원과 재무부가 들어 있단다. 어떻게 이토록 빨리, 이렇게 큰 건물을, 두 채나 지었을까? 놀랍다. 광화문을 한 바퀴 빙 둘러 구경하고 서울역으로 갔다. 이

후보 장남이 세 사람 기차표까지 미리 사 두었다. 5시 급행열차다. 쓰리고 무거운 마음으로 다시 부산으로 내려갔다.

　어머니가 반가워 우신다. 아버지께 큰 절 드리니 씁쓰레 웃으신다. 몸이 많이 안 좋으시다. 가게가 빚에 넘어가 쉬시니, 더욱 기운을 못 차리신단다. 그래도 극빈자 밀가루배급 타기 위해 동회에 노력봉사 나가신단다. 부산사범대를 나온 여동생 계수는, 발령 난 지방중학교를 포기하고, 임시교사 자리를 알아보고 있다, 남수도 선거후유증으로 이리저리 불려 다니느라 직장을 못 구하고 있다. 국민학교에서 돌아온 막내 동생 성수가 어색하게 인사하더니 배고프단다. 어머니가 밀가루 수제비를 내어놓자, "또 수제비가?"하며 짜증 낸다. 중학교 다니는 동수와 고등학교 다니는 삼수는 아직 안 왔다. 집안이 쑥대밭이다. 무엇보다 아버지 건강이 걱정이다. 천식이 심해져 기침이 갈수록 거칠어지신다. 아득하다.

8장

한국적 자유군주주의
(自由軍主主義)

1 반 혁신의 혁신

군사반란에 성공한 군사혁명위원회는 신정부 이름을 〈국가재건최고회의〉로 바꾸고 (5월 19일), 의장 장도영을 내각수반으로 임명했다. 합법국가 국무총리 격이다. 대통령 자리는 전 정부 대통령 윤보선이, 사퇴번복 뒤 눌러앉았다. 정권을 장악한 군부는, 제2공화국헌법을 대신하는 〈국가재건비상조치법〉을 만들고(6월 6일), 〈대한민국을 공산주의의 침략으로부터 수호하고, 부패와 부정과 빈곤으로 인한 국가와 민족의 위기를 극복하여, 진정한 민주공화국으로 재건하기 위하여〉, 모든 헌법기관과 산하기관 요직에 현역군인을 갖다 앉혔다.

그리고 〈군사반란〉을 일으켜야 할 만큼 중차대한 이유이자 목표인 〈혁명공약〉 실천에 들어갔다.

첫째, 〈반공국시〉. 미국의 지지가 필수적인 군사정권이, 반공을 국시로 삼은 것은, 국민의 목숨을 담보한 생존전략이다. 그래서 미국의 지지도 쉽게 얻었다. 대한민국 헌법상 국시는 〈자유민주주의〉이지만, 그런 건 문제 될 것 없다. 헌법은 새 포고령으로 바꾸면 되고, 자유민주주의와 자본주의, 그리고 반공주의는 사실상 같은 뜻이다.

대한민국이란 나라가, 이승만과 한민당 같은 반공투사들이 미국 힘을 빌려 만든 반공국가임을 재확인하는 것일 뿐이다. 그런데도 〈별 일〉이 있었다. 반공을 국시로 한 반란을, 친일파도 반공주의자도 아닌 혁신인사들이 지지하고 나섰다. 장준하가 "새로운 민족적 활로를 개척할 계기를 마련했다"하고, 송건우도 "민족주의적"이라 한 것을 보면 군사반란이, 전 정권들과 다른, 민족주의적 분위기를 풍겼던 것 같다. 동양철학자 김범부가, 전혀 민족적이지도 않고 민주적일 수도 없는 군사정권을 〈민족적 민주주의〉라 치켜세운 것도, 또 북으로 가자 고 외치던 4.19세대 일부가 신나게 민족적 민주주의를 읊고 다닌 것도, 모두 이런 맥락이었을 것이다. 전 정권들의 지나친 종속성에 대한 반작용일 수도 있었겠지만, 박정희의 미묘한 전력에 〈반 혁신적 혁신〉을 기대했을 수도 있었을 것이다.

아무튼, 반란군은, 반란 국시를 실현하기 위해, 반란 다음날(5월 17일), 〈영장 없는 체포구금〉 포고령으로, 혁신인사 3,300여 명을 〈반공국시〉 본보기로 전격 체포 구금했다. 그리고는 한 달도 더 지난 6월 21일에야, 법률 제630호로 〈혁명재판소 및 혁명검찰부조직법과 민사소송에 관한 임시조치법〉을 만들었다. 혁명재판소(혁재)는, 장면정부가 반민주행위자를 처벌하기 위해 만든 〈특별재판소〉를 본뜬 것이지만, 성격은 완전히 다르다. 민간인(사람)이 재판하는 보통재판소와 달리 정장한 군인이 재판하는 군사재판소다.[주-5] 혁재는, 다음날(6월 22일), 반혁명분자를 처벌하기 위한 소급법인 〈특수범죄처벌에 관한 특별법〉(특수범죄처벌법)을 공포하고, 7월 1일에는 최고회의가 〈특별법의제에 관한 법률〉을 공포하여, 장면정부가 만든 〈부정선거 관련자 처벌법〉을 그대로 적용키로 했다.

이뿐만이 아니다. 7월 4일, 무시무시한 〈반공법〉도 공포했다. 장면정권을 무정부상태로 만들면서까지 반대하여 철회시켰던 소름 끼치는 반인권법을, 눈 깜짝할 사이에 뚝딱 만들어, 군사정부의 비민주적, 비인도적 야만성을 과시했다. 혁재는, 장도영이 쫓겨나고, 박정희가 최고회의의장이 되고도(7월 3일) 한참이나 지난 7월 12일에야 비로소 업무를 시작했다.

혁명재판에 걸린 반혁명분자는, 세 갈래다. 자유당정권의 3.15부정선거 관련자와 부정축재처리법에 의한 부정축재자와 정치깡패, 반란군의 내분으로 생긴 군부반혁명세력, 그리고 용공부자들이다. 용공분자는, 사회대중당 등 혁신정당 관련자, 민족통일전국학생연맹(민통학련), 민주민족청년동맹(민민청), 통일민주청년동맹(통민청) 등 청년학생단체 관련자, 민족자주통일중앙협의회(민자통) 등 통일단체 관련자, 피학살자유족회 등 사회단체 관련자. 교원노조, 민족일보 관련자 등 통일운동과 민주운동에 관련된 이른바 〈특수반국가 행위자〉들이다.

---

5. 혁재는, 심판부 5부와 상고심판부 2부로 구성되고, 심판부는 재판장 1인, 법무사 1인, 심판관 3인으로 구성된다. 재판장은 현역장교 중에서 임명하고, 법무사는 군법무관, 심판관은 법관, 군법무관, 변호사 중에서 각 1명을 최고회의 승인을 얻어 혁명재판소장이 임명한다. 상고심판부는 재판장 1인, 법무사 1인, 심판관 5인 등 7인으로 구성되며, 재판장은 현역장교 중 1인, 법무사는 군법무관 중에서 1인, 심판관은 법관 2인, 현역장교, 군법무관, 변호사 중에 각 1인씩을 임명하고, 최고회의 승인을 얻어 혁명재판소장이 임명한다.

7월 29일부터 정식 혁명재판이 시작되었다. 심판부 5부 모두, 자유당정권의 부정선거 책임자, 부정축재자, 정치깡패부터 심리했다. 모두 제2공화국의 특별재판소에서 심리 중이었거나 심리를 마친 것이지만, 군사정부가 소급입법으로 다시 심판하여, 국민의 공분을 되살려, 군사반란의 불법성을 미화하는 쇼로 재생했다. 따라서 당연히 전 정부가 내린 선고보다 준엄할 수밖에 없다. 8월 25일, 반공청년단 종로구단장 임화수에게 사형, 대한반공청년단 총본부단장 신도환에게 무기징역을 선고한 것을 시작으로, 부정선거 관계자와 정치깡패에게 예상대로 중형이 선고되었다. 자유당 정치깡패 이정재, 유지광, 신정식에게 사형(26일), 부정선거 관련자 최인규, 이강학, 한희석, 사형(9월 20일), 경무대 앞과 서울 일원 발포책임자 홍진기, 곽영주, 사형, 유충열 무기징역이 선고되었다.

국시를 위반한 용공 반혁명분자 판결은 더없이 준엄했다. 민족일보사건은, 증거가 성립되지 않는데도 불구하고, 조용수, 송지영, 안신규에게 사형이 선고되고(28일), 사회당 조직부장 최백근도 어이없는 사형언도 받았다.(9월 14일). 혁신당, 사회대중당 등 혁신정당과 교원노조, 민통학련, 피학살자유족회 등 이른바 특수반국가행위사건은, 피고 전원이 유죄판결받았다. 자유당 3.15 부정선거와 경무대 앞 발포사건 관련자 중 사형된 자는, 최인규, 곽영주 뿐이고, 정치깡패 또한 이정재, 임화수, 신정식이 사형되었을 뿐, 나머지는 모두 감형되어 2, 3년 안에 석방되었지만, 통일운동과 민주화운동으로 재판받은 용공분자는, 모두 감형 없이, 징역 다 살았다. "5.16 이래 월평균 간첩 20명을 검거한다"라고 협박하는 군사정권실세 김종필 정보부장이 통일운동한 청년학생들에게 정치깡패 같은 자비를 베풀 리 없다. 군사정권은, 그 뒤에도, 필요할 때마다 필요한 만큼의 간첩조직을 일망타진하여 엄중 처벌했다.

둘째 공약, 〈유엔헌장을 준수하고-- 미국을 위시한 자유우방과의 유대 강화〉. 유엔이 만든 나라에서, 미국의 묵인으로 반란에 성공한 군부가, 당연히 지켜야 할 의무인 동시에, 제2 쿠바사태를 두려워하는 미국의 심려를 덜어주려는 충성서약이다.

2 빛바랜 구악(舊惡)

셋째, 〈부패와 구악 일소〉. "새 술은 새 부대에 담겠다"는 후진국 반란군 전용 〈정의 바로세우기〉 공약이다. 군사반란군은, 생태적으로 정부행정과 거리가 먼데도 불구하고, 정부행정을 신속하게 장악하여 구악 일소에 착수했다. 일제 강점기로부터 물려받은 행정관례 대신, 미국군대식 신행정기법인 ABC (Army, Charter, Briefing)를 도입한 덕을 톡톡히 보았다. 공무원보다 현역군인을 더 많이 불러들여 미국 문물을 전수한 미국정부의 원대한 문화정책이 드디어 보상을 받았다. 동시에 미국에서 배워온 자본주의적 관행이, 한국군대의 생태적 부패와 결합하여, 새로운 권위주의적 금권지배구조도 만들어내었다.

전 정권인 장면정부가 1년도 못 버틴 무능정부인 것은 분명하지만, 얼마나 부패하고, 얼마나 구악에 찌든 정권이었는지는 알 수 없다. 미군정 이래 대한민국의 가장 큰 이권, 즉 돈 생길 곳이라고는 일제 적산과 미국 원조밖에 없었고. 이를 둘러싼 실력자들의 부정부패 그림자가, 이승만 정권 내 내 드리웠던 것은 사실이다. 그러나 그 규모는 별로다. 국민소득 80$도 안 되는 내전에 찢긴 나라에, 민족자본이건 매판자본이건 간에, 자본이 축적될 여지가 있을 리 없다. 기껏해야 특별한 배려에 보답하는 전통적 온정주의 수준을 크게 넘지 못했다. 따라서 군사정권이 아무리 힘껏 민간의 부정부패를 캐봤자 별 소득이 없다. 게다가 부정부패의 온상인 군대가, 상대적으로 깨끗한 민간의 부정을 뿌리 뽑겠다고 나서는 것 자체가 웃을 일이다. 그래서 나온 것이 〈사회적 구악소탕〉이라는 민중영합 쇼다.

먼저 "이 나라 사회의 모든 부패와 구악을 일소"하기 위한 본보기로, 기업인 17명을 부정축재 혐의로 잡아넣었다.(5월 19일). 이 중 10명은, 전 재산 국가헌납 각서 쓰고 풀려났다. 다음날에는 양곡 매점매석을 이유로, 서울의 양곡상인들로부터 쌀 6천여 가마를 압수하여, 영세민에게 나누어주는 의적행위를 했다. 그다음 날에는 전국 깡패

4,200여 명을 잡아넣고, 그중 이정재 등, 동대문 정치깡패집단인 반공청년단과 화랑동지회원들을 종로에서 조리돌렸다. 5월 24일에는 댄스홀들을 급습하여 옥내외집회금지법을 위반하고 춤추는 남녀들을 줄줄이 체포하여 재판에 넘겨, 춤도사 박인수 등에게 징역형을 선고했다. 5월 25일에는 최고회의령 제12호 〈고리채정리령〉으로, 농어촌민을 상대로 하는 고리대금업을 금지했다.

경찰도 정의바로세우기 쇼 행진에 동참했다. 반란군인정신이 투철한 치안책임자가, 각도 경찰국에 〈좌측통행을 독려하라〉는, 교통질서 확립 지침을 하달했다. 자동차가 다니지 않아, 중앙선 표지가 없는 뒷골목에서라도, 우측통행하면 모두 잡아드리라고 엄명했다. 건널목 표지가 없는 곳을 건너는 사람들을 무조건 무단횡단으로 잡아넣으라는 지시도 내렸다. 일제 군대식 사회기강 바로잡기 훈령에 뿔난 동아일보 만화가 고바우영감이, 횡단보도 한가운데에 서서, "여기가 좌측입니까, 우측입니까?"라고 묻는 만화를 그려, 세태를 비꼬았다.

공보부도 거들었다. 올바른 언론창달을 위해, 신문, 통신사를 정비하겠다고 발표하자마자, 경찰이 즉시 경북과 전북지방 사이비기자 140여 명을 검거한 것을 시작으로, 모든 지역 지방기자를 무더기로 잡아넣었다. 축첩공무원을 전원 해임하고, 정부기관에 근무하는 병역미필공무원 9,200여 명을 파면하고, 정부 산하기관, 교육기관, 신문사, 통신사 등 주요 기업과 학교에도 병역미필자를 즉시 추방하라고 엄명했다. 서울시도 사창근절 방침을 공포하여 구악일소에 동참했다. 뭐니 뭐니 해도, 이정재 등 반공청년단 깡패들을 줄줄이 묶어, 종로바닥을 끌고 다니면서, 북 치고 장구 쳐 조리돌림 한 것이 구악일소의 백미였다.

부정축재도 처리했다. 〈부정축재위원회〉를 만들어, 11개 업체에서 부정축재액 126억 환을 찾아낸 것을(6월 2일) 비롯하여. 제4차 중간발표까지 총 445억 여환의 부정축재금을 밝혀내고, 부정축재자 57명이 자진 신고했다고 발표했다. 또 부정축재

혐의가 있는 89개 기업체에 감독관을 파견하여 감시토록 했다. 부정축재조사 종결을 선언한 (7월 1일) 뒤에까지 실시한 5차 조사에서, 모두 726억 환의 부정축재를 적발하는 성과를 달성했다고 발표했다. 재무부도 1천만 원 이상 고액 국세납세자 116명의 명단을 발표하고, 감찰위원회도, 군사반란 후 35일 동안에만, 공무원비리 7백여 건을 적발했다고 발표했다. 그러나 경제 규모가 워낙 작아, 군사정권이 깨끗한 정치를 하고 있다는, 선언적 의미가 있을 뿐이었다.

3 원인 없는 신악(新惡)

하잘 것 없는 〈정의바로세우기〉 구악일소로, 어진 백성들의 말초신경을 자극하는 한편으로는, 미국에서 배운 새로운 자본주의 기법을 한국군대의 고전적 부패에 접목하여 종래와는 차원이 다른 고차원적인 권위주의적 금권지배구조, 이른바 〈신악〉을 만들어내었다.

먼저, 무모한 화폐개혁으로, 국민경제를 뿌리 채 흔들었다. 군대식 부정부패 척결에도 불구하고, 경제가 살아나기는커녕, 재정적자가 갈수록 늘어나고 인플레이션이 위험수위에 다다르자, 지하경제를 활용한다는 구실로, 갑자기, 화폐개혁을 단행했다.

1962년 6월 9일(토요일) 밤 10시를 기해, 10 환을 1원으로 명목 절하하여, 1인 당 500원 한도로 바꾸어주고, 나머지는 은행에 예치토록 했다. 게다가 모든 구권과 수표, 어음, 우편증서를 금융기관에 신고하고, 6월 17일까지 신고하지 않은 청구권은 무효로 한다고 선언하여 전국이 대공황에 빠졌다. 화폐개혁을 통한 경제 활성화계획으로 경제혼란은 말할 것도 없고 산업계의 자본유통 자체를 가로막아, 오히려 경제침체를 가중시켰다.

갑작스러운 막가파식 화폐개혁에 온 국민이 놀라고 당황했지만, 입 한 번 벙긋 할수 없었다. 그러나 미국은 달랐다. 미국은, 미국정부의 사전 승인 없이, 즉흥적인 화폐개혁을 기습적으로 단행한데 대노하여, 예금동결을 즉시 해제하지 않으면, 당장 미국원조를 중단하겠다고 협박했다. 정부예산 절반을 미국원조자금에 의존하고 있는 군사정권이 버틸 재간이 없다. 즉시 굴복하여 예금동결을 해제했다. 지하자금을 끌어내어 재정적자를 줄여보려던 군사정부의 어설픈 화폐개혁은 한국경제를 한층 더 미국에 종속시키는 참담한 쇼로 끝났다.

다음은, 〈4대의혹사건〉으로 대표되는 대규모 권력형 부정부패사건이다. 비리일소를 공약한 군사정권이, 앞에서는 기업과 관리의 작은 부정부패를 응징하면서, 뒤로는 상상을 초월하는 초대형 〈전리품챙기기작전〉을 전개했다. 증권파동, 워커힐 사건, 새나라자동차사건, 빠징코(회전당구)사건 등, 대한민국 역사에 기리 남을 엄청난 대규모 국정농단 부정부패사건이 바로 그것이다. 이로 말미암아, 〈구악 일소〉를 내건 군사정부혁명공약에 빗대어, 〈신악〉이라는 조롱 섞인 신조어가 유행하여, 군사정권의 도덕성에 치명타를 입혔다. 〈국민도의와 민족정기를 바로잡기 위해〉 반란까지 일으킨 자들이, 민족역사상 유례없는 파렴치한 권력형 비리를 저질러, "겨 묻은 개 나무라던 똥개가 미친개"로 전락했다.

이 중, 증권파동은, 중앙정보부가 증권전문가 윤응상과 결탁하여, 일으킨 증권사기사건이다. 1961년 11월부터, 한국전력, 대한증권거래소 주식 등, 몇몇 유력주식을 조작하여 폭리를 취한 뒤, 주식대금을 결재하지 못해 군소 증권회사를 비롯한 5,300여 일반투자자들이 엄청난 피해를 입었다. 패가 망신한 사람들의 자살 소동이 잇따라 여론이 악화되자, 군사정권은, 윤응상과, 대한증권거래소 이사장 서재식, 최고회의 재경위원 유원식, 재무장관 천병규, 중앙정보부 행정처장 이영근을 비롯한 중앙정보부 간부 등 모두 14명을 구속하여, 군법회의에 넘겼다. 육군보통군법회의는 군사반란군다운 신통하고 절묘한 법해석 판결을 내렸다.

"〈원인 없는 의혹〉으로 국가를 소란케 하는 일이 근절되어야 한다."라고 전제하고, "강성원, 이영근, 장지원 등 피고인이, 증권시장육성으로 경제개발 5개년 개획 수행을 위한 내자동원이라는 국가시책에 순응, 애국적 충정으로 한 일이다." 즉 피고들은 주식을 조작한 〈사기꾼〉이 아니라, 국가 경제개발에 필요한 내자를 충당하기 위하여 성심을 다해 헌신한 〈애국자〉라고 높이 칭송하면서, 피고 전원에게 무죄를 선고했다. 대한민국 군사정부 다운 충국적 명 법해석이다. 이 사건의 진짜 주역인 김종필은, 외유를 이유로, 기소조차 되지 않았다.

두 번째는, 워커힐 사건이다. 중앙정보부가 외화벌이 빌미로, 광나루 일대에 화려한 주한미군 휴양시설을 만들면서 막대한 정부자금을 빼돌리고, 육해공군 공병단의 장비와 인력을 건설공사에 무단 투입하여 무상 노역시킨 권력형 부정부패사건이다. 군사정부는, 교통부 산하에 관광공사를 설립하여 워커힐 건설공사를 진행하게 했다. 공사 도중, 산업은행이 융자를 거부하여 공사가 부진하자, 교통부장관 박춘식과 관광공사 사장 신두영이, 1962년 8월부터 63년 2월까지, 법률적으로나 업무상으로나 아무런 연관이 없는, 정부주식출자금 5억 3천만 여원을 중앙정보부 제1국 1과장이며, 위커힐 이사장인 임병주에게 가불 하여 공사를 진행시켰다, 임병주는 그 돈을, 상부 지시에 따라, 횡령 착복했다.

세 번째, 새나라자동차사건은, 군사정부가 일본 닛산자동차회사의 폐기모델 블루버드를 대량 면세로 들여와 조립하여, 비싸게 팔아 막대한 폭리를 취한 사건이다. 주범은 역시 중앙정보부장 김종필이다.

1961년 12월, 한일회담 차 일본에 간 김종필이, 재일교포 사업가 박노정에게, 한국 내 자동차판매 특혜를 주면서 시작되었다. 군사정부는 우선 1962년 5월 31일 〈자동차공업보호법〉을 공포했다. 외국산 완성차의 수입은 제한하되, 자동차의 제조와 조립에 필요한 부품의 관세를 면제하는 법이다. 자동차공업을 육성하기 위하여 만든 이 법으로, 국내 유일의 자동차회사 〈시발〉에게 주려던 기술지원금이, 고스란히 재일교포 박노정이 인천에 설립하는 〈새나라자동차회사〉로 넘어갔다. 박노정은, 중앙정보부와 인천시의 적극 지원으로, 공장부지와 자재구입은 물론 거금 100만$ (지금 가치로는 1조 원이 넘는다)의 지원도 받았다. 새나라자동차는, 곧바로 일본 닛산자동차가 폐기한 소형모델 〈블루버드〉를 반제품 형태로 면세로 들여와 조립하여, 〈새나라〉란 이름으로 원가의 거의 두 배에 팔았다. 1963년 7월까지 1,772대를 조립하여 판매한 대금 중, 원가 900$의 두 배인 1,800$를 일본으로 송금하여 중앙정보부구좌에 적립했다. 새나라자동차에 대한 정부특혜 때문에, 한국 최초 자동차공장 〈시발〉회사는 얼마 못가 파산했다, 뿐 아니라 기술과 부품 모두를 일본에 의존하던 새나라자동차도, 외환사정이 악화되자 견디지 못하고, 1964년 문을 닫았다. 군사정권 정치자금 때문에, 한국자동차산업의 기술자립은 30년이나 뒤로 밀렸다

넷째. 빠칭코사건. 1961년 12월, 재일교포 김태준 등이 전 정권에서는 엄격하게 금지되었던 도박기구인 회전당구대, 일본 이름 〈빠징코〉 100 여대를, 재일교포재산반입 명목으로 속여 들어와, 국내에 사행행위를 유행시킨 사건이다. 무서운 계엄령 하인데도 불구하고, 대규모 도박이 성행하여 세상에 물의를 일으키자, 군사정권은 뒤늦게 영업허가를 취소하고, 김태준 등을 관세법 위반 혐의로, 1963년 3월에 보통군법회의에 송치하는 것으로 사건을 끝냈으나, 정부 묵인 불법 사행행위의 후유증은 매우 컸다.

이 네 사건 모두, 중앙정보부가 정권연장용 정치자금을 마련하기 위하여 저질은 초법적 부정행위다. 그러나 이런 엄청난 불법행위로 얼마나 많은 자금을 모았으며, 또 그 자금이 어디로 갔는지는 끝내 밝혀지지 않았다. 부정부패를 일소한답시고 군사반란까지 저질은 군사정권이 상상을 초월하는 탈법으로, 이완용 이래 유례가 없는, 엄청난 부정부패를 저질러 사회기강을 어지럽혔다. 이뿐만이 아니다. 돈이 될 수 있는 것에는 모두 손을 뻗었다.

1962년, 흉작으로 먹을 것이 귀해지자, 밀가루와 설탕에, 또 개발 바람으로 시멘트가 동나자, 시멘트까지, 재벌이 독과점하고 있는 생필품에 간섭하여, 〈삼분폭리사건〉이라는, 국민을 볼모로 하면서까지 정치자금을 만드는 추행을 저질렀다. 정부가 체면 불고하고 추태 부리는데 힘센 군인들이 점잖게 보고만 있을 리 없다. 권력 천지가 〈돈판〉이 되었다.

군사정권이 시작한 통 큰 부정부패는, 제3공화국에도 이어져, 부정한 금품, 이른바

외이루(뇌물)는 공공업무 필수품으로 자리 잡았다. 그것도 자유당 때 같은 온정적 푼돈이 아니라, 자본주의적 거금이 첨부되지 않으면 절대로 진행되지 않게까지 자랐다. 이전에는 청탁이 성공한 뒤에 인사치레하는 예의적인 사후 사례금이었지만, 이제는 미리 책정하여 선불을 요구하는 필수 〈공물〉로 사실상 강제 징수되었다. 한일회담 성공으로 일본 재화가 물밀 듯 들어오자, 공물 규모도 기하급수적으로 부풀어, 자유당 사람들은 상상조차 못 할 거액으로 늘어났다. 위아래가 따로 없는 반란군식 전리품 챙기기(spoils system)다. 위는 위대로 아래는 아래대로, 마음껏 자시는, 새로운 자본주의적 국민도의가 대한민국을 지배했다.

4 유아독존

반란군의 네 번째 공약은, 민생고 해결이다. 국민소득이 80$도 안 되는 절대빈곤국 정치인치고, 생색내기 민생고 해결공약을 안 하는 자 없다. 불법적인 정권 탈취일수록 민생고 해결을 더욱 앞세운다. 잘 살고 싶지 않은 사람은 없다. 그러나 민생고 해결이란 것이, 그리 녹녹한 문제가 아니다.

군사반란으로 쫓겨난 민주당정부도 이것 때문에, 국민들의 반일감정을 알면서도, 일본으로부터 경제적 이득을 얻으려고 힘을 쏟았다. 군사정권이라고 다를 거 없다. 기댈 곳이라고는 미국과 일본뿐인데, 미국은 너무 빡빡하다. 당장 돈 나올 수 있는 곳은 일본밖에 없다. 더욱이 반란군인들 모두, 일본교육은 물론, 일본군대에서 일본 정신훈련까지 받은 사람들이라, 일본인이 왜놈으로 보이지 않는다. 편하게 일본에 기댈 수 있다.

반란에 성공하자마자, 〈재간국민운동본부〉를 만들어, 일제 강점기 전시동원체제와 아주 비슷한 〈일본식 국민동원〉을 시작하는 한편으로, 장면정부가 만든 〈경제개발 5개년 계획〉을 그대로 발표하고(1962년 1월 13일), 울산에 공업센터를 만들었다.(3월 16일),

다섯째, 국토통일을 위한 실력 배양. 군사반란을 정당화할 수 있는 가장 적절한 구호다. 동시에, 군사반란 민얼굴인 진보세력 제거용 엄포이기도 하다.

여섯째, 참신하고 양심적인 정치인에게 정권을 이양하겠다는 공약은 좀 낯간지럽다. 어느 나라 어느 반란군이든 간에 모두 다 하는 소리지만, 지켜진 일은 없다. 혁신세력을 싹쓸이하고 구정치인의 정치참여까지 차단하면서. 천문학적 탈법 정치자금 수집에 혈안이었던 것을 보면, 자신들 만이 참신하고 양심적인 독불장군이 되고 싶었던 게 분명하다.

〈부패하고 무능한 정치세력〉을 제거하기 위하여 만든 〈정치활동쟁화법〉(62년 3월 16일)이, 그것을 증언한다. 이 법은 "5.16 군사반란 이전 또는 이후에 특정한 지위에 있었거나 특정한 행위를 한 자의 정치적 활동을 일시적으로 정지시키는" 법이다. 이 법에 따라 정치활동이 금지된 사람은, 자유당, 민주당 등 정당 지도자, 전직 고위관리, 부정축재처리법(6월14일 제정)에 의거한 부정축재자, 그리고 남북회담 관련 학생지도자, 및 군사정부 내 권력투쟁에서 밀려난 군지도자 등, 무려 4,374명에 이른다. 대한민국에서 정치할 수 있는 사람은, 이제 군사반란을 주도한 일부 군인들과, 그들의 비호를 받는 반공투사들뿐이다.

5 ▶ 제2의 운명

1963년 여름방학 중이다. 양춘우가 빨리 올라오라 한다. 무슨 청년단체를 준비하고 있다고 한다. 반혁명분자라는 거창한 영예를 벗은 지 얼마 되지 않아 별 생각이 없지만, 어차피 올라가야 하니 며칠 앞 댕긴다고 안 될 거 없다. 며칠 뒤 서울행 기차를 탔다. 서울역에서 기다린 양춘우가, 곧장 종로 1가 중학천 빈대떡골목 맞은편 조선기와집 여관으로 데려간다.

여러 사람이 여관을 독차지하여 열심히 청년단 설립준비 작업을 하고 있다. 그 중에는 동국대 권교수, 대구대 이교수 등 정치학, 경제학교수, 강사도 여럿 있다. 교수들은 단체의 기본이념인 〈민족민주주의〉와 〈경제발전〉을 주창하는 강령과 정책 만드는데 열중하고 있다. 준비위원장인 윤아무개는 건장하고 다부진 40대 후반의 장년으로 말 수가 적고, 결연한 얼굴과는 달리 대단히 부드러운 사람이다. 모든 일을 준비위원들에 맡겨놓고 간섭을 안 한다. 준비위원장의 자세한 신상은 알 수 없지만, 중앙정보부와 관련이 있는 것 같은 분위기다. 본인이 중정 사람인지는 모르지만, 중정사람들이 자주 찾아오고, 중정간부 동생이라는 30대 후반의 임 아무개가 매일 나오는 것으로 보아, 거의 틀림없을 것 같다. 아니면 적어도 자금은 그쪽에서 나오는 것이 거의 확실하다. 그렇지 않고서는 이 비상시국에, 군사정권 몰래, 그 많은 돈이 나올 곳이 있을 리 없다.

여관과 교수들이 묵고 있는 호텔로 옮겨 다니며 회의를 거듭한 지 열흘쯤 지나, 결성대회가 열렸다. 시민회관 강당에 4, 5백명의 지역대표들이 모여 윤아무개를 단장으로 뽑았다. 힘차게 단기 휘두르는 윤단장 따라 모든 단원들이, 〈민족적 민주주의만세〉를 힘차게 외쳤다. 대회가 끝난 날 저녁, 모든 지방 단원들이 떠났다. 내 강권으로 마지못해 참석한 경남대표 김형일 일행도 이날 내려갔다. 서울역에서 경남대표 일행을 배웅하고, 내친김에, 서울역 앞 양동 언덕에 있는, 공화당사로 김성희 교수를 찾아갔다. 5.16 군사반란 때, 반혁명분자로 성북경찰서에 잡혀갔던 분이, 김종필 권유로, 민주공화당(공화당)의 당헌 당규를 만들고, 공화당 정책연구실장을 맡고 있다. 출마하겠다며 부산으로 모셔간 것이 어제 같은 데, 벌써 3년이 넘었다. 세상이 바뀌지 않을 수 없다. 교수님이 거꾸로 정치인 되셨다.

청년단은, 종로 관수동 국일관 옆에 있는 조그만 여관을 임시 사무소로 정했다. 숙소 겸용이다. 간판도 없다. 근처에 빈 사무실이 많은데도 안 구하는 걸 보면, 돈이 없거나 아니면 뭔가 다른 이유가 있는 것 같지만, 곁다리가 그런 것까지 알 필요 없다. 사무실에는 사무국장 양춘우와 단장 비서 신아무개, 그리고 감시인 같은 임아무개가 상주한다. 군사정부가 묵인하는 청년단체라서 인지 찾아오는 사람이 제법 많다. 그중에는 농업경제학 연구하는 박현채, 사회학 하는 김금수, 서울신문기자 정구호, 문학청년 김진환 등 주로 양춘우 친구다. 장년의 씨름장사 체육인이자 대학 동기 김질락의 숙부인 김종태도 자주 왔다. 김질락은, 졸업 무렵 애독하던 일본책 〈프랑스혁명 이면사〉를 빌려간 뒤로는 거의 만난 일이 없지만, 대학 때는 제법 가까운 친구였다. 돈화문 앞 그의 국회의원 백부 집에도 더러 놀러 가고, 혜화동 하숙집 대문 앞 계단에 앉아, 밤새워 정치토론도 했다. 그 동기동창의 숙부인 데다가 유명한 씨름장사가 정겹게 형님이라 부르란다. 그로부터 양춘우, 김진환, 임아무개와 네댓 명이 거의 매일 저녁, 을지로와 종로의 식당과 술집을 드나들었다. 때로는 제법 근사한 요정에도 갔다. 술값은 물론 거의 언제나 형님 몫이다. 밤바람이 차면 선득 점퍼를 벗어 입혀줄 만큼 동생들을 살뜰히 보살폈다. 때로는 윤단장과 중정사람들도 함께 어울렸다. 한 달도 더 넘게 함께 다녔는데도 형님이 무슨 일을 하는지는 몰랐다. 통 큰 형님이면 그만이었다.

관수동 여관으로 사무실을 옮기고도 한 달이 넘었지만, 청년단의 용트림은 전혀 없다. 중앙조직조차 갖추어지지 않았다. 도대체 어떤 목적으로 만든 단체인지, 또 무슨 일을 하려 하는지, 도무지 알 수가 없다. 이따금 다른 여관으로 사무실을 옮겨 다닐 뿐, 아무런 후속조치가 없으니 답답하다. 그렇게 지루한 어느 날, 사무실이 종로 3가에 있는 제법 좋은 여관으로 옮겨가 있을 때다. 무심코 사무실에 찾아갔더니 방안에 양춘우가 이문규와 함께 있다. 오랜만에 만난 후배다. 악수만 하고 나와, 화신 앞을 지나다가 또 아주 오랜만에, 외무부 유종현을 만났다. 4.19항쟁 북새통 이래 처음이다. 마침 하숙을 청운동으로 옮기려는데 같이 가지 않겠느냐고 권한다. 바로 가 보니 집이 깨끗하고 조용하다. 이때부터 유종현이 장가갈 때까지, 청와대와 중앙청 근방을 옮아 다니며, 하숙을 함께 했다. 유종현 사무관과 같이 있는 동안, 매월 외무부 통상국에서 발행하는 통상정보지에 실을 최신 외국통상 자료 번역을 맡겨주어 부족한 강사 수입을 메웠다.

어찌 된 일인지는 모르지만, 그 뒤로는 청년단과 연락이 끊겼다. 지난해 경기대 교학과장 정해운 교수가 애써 마련해준 정치학개론 등의 강의준비에 매달리느라 자주 찾아볼 시간이 없었을 것이다. 어쩌면 정체불명의 청년단에 겹 곁다리 끼어봤자 별 볼일 없다는 것을 깨달았을지도 모른다. 청년단 사무실에 나가지 않으니, 김종태 형님과 만나는 일도 동시에 없어졌다. 김진환과 김질락이 내는 청맥 잡지사에는, 한국일보 기자 김성우 따라, 딱 한번 가 봤다. 아마 어려운 잡지 경영에 아무 도움도 안 되면서 찾아가기가 어색했을 것이다.

대신, 군대 안 갔다고 쫓겨난 친구들과 거의 매일 어울렸다. 신문사에서 쫓겨난 김영수, 부흥부 출신 신제철 같은 할 일 잃은 동기들이다. 광화문 국제극장 뒤 작은 식당에서 돈까스로 점심 때우고, 그 앞 2층 호수다방에서 커피 한 잔 하는 게 일과다. 저녁에는 조선일보 옆에서 국제극장까지 늘어선 노점에서 소주 안주로 곁들이는 참새구이가 명품이다. 대가리를 아싹 깨무는 쾌감은 어떤 고급 호텔식당에서도 느낄 수 없는 천하일품이다. 군대 안 간 죄로, 아무 공직에도 나갈 수 없는 실업자 분풀이로 그이상 좋은 게 없다.

1961년 12월 2일, 군사정권이 국토건설단설치법으로, 〈국토건설단〉을 건설했다.

"전 국토의 유기적, 효과적 개발과 만 28세 이상의 병역미필자 등의 사회적 구제와 동시에, 국토건설사업의 수행한다"는 취지다. 여기 입단하여, 18개월을 군대식 〈노동복무〉를 하면 군대를 면제해 주기로 되어 있어, 많은 병역미필자들이 다투어 지원했다. 공직에 복귀하거나, 취업하려면, 반드시 군복무를 마쳐야 하므로 이 기회를 놓칠 수 없다. 그러나 병역미필자들의 유일한 병역의무 대체 방법이던 그 길마저, 군사정부 다운 온갖 말썽 속에서, 다음 해 말 폐지되어, 후순위로 밀린 지원자들이 병역의무를 대체할 방법이 없어졌다.

어느 날, 국회기자실에 바둑 두러 다니던 김영수가 싱글싱글 웃으며, "어이, 이제 우리 군대 안 가도 된다. 차지철이 한 건 했다." "뭔데?" "차지철의원이 1934년 이전 출생자는 모두 군대 면제해 주기로 하는 법을 통과시켰다. 이제 나도 복직한다."

차지철은, 용산고를 나온 1934년생들 동기생이다. 친구들이 군 미필로 놀고 있는 것이 딱한 판에, 동년배 국회출입기자들이 계속 권고하자, 마음먹고 〈병역특례법안〉을 통과시켰다. 늙은 병역미필자들을 국토건설단에 〈징용〉해서, 군대식 노역으로 구박 주다가 큰 말썽 난 것이 마음에 걸렸을 것이다. 아무튼 반갑고 고맙다. 이제 병역문제는 한숨 돌렸다.

9장

제3공화국

1 민정이양

박정희는 군정을 계속하고 싶었다. 그러나 미국이 허락하지 않았다. 군사반란 때는 허약한 장면정부 믿다가 쿠바에서처럼 쫓겨날까 두려워 슬며시 지지했지만, 자유민주주의 종주국을 자처하는 미국이, 아무리 급하더라도, 주변국의 군사정권을 용인하는 수모까지 감당할 수는 없다. 계속 원조중단 하겠다고 겁주면서 즉시 민정이양하라고 압박했다. 박정희도 더 이상 버틸 수 없다. 결국, 61년 8월 12일, 〈8.12 선언〉 즉 민정이양선언을 했다.

단, 거창한 조건부다. 먼저, 〈구악일소 및 법질서확립〉, 〈체제 개혁 및 발전〉, 〈종합경제5개년계획 추진〉 등 기초작업을 완수한 다음, 〈63년 3월 이전에 새 대령령책임제헌법을 제정하여〉, 〈5월 총선거에 승리한 정부에게, 이 해 여름까지, 정권이양하겠다.〉고 했다.

이 절차에 따라, 다음 해 11월, 최고회의가, 헌법개정안을 의결하여, 국민투표로 확정하고(12월 17일), 12월 26일, 이를 공포했다. 이것이 〈대한민국 제3공화국헌법〉이다. 물론 〈대통령책임제〉다. 무력한 장면정부를, 무력으로 쫓아낸 군사정권이, 더욱이 일제 군국주의 환상을 버리지 못한 박정희, 내각책임제 국가수반 따위 허수아비 대통령을 원할 리 없다.

군사정권은, 신헌법에 따른 민간정부를 만들기 위하여, 1963년 4월 〈대통령선거〉, 5월 〈국회의원선거〉, 8월 〈민정이양계획〉을, 박정희의 대통령 출마의사와 함께 발표했다.

정당도 만들었다. 중앙정보부장 김종필이, 군부 중심으로 〈재건당〉을 만든(1963년 1월) 뒤, 여기에 민간인들을 끌어들여 〈민주공화당〉이라 이름 붙였다.(2월 26일).주-6 공화당에 들어간 민간인은 두 부류다. 하나는 5.16 군사반란에 협조한 친일 자유민주주의자 윤치영, 임영신 등 이승만 잔당이고, 또 하나는 일제에도 굽히지 않던 정구영 같은 법조, 학계 인사와, 〈최고회의포고 제6호〉주-7에 발이 묶이지 않은 시민단체.

---

6. 공화당은, 기존 한국정당들과 달리, 영국 노동당 같은 사무국 중심의 정책정당으로 발족했으나, 정권 내부 역학관계가 변함에 따라, 점차 원외 정책기능이 약화되어, 결국 자본주의국가의 통상적인 원내정당으로 돌아갔다.

7. 국가재건최고회의포고 제6호(1961년 5월 22일 제정)
   모든 정당사회단체는 단기 4294년 5월 24일을 기하여 이를 해체한다. 단. 정치성이 없는 구호단체,

박정희의 군사정권 승계작업이 막바지에 다다랐을 때, 뜻밖의 내분이 터졌다. 공화당 사전조직에서 밀려난 반란주체세력과 반란편승세력이, 김종필의 독주에, 반발하고 나섰다. 국방장관을 비롯한 각 군 참모총장 등 현역 장군과, 최고회의 내 온건파도 이에 가세하여 〈박정희 불출마〉를 요구했다. 박정희도 한발 물러섰다. 다음날 〈2월 18일 성명〉으로, "군인은 민정에 참여하지 않겠다"는 〈불출마선언〉과 동시에, "군의 정치적 중립" 등 〈9개 정국수습방안〉을 발표했다. 국방장관 박병희가 즉시 화답하여 3군 참모총장들과 함께, "군은 정치적으로 엄정중립을 지키고, 민의에 의하여 선출되는 민간정부를 절대 지지하고--충성을 다할 것을 다짐한다"라고 선언했다.

그러나 박정희는 물러날 생각이 없었다. 충성스러운 군인들이 〈충정어린〉 군정연장 데모를 벌이자, 보란 듯이, 〈4년간 군정연장안〉을 국민투표에 붙이겠다는 중대발표를 했다.(3월 16일). 미국정부가 즉시 반대했다. 박정희는 이를 철회하는 대신, 스스로 대장으로 승진 예편하여, 군복 벗고 공화당 대통령후보로 출마했다.

1963년 10월 15일에 치러진 제5대 대통령선거에서 공화당 박정희 후보는, 지방 몰표 덕에, 윤보선 후보를 간발의 차로 누르고 신승했다.(박정희(46.4%), 윤보선(45.1%)). 순식간에 정부여당으로 뛰어 오른 공화당도, 제6대 국회의원선거에서, 175 의석 중 110석을 차지했다.(1963년 11월 26일). 무려 2년 6개월에 걸친 초법적 군사정권은 이렇게 끝이 나고, 현역군인 아닌 〈전역군인〉 민간인이 권력을 휘두르는 〈합법적 전역군인 민간정부〉, 즉 대한민국 제3공화국 정부가 탄생하여(12월 17일), 이른바 〈민정이양 정치〉가 시작되었다.

학술단체 및 종교단체, 기타 국가재건최고회의에서 별도 허가하는 단 체는 소정의 절차에 의하여 재등록을 단기 4294년 5월 31일까지 실시하라.

2 경제 개발

제3공화국은, 이로부터 유신체제로 바뀐 1972년까지 계속되었고, 대통령은 언제나 박정희였다. 이 기간, 박정희정부가 가장 공 들인 것이 경제개발이다. 반란군사정부 때인 1962년 1월 13일부터, 장면 정부가 만들어놓은 제1차 경제개발 5개년계획의 세부사항을 다소 조정하여 만든, 〈제1차 경제개발 5개년계획〉을 작심하고 추진했다. 3조 2천억 원을 투입하여, 연 경제성장률 7.1%를 달성하는 것이 목표다.

이 야심 찬 경제개발계획을 성공시키려면 우선, 이 프로그램을 효율적으로 실천할 수 있는 인력이 있어야 하고, 둘째, 돈이 있어야 한다.

다행히 생산역군은 갖추어졌다. 군사반란 직후, 행정부처와 산하기관에 군인들을 집중 충원하여, "상명하달, 절대복종"의 일제군대식 권위주의 관료체계를 구축했다. 국민을 동원하기 위한 준전시 국민동원기구도 만들었다. 군사반란이 성공하자마자, 일제 전시체제를 본뜬 〈재건국민운동본부〉주-8를 만들었다. 〈복지국가를 이룩하기 위하여 전 국민 민주주의이념 아래 협동단결하고 자조자립정신으로 향토를 개발하며 새로운 생활체계를 확립하는 운동〉을 펼치기 위해, 두 달여 만에, 전국조직을 완성했다. 초대 재건국민운동 본부장으로 발탁된 유진오가, 3개월 만에 사임하면서, "전체주의체제에 불과하다"라고 한 것으로도 알 수 있듯이, 일제 강점말기 관주도 전시동원조직의 재판이다. 경제개발역군으로는 안성맞춤이다.

---

8. 이 조직은 국가재건최고회의법이 폐지(1962년)됨에 따라, 1964년 7월부터 사단법인 〈재건국민운동중앙회〉로 이름을 바꿨다가, 1975년 내무부로 넘어가, 대통령령 6,458호(1973년 1월)로 내무부에 설치된 〈새마을운동〉에 흡수되었다.

문제는 돈이다. 제1차 경제개발 5개년계획에는, 민간 44%, 정부 56%의 투자자원을 투입하기로 되어 있다. 그러나 민간자본은 물론 정부자원은 더욱 없다. 재건국민운동으로 고철 같은 폐품 모아봤자 아무 도움 안 된다. 나라밖에서 돈이 들어와야 한다. 가장 확실한 것이 미국원조인데, 이게 해마다 줄었다. 1957년에 3억 83백만$로 정점을 찍고, 1961년부터는 FAA(대외원조법)으로 더 줄어, 1965년 1억 31맥만$, 1973년에는 2백만$로까지 떨어졌다.

20여 개국에 경제원조투자단을 보내는 한편으로, 가장 확실한 외화벌이인 인력수출을 시작했다. 1963년 서독에, 엘리트 청년 247명을 광부로 취업시킨 것을 시작으로, 1977년까지 광산노동자 8천여 명, 간호사 1만여 명을 서독에 〈수출하여〉 외화벌이 시켰다. 1963년의 첫 파독광부 500명 모집에는 4만 6천여 명이 지원했다. 명문대 출신들도 여럿 뽑혔다. 서독파견노동자 수는, 1963에서 1977년까지, 광산노동자 8,395명, 간호사 10,371명이었다.

이보다 더 파격적인 외화벌이는 월남파병이다. 박정희정부는, 경제, 군사적 이유로, 끈질기게 월남 참전을 요청했으나, 미국은 허락하지 않았다. 북한을 비롯한 공산권 국가들을 자극할 우려가 있다는 이유로 거절했다. 대만군을 거절한 것과 같은 맥락이다. 게다가, 박정희정부를, 군사정부나 민정이양정부나 간에, 묵인은 하되 공식적으로 인정할 수는 없는 미국 정부가, 한국군의 참전요청을 선 듯 받아들일 수 없다. 미국 자유민주주의에 대한 멍에가 될 수도 있다.

그러나 사정이 달라졌다. 공산주의 확산을 막으려는 숭고한 민주주의적 소명만으로, 프랑스를 대신하여, 월남전을 가로 맡았다는 미국의 참전구실을 믿는 동맹 강국은 하나도 없었다. 프랑스조차 외면했다. 고작 필리핀, 태국 같은 약소 주변종속국 만이 미국 편을 들 뿐이었다. 명분 없는 대리 식민전쟁에 뛰어든 미국에 대한 국제적 비난이 거세어지자, 미국은 다급했다. 한국 정부의 애절한 파병요청을 거절할 처지가 아니었다.

마침내, 1964년 9월 11일부터 1973년까지, 한국군 31만 2천여 명이 월남전에 참전했다. 용병 대가는 좋았다. 먼저, 미국정부가 향후 10년 간, 박정희정권을 인정하기로 했다. 원조와 차관을 제공하고, 한국군 현대화를 위한 최신무기도 주기로 했다. 다음, 미국이 파월군 장병에게 전투수당을 주기로 했다. 상병은, 1일 1.5$로 월 45$, 병장은 1일 1.8$로 월 54$의 외화를 벌었다. 필리핀군보다는 좀 많고, 태국군보다는 좀 적다. 미국군인은, 기본 수당만으로도, 한국군의 2.6배였다. 한국군 급료는, 10분의 1 만 본인에게 주고, 나머지는 모두 국고로 들어가, 경제개발자금이 되었다. 반인륜적인 고엽제조차 마셔야 하는 값싼 파병 대가 때문에, "청부전쟁," "미군총알받이"라는 반대여론이 거세었지만, 국고에는 외화가 가득 찼다. 동시에 소총을 비롯한 한국군무기현대화도 진행되었다. 대학 재학 중 월남전에 지원해 간 사이 막내가 된 동수도 고엽제 마시고 돌아왔다.

그러나 이 정도 외화로는 어림도 없다. 훨씬 더 많은 돈이 필요하다. 박정권이 한일회담에 열 올린 것은, 일본으로부터 막대한 식민지 약탈보상금을 받기로 되어 있었기 때문이다. 그동안 한일 간 외교관계는, 미국 주선으로, 1951년 10월의 예비회담을 시작으로 여러 차례 열렸지만, 아무런 성과가 없었다. 제1차 회담은 재산청구권과 어업문제로, 제2차 회담은 이승만의 "인접해양주권선언" 곧 평화선(이승만라인) 선언으로, 1953년의 제3차 회담은, 일본대표 구보다의 "한국은 일본의 36년 통치 덕에 번영을 누리게 되었다"는, 〈식민지근대화론 망언〉(구보다 망언)으로 중단되었다. 제4차 회담은, 경제대국으로 급부상한 일본이, 한국시장을 선점하기 위해 오히려 더 적극성을 띠워 성공가능성이 높았지만, 재산청구권문제와 어업문제에다가 교포북송문제까지 겹쳐 난항을 겪던 중, 4.19 민주항쟁으로 중단되었다. 장면정부 때인 제5차 회담도, 5.16 군사반란으로, 본회담에 들어가지도 못하고 끝났다.

경제개발자금이 화급한 군사정권은, 서둘러 1961년 10월 20일에, 제6차 회담을 가졌다. 그러나 이 회담 또한, 청구권, 평화선, 독도문제에 대한 고압적인 일본 태도로 아무런 성과를 낼 수 없었다. 다급한 군사정부는, 다음 해 10월, 제2인자 김종필을 일본에 보내어, 이른바 〈김-오히라 메모〉로, 가장 큰 쟁점인 재산청구권문제를 타결했다. 민정이양으로 제3공화국으로 바뀐 1964년에는, 어업협정문제도 매듭지어, 한일회담 성공이 눈앞에 다가왔다.

그러나 국내에서 문제가 생겼다. 그동안 비밀히 진행되어 온 회담내용이 조금씩 알려지면서, 박정희정권의 굴욕적 대일저자세에, 학생을 비롯한 각계각층 국민의 분노가 폭발했다. 1964년 1월, 한일기본협정체결을 추진하고 있다는 사실이 알려지자, 여권을 제외한 모든 정당 단체와 재야인사가, 윤보선을 위원장으로 하는 〈대일굴욕외교반대 범국민투쟁위원회〉를 구성하여(64년 3월 6일), 거국적으로, 〈한일국교정상화 반대 및 철회투쟁〉을 벌였다. 친일적으로 이름 있는 장택상조차도 한일회담을 〈현대판 한일병합〉이라며 비난했다.

반대진영은, 〈매국외교 중지, 평화선양보 불가, 일본경제식민지화 반대, 식민지 배상금 27억$, 한국 전관수역 40마일〉을 주장했다. 제2차 세계대전 직후, 연합군사령부에 제출한 〈배상요구조서〉의 요구액이 73억$였고, 이승만과 장면도 80억$, 20억$ 이상을 요구했는데, 고작 8억$이 무엇이냐? 필리핀은 단 3년 식민지배받고도 14억$이나 받아내었는데, 35년 식민지지배에 고작 8억$이라니, 말도 안 된다. 게다가 평화선이 없어지면, 어업피해는 물론이고 독도주권까지 위협받는데, 어떻게 전관수역까지 양보할 수 있단 말인가? 군사정권실세 김종필이 일본기업으로부터 천문학적 정치자금을 받았다는 〈뒷거래설〉도 함께 규탄했다.

드디어 학생들이 일어섰다. 3월 24일, 서울대 문리대 교정에서 일장기와 함께 〈허수아비〉 두 개가 불타올랐다. 하나는 대일국교정상화 일본대표인 교활한 이케다 일본수상이고, 다른 하나는 제2의 이완용, 김종필이었다.[주-9] 그리고 거리로 나섰다. 서울대. 연세대, 고려대 등, 여러 대학 학생 5,000여 명이 태평로 국회의사당 앞에 모여, 경찰과 투석전을 벌였다. 마침 이 날, 국회 3층 복도에서 하대돈, 우병규 의원과 함께 데모대 내려다보고 있는데, 군장성 출신인 김용순 국회운영위원장과 그 일행이 지나가며 벌컥 화를 낸다. "우위원, 당신 후배들 어떻게 저 모양 저 꼴이오? 잘 못 가르친 것 아니오." 이 날과 다음 날, 이틀 동안, 반대시위에 참가한 학생은 8만여 명에 달했으며, 중고등학생들까지 참가하여, 제2의 4.19 학생 항쟁으로 진화하고 있었다.

다급해진 박정희정부가, 3월 30일, 학생대표 11명을 청와대로 불러, 한일회담의 불가피성을 설명했으나 실패했다. 학생들은 계속 〈김-오히라 메모〉를 거부하고, 평화선수호를 주장하면서 단식농성에 돌입하는 등, 강경한 반대투쟁을 이어갔다. 그러나 이쯤으로 물러설 박정희가 아니다. 죄 없는 최두선내각에게 민심악화 책임을 지워 쫓아내고, 대신 군장성 출신 정일권내각을 세워, 정면돌파작전에 돌입했다. 정부의 강경책에 맞서 학생들의 항의구호도 강경해졌다. "민족적 자존심을 3억$에 팔아넘길 수는 없다."는 〈대일굴욕외교 반대〉를 넘어, "5월혁명 자랑은 4월혁명 모독이다" 같은, 〈군사독재정권 비난〉 구호로 바뀌었다. 5월 20일 〈박정희식 민족적 민주주의 장례식〉을 치른 뒤부터는 더욱 과격해져, 곧바로 "박정희정권 물러나라", "군사정권 퇴진하라"를 부르짖으며 경찰과 충돌했다.

운명의 6월 3일. 18개 대학 1만여 학생들이, 청와대, 중앙청 등 정부건물에 뛰어들어 군인들과 난투극을 벌였다. 이 소란 속에서, 경찰서 하나가 불탔다. 반대시위가 폭

---

9. 이 데모는 문리대 정치학과가 주도했다. 덕분에 군사정부 강압으로, 다음 해에, 여러 대학에서 정치학과 자체가 없어졌다. 이유는 "정치학과는 나라 망치는 학과"이었다.

동으로 거칠어졌는데도 박정희는 냉담했다. 혈서 쓰고 일본군 장교 된 독불장군이, 더욱이 멀쩡한 민주정권을 총칼 들고 빼앗은 약탈자가, 일본 욕 하는 학생들 무서워, 물러날 턱이 없다. 당장 이 날 오후 8시를 기해, 서울전역에 비상계엄을 선포했다. 모든 집회를 금지하고, 서울 시내 모든 학교를 무기휴교하고, 통행금지시간을 자정에서 오후 9시로 앞당겼다. 잇따라 시위주동자 1,120여 명을 잡아들여, 그중 348명을 〈내란 및 소요죄〉로, 6개월 동안 징역 살렸다.

계엄령을 선포하고, 데모주동자들을 무더기로 잡아넣는데도 불구하고, 국민의 반대여론이 수그러 들 기미를 보이지 않자, 이번에는 무시무시한 용공간첩사건을 터트렸다. 시위학생들이 외친, "배고파서 못살겠다. 매판자본 잡아먹자"는 불순한 구호가 빌미다. 8월 14일, 도예종, 양춘우 등, 사회운동가와 언론인, 학생 등 57명이 잡혀가, 그중 41명이 구속되었다.

중앙정보부장 김형욱이, "이들은 조선민주주의인민공화국 노동당으로부터 지령을 받아 〈인민혁명당〉(인혁당)을 구성하여--국가사변을 기획했다"라고 발표했다. 억울한 구속자들 중 서울법대생 이상배는, 성북경찰서 2층 유치장에서, 고문 중 수갑 찬 체, 뛰어내려 폐인이 되었다. 주모자인 도예종과 양춘우, 박현채 등 6명은, 2심에서, 징역 1년형을 선고받았다. 〈천인이 공노 한〉 국가전복기도사건치고는 너무 알맹이 없고 관대한 처분이다.[주-10]

정부는, 계엄령 선포와 친공 지하조직 일망타진 협박으로, 대일본굴욕외교반대투

---

10. 이 사건은, 뒤에, 남파간첩 김배영을 연결고리로 〈인혁당 재건위사건〉, 〈민청학련사건〉으로 진화하여, 수많은 무고한 사람들이 지독한 고초를 겪고, 억울한 죽임을 당했다.

쟁을 무자비하게 봉쇄한 뒤, 1965년 6월 22일, 제8차 회의 끝에, 〈대한민국과 일본국 간의 기본관계에 관한 조약〉(韓日基本條約)과 부속협정 〈대한민국과 일본국 간의 재산 및 청구권에 관한 문제의 해결과 경제협력에 관한 협정〉(청구권협정)을 체결하여, 양국 국회비준을 받았다.(1965년 12월 18일). 대일청구권이란, 〈김-오히라 메모〉를 바탕으로, 일본이 한국에, 무상 3억$을 10년에 걸쳐 지불하고, 경제협력으로 정부차관 2억$를 연리 3.5%, 7년 거치 20년 상환조건으로 10년간 제공하고, 민간상업차관 1억$ 이상을 주기로 하는 것이다. 모두 합쳐 6억$ +L다. 한국은 이를 〈대일청구권〉 또는 〈보상금〉이라 했지만, 일본은, 줄기차게, 〈독립축하금〉이라 고집하며, 절대로 35년간의 식민지지배 만행을 인정하려 하지 않았다.

이름이야 어떻든 간에, 마침내 박정희 경제개발계획에 숨통이 트였다. 한일기본조약으로 받은 〈식민지약탈보상금〉을 바탕으로 경제개발의 토대를 구축하여, 제1차 경제개발계획이 끝나는 1966년까지, 경제성장률 7.8%를 초과 달성했으며, 1인당 국민소득(GNI)도 82$에서 125$로 수직 상승했다. 제2차 5개년 계획부터는 그 성과가 뚜렷하게 나타났다. 제1차 때는 1963년에 호남비료공장을 짓는 정도였지만, 제2차에는, 1967년 3월 24일에 착공한 한국 최초 고속도인 〈경인고속도로〉를 1968년 12월 21일에 완공하고, 1970년 7월 7일에는, 경제개발의 상징인 〈경부고속도로〉도 개통했다. 1968년 2월 1일 착공할 때, 야당지도자 김영삼이 〈나치수법〉이라 비난하며 공사현장에 드러눕는 쇼까지 연출했지만, 마침내 준공되어, 물류체계를 현대화하는 시발점이 되었다. 서울지하철도도 뚫렸다.

1968년에는, 대한중석을 모태로 설립된 〈포항종합제철주식회사〉가, 대일청구권 자금으로, 중공업의 상징인 〈포항제철소〉도 만들었다. 제3차 5개년 계획(1972년-1976년) 동안에는, 중화학공업 추진. 석유파동 등 어려운 여건 속에서도, 외자도입의 급증, 수출드라이브정책, 중동건설경기 붐 등으로, 계속 연평균 9.7%의 성장률을 유지했다.

3 6. 8 부정선거 규탄투쟁

1967년 5월 3일, 박정희 공화당 대통령 후보는, 다시 맞붙은 신민당 윤보선 후보를 10.5% 차이로 여유 있게 누르고, 제6대 대통령에 당선되었다. 이 선거에서는 관례적인 "여촌야도"현상과 함께, "동여서야"현상이 나타났다. 영남과 강원, 충북표가 박정희에게 일방적으로 몰린 반면, 수도권과 충남, 호남에서 야당이 우세한 새로운 지역분할현상이 나타났다. 6월 8일에 치러진 제7대 국회의원선거에서도 공화당이 압승했다. 지역구 당선자 102명, 정당득표율 50.6%로 전국구 27명, 합계 129명으로 의원정수 175명의 3분의 2선을 넘었다. 신민당은 합쳐 44석, 대중당이 1석을 차지했다.

이변도 있었다. 윤보선이 이긴 호남에서는, 호남푸대접론에도 불구하고 공화당이 이긴 반면, 박정희가 압승한 부산에서는 신민당이 압승했다. 또 예외 없이 부정선거 문제가 터졌다. 집권연장에 필요한 안정 의석을 확보하기 위해 가능한 수단을 총동원한 여당과, 3선 개헌과 군사정권연장을 저지하려는 야권의 필사적인 투쟁이 부딪혀, 과열 타락선거로 치달았다. 선거가 끝나자마자, 신민당은 "제7대 국회의원선거는 관권개입, 공개 대리투표에 의한 전면 부정선거"'라 선언하고, 〈선거무효화, 즉시 재선거실시〉를 요구하면서 의원등록을 거부했다. 부정선거에 앞장선 김종필 공화당의장, 정일권 국무총리, 김형욱 중앙정보부장, 엄민영 내무장관의 인책도 요구했다.

대구, 광주 등에서 시민의 규탄시위가 일어나자 학생들도 움직였다. 서울에서는, 6월 12일, 서울법대생의 규탄시위를 시작으로, 14일에 서울대, 동국대 등 5개 대학과 21개 고등학교 학생이 경찰 최루탄에 투석으로 맞섰다. 부산지역이 가장 심했다. 6월 14일 부산대, 15일 동아대의 규탄대회를 시작으로, 거의 모든 고등학교 학생이 참가하여 경찰과 충돌했다.

16일에도 서울을 비롯한 전국 각지에서 부정선거규탄데모가 계속되자, 전국 31개

대학과 136개 고등학교가 자진휴업에 들어갔다. 박정희가 제7대 대통령으로 취임한 (7월 1일) 뒤에도, 부정선거규탄데모는 계속되었다. 7월 3일, 서울시내 10개 대학생 2만여 명이 기말시험을 거부하고, 〈6.8부정선거규탄, 학원정상화〉를 외치며 경찰과 충돌하여, 60여 명이 연행되었다. 서울시내 고등학교에 무기휴교령이 내렸다. 다음 날에는 대학도 조기 방학했다.

모든 대학과 고등학교가 휴학할 만큼 국민의 저항이 거세어지자, 정부도 마음먹고 저질은 명백한 부정선거를 인정하지 않을 수 없었다. 대통령이 직접 부정선거개탄담화를 발표하면서, 부정이 두드러진 6개 구 공화당 당선자의 제명을 지시하자(6월 16일), 공화당은 낙선자 1명을 포함한 7명을 제명처분했다. 정부도 나섰다. 재검표로, 화성군 당선자를, 공화당 권오석에서 신민당 김형일로 바꾸었다. 억울하게 낙선한 많은 야당후보들이 당선무효소송을 냈지만, 성공한 사람은 둘 뿐이었다. 서천. 보령군의 신민당 김옥선이, 공화당 후보 이원장의 당선무효 판결로 당선인으로 재결정되고, 전남 보성군. 벌교읍의 일부 재선거로, 신민당 이중재가 당선되었을 뿐이다. 공화당에서 제명된 의원들은 무소속 교섭단체 〈10.5 구락부〉를 만들어 모여 있다가, 3선 개헌 때 공화당에 복당하여 3선 개헌에 이바지했다.

부정선거규탄투쟁으로 세상이 시끄러워지자, 기다린 듯, 또다시 초대형 간첩사건이 터져 나왔다. 중앙정보부가, 7월 8일에서 18일까지 장장 열흘 간, 7차례에 걸쳐, 〈북괴대남공작단사건〉 이른바 〈동백림거점간첩단사건〉(동백림사건)을 발표했다. 국내외 대학교수, 공무원, 학생 등 312명이 체포되었다. 그중에는 〈민비련〉 관련자 50명, 〈신민당 6.8 총선무효화투쟁위원회〉 집행위원 장준하와 부완혁, 독일에서 잡혀 온 작곡가 윤이쌍도 있었다.

동백림사건이 터진 한 달 뒤인 1968년 8월 24일, 또 다른 대규모 간첩단사건인 〈통일혁명당사건〉이 터졌다. 중앙정보부가 거물간첩 김종태와, 그에 포섭되어 지하당을 조직, 국가전복을 기도한, 김질락, 이문규, 김진환, 신영복, 이재학, 오병철, 박성준 등 158명을 검거하여, 그중 73명을 재판에 넘겼다. 중앙정보부장 김형욱은 "김종태가 전후 4차례에 걸쳐 북괴 김일성과 면담하고, 통일혁명당을 결성하여 혁신정당으로 위장, 합법화하여 반정부. 반미 데모를 전개하는 등 대정부공격과 반정부적 소요를 유발시키는 데 주력했다"라고 발표했다. 김종태와 함께, 국가보안법(간첩죄)이 적용된 이문규, 김질락, 이관학, 김승환 등은 9월 23일 대법원에서 사형이 확정되고, 나머지 피고도 모두 무기징역 등을 선고받았다.

신학기에 들어와서도 6.8선거반대투쟁은 계속되었다. 그러나 약삭빠른 신민당이, 국회정상화협상을 통해 등원하여 부정선거 반대투쟁은 어이없이 끝났다.(11월 29일).

정부와 공화당이 이토록 무리한 부정을 저질러 세상을 어지럽힌 것은 모두 〈3선 개헌〉 때문이었다. 군사정부가 만든, 1962년의 제3공화국헌법에는, 대통령 3선출마가 금지되어있다. 따라서 이미 두 번 대통령에 당선된 박정희는 더 이상 출마할 수 없다. 아무리 무식한 군인이라도 이승만이 3선 개헌 때문에 비극적 종말을 맞은 것을 모를 리 없다. 그래도 정부와 여당은 개의치 않았다. 박정희를 3선 대통령으로 모시기 위한 개헌에 온 힘을 쏟았다. 군사반란까지 성공한 무인정신으로 못 해 낼 일은, 조선 천지에는, 없을 것이라 생각했다.

박정희의 대통령 임기가 끝날 무렵인 1969년 1월 6일, 공화당 사무총장 길재호가 현행 헌법의 미비점을 보완 개정하기 위한 논의가 진행 중이라고 운을 떼자, 바로 다음날, 기자회견에 나선, 공화당의장서리 윤치영이, 작심하고 안개를 피웠다. "필요하다면 대통령의 2차 이상 중임금지조항까지 포함해서 개헌문제를 연구할 수 있다. -- 이는 북한의 도발 위협 속에서 경제건설의 가속화를 위한 정치적 안정을 극대화하기 위해 박정희 대통령의 지도력을 극대화하기 위해서이다." 신민당은 즉각 반박 성명을 내었다.

다음날에는 공화당 정책위 의장단이 당 공식기구에서 개헌논의를 검토하기로 결정했다. 신민당도 이에 맞대응하여, 〈개헌저지 5인 대책위원회〉를 만들고(14일), 유진오 총재는, 17일, 연두기자회견에서, "3선 개헌을 적극 저지하겠다."라고 다짐했다. 다음달 3일에는, 군사정부의 정치쟁화법 해금자들이, 〈3선 개헌반대 범국민투쟁위원회 발기준비위원회〉를 구성하여 3선 개헌저지를 다짐하는 성명을 발표했다.

3월이 되자, 관변단체들이 들썩였다. 대한반공연맹, 대한재향군인회를 비롯한 어용반공단체들이 〈개헌안국민발의서명운동〉을 벌였다. 공화당 의원총회에서 개헌을 둘러싼 논쟁이 격렬해지자, 원내총무 김진만이, "박대통령께서 공화당은 개헌논의를 하지 말라는 지시를 내렸다"라고 입막음했다. 그런데도 4월 8일, 신민당이, 문교행정 난맥상을 이유로, 〈권오병 문교장관 해임건의안〉을 제출하자, 뜻밖에도, 89대 57표로 가결되었다. 개헌에 불만인 공화당의원 40여 명이, 당론을 무시하고, 찬성표를 던졌다. 이 〈4. 8항명파동〉으로, 반당분자로 찍힌 임순직, 예춘호 등 김종필계 핵심의원 5명이 제명되었다.(15일).

다른 항명의원들도 무섭게 다독였다. 반민특위 때, 악질 친일파들이 특위위원들에게 저지르려 했던 간첩 협박도 서슴지 않았다. 감투로 회유하다가 안 되면, 휴전선 근방에서 총살한 뒤, 자진 월북하려 했다는 가짜 유서를 남긴다는 시나리오였다.(김성희 의원 증언). 마침내 김종필이 개헌지지의사를 표명했다.(27일). 북한을 네 차례나 드나들며 국가전복을 음모한 거물간첩 통혁당 창건자 김종태도, 때맞추어, 처형되었다.(7월 10일)

야당과 대학생들의 거센 반대투쟁에도 불구하고 개헌안이 국회에 제출되었다.(8월 7일). 공화당 의원 109명, 정우회 의원 11명과 신민당 의원 3명(성낙현, 조흥만, 연주흠) 등 123명이 서명했다. 개헌안이 국회에 제출되자마자, 대한반공연맹, 재향군인회, 경제인연합회, 대한기독교연합회, 심지어 4월 혁명동지회까지, 50여 단체가 지지성명을 내었다.

신민당도 강경했다. 9월 8일. 소속의원 전원으로부터 제명원서를 받아 제명처분하고, 다시 신당발기서명을 받아 임시전당대회를 열어, 신민당 자진해산과 동시에 〈신민회〉를 만들어 국회교섭단체로 등록하고, 신민당(가칭)창당준비위원회를 선거관리위원회에 신고했다.

그러나 개헌안은 예정대로 국회 본회의에 상정되고, 14일 새벽, 특별회의실에서 속개된 제6차 본회의에서 찬성의원 122명만 참석한 가운데, 개헌안과 국민투표법안이 함께 통과되었다. 이은 국민투표에서 찬성 65.1%의 압도적 다수로 통과되어 (10월 7일), 새 헌법으로 확정되었다. 이것이 대한민국 헌정사상 여섯 번째 개헌인 〈대한민국헌법 제7호〉다.

신헌법에 따라 실시된 1971년 4월의 제7대대통령선거에서, 3선에 도전한 공화당 후보 박정희는, 예상과 달리, 가까스로 대통령에 당선되었다. 대통령 더 하려고 헌법까지 바꾸었는데, 당선 안 될 리 없다. 그런데도 아주 고전했다. 신민당 대통령후보인 〈40대기수〉 김대중이 뜻밖에 선전했다. 서울, 경기, 호남에서는 박정희보다 더 많은 표를 얻었다. 전국득표도, 박정희 6,342,828표(53.2%), 김대중 5,395900표(45.2%)로, 겨우 946,98표(8%) 차였다.

제6대 대통령선거는, 전 현 대통령끼리 맞붙은 선거였는데도 불구하고, 표차가 116만여 표(10.5%)였던 것에 비하면, 젊은 대통령후보 김대중의 놀라운 선전이었다. 신민당이, 제7대 대통령선거 전면거부투쟁을 펼칠 만큼 관권선거가 성행했던 정황을 감안하면, 김대중 후보의 기세가 얼마나 드세었던가를 짐작할 수 있다. 그러나 아쉽게도, 영호남 출신이 여야 대통령 후보가 되면서, 전근대적 지역감정 정치화현상이 뚜렷해졌다.

지역감정이란 것은, 어느 나라, 어느 곳에서나 있는 보편적 현상이다. 인종차별과 마찬가지로, 인간의 자기보호본능에서 나타나는 자연적 현상이다. 우리라고 예외일 수 없다. 각 도 간에, 같은 도의 남북 간에, 심지어 이웃 마을 사이에서도 핏대를 높인다. 서울깍쟁이가 시골 촌놈 깔보는 것은 왜놈들 조산사람 무시하는 것이나 별로 다르지 않았다. 문제는 이번 대선을 계기로 호남인과 가장 가까운 영남인이 호남인 푸대접에 앞장서게 되었다는 데 있다.

이때까지 경상남도, 특히 부산사람들은, 문화적으로나, 정치적으로나, 호남인을 푸대접하거나 한 일이 없었다. 가장 존경하는 국민학교 6학년 담임선생님이 호남사람이다. 경남고등학교 교장 안용백은, 이름난 친일관리인데도 불구하고, 가장 존경받는 부산교육자로 동상까지 섰다. 제5대 민의원선거 때 부산진 갑구에서는, 이름이 거의 알려져 있지 않은 호남인 이종남 민주당후보가, 혁신계 거두 박기출을 압도적으로 물리쳤다.

적어도 부산에서는, 호남 푸대접이란 말이 없었다. 오히려 경상북도 사람들이 경상남도를 하도라고 비하하는 말에 기분이 상했다. 그러나 이번 대선을 계기로, 영호남 사이에 깊은 골이 파졌다. 아마 박정희 군사정부에서, 다 같은 남쪽 촌놈인 영남 놈들이, 정, 관, 재계에서 너무 많이 설쳐대니까, 영남 다음으로 인구가 많은 호남인이 푸대접받는 것으로 생각되었을지 모른다. 아니면 미국식 자유민주주의란 것이, 엽관제와 더불어 자라났다는 사실을 몰랐을 수도 있다. 아무튼 호남에서 엉뚱한 호남 푸대접론이 나오자, 영남 사람들이 오히려 더 화가 났다. 영남 정치인들은 이를 역 푸대접론으로 역이용했다. 영호남인 사이의 정치적 감정 골은, 이렇게 지위 욕구에 눈먼 미련한 정치인들의 이기심으로 말미암아 깊어져 갔다.

또 하나 중대한 변화는, 이 두 지역 간의 정치의식 역전현상이다. 해방 직후에는, 대구인민항쟁에서 보듯이, 영남지역 특히 대구는, 자주민주세력의 본산이었다. 지난 대선 때만 해도, 반공을 국시로 들고 나온 박정희 후보가, 민주당후보 유보선 보다 더 친자주민주적일 것으로 기대했다. 반면에 전라도, 특히 전라남도는, 반 자주보수세력의 요람이었다. 반 건준 보수세력 한민당의 중심인물인 김성수, 송진우, 장덕수 등 당지도자 모두가, 일제 강점기에 자치를 탄원한 타협적 민족주의자들이었다. 그런 영호남이 이번 대통령선거를 계기로, 영남은, 군사독재를 비호하는 반민주세력으로 변태한 반면, 호남은, 혁신적 민주세력으로 우뚝 섰다. 박정희, 김대중이 몰고 온 지역감정 정치화 효과가 한국의 정치지형을 뒤바꾸었다.

뒤 이은 제8대 국회의원선거(5월 25일)에서도 이변이 생겼다. 진산파동, 총선거거부운동, 호남소외론, 영남역소외론에다, 무서운 관권 역풍에도 불구하고, 신민당이 개헌저지선보다 20석이나 더 많은 89석을 확보하는 놀라운 일이 벌어졌다. 이는 곧 박정희는, 이승만과 똑같이, 국민의 직접선거에 의하지 않고서는, 다시는 더 대통령이 될 수 없다는 것을 뜻한다.

그동안 제3공화국 정부는, 강력한 관권으로 경제에 몰입하여, 연평균 경제성장률 10.5%, 수출 40% 라는, 역사상 유례없는 업적을 이루었다. 덕분에 한국은 가난한 경제후진국에서 단숨에 공업화단계로 들어섰다. 동시에 공업화에 따른 부작용도 급속히 늘어났다, 산업화과정에서 소외된 서민의 분노가, 전태일 분신자살사건, 광주대단지사건, 파월노동자 대한항공빌딩 방화사건 등으로 표출되어, 개발독재의 참혹한 실체가 폭로되기 시작했다. 더불어 모든 사회 문화 영역이 급속하게 미국화, 서양화되어 갔다. 학문의 길(道)도, 〈구 방심〉에서 〈구 실리〉로, 서양자본주의화, 이른바 근대화, 현대화의 길로 들어섰다.

4 변화하는 정치지형

3선 개헌 헌법, 곧 〈대한민국 헌법 제7호〉로 치른 1971년 대통령 선거와 제8대 국회의원 선거를 분수령으로, 한국정치에 여러 가지 변화 조짐이 나타나기 시작했다.

그 첫째가, 야당 신민당의 체질 변화다. 신민당의 밑뿌리인 한민당은, 해방 직후, 소수의 반자주보수세력이, 자주독립세력 건준을 타도하기 위해 급조한 반 좌익 기득권 집단이다. 임정봉대론을 높이 들었던 그 한민당이, 1949년에 임정 독립투사 신익희, 지청천을 끌어들여 만든 민국당, 그리고 1955년 9월, 사사오입개헌에 분개한 범야연합체 〈호헌동지회〉 주류가 만든 민주당, 모두 다, 당 기본이념이 원조 한민당과 똑같은, 〈반 공산독재〉, 반 좌익에다가, 반 이승만 독재가 덧붙은 정치단체였다. 한민당과 다른 것은, 반 이승만독재가 하나 더 있는 것뿐이었고, 또 이 점에서만, 이승만을 받드는 자유당 등 정부 정파들과 달랐다. 이승만 독재에 맞서 싸우면서도, 독재보다 진보 혁신세력을 오히려 더 두려워하고 미워하여, 진보 혁신세력을 불문곡직하고 빨갱이로 몰아 없애버리는 극우익 반공 정치조직이었다.

그러나 1967년 대통령 선거를 앞두고, 민주당이, 민중당(유진호)과 신한당(윤보선)으로 분열, 대립하고 있을 때, 장준하, 함석헌 같은 재야 혁신인사들이 중재에 나서, 두 당이 〈신민당〉으로 합치면서, 당 체질이 크게 바뀌었다. "군사독재 종식"을 지상목표로 창당된 신민당의 "10가지 다짐"속에, 〈반공법의 원칙적 폐지, 통일 논의의 자유 보장, 국토분단국가회의체 구성〉이 포함되어, 전통적인 〈반 공산독재, 반좌익주의〉가 당 이념에서 사라졌다.

강력한 반공 군사독재정권에 맞서기 위해서는, 반공보다 민주화가 더 급했다. 반공보수만을 고집하다가는, 똑같은 보수이면서도 혁신적 정당으로 분식하는 공화당을, 절대로 이길 수 없다. 독재정권과 차별화하기 위해서는, 진짜 혁신을 다짐하지 않을 수 없는 상황에 다다른 전통적 보수야당이 혁신적 민주주의를 수용함으로써, 반공보수일색이던 신민당 지도부에 중대한 변화가 생기게 되었다. 40대 기수 중, 김대중이, 좌경 전력에 끊임없이 시달리면서도, 극우익 반공보수로 입신한 이철승, 김영삼을 물리치고, 대통령 후보로 추대한 된 것은, 신민당의 주된 투쟁목표가 반공에서 〈반독재 민주화〉로 옮아갔다는 것을 알려준다.

둘째, 군사정부의 대북 태도변화다. 1960년대 말부터, 데탕트 훈풍으로 냉전체제가 무너지고 있을 때, 〈닉슨 독트린〉이 나왔다. 베트남 전쟁에 지친 미국 대통령 닉슨은, 1969년 7월 25일에 괌에서 발표한 뒤, 다음 해 2월 미국 의회에 교서로 보낸 〈괌 독트린〉 또는 〈닉슨 독트린 〉에서, "미국은 앞으로 아시아 국가에 직접적 군사적, 정치적 개입을 하지 않고, 각국의 자주적 행동을 측면지원만 하겠다"라고 선언했다. 미국의 직접적 군사원조에 의존하고 있는 한국에, 갑자기 자주국방 불똥이 떨어져, 〈한국 안보의 한국화〉와 동시에, 북한에 대한 인식 변화가 불가피하게 되었다. 제7대 대통령 선거에서 민심이 멀어지고 있는 것을 실감한 군사정부는, 이를 계기로, 새로운 안보로 장기집권으로 통하는 길을 찾으려 했다. 그 안보는 기존의 〈반공 반북 안보〉가 아닌 사상과 이념을 초월하는 〈통일안보〉이었다.

그것이 1972년 7월 4일. 〈7.4 남북 공동성명〉으로 나타났다. 반공을 국시로 탄생한 군사정권이, 주적으로 저주하던 북한 공산정권과 함께, 자주통일 방안을 발표했다. "통일은 외세에 의존하거나 간섭받지 않고 자주적으로 해결해야 하며, 무력행사에 의거하지 않고 평화적 방법으로 실현해야 하고, 사상과 이념, 제도의 차이를 초월하여 하나의 민족적 대단결을 도모해야 한다."

통일보다도, 자립경제, 조국 근대화가 선행되어야 한다던 박정희 논리와, 군사정권, 특히 중앙정보부의 냉혈적 반공 반북정책을 감안할 때, 빨갱이가 비로소 〈인간〉으로 탄생하는 돌연변이다. 적어도 〈외견상〉, 정부와 제일 야당의 핵심이념이던 반공 정서가 희석되어, 정부여당과 제도야당은, 이제 반공이 아니라 자유민주주의의 본질 문제로 다투는 사이가 되었다.

셋째, 국민의 의식변화다. 군사정부의 경제개발정책 진전과 더불어 사회도 따라 변했다. 봉건 유제가 짙은 농업사회에서 급격히 근대산업사회로 바뀌어가면서, 국민의 의식구조도, 봉건적 온정주의에서 자본주의적 합리주의로 변해갔다. 6.25 전쟁 중 미국 원조로 급성장한 서양 종교들이, 국민의식의 서양화, 개인주의화, 배물주의에 크게 기여했다. 노사문제 또한 산업화와 더불어 전통적 온정주의에서 자본주의적 실리주의로 변해갔다. 급속한 산업화에 따라가지 못하는 사용자들의 봉건 영주 의식이 초래한 전태일 분신자살사건 같은 소외된 노동자들의 몸부림을 계기로, 노동운동도 이념투쟁에서 임금인상. 노동조건 개선 같은 현실적 복리 투쟁으로 옮겨갔다. 반 부르주아운동 같은 고상한 이념투쟁은, 허약한 소부르주아 인텔리와 팔자 좋은 대학생들의 탁상공론으로 넘겨 버렸다. 군사정권 10년 간 〈반공주의〉를 국가정책으로 내걸고 강행한 반공교육이, 경제발전과 함께, 열매 맺기 시작했다.

5 10월 유신

1967년 3월. 한일회담 덕에 일본 돈이 풀리기 시작할 때, 떠밀려 결혼하고, 한국개발문제연구소 연구원으로 들어갔다. 원로교수들로 구성되어 있던 공화당 정책연구실 자문부를 해산하고 만든 한국 최초의 국가정책연구소로 정인흥 교수가 소장을 맡았다. 종래, 해당분야 교수들이 정책연구실과 함께 정부 정책과제를 결정하여 공동연구하던 것을, 이제부터는 정부가 필요로 하는 정책과제를 해당분야 연구원들이 협의 결정하여 정책연구실에 제출하면, 당정 협의를 거쳐, 정부예산에 편성하여, 연구소에 용역으로 주기로 되었다. 정책연구실에 행정부 선임국장들이 파견 근무하고 있는 예편 군사정부 시절이라, 연구소에서 만든 정부 정책방안은 별문제 없이 정부 예산에 반영되었다. 연구가 진행 중인 연구원이 받는 수당은 교수 월급보다 훨씬 많았다. 박정희 덕에, 여러 대학에 전임교수로 이름 올려 푼돈 받던 시절은 지났지만, 아직은 대학교수 월급이 박할 때라, 상당히 매력적인 부업이었다.

여러 연구용역 가운데 과학기술처가 발주한 〈방위산업 3개년 계획〉도 있었다. 월남전 파병만으로는 무기 현대화에 한계를 느낀 군부가, 국산 병기 현대화가 불가피하다고 판단하여 연구를 의뢰했다. 연구계획서의 목적에 그렇게 쓰여 있었다. 그게 1968년 초다. 연구단도 미리 정해져 있었다. 연구단장은 육사 교수부장인 전병원 대령이고, 수석 연구위원이 홍판기 소령이다. 그밖에 연구원 모두 육사 교수들이다. 그중 가장 젊은 연구원보 육군 중위 신영복은, 다른 연구원과 달리 사관학교 출신이 아니라 서울 상대 출신이다. 고향이 밀양이다. 그것도 상동국민학교에 부임하자마자, 수십 년 된 벚나무 베어내고 무궁화를 심은, 첫 조선학교 교장 아들이다. 오랜만에 고향 후배를 만나니 반갑지 않을 수 없다. 게다가 김진환이 사장이고 김질락이 편집인인 〈청맥〉에 글 쓰는 문필가라니 더욱 반갑다. 그러나 신중위는 전혀 반갑지 않은 기색이다. 어울리기 싫은 기색이 역력하다.

그 해 여름 전병원 단장이 다급한 표정으로 들어오더니, 첫마디가 "야단 났다. 신영복 중위를 당장 명단에서 빼 주시오."하고는, "연구원보로 추천한 것이 그나마 다행이지." 한숨을 쉰다. 이유는 묻지 말란다. 곧 알게 된단다. 군내에 무슨 문제가 있는가보다 하고, 요청대로 신중위를 연구원 명단에서 지우고 주무부처에 새 명단을 보냈다. 얼마 뒤, 무더위가 시작될 무렵, 중앙정보부가, 〈통일혁명당〉(통혁당) 전남도위원회 사건에 이어, 대규모 정부 전복 지하조직 〈통혁당서울시위원회 간첩사건〉을 발표했다.(8월 24일), 북한을 네 차례나 오간 거물간첩 김종태를 비롯하여, 김질락, 김진환, 신영복 등 158명이 구속되었다.[11]

이 해 가을, 연구소를 중구 다동 나전빌딩 2층으로 옮겼다. 공화당 항명사건 이래 공화당 자문부 자리에 눌러앉아 있는 연구소 입지에 변화가 생겼기 때문이다. 3선 개헌설이 나돌 때부터 불안한 낌새가 있었다. 공화당 정책연구실이 김종필 싱크탱크로 알려져 있었으니, 곁에 있는 연구소에 불똥이 튀지 않을 수 없다. 연구용역 준 재무부 등, 정부 부처 직원들이 줄줄이 검찰 조사를 받고 있다고 푸념한다. 자기들은 프로젝트 관리만 할 뿐인데 검찰이 자꾸 부르니, 불안해서 일이 손에 안 잡힌다고 하소연한다.

드디어 연구소에도 불똥이 떨어졌다. 검찰 서기들이 장부를 압수하여, 서소문 서울지방검찰청 뒤 한 건물로 데려간다. 50대 초로 보이는 나이 많은 김주사는 소장님을 맡고, 40대 박영옥 서기는 연구원 겸 총무를 심문한다. 소장님이 연신 당황한다. 사실 소장은 연구소 경영을 전혀 모른다. 돈 관리는 경리가 하고, 프로젝트 관리는 총무

---

11. 몇 년 뒤, 경제기획원 산하에 〈한국개발연구소〉가 생겨, 한국개발문제연구소가 문을 닫은 뒤, 전병원 대령은 청와대 방위담당 비서관으로 가고, 홍판기 소령은 신설된 국방과학연구소 초대 소장으로 갔다.

가 하니 연구소 경영을 알 턱이 없다. 묻는 말에 시원히 대답할 수 없다. 모르는 걸 모른다고 할 수밖에 없다. 조금 있으니, 김 수사관이 고함을 지른다. "뭐 이런 영감이 다 있어. 여기가 어디라고 모른단 소리만 하는 거야." 욕을 한다. 함께 취조받던 총무도 화가 났다. 바로 뒤돌아 김주사를 노려보며, "당신 지금 뭐라 했소? 당신은 부모도 없소? 모르는 걸 모른다는데 왜 욕하는 거요. 이 분이 한국에서 가장 존경받는 학문의 보루라고 조선일보 전면 기사로 난 거 못 봤소? 조사를 하더라도 사람대접하면서 하시오." 박서기가 더 놀라 어쩔 줄 모른다.

한동안 가만히 앉아있던 김주사가, 소장님에게 공손히 사과한다. "정교수님. 죄송합니다. 여기가 워낙 그런 데라, 버릇이 되다 보니, 그만 저도 모르게 실례를 범했습니다." 소장님은 무뚝뚝하게 "괜찮소." 그것으로 조사는 끝났다. 사실 조사해봤자 나올 것이 없다, 보조금도 일정하고 연구용역비도 일정하여 손 탈 곳이 없다. 단지 공화당 정책연구실장 김성희 의원이 3선 개헌에 미온적인 김종필 계로 알려져 손 볼뿐이다. 김주사가 뒤따라 나와 배웅하면서, "내 검찰서기 10여 년에 당신 같은 사람 처음 봤소."하며 웃는다. "미안합니다. 제가 저녁 한 번 사지요."

다동 나전빌딩으로 옮기면서, 연구소가 좀 커졌다. 사무직원도 여직원이 셋이 되고, 이성덕이 상근 연구원으로 들어왔다. 새 연구소는 방이 제법 넓다. 소장실 옆 응접실은 교수들 쉼터다. 정인흥 교수가 한국정치학회장이라 학회 사무실도 겸하고 있어, 정치학, 행정학은 말할 것 없고, 인문, 사회, 이학, 공학 가리지 않고 많은 교수들이 놀러 왔다. 근처에 헌법학회가 있어 한태연, 갈봉근, 권영성 등 법학교수는 물론, 정관계와 언론계 사람들도 자주 왔다.

하루는 점잖은 서울법대 김기두 형법 교수님이, 좀 긴 머리카락을 쓸어 올리시면서, "내 머리가 정말 장발 같소?" 하신다. 좀 그런 것 같다니까, 정색하여 푸념을 하신다. 아들이 장발족으로 명동파출소에 잡혀 들어가, 보호자가 와야 풀어준다 해서 찾아가

섰단다. 신분을 밝히고 아들 때문에 왔다고 하니, 한참을 아래위를 훑어보던 새파란 경찰이 "당신도 장발이잖아" 하면서, 같이 있어라 하더란다. 기가 차서 멍하게 서 있으니, 다행히 파출소장이 알아보고, 아들 데리고 빨리 나가라 해, 간신히 빠져나왔단다.

남자의 장발뿐 아니다. 여자들의 미니스커트는, 정부가 발 벗고 나서 더 엄하게 단속했다. 경찰이 자 들고 다니면서 스커트 길이가 무릎 위 10cm에 못 미치면, 미풍양속 위반으로 연행했다. 뿐만 아니다. 뒷골목 우측통행하는 사람까지, 할당 수 채우기 위해 무더기로 잡아넣고, 네거리라도 건너는 줄 표지 없는 곳으로 건너면 잡아다 즉결 심판에 넘겼다.

총무 방에 칸막이가 있어 친구들이 많이 왔다. 이웃에 있는 서울신문 논설위원 김영수도 자주 왔다. 월간지 세대(世代) 편집부에 있는 이명수와 함께 오는 때가 많았다. 대개 접심 뒤다. 두 사람은 바둑이 아마 초단들이라 바둑 두는 재미로 온다. 박정희가, 제7대 대통령으로, 세 번째 대통령에 취임하고 얼마 안 된 연말이다. 국가위기상황이 발생하면 대통령이 비상대권을 발동할 수 있는 〈국가보위에 관한 특별조치법〉(국가보위법)이 공포(12월 27일)된 바로 뒤, 김영수가 엉뚱하게 미국 대통령의 비상대권에 대한 글을 써 달라 한다. 공화당이 장기 집권하기 위해 다시 개헌한다는 소문이 널리 나돌고 있을 때라 깜짝 놀랐다.

지난 대선 때, 공화당 박정희 후보가 서울 유세에서, "나를 한 번 더 뽑아주십시오. 하는 이야기도 이것이 마지막이라고 했습니다."(4월 25일) 하자, 신민당 김대중 후보가, 장충단공원 유세에서, "이번에 정권교체를 하지 못하면 박정희 씨의 총통시대가 오게 됩니다."(4월 27일)고 한 말이, 강한 설득력을 얻고 있었다. 여당은, 헌법상 3선 밖에 할 수 없으니 마지막으로 한 번만 더 뽑아달라는 뜻이라고 해명했지만, 야당은 안 믿었다. 기막힌 3선 개헌까지 감행하면서 대통령 더 하려는 군인이, 3선만으로 만족할 리는 절대 없다고 단언했다.

더욱이 제8대 국회의원선거에서 야당이 개헌저지선을 훨씬 넘게 차지하여, 국회를 통한 개헌은 현실적으로 불가능하다. 따라서 항간의 추측처럼 만일 박정희 대통령이 3선으로 만족하지 않는다면, 조만간 무슨 일이 일어나지 않을 수 없다. 국가보위법으로, 대통령에게는 〈헌법상의 국민의 권리와 자유를 잠정적으로 정지할 수 있는 권리〉가 보장되어있다. 오래전부터 무임소장관실 정무조정실 중심으로 개헌을 연구하고 있고, 개헌 모델인 스페인 등지에 주아무개 등 소장학자들을 파견했다는, 구체적인 소문까지 나돌았다.

이런 판국에, 대통령 비상대권에 대한 글을 쓰라니 놀라지 않을 수 없다. 글 솜씨 없고 자료도 없다고 사양하니 자료를 구해주겠단다. 다음날 함께 온 이명수가 주는 봉투에는 각국 영수들의 비상권에 관한 초록이 들어있다. 모두 청와대에 연구 보고한 문건이다. 언 듯 보아도 개헌에 대한 연구가 상당히 진척되어 있다는 것을 알 수 있다. 미국 것은 주로 C. 로시터 중심이라 그 정도면 반민주적은 아니다. 친구 부탁 들어줘도 별문제 없을 것 같다.

다음 해 2월호에 그 글이 실렸다. 〈특집-총력안보와 비상사태의 극복〉 중, 〈미국 대통령과 비상대권〉이란 제목이다. "미국 대통령은 국내외적 위기 상황이 발생하면, 우선 이에 대한 적절한 조치를 취하고, 사후에 의회의 추인을 받는 경우가 점점 많아지고 있다."는 요지다. 실제로 미국 대통령은, 필요하다고 판단하면, 의회의 승인 없이, 마음대로, 비상대권을 발동할 수 있다. 의회가 추인하던 안 하던 아무 상관없다.

그리고 얼마 뒤, 〈7.4 남북 공동성명〉이 나왔다. "자주적, 평화적으로 한 민족으로 단결하여야 한다"는 〈통일의 원칙〉을 실천할 〈남북조절위원회〉가 설치되어, 해방 26년 만에 처음으로 공식적인 남북대화 통로가 열렸다. 한반도에도 데탕트의 훈풍이 밀려와, 상호 비방이 끝나고, 조만간, 평화통일을 바라보게 되었다. 드디어 북진통일, 남침야욕, 친북파, 종북파 같은 역겨운 단어들이 사라지는 날이 코앞에 왔다, 그러나 꼭 그런 것 같지도 않다.

남북조절위가 진행 중이던 어느 날, 북한 문제 회의에 참석해달라는 연락이 왔다. 남북문제에 문외한이지만, 중대 관심사라, 한 번 가보기로 했다. 남산으로 올라가는 언덕에 있는 적십자 건물에서 만났다. 참석자는 다섯이다. 그중 아는 사람은 고려대 한승조 교수뿐이다. 나머지는 남북조절위 관계 중정 사람인 것 같다. 한 교수는 원래 반공주의자로 정평 있는 사람이라 어쩔 수 없다 하더라도, 나머지 참석자도 모두 〈북진통일. 북괴타도〉 논자다. 북한은 절대로 적화통일 야욕을 포기하지 않는다고 단언한다. 평화적으로 통일에 접근해야 한다는 말은 전혀 안 먹힌다. 오히려 세상 물정 모르는 사람처럼 따돌림당한다. 지금 한창 남북대표들이 평화통일하겠다며 대화하고 있는데, 어째서 북한 전문가들은 평화통일을 반대하고 북괴 타도 정책을 지속해야 한다고 하는지 모르겠다. 무엇 때문에 그 고생하며 7.4 공동성명을 내었단 말인가? 반공교육이 이렇게까지 처절하게 성공한 줄은 정말 몰랐다.

마침내 대통령비상대권이 발동했다. 1972년 10월 17일, 대통령이 돌연 〈대통령특별선언〉과 함께 〈비상조치〉를 선포했다. 〈우리 실정에 가장 알맞은 체제개혁을 단행하고, 조국의 평화통일을 지향하는 새로운 헌법을 만들기 위하여〉, 효력이 정지된 헌법일부 조항의 기능을 대행하는 비상국무회의가, 〈10월 27일까지 헌법개정안을 공고하여, 1개월 이내에 국민투표에 붙여 확정〉하게 되었다. 박정희가, 3선 대통령이 된지, 겨우 1년 반밖에 지나지 않았고, 더욱이 〈7.4남북공동선언〉에 따라 판문점에서 〈제1차 남북공동위원장회의〉가 개최된 지, 겨우 닷새 밖에 안 되었다.

비상조치령으로 국회를 해산하고, 정당과 정치활동을 금지한 뒤, 비상국무회의가 공고한 헌법개정안을 국민투표에 붙여(11월 21일), 투표율 91.9%에, 찬성 91.5%로 확정하고, 12월 27일, 이를 공고했다. 이것이 대한민국 제7차 개정헌법 〈유신헌법〉이다.

유신헌법은 한국에 토착한 민주주의, 곧 〈한국적 민주주의〉를 실현하기 위한 〈중대한 사명을 타고〉 이 땅에, 눈 깜빡할 사이에, 태어난 헌법이다. 대통령이 국가권력을 독점하여, 〈민족적 민주주의〉가 완성할 때까지, 집권할 수 있는 한국적 총통제 헌법이다. 주요 내용은,

1. 대통령은 통일주체 국민회의에서 선출한다. 2. 국회의원 1/3을 대통령 추천으로 통일 주체 국민회의에서 뽑는다. 3. 대통령은 헌법의 효력을 정지시킬 수 있는 긴급조치권을 갖는다. 4. 대통령은 국회 해산권, 법관 임면권을 갖는다. 5. 대통령의 임기는 6년이다.

철통 같은 계엄령 하에서 치러진 국민투표에서 유신 헌법안이 통과되자, 비상 국무회의는 즉시 계엄령을 해제하고, 다음날 (12월 15일), 통일주체 국민회의 대의원선거를 실시했다. 새로운 국민대표로 뽑힌 통일주체 국민회의 대의원 2,359명은, 12월 23일, 한 사람만 출마한 박정희 후보를 찬성 2,357표, 무효 2표로 새 대통령으로 선출하고, 당선자 박정희는 12월 27일, 임기 6년의 대한민국 제8대 대통령에 취임했다.

새 대통령이 취임하자마자, 헌정이 정상화되고 정당과 정치활동도 허용되었다. 비상 국무회의는, 12월 30일, 유신헌법에 따른 국회의원선거법과 정당법개정법을 제정 공포했다. 새 국회의원선거법은 이전 선거법과 많이 달랐다. 국회의원 219명 중 2/3는, 전국 73개 지역선거구에서 1선거구 2명씩 국민이 직접 뽑고, 나머지 1/3은, 통일주체국민회의가, 대통령 제청을 받아, 임기 3년의 국회의원을 뽑는다. 다음 해 2월 27일에 치러진 제9대 국회의원선거에서, 임기 6년의 지역구의원 149명 중 거의 절반인 73명을 공화당이 차지했다. 여기에 통일주체국민회의가 뽑은 유정회 국회의원 73명 모두가, 당연직 정부여당 의원이라, 국회는, 언제나 안정적으로 차질 없이, 대통령을 보필할 수 있는 〈국민총화〉를 이루었다.

10장

제4공화국 유신정부

1 민청학련과 인혁당 재건위

유신체제는 미국이나 서유럽 시민민주주의와는 다른, 한국 군부가 새로 개발한 신자유군주주의체제인 민족적 자유민주주의다. 민주주의적 형식과 절차를 갖추기는 했지만, 대통령이 3권에다 긴급조치권까지 가지고 있어, 서유럽식 자유민주주의와는 크게 다르다. 대통령은, 헌법 제53조에 의하여, 내정, 외교, 국방, 경제, 재정, 사법 등 모든 국정에 대해, "긴급조치"를 취할 수 있는 권한을 가지고 있어, 필요하면, 언제라도, 헌법상의 국민의 자유와 권리를 정지할 수 있다. 자유민주주의보다는, 유신헌법 본보기로 삼았다는 프랑코 체제에 더 가깝다. 굳이 민주주의라야 한다면, 보호민주주의, 지도민주주의나, 유신자유군주주의라 하는 것이 더 어울린다. 자유민주주의를 30년이나 학습한 국민, 특히 학생들이, 세상에서 가장 나쁜 독재체제라고 배우고 또 배운 북한 정치와 별로 다를 바 없는 〈한국적 자유민주주의〉를 좋아할 리 없다. 반란군이, 정권을 잡고 흔든 지도, 벌써 10년이 더 넘었다.

유신체제에 가장 먼저 반기를 든 사람 중 하나는 김대중이다. 일본에 있던 김대중은 유신이 선포되자 미국으로 망명하여, 워싱턴에 〈한국민주회복통일촉진국민회의〉(한민통)을 만들어(73년 7월 6일), 미국과 일본을 드나들며 유신체제를 규탄했다. 그러나 얼마 뒤, 한민통 일로 일본에 갔다가, 정체불명의 납치 집단에 납치되어(8월 8일), 서울 본집으로 강제 환향했다.

대학생들도 강력 반대했다. 9월 개학과 동시에, 전국 여러 대학에서 수업거부, 데모, 반유신 유인물 배포 등으로 반독재투쟁에 불을 붙였다. 재야인사들도 가세했다. 장준하, 백기완, 함석훈 등이 〈민주헌정 회복〉을 위한 〈100만 인 개헌 서명운동〉을 벌였다. 북한도 화가 났다. 김대중 납치극과 6.23 선언을 탈잡아, 〈8.28 선언〉으로, 남북대화를 중단해 버렸다. 엎친 데 덮친 격으로 중동전쟁 여파로 석유 값이 두 배도 더 넘게 뛰어올라 경제마저 흔들렸다.

이 중차대한 위기를 극복하기 위하여 유신정부가 내놓은 방안이 〈긴급조치〉였다. 1974년 1월 8일, 제1호를 발령하여, 대한민국 헌법을 부정, 반대, 비방, 왜곡하는 일체의 행위를 금지하고, 곧이어, 긴급조치 제2호로, 긴급조치 위반자를 처벌하는 〈비상군법회의〉를 만들어 장준하, 백기완 등을 잡아들여(74년 1월 15일), 장준하, 백기완에게 징역 15년에 자격정치 15년, 이근후 등 서울의대생 3명에게, 징역 7년에서 10년을 선고했다.(3월 2일).

그런데도 학생들이 동맹휴학과 반정부 유인물 등으로 반항하고, 재야인사들의 개헌 서명운동을 계속하자, 4월 3일. 긴급조치 제4호, 〈민청학련과 이것에 관련된 제 단

체의 조직에 가입하거나 그 활동을 찬양, 고무 또는 동조-하는 것을 일체 금지한다.〉
를 선포하여, 〈민중민족민주선언〉으로, 거국적 반대 시위를 준비하던 〈전국민주청년
학생총연맹〉(민청학련) 관련자들을 모조리 체포했다. 중앙정보부는, "공산주의 사상
을 가진 학생들을 주축으로 한 정부 전복을 기도하는 불순반정부세력"인, 민청학련
관련자 1.024명을 〈긴급조치 제4호 및 국가보안법위반〉 혐의로, 일망타진하여(4월
25일), 253명을 비상군법회의에 넘겼다고 발표했다. 불순분자들을 넘겨받은 비상군
법회의 검찰부는, 한술 더 떠, 〈인민혁명당 재건위〉(인혁당 재건위)가, 민청학련 배
후에서, 민청학련의 국가전복활동을 지휘했다는 추가 발표를 했다.(5월 27일) 이것
이 민청학련과 인혁당재건위사건, 즉 〈제2차 인혁당사건〉이다. 이미 1971년에 사형
당한 간첩 김배영이 가져온 북한 공작금으로 인혁당을 재건하려 했다는 혐의이다.[주-12]

   비상군법회의의 선고는 참담했다. 배후조직으로 지목된 인혁당 재건위 관련자 21
명 중, 도예종, 하재완 등 8명은 사형, 이태환, 김한덕 등 7명은 무기징역, 정진만 등
은 징역 15년에서 20년이 선고되었다. 민청학련 관련자들도, 이 철, 유인태 등 7명
에게 사형. 서중석, 류근일 등 7명에게 무기징역, 강구철 등 18명에게 징역 20년에
서 15년이 선고되었다. 일본인 기자 2명도 징역 20년을 선고받았다. 함께 구속된 윤
보선, 지학순, 박형규, 김동길, 김찬규 등 재야 반정부 인사도 모두 유죄판결받았다.

---

12. 김배영은 1960년 7.29 총선거 때 김한덕과 함께 사회대중당 박기출 후보의 최측근 참모로 일했다.
   5.16 군사반란으로 정국이 얼어붙은 다음 해(1962년) 10월 밀항하여 일본에 살던 중, 1964년 8월,
   갑자기 인혁당 연루자로 일본 경찰의 수배를 받자, 조총련 도움으로 월북했다. 1967년 10월, 북한 공
   작원으로 남파되었으나, 부산 부두에 도착하자마자, 접선할 겨를도 없이 대기 중인 경찰에 체포되어,
   1971년에 사형당했다. 김배영이 심문 도중, 친분이 있는 김성희 교수 형제와 안희수를 접선하려 했
   다는 기사가, 부산의 일간신문들과 중앙일보 영남판 일면에 대서특필되어, 여러 사람을 놀라게 했다.

이들 중, 도예종 등 인혁당 관련 8명은, 1975년 4월 9일, 대한민국의 〈대법원 전원합의체〉가 상소를 기각하자, 즉시 사형당했다. 이로 말미암아, 미국을 비롯한 자유민주주의 국가들이 〈사법살인〉이라는 비난을 퍼부었다. 스위스에 본부를 둔 〈국제법학자회〉는 이날 (4월 9일)을, 〈사법사상 암흑의 날〉로 선포했다. 그럼에도 불구하고, 대한민국 대법원은, 김한덕 등 다른 피고의 상고를 모두 기각하여, 한국 법원이 비겁하고 잔학하다는 사실을 재확인했다.

그동안 다른 간첩사건들도 수시로 터져 나왔다. 1974년에만 해도, 재일동포고병덕간첩사건을 비롯하여, 김용준간첩사건. 문인간첩단사건, 유럽거점간첩단사건, 울릉도간첩단사건, 광양부부간첩사건. 재일동포유학생 김승효간첩사건 등 7건이나 발표되었다.

이 모두, 대국민 홍보용임에도 불구하고, 울릉도거점간첩단사건에서는, 유신에 반대하는 재일동포 등 47명을 잡아들여, 32명을 국가보안법과 반공법위반 혐의로 구속 기소하고, 그중 3명은 사형, 4명은 무기징역, 나머지는 1-15년 징역형을 선고했다. 사형수 3명 모두 사형당했다.(1977년 12월 5일). 아무리 조무래기라도 간첩누명 쓰고는 살아남을 수 없다.

마침내 사달이 났다. 1974년 8월 15일. 광복절 기념식 중이던 국립극장에서, 대통령저격사건이 났다. 재일교포로 참석한 문수광이 연설 중인 박정희에게 총을 쏘았다, 그러나 엉뚱하게 대통령 부인 육영수와 어린 여고생 장봉화가 맞아 숨졌다. 이를 계기로, 반정부 반독재 민주화운동은 더욱 확산되었으며, 정부 대응도 따라 과격해졌다. 동아일보의 자유언론에 뿔난 정부가, 광고주를 압박하여 광고를 철회시키자, 동아일보가 12월 26일 자 신문 광고란을 백지로 발행한 〈동아일보 백지광고〉 사태와, 이로 말미암아 해직된 기자 모임인 〈동아자유언론수호투쟁위원회〉 사건은, 반정부 반유신 운동이 학원과 야권을 넘어, 전 사회로 확산되는 계기가 되었다. 동정 농성을 벌이던 조선일보 기자들도 무더기로 해직되자, 거의 모든 언론사와 대학, 종교단체들이 앞 다투어 자유언론수호지지성명을 내고, 시위에 참가했다.

유신체제 반대 여론이 가세어지자, 박정희는 1975년 1월 22일, 유신헌법에 대한 찬반을 묻는 국민투표를 실시하겠다고 발표했다. 군사반란 이래 실시한 모든 국민투표에서 단 한 번도 진 일이 없으니, 당연히 이기게 되어있는 국민투표다. 예상대로 2월 12일에 실시된 국민투표 결과, 투표율 79.84%에, 찬성 73.1%, 반대 25.6%로 가볍게 재신임받았다.

2 양심선언에 자리다툼

박정희와 유신헌법의 압도적 재신임에도 불구하고, 반정권운동은 수그러들지 않았다. 1975년 4월 11일, 서울대 농대 학생 김상진이, 유신체제와 긴급조치에 항거하여 양심선언문을 낭독한 뒤, 할복자살하는 일이 벌어졌다. 보도통제에도 불구하고, 김상진 할복 사실이 알려지자, 유신헌법 폐지와 정권 퇴진운동이 더욱 과격해졌다. 15일, 모교 광주제일고에서 〈김상진열사추도식〉을 연 학생들이 무더기로 무기정학당했다. 18일, 명동성당에서 1,500여 명이 참석한 가운데, 〈4.19 희생자와 김상진을 추모하는 미사〉를 열고, 신민당은 〈김상진 양심선언문〉을 당보에 실어 배포했다. 이렇게 시끄러울 때, 4월 30일, 월남이 패망했다. 박정희가 온 정성을 다해 지켜주려던 쌍둥이 반공국가 월남이 그만 공산군 손으로 넘어갔다.

놀란 유신정부는, 서둘러 〈긴급조치 제9호〉를 선포하여(5월 13일), 〈대한민국 헌법을 부정, 반대, 왜곡 또는 비방하거나, 그 개정 또는 폐지를 주장, 청원, 선동 또는 선전하는 행위를 일체 금지〉했다. 학생들의 반공의식 부족에 당황한 문교부도 〈고등학교 입시에 반공문제를 10% 이상 출제하라〉는 반공교육 강화 지침을 시달했다. 긴급조치 9호가 선포된 다음날에는, 서울대에서, 정부가 주도하는 〈긴급조치 지지 안보궐기대회〉를 거창하게 거행했다.

그러나 그 대회 열기가 오히려 역류하여, 긴급조치 9호 선포 뒤 첫 반대 시위인, 〈오둘둘사건〉이 터졌다.(5월 22일). 2천여 서울대생들이 〈반독재 선언문〉을 낭독하고, 〈유신철폐, 독재타도, 긴급조치철폐〉를 외치며 시위를 벌여, 100여 명이 제적되고, 29명이 구속되었다. 서울대 총장이 물러나고, 치안본부장, 서울남부경찰서장 등이 줄줄이 쫓겨났다.

다음해 3월 1일. 재야인사들이 명동성당에서, 독재정권을 규탄하고 자유민주주의를 회복하자는, 〈3.1 민주구국선언〉을 선포하자, 경찰은 그 자리에서 서명자 20명 모두를 연행 구속했다. 그러나 국민은 전혀 몰랐다. 언론통제 때문이다. 열흘 뒤에야 검찰이 "정부 전복을 선동한 재야인사 20명을 대통령 긴급조치 제9호 위반 혐의로 구속했다"라고 발표했다. 구속자 중 문익환, 김대중, 안병무 등 11명은 구속 기소되고, 윤보선, 함석헌. 정일형은 고령자로, 이태영, 이우정은 여성, 김승훈 등 신부 4명은 간접 가담이란 이유로 불구속 기소되었다.

이 소용돌이 속에서도, 제1야당 신민당은, 두 실력자 김영삼과 이철승이 총재 자리 싸움하느라 정신이 없었다. 둘 다 반공투사로 정치 입문했지만, 유신체제에 대해서는 생각이 달랐다. 김영삼은 김대중과 함께, 유신체제를 강력 반대하는 선명노선인데 반해, 이철승은 유신체제의 반공안보정책에 호의적이었다. 해방 직후, 전국학생총연맹을 이끌고 반공 투쟁에 앞장서, 이승만의 총애를 받은 생태적 반공 투자 이철승과, 고위 친일경찰들을 중용하여 불굴의 독립투사들을 고문시킨 장택상 그늘에서 자란 김영삼의 반공의식이 같을 수 없다.

유신정권은, 이 두 야당 지도자의 권력욕을 이용했다. 김영삼의 분별없는 공명심을 부추겨, 유신반대 선명노선을 흐리게 하는 한편, 탁월한 반공주의자 이철승의 어설픈 지위욕구를 들쑤셔, 야당의 반정부투쟁을 약화시키고자 했다. 때맞추어 1976년 5월, 새 지도부 선출을 위한 신민당 전당대회가 열렸다. 주류 김영삼은 연임으로 총재직을 지키려 한 반면, 열세인 이철승은, 집단지도체제를 내세워 비주류 세력을 규합했다.

그 과정에서, 이철승의 사주를 받은 범서방파 김태촌이, 조직폭력배 태촌파를 이끌고 신민당사에 난입하여, 전당대회를 무산시켰다. 백주 대낮에, 그것도 서울 한복판에서, 정치폭력사태가 벌어졌는데도 정부는 모른척했다. 군사반란군이 권력을 잡자마자, 빨갱이와 함께, 가장 먼저 〈사회정화〉한 정치깡패가 되살아 날뛰었지만, 바로 그 반란군이 만든 유신정부는, 야당 내분에 개입하면서까지, 민주적인 〈집회와 표현의 자유〉를 훼손할 생각이 추호도 없었다.

　얼마 뒤, 서울 시민회관에서 다시 열린 전당대회에서는, 김영삼이 동원한 정치깡패가 대회장을 선점하려 했지만, 각목 난전 끝에, 태촌파와 경찰에게 쫓겨나고, 이철승계 대의원만 남은 전당대회에서, 이철승이 당대표로 선출되었다. 대회장에서 쫓겨난 김영삼계 대의원은, 신민당사에서 별도로 전당대회를 열어 김영삼을 총재로 다시 선출했다. 한 정당 두 총재로 분당 위기에 몰리자, 주류가 집단지도제를 받아들여 임시 통합전당대회를 열었다. 1차 투표에서는 김영삼이 이겼으나 과반수 미달로 2차 투표로 넘어가, 정일형 도움을 받은 이철승이 역전승했다. 정부 묵인 아래, 깡패와 각목을 동원하여 당대표가 된 이철승이, 〈참여하의 개혁〉이라는 대정부 타협 정책을 들고 나오자, 강경파는 〈사꾸라〉라고 맹비난했다.

3 ▸ 한국 민주화의 선봉 - 부마사태

　민주화운동에 앞장서야 할 제1야당이, 깡패들을 동원해 각목대전을 벌이면서까지 당권 잡으려는 추태를 벌였음에도 불구하고, 국민의 지지도는 오히려 더 높아졌다. 1978년 12월 12일의 제10대 국회의원선거에서 61석을 얻어, 68석을 얻은 공화당을 위협했을 뿐만 아니라. 유효투표 32.8%를 차지하여, 31.7%를 얻은 공화당에 사실상 이겼다. 군사반란이 일어난 지 벌써 17년이나 지났다. 오랜 세월, 반공안보를 앞세운 군사정권의 무단정치에 주눅 들어 방황하던 국민의 정치의식이 서서히 잠 깨어, 3.15와 4.19 민주항쟁정신으로 돌아가고 있었다.

　박정희는, 헌법규정에 따라, 1978년 12월 21일 통일주체국민회의에서 다시 대통령에 선출되었다. 합법적으로만, 다섯 번째 대통령에 취임하는, 대한민국 제9대 대통령이 되었다. 그러나 시작부터 순탄치 않았다. 1979년이 시작되자마자, 제2차 석유파동이 들이닥쳤다. 제1차 석유파동 때는 그런대로 잘 버틴 한국경제가, 이번에는 큰 타격을 입었다. 경제성장률이 1979년에는 6.4%를 겨우 지켰지만, 1980년에는 -5.2%로 떨어졌다. 경상수지 적자도, 1979년에 42억$, 1980년 53억 2천만$로 급격히 불어났다. 군사독재를 지탱해 온 유일한 기반인 "잘 살아보세"에 금이 가면, 아무리 강력한 독재체제라도 견디기 힘든다.

　그 신호탄이 YH사건이다. 전근대적 농업사회가, 10여 년 만에 급격히 공업 사회로 바뀌면서 쌓인 경제발전의 어두운 그림자가 드디어 드러나기 시작했다. 군사정권의 경제성장정책에 올라 타, 초기 자본가로 성장한 공장주들은, 조선시대의 봉건적 농노 노동관에 더 익숙하여, 정부의 경제성장정책에만 충실할 뿐, 노동자의 인권 같은 것에는 전혀 관심이 없었다. "머슴에게 돈 많이 주면 게으름뱅이가 된다." "먹고 살만큼 만 주어야 열심히 일한다." 밥 먹여주는 것만으로도 큰 시혜로 생각하는 봉건 성주들이, 인권 같은 것을 생각할 리 없다. 머슴은 돈 버는 기계 부품에 불과했다. 잘 해아 조지

오웰의 돼지였다.

1979년 8월 9일, 가발 수출업체 YH무역 여성근로자 170여 명이, 신민당 당사에서 점거농성을 벌였다. "배고파 못살겠다. 먹을 것을 달라." 커피 한 잔 값밖에 안 되는 일당 받고 일하는 직공들이 노동조합을 만들어, 열악한 노동조건 개선을 요구하자, YH무역 사장 정영호는, 가발 경기불황을 핑계로 폐업 신고하고(1979년 3월), 미리 챙겨둔 재물 싸들고, 미국 가버렸다. 살길 잃은 공원들이, 회사를 되살리려 백방 노력했으나 역부족이었다. 정부도 회사도 아무런 성의를 보이지 않자, 마지막 희망을 걸고, 제1야당 신민당사를 점거 농성했다. 선명야당과 민주회복을 기치로 당권에 재도전, 2차 투표에서 간신히 이철승에 역전승하여, 다시 총재가 된(5월 30일) 페미니스트 김영삼이, 여공들의 농성을 적극 보호했다.

야당이 배후에 있는 반정부 행위를 가만둘 군사정부가 아니다. 8월 11일 새벽, 신민당의 반대를 무릅쓰고, 경찰 1천여 명을 투입하여 점거농성자들을 모두 잡아갔다. 이 소동 속에서 노조간부 김경숙이 동맥이 끊긴 체 추락해 숨지고, 노조원들은 말할 것도 없고, 강제해산에 항의하던 김영삼 총재 등, 신민당 국회의원과 경비원, 기자들까지 폭행당했다. 농성하던 노조원 172명과, 저지하던 신민당원 26명이 함께 연행되어, 그중 노조지부장 최순영과, 배후조종 혐의를 받은 재야인사, 인명진, 문동환, 서경석, 고은, 이문영 등 8명이, 국가보안법과 집시법 위반 혐의로 구속되었다.(8월 17일) 미국 국무부조차 "경찰의 강제해산조치는 분명 지나치고 가혹했다"는 성명을 내어, 한국 정부의 반인권 행위에 특별한 관심을 보였다. 한국 정부가 이에 반발하자, 미국 국무부는 "지난번 성명의 입장을 고수한다. 한국 정부가 관련자를 징계하는 적절한 조치를 취하기 바란다."라고, 오히려 엄중한 꾸중을 내렸다.

사태는 이것으로 끝나지 않았다. 민주당이 노동탄압과 경찰의 고의적 국회의원 폭행을 규탄하는 농성에 들어가자, 정부는 이를 빌미로 야당을 강경 탄압하여, 경제 불황에서 오는 민심 동요를 막으려 했다. 그 표적이 YH점거농성을 적극 옹호한 김영삼이었다. 당장 신민당의 내분을 이용하여, 〈총재 직무정지 가처분 신청〉을 내어, 김영삼의 정치활동에 제약을 가했다. 화가 난 김영삼이, 미국 신문 뉴욕타임스와의 회견에서, "미국 정부가 대한 원조를 중단하여 박정희 정권을 압박해 달라"라고 하자(9월 16일), 여당인 공화당과 유정회가 기다린 듯, 〈김영삼 의원 제명동의안〉을 국회에 제출하고, 여당 단독으로 〈국회의원으로서 본분을 일탈하여 반국가적인 언동을 함으로써 국회의 위신과 국회의원의 품위를 손상시켰다〉는 이유로 제명, 의원자격을 박탈했다. (10월 4일). 신민당 의원이 단상을 점거하고 있는 사이, 단 일 분만에 사회봉 대신 손을 흔들어, 의결했다. 외세(미국)에 아부하여 무모한 국가변란을 도모하다가 의원직을 상실한 김영삼은 즉시 가택 연금되었다. 제1야당 총재를, 변칙적인 무리수까지 써서, 의원직을 박탈한 정치 살인이 무사할 리 없다. 신민당 국회의원 66명 전원과 민주통일당 의원 3명이 의원직 사퇴서를 제출하여, 박정희의 독재정치에 강력히 항의했다.

독재에 식상한 부산 경남사람들의 소외의식이 드디어 터졌다. 경남과 경북은 합쳐서 영남이라 부른다. 호남인이 호남푸대접론으로 영남을 싸잡아 욕할 때는, 가당찮은 비난에, 영남인의 긍지를 느끼기도 했지만, 곰곰이 따져보니, 호남만 푸대접받은 것이 아니다. 같은 영남이면서도 경남사람들이 오히려 더 푸대접받고 있었다. 언젠가부터 중앙의 정, 관, 재계 요직은 말할 것도 없고, 부산, 경남의 요직과 상권까지 중앙에 연줄이 닿는 경북 사람들이 좌지우지하고 있다는 사실을 알았다. 경제가 호황일 때는 상도분들이 "하도 놈"이라고 무시해도, 박정희의 "잘 살아보세"를 믿고 참을 수 있었다.

그러나 경제가 나빠지면서 사정이 달라졌다. 경공업 중심인 부산, 경남 중소기업들은, 제2차 오일쇼크로 물가가 급격히 뛰는 데다, 정부의 중화학공업 육성정책에 자금줄이 막혀, 심각한 경제적 압박을 받고 있었다. 그런데도 TK정부는, 같은 영남 이라고 생색만 내었지, 아무런 대책을 세워주지 않았다. 호남보다 더 한 푸대접에 뿔이 난 경상하도사람들은, 박정희 군사정권에 대한 미련을 버리고, 하도사람들의 지역정서를 종교화할 수 있는 새로운 "상징"을 찾았다. 공교롭게도 그때 가장 앞선 자가 김영삼이었다. 이승만 독재 그늘에서 자랐음에도 민주투사로 변신하여 독재정권에 맞서는 투지에 주목하던 차에, 한국정치사상 초유의 〈야당총재 국회의원직 제명사태〉가 벌어졌다. 그동안 TK군사독재에 대한 소외감을 삼켜오던 경상하도사람들은, 스스럼없이, 독재 대신, 민주화의 길을 택했다. 상도정권의 정치 경제적 독재와 푸대접이, 경상하도 〈소영웅〉을 낳았다. 그리고 대한민국역사를 바꾸었다.

10월 16일, 부산대 학생들이 먼저 일어섰다. 5천여 학생들이 도심 광복동까지 나와, 유신철폐, 독재 타도를 외쳤다. 오후에는 동아대생들도 합류했다. 시민들이 적극 지지 호응하며, 경찰의 저지를 방해 했다. 저녁에는 퇴근하던 회사원, 상인, 노동자, 특히 위락시설 종사자, 고등학생 등, 5, 6만 명이 동참하여, 〈민중민주항쟁〉으로 커졌다. 밤이 깊어지자, 더욱 불어난 민중이, 파출소, 방송국, 신문사 등 친정부기관에 돌을 던지고 불을 질렀다. 다음날에도 민중항쟁은 계속되었다. 부산시 중구. 동구, 서구의 거의 모든 파출소와 경찰서, 공공기관이 공격당했다. 21개 파출소가 불타거나 파괴되었으며, KBS, MBC, 부산일보, 경남도청, 부산 서구청 등이, 무수한 돌 폭격을 받아 부서졌다. 유신정부도 화가 났다. 더는 〈92〉 참아줄 수 없었다. 다음날(18일) 새벽 0시를 기해, 부산지역에 계엄령을 선포하고, 대학생 등 1,058명을 연행하여, 그중 66명을 군사재판에 넘겼다.

부산사람들의 울분은 곧장 〈대한민국 민주화의 성지〉 마산으로 번졌다. 부산에 계엄령이 선포된 바로 그날(18일), 경남대와 마산대 학생들이 먼저 일어섰다. 밤이 되자, 수천으로 불어난 민중이 경찰과 투석전을 벌이면서, 공화당사, 파출소, 방송국을 부수고 불태웠다. 다음날에는, 고등학생과 한계노동자도 합류하여, 더욱 과격해졌다. 영남 하도사람들의 억눌린 분노는 날이 갈수록 커져갔다. 경찰차가 불붙고, 파출소, 관공서, 언론기관들이 부서지고 불탔다. 정부는 다음날(20일) 0시를 기해, 마산과 창원 일원에 위수령을 내리고, 군대를 투입하여 무자비하게 진압했다. 체포된 사람 중 59명이 군사재판에 넘겨졌다.

부마민중항쟁의 위력은 컸다. 지배동맹의 한 축으로 철석같이 믿고 있던 경상하도 사람들이 박정희 독재에 등을 돌렸다. 박정희 정부의 반민주성을 견제하면서도 지켜만 보던 미국마저, 드디어, 박정희의 위험한 〈자주국방정책〉에 인내심의 한계를 드러내었다. 유신정권은 이에 대처할 방법이 없었다. 미국은 물론이고, 국내 문제도 무력으로 시작해서 무력으로 버텼으니, 무력 아닌 해결방법이 있을 수 없었다. 오랫동안 누려온 독재 타성에 젖어, 전술적 후퇴법을 마련할 기회를 놓쳐 방황하는 사이, 최측근의 반역이 일어났다.

유신 대통령이, 유신체제 제1수호자 중앙정보부장에 의하여, 살해되었다.(10월 26일). 독재체제에 흔한 궁정 반란으로 유신체제가 주인을 잃었다. 부마항쟁이 드디어 기나긴 군사독재정치를 무너뜨리고, 다시 한번 대한민국에 민주주의의 길을 열었다. 김재규가 왜 박정희를 죽였는가에 대해서는 말이 많다. 제2인자 행세하던 경호실장 차지철과의 권력싸움이란 말이 가장 유력하나, 오랫동안 기획한 민주의거라던가, 미국 CIA의 사주라는 등, 다른 설도 만만치 않다. 아무튼 결과적으로, 박정희 군사독재를 무너뜨린 〈반독재 민주화 의거〉가, 궁정 혁명이 아닌 반역행위로, 끝을 맺은 것만은 분명하다.^{주-13}

---

13. 박정희 대통령과 함께 죽은 경호실장 차지철은, 고등학교 졸업하고 간부후보생으로 임관한 뒤, 국회의원, 대통령 경호실장 등 바쁜 공직생활 중에서도, 한양대에서 석, 박사 학위과정을 모두 마친 것은 물론, 학위논문을 제출하여 〈정치학박사〉가 된 천재다. 대학 철학과 1학년 때, 전공과목 외에도 정치학과 과목인, 헌법, 정치학개론, 국제공법, 현대정부형태론, 구미외교사, 국제관계론, 구주정치사, 구미정치사상사 등 8개 과목 학점을 모두 땄다는, 어느 유명정치인보다 한 수 높은 천재가, 아깝게,

4 서울의 봄

갑자기 대통령이 죽자 유신체제가 요동쳤다. 유신초상정부는, 우선 현행 헌법에 따라 새 대통령을 선출한 뒤에, 국민을 통합할 수 있는 새로운 민주적 헌법을 만들기로 했다. 그러나 야당과 재야세력은 반대했다. 당장 유신체제를 없애고 새로운 민주헌법을 만들자고 했다. 유신헌법에 따라 대통령 권한대행이 된 최규하는 암살사건 다음 날(10월 27일), 제주를 제외한 전국에 비상계엄을 선포하고, 육군참모총장 정승화를 계엄사령부사령관, 보안사령관 전두환을 계엄사령부 합동수사본부장에 임명했다. 그리고 11월 6일, "유신헌법에 따라 새 대통령을 선출하고, 새 대통령이 빠른 시일 내에 민주적 헌법을 만들고, 그 헌법에 따라 선거를 실시하겠다"는 담화문을 내었다. 이에 대해, 야당과 재야세력은, 유신체제를 당장 없애고, 민주화일정을 앞당기자고 했다. 1979년 11월 24일, 국민연합, 민주청년협의회 등 재야세력이, YWCA에 모여 〈통일주체국민회의에 의한 잠정대통령 선출저지 국민대회〉를 열어, 유신체제를 즉시 해체하고, 거국민주내각을 구성하라고 요구했다. 그러나 유신둔부(엉덩이)정부는 단호했다. 계엄사령부가 즉시 140여 명을 연행하여, 그중 14명을 구속했다.

12월 6일, 예정대로 최규하 대통령권한대행이, 통일주체국민회의에 단일후보로 출

독재자와 함께 횡사했다. 중앙정보부장 김재규는, 독재자 박정희를 처단했음에도 불구하고, 정권을 인수하지도 못하고, 민주투사로 환영받지도 못했다. 정권을 인수할 사전 계획이 없었을 뿐 아니라, 거사 뒤에도 군이나 민간이나 간에, 어떤 세력의 협조도 얻지 못해, 민주투사로 추앙받을 수 있는 천재일우의 기회를 놓치고 말았다. 오히려 보안사령부에 끌려가 모진 고문 끝에, 〈내란목적 살인 및 내란미수죄〉로 기소되는 서글픈 신세가 되었다. 유신체제로 권력을 굳힌 유신 군인들이, 유신 두령을 죽인 원수를, 홀대할 리 없다.

마하여 제10대 대통령에 당선되었다. 대통령이 된 최규하는, 12월 8일, 긴급조치 9호를 해제하고, 긴급조치로 처벌받은 재야인사를 모두 복권했다. 공화당과 신민당도 대통령직선제개헌에 합의했다. 윤보선과 함께 사면 복권된(2월 29일) 김대중도, 〈반공안보태세 강화, 자유민주주의 실현〉을 내걸고, 김영삼, 김종필과 더불어, 분주하게 대선 준비를 서둘러, 민주화 일정이 순탄하게 제 길로 들어서는 듯했다. 단지 실행 방법과 시간만 남았을 뿐이었다.

그러나 신군부가 반대했다. 12월 12일, 보안사령관 전두환 중심의 하나회가, 돌연, 반란을 일으켜, 문민정부 이양 일정에 순응하던 계엄사령관 정승화 육군 참모총장을 비롯한, 특수전사령관, 수도경비사령관 등, 온건파 군지도자를 모두 쫓아내었다. 군권을 장악한 하나회 주도자 전두환은, 스스로 중장으로 진급하고, 중앙정보부장 서리도 겸직하여(4월 14일), 한국 권력 핵심기관을 모두 움켜쥐었다. 독재자는 사라졌지만 독재정권은 끝나지 않았다.

3월 초. 봄학기를 맞은 대학생들이 다시 나섰다. 학생들의 민주화 요구는, 주로 학원 자유화, 어용교수 퇴진 등, 학원 내부 문제에 집중했다. 대학에 입학하면, 반드시 군부대에 입대하여 소정의 군사훈련을 받아야 하는, 군국주의적 "병영집체훈련 거부운동"도 함께 했다. 4월에 들어서면서 민주화 열풍이 드세어지자, 서울지역 14개 대학 교수들이 학원민주화를 요구하는 성명을 발표하여, 학생들의 민주화운동에 힘을 실었다. 학원 밖의 민주화 열기도 뜨거웠다. 순식간에 2천여 건에 달하는 노동쟁의가 발생했다. 강원도 정선 사북에서는 탄광 노동자들이, 어용노조에 반발하여 임금인상 투쟁이 벌이는 과정에서, 치안공백 상태에까지 이르렀다. 언론매체도 언론 검열 폐지와 언론자유를 요구하는 결의문을 발표했다.

5월 들어, 12. 12 군사반란으로 실권을 잡은 전두환과 신군부가, 〈비상계엄전국확대, 국회해산, 국가보위비상기구 설치〉등을 골자로 하는 〈시국수습안〉을 마련하여,

정권 장악 속내를 드러나자, 불법적 정권 탈취를 저지하려는 대학생들의 움직임도 따라서 뜨거워졌다.

서울대 비상학생총회가, 병영집체훈련 반대 투쟁을 버리고 정치투쟁으로 전환하여, 〈계엄해제, 유신잔당퇴진, 정부개헌중단〉을 주장하며, 전두환과 새 국무총리 신현확의 허수아비 화형식을 단행했다.(2일). 다른 대학들도 서울대의 정치투쟁노선에 동조했다. 9일, 전국 23개 대학 대표들이, 고려대에 모여 〈총학생회장단회의〉를 열어, 계엄해제와 유신잔당 퇴진을 요구하고, 관제 언론을 비난하는 성명을 내었다. 정계 움직임도 활발해졌다. 신민당과 공화당 원내총무가 개헌안을 내고(12일), 20일에 임시국회를 소집하여, 계엄해제와 정치일정단축 등 현안문제를 논의하기로 합의했다. 잠깐 쉬던 대학생들이, 5월 13일부터 다시 실력행사에 들어갔다. 연세대 등 서울시내 6개 대학생이 세종로에서 가두시위를 벌이고, 고려대 등 7개 대학생이 철야농성에 돌입했다. 다음날에는 서울지역 대학생 7만여 명이 서울 중심가에 모여 반정부시위를 벌이고, 부산 등 다른 지역에서도 대학생 수만 명이 거리로 나와, 계엄해제 시위를 벌였다. 신군부도 이에 맞서, 〈소요진압본부〉를 설치하여 진압군 투입 시점을 계산하고 있었다.

학생시위는 5월 15일에 절정에 달했다. 서울시내 30개 대학생들이 서울역으로 모이기 시작했다. 용기를 얻은 신민당 국회의원 66명이 비상계엄해제건의안을 국회에 제출하고, 지식인 134명도 비상계엄해제요구 시국선언문을 발표했다. 오후 3시, 10만-15만 학생과 시민이, 서울역 앞에 모여 계엄철폐를 외치며, 정부의 명확한 민주화 일정을 요구했다. 부산, 대구, 인천, 광주, 춘천에서도 수많은 학생과 시민이 모여 군대에 맞섰다. 그러나 밤이 깊어지면서 열기가 끓어오를 때, 갑자기, 학생지도부가 시위를 중단하고 학교로 돌아가기로 결정했다. 곳곳에 진압군을 배치하여 학생 움직임을 감시하고 있는 신군부에, 무력개입 빌미를 줄 수 있다는 빌미로, 민주화 의지를 포기했다. 이것이 〈서울역 회군〉이다. 서울의 봄은 이렇게 허무하게 흘러갔다. 그러나 충격은 컸다. 엄청난 학생시위에 풀이 죽은 신현확 국무총리가, 정치일정을 앞당겨, 80년 말까지 개헌안을 확정하고, 81년에 양대 선거를 실시하여, 정권을 이양하겠다고 발표했다. 국회도, 서둘러, 임기 4년에 한 번 연임할 수 있는 대통령직선제를 골자로 하는 개헌안을 만들어, 20일의 본회의에서 통과시키기로 여야가 합의했다. 그러나 신군부의 뜻은 그렇지 않았다.

5월 17일 밤, 돌연, 최규하 대통령이 제주도를 포함한 전국에 비상계엄령을 확대 선포했다. "북한의 도발에 대비해야 할 시점에 학생들의 데모로 사회가 어수선하니, 군이 나서서 수습해야 한다."(주영복 국방장관)는 것이, 비상조치 확대 이유였다. 계엄포고령 제10호로, 5월 18일 0시를 기해, 〈모든 정치활동중지, 정치목적의 옥내 외 집회 일체금지, 언론검열, 모든 대학 휴교조치〉가 내려졌다. 새벽 2시. 계엄군이 국회와 중앙청을 점령하여 헌정을 중단시키고, 휴교령이 내린 모든 대학에 군대를 주둔시켰다. 이화여대를 급습한 계엄군은, 〈서울역회군〉 사후대책을 논의하던 전국총학생회장단을 모두 체포했다.

비상계엄확대 직전, 보안사령부에 예비검속 되어있던 김대중, 예춘호, 문익환, 고은, 이영희 등 20명은, 〈사회혼란 및 학생, 노조 배후조종혐의〉로 구속되었다. 신민당총재 김영삼은 가택 연금되고, 김종필은, 이후락, 박종규 등과 함께 권력형 부정축재혐의로 보안사령부에 감금되었다. 이렇게 연행된 학생, 정치인, 재야인사가 2,600명이 넘었다.

김종필은, 다음날 이후락 등 박정희정권실세 10여 명과 함께, 부정축재재산을 모두 국가에 헌납하고 정계를 은퇴하겠다고 선언했다. 5.16 군사반란으로 출세한 원조 군바리들이, 후배군벌에 의하여, 볼썽사납게 흐무러졌다. 이틀 뒤, 신현학내각이 총사퇴했다. 또 이 날, 독재자 박정희를 죽인 김재규, 박선호 등 5명의 사형이 확정되고, 나흘 뒤 처형되었다.

5 광주민주항쟁

비상계엄이 확대 시행된 5월 18일 일요일 아침, 전남대 학생들이 휴교령 내린 학교 정문 앞에 모여, "계엄령 철폐", "전두환 퇴임", "김대중 석방"을 외치며 시위를 벌이자, 대학 점령군이 폭행 해산시켰다. 쫓겨난 학생들이, 금남로에서 연좌시위를 벌이다가, 합류한 시민들과 함께 시외버스 터미널 앞으로 진출하자, 계엄군 공수부대 병력이 무차별 발포하여, 다수의 사상자가 발생했다. 다음날 오후부터는 시위가 거칠어졌다. 시내 전역에서 학생과 시민이 계엄군과 충돌하여, 시위의 차원을 넘어, 민중봉기 모습으로 변해갔다.

계엄군의 과잉진압에 돌과 화염병으로 맞서던 시위군중이, 공수부대의 소총, 수류탄을 빼앗아 무장하여, 파출소, 방송국, 공공기관을 습격하자, 계엄군도 이에 맞서 장갑차에서 발포하는 등으로 분위기가 더욱 험악해졌다. 20일에는 20만이 넘는 시위대가 전남도청을 중심으로 주요 도로를 점거하고, 금남로로 모여든 버스, 화물차 등 덩치 큰 자동차들을 앞세워 계엄군을 몰아내었다. "폭도들의 난동"을 보도한 MBC 방송국을 비롯하여, 노동청, 세무서 등 관공서가 불탔다. 이 날 자정. 광주역 앞에 포진해 방어하던 계엄군은, 계속 불어나는 시위대에 발포한 뒤, 철수했다.

21일 오전. 시위대가 계엄군에 맞서기 위해, 아세아자동차 공장에 몰려가 장갑차와 군용차량을 빼앗고, 파출소 등지에서 소총 등 무기를 빼앗아 무장하여, 오후 3시쯤부터 계엄군과 시가전을 벌였다. 계엄확대를 반대하는 학생시위가, 어느덧 무장봉기로 커졌다. 저녁 무렵, 힘에 부친 계엄군이 광주시 외곽으로 철수하자, 시위대가 광주시를 완전히 장악했다.

22일, 수습대책위원회가, 계엄사령부와 협상을 시작했지만, 여의치 않자, 시위대가 강온파로 갈라졌다. 무기회수를 거부하고 끝까지 싸우자는 강경파는, 25일 밤 수습위를 대신할 새로운 투쟁지도부 〈민주시민투쟁위원회〉를 만들어, 〈광주시민에 의한, 광주시민의 자율적인 민주주의 공동체〉를 수립하여, 체계적으로 계엄군에 저항하고자 했다. 그러나 시간이 짧았다. 민주적 자치공동체가 자리도 잡기 전에 강력한 계엄군의 무력진압작전이 시작되었다.

5월 27일 새벽. 외곽을 봉쇄하고 있던 2만 5천여 정예계엄군이, 탱크를 앞세워 무차별 난사하며 쳐들어왔다. 갑자기 만든 혼성시민군이, 정예 진압군을 이길 수 없다. 전남도청에서 끝까지 저항하던 시민군이, 한 시간 남짓의 교전 끝에 모두 연행되면서, 민주화 시민항쟁은 끝이 났다. 이 사변으로 사망자가 193명이나 나왔다. 민간인 166명, 군인 23명, 경찰 4명이다. 부상자도 852명이라고 발표되었다. 연행된 민주화운동 관련자들은, 구속 중인 김대중 등 재야인사들과 함께, 〈김대중이 주동한 내란기도혐의〉로 구속 기소되었다.

광주항쟁은, 광주시민들이, 부당한 정치권력과 싸웠다는 점에서 대구10.1항쟁과 많이 닮았다. 보통시민이, 외세에 굴종하여 국민의 의사를 저버린 반민주 반동정부에 저항하여, 스스로 자치공동체를 만들었다는 점에서는, 흰 깃발이 붉은 피로 물든, 파리코뮌과도 비슷하다.

유신체제를 연장하기 위한 마지막 걸림돌인 광주항쟁을 진압한 신군부는, 5월 31일. 대통령을 자문하기 위한 기구로 〈국가보위비상대책위원회〉(국보위)를 만들었다. 사실상 신군부 공식정부다. 국보위는 위원장인 대통령과 상임위원장인 중앙정보부장서리를 비롯하여, 국무총리서리, 부총리 겸 경제기획원장관 등 행정부요인 8인, 계엄사령관, 합동참모회의의장, 3군 참모총장 등 당연직 위원 17명(2명 겸직)과, 민간인인 대통령특보 1명, 군장성 9명의 임명직으로 구성되었다. 엉겁결에 국보위위원장까지 겸하게 된 최규하 대통령은, 6월 5일, 국보위 상임위원회 위원 30명을 임명했다. 위원은, 상임위 위원장 전두환을 비롯하여, 이희근 공군중장, 장원민 해군중장, 노태우 육군소장, 안치순 대통령 정무비서관 등 임명직 16명과, 국방위원장, 정화위원장 등 각 분과위원장과 사무처장 등 당연직 14명, 합계 30명이다. 18명이 군인이다. 국보위 상임위원회는 사실상의 내각이다.

드디어 8월 16일. 최규하 대통령을, 공직에서 강권 사퇴시키고, 전두환이 유신헌법 절차에 따라, 장충체육관에서 열린 통일주체국민회의에서 "합법적으로"〈대한민국 제11대 대통령〉에 선출되었다.(9월 1일). 이어 10월 22일, 제8차 헌법개정안을 확정하여, 국민투표(10월 27일)를 거쳐 신헌법을 공고하고, 〈국가보위입법회의법〉을 제정하여, 국보위 〈국가보위입법회의〉로 개편했다. 정당도 만들었다. 1981년 1월 15일, 신군부 중심으로 〈민주정의당〉(민정당)을 먼저 만들고, 이틀 뒤, 전 신민당 의원들을 지원하여 〈민주한국당〉(민한당)을 만들게 하고, 1월 23일에는 전 유정회의원에게도 〈한국국민당〉(국민당)을 만들게 하여, 새로운 〈군사 자유민주주의정부〉 정당정치 구색을 갖추었다.

6 사주팔자

1978년 3월. 인하대로 옮겼다. 인하대는, 서울을 제외한 수도권 유일의 〈경인지역 종합대학교〉이며, 서울의 최상급 대학에 버금가는 명문대학이다. 따뜻하고 어진 경기대 선배 교수들과 착하디 착한 제자들이 마음에 걸렸지만 조건이 너무 좋다. 교수 승진에다 월급이 두 배나 된다. 그러나 처음부터 옮길 생각이 있었던 건 아니었다.

1977년 10월 어느 날이다. 단국대 대학원 강의를 나가니, 김종표 교수가 인하대에 행정학과가 생기는데 가지 않겠느냐고 묻는다. 신설 학과라 학과장 경험이 있는 교수를 찾는단다. 인하대 경상대학 이균성 교수가 조인석 학장에게 추천하여 거의 결정된 거나 다름없다 한다. 고마웠지만 망설였다. 다 같은 교수인데 서울에서 편하게 지내는 게 낫지, 굳이 낯선 곳에 가서 눈치 볼 것까지 없지 않나? 크리스마스가 가까운 12월 말의 어느 날, 이름만 들은 조인석 학장 전화가 왔다. 충무로 세종호텔에서 경상대학 교수 세미나가 있으니 참석하란다. 아직 전직 결정도 안 된 때라 좀 쑥스러웠지만 나가기로 했다. 친구들과 점심 잘 먹고도 시간이 남아 목욕탕 가서 남은 시간 보내고 좀 일찍 세종호텔로 갔다.

총장을 비롯하여 부총장, 교무처장, 학생처장 등 대학간부들이 시간 맞춰 들어온다. 이재철 총장은, 동경제대에 다니다가 해방되어 뒤늦게 서울법대에 편입하여 졸업한 수재다. 대구대교수로 재직 중 교통부차관으로 발탁되어 봉직하다가, 사돈이 경영하는 인하대총장으로 부임했다. 키대가 헌칠한 미남에다 달변이다. 식사시간 내내, 쉬지 않고 좋은 말씀 하신다. 말석에 앉아 열심히 경청하지만 좀 따분하다. 맥주 두 병을 연거푸 마셨더니 술기운이 돈다. 마침 그때 총장님이 조선사람 욕을 한다. "일제 때 조선사람들은 아무 데나 코 풀고 침 가래 뱉고 오줌 누어 일본 사람으로부터 '조선인은 어쩔 수 없다'는 욕을 들었다." 다음 말씀은, 틀림없이, 박정희 대통령 경제개발 덕에 잘 살게 되어, 이제는 그런 일이 없어졌다고 말씀하실 거다. 그러나 가로챘다. "총장님. 일본 사람은 침도 안 뱉고 오줌도 안 눕니까? 지저분한 길에 침 좀 뱉었다고 더 더러워지는 것은 아니지 않습니까. 조선인은 쓸모없다는 말은, 왜놈들이 조선인을 깔보고 한 모욕인데, 같은 조선 사람이 어떻게 그런 말을 하실 수 있습니까?" 좌중이 고요하다. 총장님은 조용히 물을 마신다.

한 순간이 지나자 다시 세미나 분위기가 돌아왔다. 너무 무례했던 것이 미안해 맥주만 마셔대니 더 취한다. 그때 또 총장님 말씀이 나온다. "남덕우 교수를 보시오. 부지런히 연구하고 있으니까 대통령께서 경제부총리로 발탁하지 않았습니까. 여러분도 열심히 연구하고 있으면, 반드시 나라에서 부르는 좋은 일이 있을 것입니다." 기분이 팍 상했다. "총장님. 교수가 정부관직 얻어 출세하려고 있는 자립니까? 교수는, 총장님 말씀 같이, 연구해서 학생을 가르치기 위한 자리지, 출세하려고 대기하는 자리가 아니지 않습니까?" 모두 깜짝 놀란다. 총장님이 바로 교수하다가 차관으로 발탁된 분인데. 아이고 맙소사. 총장님은 또다시 말없이 물을 마신다. 무슨 이런 자가 있느냐는 듯 고개마저 안 든다. 그것으로 끝이 아니다. 세미나가 끝날 무렵이다. "요즘 학생들은, 우리가 어떻게 경제 기적을 이루게 되었는가를 모르고 정부 비판만 해대니 한심스럽다"고 하신다. 최종적으로 되받았다. "학생들은 독재정권이 어떤 것인 지를 잘 알기 때문이 아니겠습니까?" 모두 눈을 내리깐다. 정규 멤버도 아닌 자가 세미나 분위기 완전히 망쳤다. 아무튼 간에, 술밥 잘 얻어먹고, 집으로 돌아가 잘 잤다. 다음날, 아침 일찍 전화가 왔다. 어젯밤에 듣던 이재철 총장 목소리다. 깜짝 놀라 "예, 안녕하십니까." 하니, "어제저녁 기분 좋았소. 내 나고 그렇게 바른말하는 사람 처음 봤소. 우리 학교 와서 아이들 좀 지도해 주소. 정외과도 만들어야 될 거 아니오." 얼떨결에 "네 감사합니다." 정말 깜짝 놀랐다. 세상에 이렇게 통 큰 어른이 있을 줄은 미처 몰랐다.

1978년 3월, 인하대 법경대학 행정학과 교수가 되었다. 같은 법정계열인 법학과에는 배경숙 교수가 왔다. 1학과 1교수다. 지난해에 들어온 학생들은 1년 간 법정계열로 교양수업받고, 올해 학과를 선택한다. 선택은 자유다. 한 학과 신청자가 넘치면, 성적순에 따르게 되어 있지만 이변이 없다. 이미 학과를 결정하고 들어 온 것 같다. 그러나 진급 안하는 학생이 꽤 있다. 대개 재수해 다른 대학으로 간다. 무언가 잘 못되어 있는 것이 분명하다. 몇 자리 놓고 편입시험 치러보니 우수한 학생들이, 아주 많이 온다. 방송통신대 출신이 많다. 이공계에서 넘어오는 학생들도 더러 있다. 공부할 의욕이 아주 강한 학생들이다.

신설 행정학과 교수로 부임했지만 전공은 정치학이다. 행정학과는 행정학 전공 교수가 맡아야 한다. 생각 끝에 경희대 행정학과 장지호 교수에게 부탁했다. 장 교수는 한국 인사행정 분야를 개척한 최고 권위자이고, 경희대 행정학과를 만들어, 근 20년 간 지도 해온 분이다. 설립자 겸 총장의 지나친 권위주의행태가 지겹다는 말을 자주 들어, 혹시나 싶어 권해 보았더니, 한참을 망설이다가, 생각해 보겠단다. 문제는 통학 거리다. 바로 집 옆에 있는 학교로 출근하다가, 적어도 한 시간은 걸리는 인천 끝까지 가야 한다. 통근버스 놓치면 두 시간도 더 걸린다. 미안해 더는 권하지 못하는데, 이 총장이 채근한다. 드디어 장교수가 결심했다. 경희대 교수들과 학생들의 거센 만류를 뿌리치고 인하대를 택했다. 경희대 학생들이 들고일어났다. 저명 교수를 다른 대학에 빼앗기고 가만있을 리 없다. 행정학과 학생뿐 아니라 전교생이 장 교수 도로 모셔오라며 여러 날 항의 시위한다고 여러 신문에 났다.

장 교수가 부임하자, 한시름 놓고 정치외교학과 설립 신청서류 만들었다. 인사행정 권위자를 모셔 와, 인사행정 과목마저 넘겨주었으니, 하루빨리 정치학과 만들어 자리 찾아가야 한다. 신설학과 명칭은 흔한 정치외교학과로 했다. 설치 이유는 국제교류 관문인 인천에 반드시 정치외교학과가 있어야 한다고 썼다. 좀 어색하지만 아무튼 서류 제출하여 설치 허가가 났다. 1980년이다. 군사정권 생기고 처음이다. 이총장을 비롯한 여러 사람이 문교부에 힘썼다. 비상계엄 중이라 문교부 드나들기는 오히려 쉬웠다.

며칠 뒤, 학교 소집 통보가 왔다. 교직원을 강단에 모아놓고, 정부 관계자가 계엄령 불가피성을 설파한다. 듣고 나니 점심시간이다. 구내식당에 점심 먹으러 가는데, 옆으로 다가온 육군장교가 인사를 한다. "형님. 여기 계십니까. 저는 한양대 계시는 줄 알았습니다." 육군대령이다. 놀라 누구냐 물으니 권기태란다. 부산 서면에 같이 살던 친구, 영수, 형수 동생이다. 영수, 형수는 경남고등학교 같은 학년에 다닌 연년생 형제로, 이웃에 살아 오랫동안 친하게 지냈다. 언젠가 동생 기태가 고등학교 졸업 뒤 육군사관학교에 우수한 성적으로 입학했다는 말을 들은 일은 있다. 그러나 이렇게 헌칠한 육군대령이 되어 나타날 줄은 정말 몰랐다. "아이고 그렇나. 우리 대학 점령군사령관이 되어 만나네?"

마침 이때, 문교부에서 지원하는 교환교수 말이 나왔다. 만 50세까지만 가능한 교수재교육 프로그램이다. 조건도 3년 이상 근무면 된다. 염치 불고하고, 총장, 부총장실로 청탁하러 갔다. 총장은 우물쭈물하는데, 부총장은 시원하게 쾌락한다. 기분 좋게 나왔다. 사실 해외연수 핑계로 좀 쉬고 싶었다. 유신 전후에 쓴 글과 국민투표 강연에 동원된 것 등으로 심신이 피곤한 데다가, 자리 찾으려고 힘들여 정치외교학과 만들어 놓았더니, 경쟁하는 사람이 생겼다. 그것도 부총장이 후견 하는 사람이다. 게다가 이영재 교수 문제도 걸려있다.

경기대에 있을 때다. 한국개발문제연구소에 한국정치학회도 함께 있었다. 정인흥 교수가 학회장을 맡고 있었기 때문이다. 하루는 학회 총무이사로 〈정치학대사전〉 편찬을 맡고 있던 한양대 이영재 교수 부인이 정인흥 교수를 찾아왔다. 이교수가 기무사에 잡혀갔단다. 간첩 혐의로 체포된 중앙대 후배 재일교포 국회의원이, 간첩인 걸 알면서도, 고지하지 않고 방조한 혐의란다. 자칫 잘못하면 사형이나 무기징역 감이다. 마침 그때 보안사령관이 정인흥 교수 손아래 친동서인 것을 알고, 읍소하러 왔다. 정인흥교수가 손을 젓는다. 비슷한 일로 여러 번 당국에 불러가 혼난 일이 있는 노교수가 간여하려 하지 않으려는 것은 지극히 당연하다. 더욱이 군사정부가 가장 애용하는 간첩 혐의다. 몇 개월 뒤, 운 좋게 풀려난 이교수가 정교수께 인사드리러 왔다. 징역형에 집행유예를 선고받았단다. 집행유예라도 실형을 받으면 학교에서는 자동 면직된다. 물론 강의도 못한다. 타 대학 강의도 마찬가지다. 간첩사건에 연루되면, 앉은 자리에 풀도 안 난다는 무서운 반공군사정부 세상이다.

　하루는 이교수가 큰 한숨 내쉬며 하소연을 한다. 간첩혐의를 받은 뒤로 자식들이 정신을 놓았단다. 큰 딸은 고등학교 전교 수석을 다투는 아이였는데 부끄러워 학교에도 안 가려한단다. 모든 학교가 "공산당, 빨갱이, 간첩은 흉악범"이라 가르치고 있는 세상에서, 빨갱이로 감옥 살고 나온 아버지 가진 아이들이 기 펴고 살기는 어렵다. 그해 여름방학이 끝나 강의 시간표 짤 때다. 경기대학 행정학과는 과목마다 해당 분야 당대 최고의 교수를 강사로 모셨다. 학생들에게 자긍심을 심어주기 위해서라도 최고 권위 교수를 모시려 노력했다, 마침 행정학을 한국에 처음 도입한 정인흥 교수가, 힘이 들어, 더는 강의 못 하겠다 하신다. "교수님 시간을 이영재 주면 어떻겠습니까?" "무슨 말하느냐. 간땡이 부었구나. 문제 생기면 어쩌려고 그러느냐." "알겠습니다." 가을학기가 시작되면서, 이영재 박사는 경기대 행정학과에 출강했다. 과목은 정치사상사와 정치학연습, 주야 두 과목씩이었다.

　인하대에 정치외교학과가 신설되자, 이교수가 찾아와 같이 있자 한다. 경기대 행정학과 교수들이 정치학 과목을 계속 맡길 리 없다. 마침 그때, 이규호 교수가 전두환 군사정부 문교장관이 되었다. 연배가 비슷해 아는 친구들이 많다. 그중 가장 친한 중앙대 김민하 교수가 앞장서, 문교부장관에게 압력을 가했다. 하루는 이재철 총장이 불러 가보니, 이규호 장관이 이영재란 사람을 정외과 교수로 추천하는 데 어떻겠느냐고 묻으면서, "만일 이교수를 받아들이면, 학생 한 반에 교수가 세 명이나 되는데 어쩌지요?." "제가 행정학과에 그냥 있지요. 경기대 있을 때 보니 유능한 교수입디다. 이제 집행유예기간도 끝나 문제없을 겁니다. 저는 해외연수 갔다 와서 옮겨도 늦지 않습니

다." "그런가요. 꼭 받아드리려는 건 아니요."주-14

   그 해 5월, 잔인한 비상계엄 폭풍이 휩쓸고 간 초여름이다. 전화가 왔다. 무시무시한 국보위다. 관등 성명을 밝힌 뒤 "오는 일요일 오후 1시까지 세종문화회관으로 나오시오." 깜짝 놀라 "왜 그러십니까?"하니, "수원에 새마을교육 받으러 갑니다." "새마을교육이면 이미 받았는데요." 귀찮은 듯 "다시 받게 되었습니다."

   박정희 정권 때, 모든 대학에 새마을교육 연수생이 배정되었지만, 가고 싶은 사람이 있을 리 없다. 젊은 교수들이 떠안을 수밖에 없어, 여름방학에 일주일 간, 한국판 〈니노미야 긴지로〉(二宮金次郎) 근검절약 정신교육을 땀 흘려 받았다. 거기에 또 가란다. 니노미야 손도꾸(二宮尊德)이기도 한, 이 사람의 농촌부흥운동이, 낙후한 명치시대 일본을 근대화시키는 원동력이 된 것은 틀림없다. 그러나 한국군사정부가 어떻게, 이 골수 〈정한론자의 명치유신정신〉을 숭상하게 되었는지 모르겠다. 휴교 중이라 수업에 지장은 없지만, 귀찮기 짝이 없다. 일요일 정시에 세종문화회관에 나갔다. 이미 낯익은 사람들이 많이 나와 있다. 언론사 논설위원들과, 언론에 많이 나타나는 교수들이다. 국보위 직원들이 여럿 나와 정중히 모신다.

   국도를 천천히 달려, 수원 새마을연수원에 도착했다. 지정된 방에 가방 풀고 연수 들어갔다. 전에 연수받을 때와 별 다를 게 없다. 새마을 성공사례 메뉴가 조금 달라지고, 5.17 비상계엄 타당성을 역설하는 강의가 이전과 좀 다르다. 다음날 점심 먹고, 정치학 교수 몇이 잔디밭에 앉아 잡담하고 있는데, 어떤 사람이 인사하며 앉는다. 두

---

14. 다음 해 초, 이재철 총장은 간첩방조죄로 집행유유형을 받은 이영재 전 교수를, 인하대 정치외교학과 교수로 채용했다. 오래 근무하던 대학에서조차 두려워 재임용을 거부하는 사람을, 이총장은, 신임교수로 받아들였다. 역시 통 큰 어른이다.

어 사람이 반갑게 답례하며 소개한다. 이른바 쓰리 허 중 민간인이다. 한창 기세가 등등할 때라 모를 사람이 없다. 멋쩍게 악수하고 슬며시 빠졌다.

오후 강의가 시작되자 허문도 연사가 등단한다. 여러 자료를 쳐들며 아는 체하는데, 전혀 조리가 없다. 강의 듣는 사람 모두가 강의로 먹고사는 사람들이고, 그중에서도 말 많은 사람들이다. 열심히 들었지만, 무슨 말을 하는지 분명치 않고 앞뒤도 맞지 않는다. 짜증 난다. 아예 쉽게 〈우리가 권력 잡기 위해 쿠데타 했소.〉 하는 편이 훨씬 낫겠다.

그 짜증이, 뒤이어 등단한 새마을운동 창시자 연수원장의 새마을 강의에 쏟아졌다. 강의 듣는 사람들 거의 모두가, 똑같은 새마을 강의를 적어도 한 번은 들었으니 지루할 수밖에 없다. 여기저기 웅성거리는 소리가 난다. 이미 들은 어려운 잔소리를 열심히 들을 사람은 없다. 손을 번쩍 들자, 원장이 "무슨 질문입니까?" "질문이 아니라 부탁입니다. 제가 알기로는 여기 계시는 분들 모두 원장님 강의 적어도 한 번은 들었을 겁니다. 충분히 알고 있으니 그만 좀 해 주십사 부탁드리려 손들었습니다." 여러 곳에서 "옳소," 한다. 원장님이, "아이구, 인정 없이 왜 그러십니까. 조그만 더 하겠습니다. 조금만 더 들어주십시오."

강의가 계속되었지만, 이미 들을 분위기가 아니다. 그날 저녁, 방 토론회 주제는, 외래 연사성토다. "책사란 자가 도대체 무슨 소리 하는지 모르겠더라." "그런 게 무슨 책사야." 한참 듣고 있다가 한마디 했다. "저는 잘 알겠던데요. 이 정권 지지해달란 말 아닙디까? 그 연사 제 고등학교 후뱁니다. 잘 좀 봐주십시오." 그것으로 토론회는 무사히 끝났다.

휴교령이 철회되어 학교에 다시 나가고 있을 때다. 4.19 항쟁 때 서울대 시위에 앞장섰던 안병규가 만나자 한다. 남대문(숭례문) 뒤에 있는 그랜드호텔에서 만났다. 아주 오랜만이다. 7. 29 선거 때 도와주러 온 뒤로는 처음이다. 커피 마시면서, 국보위가 입법회의를 만들어 입법의원을 임명하기로 되었는데, 학계 대표로 지명되었으니, 꼭 나가 달라고 한다. 깜짝 놀랐다. 병규 동생 병호가 노태우 보안사령관 비서실장으로 있으며, 국가안보에 관한 저서도 낸 명석한 고급장교란 말을 듣고는 있었지만, 이렇게 국보위 입법의원으로 추천해줄 줄은 꿈에도 몰랐다. 입법의원이면 국회의원이다. 한 번 떨어진 일이 있는 부러운 자리다.

그러나 참으로 딱하게 되었다. 50 가까운 나이에, 그렇게 가고 싶었던 외국유학을 이제야 겨우 거의 가게 되었는데, 하필 이때 공짜로 국회의원 시켜주겠다니 혼란스럽지 않을 수 없다. 사실 대학 졸업하던 해에, 미국 동부 명문대학 입학허가를 받은 일이 있었다. 아버지와 상의했지만 돈이 너무 많이 드는 데다 장학금이 없어 포기했다. 몇 년 뒤 국회의원 선거에 떨어지자, 아버지께서 "그때 유학 보냈으면 이런 꼴은 안 당했을 것을" 하시며 한탄하셨다. 그런 유학을 늦게나마 갈 가능성이 거의 굳었는데, 여기서 포기할 수는 없다.

이번에 포기하면 영 영 기회가 없을 것이다. 즉각 거절했다. 미국연수가 거의 결정되었고, 또 비상계엄령이 너무 자주 나와 더는 어용교수 소리 듣기 싫다고 했다. 그 뒤, 한 번 더 권유받았으나 역시 사양했다. 뒷날 전두환 정부가 안정되었을 때, 여러 인사들이 다투어 한 자리 부탁하자, 전두환이 화가 나서, 이렇게 말했단다. "나쁜 놈들, 우리가 어려울 때는 모두 도망치더니 겨우 안정되니까 한 자리하겠다고 달려들어?"

이 해 연 말, 어수선한 분위기 속에서, 김영수, 김종하, 유혁인, 정홍진 등 친구들과 저녁 먹을 때, 정치활동규제 문제가 화제에 올랐다. 전두환 계엄정권이 〈정치풍토쇄신을 위한 특별조치법〉을 만들어(11월 5일), 〈정치활동규제자〉 835명을 1차로 공고했는데, 거기에 유혁인, 정홍진도 들어있었다. 정홍진이 화를 낸다. "정부공무원은 차관급 이상이 대상인데 왜 내가 들어가나, 저거가 차장보 시켜줘놓고 규제하다니, 말이 되나?" 유혁인은 거저 웃고만 있다. 곧 발표된 심사위원 명단에, 박봉식 교수 이름이 있다. 친구들과 함께 박선배 만나, 정홍진은 어굴하니 제발 명단에서 좀 빼 달라고 부탁했다. 박교수도 웃으며 최선을 다 하겠다고 약속했다. 그러나 며칠 뒤 발표된 규제자 명단에는, 정홍진이 그대로 있다.

다시 박선배 만나, 어찌 된 일이냐고 물었더니, "미안하지만 힘이 부쳐 못 뺐소." "왜요?" "정홍진 앞에, 정씨가 둘이 있는데, 그 정상천, 정치근이 모두 내 중학교 친구요. 있는 힘 다 쏟아, 둘을 빼고 나니, 정홍진이 나오데요. 기가 다 빠져 더 이상 억지 쓰지 못하겠더라." 아주 멋진 해결책이다. 그러나 좀 비정치적이다. 그러면서 "선처 바란다는 자술서를 써 내면 풀어주기로 했소. 자술서 쓰라 하소." 정홍진이 펄쩍 뛴다. "자기들 멋대로 묶어놓고 자술서 쓰라니 말이 되나? 절대 안 쓴다." 정홍진은 끝까지 안 썼다.

다음 해 초, 안병규를 또 만났다. 세종문화회관 다방에서다. 이번에는 제11대 국회의원 선거에 밀양에서 출마하란다. 이미 위에 보고가 올라가 있다 한다. 밀양에서 고교 후배들이 기 쓰고 있다는 소문을 듣고 있을 때다. 그중 박희선은, 1978년 8월, 이 지역 제10대 국회의원 성낙현이, 여고생 성추문사건으로 갑자기 국회의원직을 사퇴했을 때 출마하려 했으나, 고교와 대학 선배 하대돈에 밀려, 그만둘 수밖에 없었다. 하대돈은 유혁인, 정홍진, 김종하 같은 친구들 뒷배가 컸을 뿐 아니라, 성낙현이 창녕 출신이라 명분에서도 앞섰다.

그때부터 박희선은 계속 고향에 내려가 살며 적공 하여, 이번 선거에서는 무슨 일이 있어도 반드시 당선되려고 벼루고 있었다. 언젠가, 모처럼 상경해, 김성희, 정인흥 교수 제자들의 월례모임인 〈사금회〉[주-15] 에 나왔을 때다. 은사님과 선배들이, "웬만하면 정치 그만두라"라고 권하다가 혼이 났다. "당신들은 국회의원 했으면서 왜 나보고는 못 하게 해요?" 국회의원 병에 걸리면 고칠 수 없다는 말이 빈말이 아니었다. 이런 후배와 경쟁할 생각은 추호도 없다. 더욱이 고향 떠난 지 오래되어, 아는 사람도 거의 없다. 무엇보다, 그 많은 돈을 어디서 구한단 말인가? 한 번 파산하여 부모형제 고생 시켰으면 됐지, 두 번은 못 하겠다. 미국에 교환교수 가기로 확정되어 준비 중인데, 국회의원 출마하여 헛웃음 치고 다니기 싫다. 결국 여당인 민정당 공천은, 신상식이 받았다. 허삼수, 김진영, 이차군 등 육사출신 신상식 고교 동기들이, 전두환, 노태우 참모로 막강한 힘을 행사할 때다. 박희선은 또 한 번, 동기 동창 잘 못 만나 쓴잔 마셨다.

결국 두 사람 다 출마했다. 제11대 국회의원선거는 한 구에서 둘씩 뽑는다. 여당 후보자가 확실히 당선될 수 있는 방식이다. 창녕보다 밀양 인구가 훨씬 더 많으니 밀양 여당 후보 에게는 특히 유리하다. 그러나 신상식은 알려진 사람이 아니다.

지난 국회의원 하대돈은, 서울대 정치학과를 나와, 안기부와 국회운영위원회를 거쳐 국무총리실 부이사관으로 정치경력을 쌓았지만, 신상식은 정치와 연이 없다. 연세

---

15. 사금회는, 김성희, 정인흥 교수 제자들 모임이다. 당초에는 민병태, 정인흥, 김성희 교수의 대학원 제자들이 봄, 가을에 선생님들을 모시고 서울 근방으로 소풍 다녔지만, 민병태 교수님이 작고하신 뒤에는, 정인흥, 김성희 두 분 제자들이 자주 모여 두 은사님을 모셨다. 정인흥 교수 제자는 김운태, 박동서, 유훈, 서원우 등 서울대행정대학원 교수와 양시호, 장지호, 김홍기, 김창준, 갈봉근 교수 등이고, 김성희 교수 제자는 이정식, 민병천, 윤근식, 장지호, 정윤무, 안희수 박희선, 이성덕 등이었다. 정인흥 교수님이 별세하신 뒤 한동안 중단되었다가, 1984년 2월에 〈사금회〉로 다시 모여, 매월 제4 금요일에 김성희 교수를 모시고 저녁을 먹었다. 제자들은 시금회를 思金會로 시작했으나. 선생님이 沙金會로 개명하셨다. 선생님이 80세가 넘으시면서 저녁 나들이가 어려워 점심으로 바뀌어, 2006년 3월까지 계속 모셨다. 주로 나오는 사람은, 갈봉근, 김홍기, 김창준, 민병천, 안희수, 윤근식, 장지호, 정윤무 교수이고, 김운태, 유훈, 서원우, 이성덕, 이태일 교수도 이따금 나왔다.

대 나와, 곧바로 인척이 경영하는 상선회사에 취직하여 부장으로 있다가, 12.12사태 이후 임원으로 승진한 전문경영인이다. 육사출신 고교동기 군인들이, 어려울 때 보살펴준 데 대한 보답으로, 무리하게 공천한, 완전 정치신인이다. 반면에 무소속으로 출마한 박희선은, 서울대 정치학과 나와, 서울신문 기자, 민주공화당 정책연구위원, 청와대 공보비서실 비서관으로 근무한 화려한 정치경력을 가지고 있다. 자칫하면 '땅 짚고 헤엄치기'가 안 될 수도 있다. 실세군인들이, 친구 출세시키려고 무리하게 여당 공천까지 해놓는데, 떨어지면 낭패다.

선거운동이 시작되고 얼마 안 된 금요일, 학교로 전화가 왔다. 법무부 검찰국장 정구영 검사다. 저녁에 광화문 서린호텔에서 만나잔다. 학교버스 타고 와 호텔 들어가니 별실로 모신다. 동신주택 박승훈사장도 함께 있다. 둘 다, 신상식 고교 동기다. 박사장은 제자들 취업 부탁 잘 들어주면서도 코가 삐틀어지도록 술까지 사주는 멋진 후배다. 얼마 뒤, 갈색 얼굴을 한 단단한 사람이 들어와 인사한다. 허삼수다. 이 길로 밀양 내려가 박희선 사퇴 종용 해달란다. 박희선이 사퇴 할리 없다 하니, 최소한 표 떨어지는 이야기만은 하지 마라고 부탁하란다. 책가방 든 채, 대기하고 있던 박사장 차타고, 정국장과 함께, 밀양으로 달려갔다. 다음날 아침 미리 대기하고 있던 유지 조희봉 밀양문화원장과 같이 박 후보를 만났다. 이미 등록하여 선거운동하고 있는데, 지금 그만 두면 인생 끝나는 것과 마찬가지라며, 한사코 거절했다. 다만 신후보의 최대약점을 알고는 있지만, 절대 발설하지 않겠다고 확약했다.

선거결과, 박후보가, 압도적으로 패배했다. 신후보는 절대로 질 수 없었다. 신후보를 공천한 정권 실세들 능력문제도 함께 걸려 있었다. 무슨 수를 쓰서라도 반드시 당선시키지 않으면 안 되었다. 박후보는, 돈 없이 선거하는 것이 얼마나 무모한 짓인가를, 절실히 깨달았을 것이다. 선거가 끝난 얼마 뒤 박희선이 찾아왔다. 신후보의 최대약점은 공표하지 않았다 한다. 정구영에게 연락했다. 며칠 뒤 저녁, 남산하이야트호텔에서 박사장과 정국장, 그리고 신상식 국회의원 밀양 동기들 여럿이 나와, 함께 저녁을 먹었다. 오랜만에 맛본 비싼 양주에 너무 취해 간신히 집으로 돌아갔지만, 박후보는 며칠 뒤 MBC 방송위원으로 취직했다. 좀 더 좋은 자리를 바랐지만, 중도 사퇴하지 않았으니 그 정도로 만족하란다.

8월이 다가오면서 바빠졌다. 몇 개 대학에 신청 해, 그중 가장 조건이 좋은 곳을 골랐다. 〈Political Man〉을 쓴 립셋(Lipset) 교수 주선으로 스탠포드대에 가고자 했지만, 연구실 사용료를 요구해 포기하고, 연구실을 무료로 제공하는 인디애나대를 택했다. 엘리너 오스트럼 정치학과 학과장이[주-16] 좋은 조건으로 초대했다. 생전 처음 가는 외국이라 일이 많다.

며칠 뒤, 미국행이 얼마 안 남았을 때다. 정구영 법무부 검찰국장이 허삼수 민정수석이 기다리고 있다고 전한다. 사양했지만 꼭 가보라고 당부한다. 마지못해 청와대 찾아갔다. 민정수석실에 들어가자마자, 허수석 방에서 나오는 사람과 마주쳤다. 최규하 대통령 정무수석을 지낸 연세대 정치학과 안치순 교수다. 꼭 무슨 자리 구하러 온 것 같아 얼굴이 뜨겁다. 엉겁결에 "미국 연수 간다니 한번 보자 해 왔습니다." "네, 그러세요?" 싱긋 웃는다.

허수석은 차 한 잔 권하고는 정중히 "잘 다녀오십시오. 기다리겠습니다." 그뿐이다. 멍청히 나오면서 쓸쓰레 중얼거렸다. "미쳤나. 내가 왜 여기 왔지?." 며칠 뒤 미국으로 떠났다. 공항까지 전송 나온 유종명이 100불짜리 하나를 건네준다.

---

16. Elinor Ostrom 교수는, 경재학자 O. Williamson과 함께 2009년 노벨경제학상을 공동 수상했다.

11장

제5공화국

1 정의사회 구현

1981년 2월 25일, 신헌법에 따른 〈대통령 선거인단〉 선거로, 전두환이 〈제12대 대통령〉으로 선출되어, 3월 3일에 다시 대통령에 취임했다. 대한민국 제5공화국 초대 대통령이다. 전두환은, 대통령이 되자마자, 놀랍게도, 박정희 정권을 〈부정부패 비리 정권〉으로 규탄, 차별화하고, 제5공화국은 〈정의사회구현정부〉라고 선언했다. 이미 국보위시절부터, 정의사회구현에 방해될 만한 주요 정치인들의 정치활동을 규제한 데 이어, 이해 9월까지, 장관 등 2급 이상 공무원 232명을 포함한 공무원, 국영기업체, 금융기관 임직원 등, 8,601명을 〈정의사회 부적절 인물〉로 숙청했다. 문공부도, 주간지 15개, 월간지 104개 등, 정기간행물 172 개를 〈정의사회 부적절〉을 이유로 등록 취소했다. 그 속에는 월간중앙, 씨알의 소리, 뿌리 깊은 나무, 창작과 비평, 같은 수준 높은 잡지도 여럿 있었다.

보다 더 거창한 정의사회구현 사업은, 〈삼청교육대〉 사업이다. 국보위가, 법적 절차 없이, 만든 〈삼청계획 5호〉에 따라, 계엄사령관이 〈계엄포고 제13호〉를 발령하여 (1980년 8월 4일), 거국적으로 〈사회정화작업〉을 실시했다. 이미 불량배 일제소탕작전을 펼치고 있던 신군부는, 연인원 80만 명의 군경을 동원하여, 다음 해 1월 25일까지, 〈사회풍토문란사범, 사회질서저해사범〉등, 신군부 눈에 거슬리는 사람들을 모조리 잡아넣었다. 부랑자, 거지, 지적 장애인들까지 6만 755명을, 길거리 청소하듯, 깡그리 잡아들였다.

잡힌 사람은, 지역별로, 군이 주도하는 군, 경, 검 합동심사에서 분류되어, A급 3,252명은 재판에 회부되고, 주로 소년인 D급 1만 7,761명은 훈방되었다. 나머지 B, C급 3만 9,742명은, 군에 인계되어 전후방 26개 군부대와 교도소에 만든 〈삼청교육대〉에서, 1980년 8월 4일부터 다음해 1월 21일까지, 11차례에 걸쳐 〈사회정화교육훈련〉을 받았다. 법을 모르는 군인이, 법 가장자리에서 맴도는 민간인을, 잡아들여 〈법치훈련〉 시켰다.

사회정화 순화교육을 마치더라도 모두 사회에 복귀시켜주지 않았다. 사회복귀자와 근로봉사자로 다시 분류하여, 미순화자로 분류된 B급 1만 16명은, 다시 전방 사단에 분산 수용되어, 노동봉사(징용)했다. 사회부적격자로 점찍어 강제노역 당했다. 나치와 조금도 다름 바 없었다.

비상계엄이 해제된 1981년 1월 4일 이후에도, 강제수용자 중 7,478명은 1-5년간의 보호감호처분을 받아, 계속 강제노동에 동원되었다. 1982년 국방부 공식발표로는, 삼청교육대 사망자가 57명이었다. 그러나 노태우정부 때, 피해사례 추가접수 결과, 군부대 내 사망자 54명, 후유증 사망자 397명, 부상 및 상해자 2,786명의 추가 피해가 신고되었다.

뿐만 아니다. 대통령 지시에 따라, 내무부훈령 제410호에 의거하여, 1981년 4월 20일부터 8일간, 공무원 약 2만 명이, 부랑인 1,850여 명을 단속하여, 〈부산형제복지원〉 등 복지시설에 강제 수용했다. 정부가 단속한 부랑인을 떠맡은 일부 복지시설은, 막대한 국고보조금을 받아 챙기면서도, 비인간적으로 학대 혹사하여, 오랫동안 사회에 물의를 일으켰다.

전두환 정부는, 반민주적이고 반인권적인 정치사회 정화사업과는 달리, 경제 분야, 특히 복지국가건설 분야에서는, 놀라운 성과를 이루었다. 김재익을 중심으로 하는 경제팀이 물가를 안정시키고, 경제성장률을 크게 높여, 한국경제발전에 크게 기여했다.

1980년에 28%이던 소비자물가 상승률이, 1982년에 7%대로 크게 줄고, 다음 해부터는 언제나 3.5%선을 넘지 않았다. 경제성장률도 1980년에 -3.7%이던 것이 1983년에 +12%로 뛰어오른 뒤로는, 연평균 10%대 이상의 성장을 이루어, 박정희정부의 무리한 고속경제개발정책으로 흔들리던 한국경제를 정상궤도에 올려놓았다. 1986년부터는 경상수지흑자와 외채감소로, 선순환경제구조를 만들었을 뿐 아니라, 수입자유화, OECD가입추진, 과학기술투자, 반도체, VCR, 정보통신산업 육성, 자동차산업 집중육성, 금융실명제추진 등, 미래지향적 경제정책을 실시하여, 한국경제가 한 단계 더 도약할 수 있는 발판을 마련했다.

같은 군사독재정권이면서도, 박정희정권과는 사회정책지향이 분명히 〈차별적〉이었다. 1인당 국민소득 80$대에서 출발한 박정희정권은, 일제의 군국주의적 근검절약정신에 집착해야만 했다. 그러나 국민소득 2,000$을 넘긴 전두환정권은, 소비문화를 촉진할 수 있는 여유가 생겨, 박정희 개발독재정권의 엄격한 근검절약 정신과 정반대되는 개방정책을 폈다. 야간통행금지폐지, 해외여행자유화를 비롯하여, 중고등학생들의 교복과 두발을 자율화하고, 청소년의 머리와 치마 길이를 재지 않고, 스포츠와 위락산업을 활성화했다. 뿐만 아니라 국민의료보험제도를 정착시키고, 문화시설과 국민편의시설을 늘이는 등, 국민생활의 질을 획기적으로 향상시키고, 국민연금제 실시, 최저임금제도입 등으로 복지국가의 기틀을 마련했다. 이러한 사회정책 변화는, 경제성장이 도약 단계를 넘어, 복지국가로 진입하기 위해 반드시 거쳐야 하는 순기능적 과정이다. 일제를 비롯한 근대 제국주의국가들이, 식민지 지배수단으로 악용한 악명 높은 3S 정책과는, 그 성격이 근본적으로 다르다.

경제적인 안정성장과 사회문화의 미소정책에도 불구하고, 군부독재에 대한 반대운동은 줄지 않았다. 비인간적인 광주민주항쟁 진압 후유증이 가장 컸다. 83년 5월 18일, 가택연금 중인 전 신민당수 김영삼까지, 광주항쟁 3주년을 맞아 희생자들을 추모하고, 독재에 항거하는 23일 단식을 별일 만큼, 국민의 원한이 깊었다. 군사독재정권을 끊임없이 지원하는 미국정부에 대한 불만도 커졌다. 대학생들은 80년 12월 9일, 광주미문화원 방화를 시작으로, 82년 3월 18일 부산미문화원 폭발, 83년 9월 25일 대구미문화원 폭발, 85년 5월 23일부터 26일까지, 삼민투위 주도하의 서울미문화원 점거농성 등으로, 미국정부를 성토했다.

전두환 정권의 대처도 매서웠다. 전 정권들의 관례에 따라, 용공간첩단을 부단히 발굴, 조작하면서, 민주화운동에 강경 대치했다. 대학마다, 사복 경찰들을 배치하여, 조금이라도 수상하면, 영장 없이 끌고 가 족쳐, 간첩단 반열로 밀어 올리기 일쑤였다. 그런데도 학생들의 민주화 열기가 꺾이지 않자, 국가폭력도 따라서 늘었다. 무림사건에 이은 학림사건(1981년), 부림사건(1981년), 서울대 민주화추진위원회사건, 일명 깃발사건(1985년), ML당 결성기도사건과, 반제동맹사건(86년), 민족해방노동자당사건(86년) 등이 줄줄이 이어지더니, 마침내 1987년 1월 14일, 박종철군이, 남영동 대공분실에서, 고문 당해 죽었다.

1985년의 제12대국회의원선거에서, 예상외로 선전한 제도야당의 개헌운동도 불붙었다. 학생과 재야민주세력의 거센 민주화운동에 더해, 선거 3일 전에 급거 귀국한 김대중의 지원에 힘입어, 제1야당으로 급부상한 신민당은, 다음 해 2월 12일, 〈대통령직선제 개헌을 위한 1,000만 명 서명운동〉을 시작했다. 김영삼과 김대중이 공동의장인 〈민주화추진협의회〉(민추협)이 함께 했다. 3월 17일에는 민통련과 신민당이, 〈민주화를 위한 국민연락기구〉(민국련)을 만들어, 신민당은 옥내 서명운동을 맡고, 민통련과 학생은 옥외시위를, 서울에서부터 부산, 대구, 광주 등지로 확대, 실시하기로 했다. 3월 30일의 광주 〈개헌추진위원회 결성대회〉에는, 광주민주항쟁 때보다 더 많은 30만이 넘는 시민이 운집하여, 군사독재타도와 함께, 광주학살 책임자 처벌을 소리 높이 외쳤다.

1986년 4월이 오자, 전국 대학에서 전방입소 거부투쟁이 벌어졌다. 거듭된 군사반란과 군사정권의 위력으로 대학이 반쯤은 병영화하여, 학생들은 군사훈련을 필수과목으로 이수해야만 했다. 1학년은, 5박 6일 후방부대 입영훈련, 2학년은, 5박 6일 최전방 입소훈련을 반드시 받아야 했다. 이 중 2학년의 전방입소훈련은, 대학생의 민주화의지를 꺾기 위한 〈미제용병교육〉이라 여겨져 특히 반대했다. 부산에서 먼저 터졌다. 4월 25일, 동아대와 산업대 (현 경성대) 야구 결승전이 끝난 뒤, 두 대학 학생들이 어깨동무하여, 〈전방입소 결사반대〉를 외치며 남포동까지 나갔다가 경찰에 진압되고, 10여 명이 잡혀갔다.

서울대에서는 정치학과 이재호를 중심으로 한 〈전방입소훈련 전면거부 및 미제군사기지화 결사저지를 위한 특별위원회〉가, 교내 투쟁을 벌이다가, 4월 28일, 입소훈련 대상자 85학번 2학년생 400여 명과 함께 교문을 나서, 신림사거리에서 연좌농성시위를 벌였다. 이웃 3층 건물 옥상에서, 〈전방입소훈련은 미제국주의 용병교육이고 식민지 용병교육이다.〉 〈양키용병교육 전방입소 결사반대〉를 외치며 시위를 지휘하던, 김세진(자연대 학생회장)과 이재호(반미자주화반파쇼민주화투쟁위원회장)가, 경찰의 폭력 진압에 맞서 항의 분신했다.

학생들의 시위가 반미로 확산되자, 깜짝 놀란 야당 지도자들이, 서둘러, 자가 보신을 시작했다. 민추협공동의장 김영삼과 김대중이, 29일, 반미 용공시위를 반대한다는 성명을 발표하자, 다음날, 신민당 총재 이민우도 가세했다, 이민우는 야당을 대표하여 전두환대통령을 만나, 정부가 개헌논의를 수용하는 대신, 신민당은 가두시위를 중단하기로 합의하고는, 학생들의 반미운동과 과격 민주화운동을 맹비난했다.

이총재 가라사대,
"좌익학생들을 단호히 다스려야 하며, 민주화운동에 이런 사람들이 끼어서는 안 된다."

무엇이 민주인지도 모르면서, 입으로만 싸워온 제도야당이, 민주화가 눈앞에 닥치자, 또다시 투쟁 과실을 독식할 속셈으로, 민주화투쟁을 주도해 온 학생과 재야 민주화세력을 헐뜯고 나섰다. 〈재주는 곰이 넘고 돈은 되놈이 먹은〉 회한의 4.19항쟁 악몽을 떠올린 학생과 재야세력은 분개했다. 재야민주화운동 연합세력인 〈민족통일민중운동연합〉은, 신민당의 염치머리 없는 소행을 강경 비난하면서, 즉시, 〈민국련〉을 탈퇴했다.(5월 1일).

그리고 이틀 뒤, 〈신민당개헌추진위원회 인천 및 경기도지부결성대회〉가 열리는 인천시민회관 앞에 모인 1만여 학생, 노동자, 민주시민단체는, 신민당의 각성을 촉구하고, 국민헌법제정을 위한 민중회의소집을 요구하는 〈인천 5.3민주항쟁〉을 벌였다. 안기부가 직접 나서, 319명을 연행하여 129명을 구속했다. 부천경찰서 성고문사건도 이때 생긴 만행이다.

학생들의 항쟁은 계속되었다. 10월 28일, 전국 25개 대학 2천여 명이, 건국대에 모여 〈전국반외세반독재 애국학생 투쟁연합〉(애학투련)을 만들어, 전두환정권을 지원하는 〈미국대통령과 일본총리 화형식〉을 거행하고, 〈반공이데올로기 쳐부수자〉를 외치며, 나흘 동안 경찰에 맞섰다. 나흘 뒤 경찰은, 학생 모두를 〈좌경용공분자, 빨갱이〉로 몰아, 몽둥이로 때려잡아 단체로 끌고 가, 그중 1.290명을 구속하여, 〈구속자 세계신기록〉을 경신했다. 학생 및 재야민주화운동권과, 민추협 등 제도권야당과의 공조는, 다음 해 4월에야 회복되었다.

　반정부 열기가 한창 달아오르던 1월 14일, 서울대생 박종철이 남영동 대공수사분실에서 고문치사한 사실이, 뒤늦게, 알려졌다. 민추협과 통일민주당은, 즉시 〈고문사건대책위원회〉를 구성하고, 신민당 조사위원회는, "박종철 군의 최종사인은 전기고문에 의한 충격사"라고 발표했다. 2월 7일, 전국적으로 〈박종철 군 범국민추도식〉과 시가행진이 열리고, 3월 3일에는 대규모 〈박종철군 49재와 고문추방국민대행진〉이 펼쳐졌다. 4월 2일에는, 서울대 학생과 학부모 130여 명이, 시국관련사건으로 구속된 학생들의 징계철회를 요구하며 철야농성을 벌였다. 그러나 전두환은 물러서지 않았다. 현행 헌법에 따라 권력을 이양하겠다는, 이른바 〈4.13 호헌조치〉를 선언하고, 제도 야당을 회유하여 군사정치연장을 도모했다.

　5월 18일, 명동성당에서 〈5.18 광주항쟁희생자 추모〉 미사를 마친 뒤, 김승훈 신부가, "박군 고문치사사건의 진상이 은폐 축소되었다"는 사실을 폭로하자, 분노한 시민들이, 5월 23일, 〈고 박종철고문살인 은폐조작규탄 범국민대회준비위원회〉를 결성하여, 민정당이 대선후보를 결정하는 6월 10일에 맞추어, 규탄대회를 열기로 했다. 5월 27일에는 재야민주세력, 학생, 종교인, 야당 정치인 등 80명이, 〈민주헌법쟁취국민운동본부〉(국본)를 결성하여, 전국 16개 도시에서, 박종철고문치사 규탄 및 4.3 호헌조치 철회와 대통령직선제개헌을 촉구하는 〈6.10 범국민대회〉를, 동시에 열기로 결의했다. 전국 대회 하루 전날, 교내집회 뒤, 교문을 나서던 연세대 이한열 군이, 경찰 최루탄에 뒷머리를 정통으로 맞는 불상사가, 중앙일보와 미국 뉴욕타임스에 보도되자, 민중의 분노는 하늘에 닿았다.

6월 10일, 〈6.10 민주항쟁〉이 불붙었다, 국본주최로, 서울을 비롯한 22도시에서 학생을 비롯한 24만 민중이, 〈박종철군고문치사조작은폐규탄 및 호헌철폐국민대회〉를 개최했다. 서울에서는 오후 6시. 자동차 경적을 신호로, 시내 곳곳에서 학생과 시민의 대규모 반정부시위가 벌어졌다. 다음날에도, 그다음 날에도, 학생과 시민의 농성과 시위는 계속되었다.

그중에서도 부산 경남의 항쟁이 가장 심했다. 6월 13일. 전방입소훈련을 마치고 나온 학생 1천여 명이, 부산역에서, 〈독재타도, 호헌철폐〉 농성을 벌이자, 시민 1만여 명이 합류했다. 16일에는 부산대를 비롯한 9개 대학생 1만여 명이, 광복동, 남포동 거리에 앉아 농성시위를 벌였다. 진주에서는 파출소 4곳이 불타고, 남해고속도로가 점거되었다. 다음날에도, 경상대생들이 남해고속도로를 차지하고, 파출소 하나를 불태웠다. 마산에서도 파출소와 의창군청이 돌멩이 세례를 받았다. 6월 18일, 국본이 선포한 〈최루탄 추방의 날〉에는, 전국 16개 도시 247곳에서 150여만 명이 시위에 참여하고, 부산에서는 고가도로 위에서 시위 중이던 이태춘이, 경찰의 다연발 최투탄을 맞아떨어져 숨졌다.

6월 26일, 전국 34개 도시와 4개 군에서, 민중 150여만 명이 〈국민평화대행진〉에 나섰다. 경찰병력 10만 명이 진압작전에 동원되었지만 힘이 부쳤다. 전국 파출소 29곳. 경찰서 2곳, 민정당 지구당사 4곳이 부서지고 불탔다. 경찰은 난동시위자 3,467명을 잡아들이고, 그것이 한계였다. 이제 남은 방법은 단 하나, 한 번 더 계엄령을 선포하여, 민중의 시위행렬에 돌격하는 길 뿐이었다. 그러나 미국정부로부터 엄중경고를 받았을 뿐 아니라, 군내부에서도 반대의견이 거세어, 또다시 군대를 동원하는 일은 불가능해졌다. 타협할 수밖에 없다.

드디어 군사정부가 손들었다. 6월 29일, 민정당대통령후보 노태우가 〈6.29 민주화선언〉을 했다. 노태우는, 선거인단 간접선거로 차기대통령에 당선될 것이 확실했지만, 그 특혜를 표기하고, 〈대통령직선제 개헌을 통한 1988년 2월의 평화적 정권이양〉, 〈김대중 사면복권과 시국관련사범 사면석방〉 등을 수용했다. 미국정부가 즉시 전폭지지성명을 내었다. 6월항쟁을 이끈 국본, 민통련 등 재야단체들이 환영성명을 발표하자, 대통령 전두환도 노태우대표의 8개항선언을 수용하는 특별담화를 발표했다.(7월 1일). 드디어 제도야당과 군사정부와의 권력체제에 대한 타협이 이루어져, 존망의 위기에 몰렸던 재5공화국이, 한숨 돌렸다. 그래도 학생을 비롯한 민중의 민주화운동은 끝나지 않았다. 그들은 제도야당이 받아들인 민주화수준에 만족하지 않았다. 7월 9일 〈애국학생 고 이한열군민주국민장〉에 모인 100여만 민중은, 〈5공 정부 즉각 퇴진과 민주정부수립〉을 요구하는 시위를 벌였다.

민주화열기에 부푼 노동운동이, 7월에서 9월 초까지, 중소기업을 넘어 대기업의 조직화에 이르자, 전두환은, "좌경폭력세력의 불법폭력행위에 단호히 대처하겠다" 선언하고, 점거농성과 파업을 강경 진압했다. 전두환정권이 제도야당에게 양보하기로 합의한 민주화의 한계는 여기까지였다. 정부의 강경 탄압에도 불구하고, 저임금과 노동조건개선을 요구하는 생존권 투쟁은 끊이지 않았다. 이 기간에 발생한 노동쟁의는, 3.241건에 달했으며, 체계적인 조직〈108〉활동을 통하여 노조 수를 늘리고, 노조 간의 연대를 강화하여, 1988년 6월 30일에는 단위노조 5만 62개에, 151만여 조합원을 갖는 거대 조직으로 성장했다.

6.29 선언으로 제도야권과 타협하여 민주화운동을 잠재운 정부는, 10월 27일, 대통령중심제이면서도, 국회의 권한을 크게 늘린, 〈제9차 개정헌법안〉을 국민투표에 붙여 확정하고, 12월 16일, 신헌법에 따른 대통령선거를 실시했다. 선거 결과, 군사정부를 계승한 노태우가 36.6%를 얻어, 임기 5년인 대한민국 제13대 대통령에 무난히 당선되었다.

이 선거가, 국민직선제에다 자유경선제였음에도 불구하고, 야당후보들이 모두 졌다. 제2차 군사반란 주도자 경북대표 노태우가, 반독재투쟁 하던 경남대표 김영삼와 전라대표 김대중은 물론, 원조 군사반란 주모자 충청대표 김종필까지 가볍게 물리치고 당선되었다. 반독재운동권의 분열과, 지역주의, 후진적 선거관례에 더해, 미국정부의 적극적 지원을 받은 신군부가 이겨, 결과적으로 체육관에서 박수치며 뽑은 것과 다를 바 없을 뿐 아니라, 민주정치지형마저 후퇴시켰다. 미련한 〈곰〉들이 또 한 번 위태로운 재주를 넘었지만, 되놈들 욕심으로, 도둑놈이 판돈을 날치기한 꼴 났다. 권력에 눈먼 정치인들로부터 시작된 지역감정은, 마침내 지역 사랑을 넘어, 타 지역 혐오증으로 발전하여, 민주정치발전에 치명적인 부담으로 작용하게 되었다. 맑고 깨끗한 학생들의 피어린 민주화투쟁이, 안타깝게도, 국민정서를 분열시키고 민주화를 방해하는 원시적 지역감정을 부추기는 불행을 낳았다.

학생들의 피어린 항쟁으로 얻은 제9차 개정헌법은, 비록 군사정권 축출에는 실패했지만, 한국정치가 선진 민주주의로 발전할 수 있는 길을 열었다. 국민직선제로 뽑는, 임기 5년 단임제 대통령의 권한이 제한된 반면, 국회의 권한이 크게 강화되고, 법원이 정상화되어, 절차적 민주주의체계를 정착시켰으며, 군대의 정치개입 여지를 차단하여, 다시는 군대가 반란을 일으키는 흉사를 막았다. 보다 더 값진 것은, 국민의 기본권적 인권이 강화되고, 사회 각 분야의 자치와 자율이 강화된 것이다. 언론 출판 집회 결사의 자유가 되살아나, 허가와 검열이 사라지고, 노동 3권이 보장되고, 최저임금제도입 등으로, 모든 국민이 인간다운 생활을 할 권리가 보장되었다. 나아가 헌법 제37조 2항에 의하여, "국민의 모든 자유와 권리는 국가안전보장, 질서유지, 또는 공공복리를 위하여 필요한 경우에 한하여 법률로써 제한할 수 있으며, 제한하는 경우에도 자유와 권리의 본질적인 내용을 침해할 수 없게" 되었다. 헌법상 적어도 선언적으로는, 국민이 국가권력을 통제할 수 있는 국가가 되었다. 개발독재정권이 이룬 경제개발이, 드디어 독재를 불가능하게 하는 역설을 낳았다.

2 교수는 누가 하나

1983년 8월 말에 귀국하여, 행정학과교수로, 9월 학기를 시작했다. 그동안 총장이 둘이나 바뀌었다. 이재철 총장이 물러나고, 대학원장 김희철 총장이 잠깐 머물다가, 박태원 총장으로 바뀌었다. 귀국인사차 박총장 찾아, 정치외교학과로 보내 달라했더니 쾌히 승낙한다.

지난 2년 동안 정치외교과학에 교수가 많아졌다. 이미 있던 둘 외에, 서울법대 나와 하와이대에서 한국정치 연구한 유영준 교수, 연세대 나와 죠지 외싱턴대에서 국제정치 연구한 백광일 교수, 행정학과에서 옮긴 윤하선 교수까지 다섯이다. 세 학년에 교수 5명이다. 그에 비해, 학생 수가 세 배도 더 많은 행정학과는 주야 8학급에 교수 4명이다. 장지호 교수와 신영상 교수가 행정학과에 그대로 있자고 권하지만, 행정학과에서 정치학 과목으로 전임시간 채우기는 미안하다. 경기대에서 행정학교수들이 정치학 과목을 싫어하는 것을 경험했다. 경기대에서는, 그나마, 인사행정과 행정학 원서강독 등으로 간신히 전임시간을 메울 수 있었지만, 인사행정까지 돌려준 마당에, 무슨 과목으로 전임시간을 메우겠나. 옮겨야 한다.

다음 해(1984년) 3월. 정치외교학과로 옮겼다. 유영준 교수가 진심으로 반가워한다. 유교수는 반정부시위로 구속된 대학생들을 법정 옹호하다가 군사정부의 미움을 산 행동하는 지성인이다. 하와이대 학위를 받은 뒤 경희대 교수로 부임했으나, 총장의 봉건적 권위주의 행태에 부딪혀 명지대학으로 갔다가, 다시 인하대로 옮겨왔다. 81년에 법학과에 들어온 한형근교수도, 경희대에서 총장 비판하다가 명지대 거쳐 인하대로 왔으니, 장지호 교수까지 합쳐, 인하대 법정대학 세 학과 모두에, 경희대 출신 교수가 있다.

정치외교학과로 옮기면서 84학번 담임교수가 되었다. 전두환정부 때부터 교수에게 학년 담임을 맡겨 학생지도 책임을 지웠다. 데모예방책이다. 반드시 학생들을 한 사람씩 만나 데모 못하게 지도해야 한다. 데모 정보를 들으면, 집결지점에 미리 나가 담당 학생들 데모를 막고 데려오는 일도 해야 한다. 때로는 학교 뒤 네거리까지 나가, 학생데모를 지켜보기도 한다. 데모 막는 책임을 지우는 것이라 결코 반가운 일일 수 없지만 얻는 것도 있다. 학생들과 대화를 하게 되어 가까워진다. 학생들도 교수와 개별적으로 이야기를 나눌 수 있으니 그리 나쁠 게 없다. 부르지 않으면 절대로 교수실에 안 올 학생도 부득이 온다. 옛날 교수는 이따금 강의실에서나 보는 분이었지만 이제는 아니다. 초등학교 선생님이다.

  학생들은 거의 의무적인 면담이 끝나고 나면 교수실 안 들린다. 교수 만나 따분한 소리 들을 필요 없었을 것이다. 그러다가 군대 가서 3년 보내고 다시 와서는 거의 반드시 들른다. 교수 잔소리가 생각났던 모양이다. 데모하지 말라고 열심히 지도하는데도, 〈인천 6.3 민주항쟁〉과 〈6월민주항쟁〉에 앞장서다 잡혀간 학생이 여럿이다. 84학번 권동인, 정일권, 한동명, 장대현, 최웅식, 양금화. 88학번 담임 때의 총학생회장 김윤철 등이다. 학생지도 잘못한 덕에, 인천검찰청은 물론 인천형무소 면회도 가서, 전국 주요 형무소를 두루 체험했다.

  학교생활을 보람 있게 보내는 학생도 많았다. 공부하고 동아리 활동하고 술 마시고. 학교발전과 민주화운동을 함께 한 학생들이다. 술 잘 마시는 남학생만 가입할 수 있는 축구동아리 〈화동회〉도 그중 하나다. 어느 날 양승진, 김충희가 지도교수 맡아 달라 한다. 술 시험에 합격해야 들어갈 수 있다는 말이 기분 좋았다. 그러나 화동회는 술 마시고 공만 찬 게 아니다. 학내 민주화 운동에 앞장섰을 뿐 아니라 모의국회도 만들었다. 국회의원 친구 많은 유영준 교수 지도로, 학교 도움 없이, 순전히 자기들 힘만으로, 모의국회를 해내었다.[주-17] 학생들이, 세상 바로 보는 교수 모시려고 뜻 모은 일도 있었다. 윤하선 교수 정년퇴임이 가까운 1987년 1학기 어느 날, 이영재 학장이, 총장이 이력서를 주며 검토해 보라더란다. 서울대 정치학과 나와, 파리대에서 모택동사상 연구로 국가박사학위를 받은 김영명이다. 프랑스 정치학국가박사는, 국내에는 한 사람뿐인 귀한 학위다. 마침 같이 있던 윤하선, 유영준 교수가 모두 흔쾌히 찬성했다. 며칠 뒤, 서울대 이홍구 교수가, 김박사 이야기를 한다. 군복무 때, 전두환부대에 배치되어, 전두환 아이들 가정교사하다가 제대했다. 프랑스 유학 중, 전두환이 군사반란으로 집권한 것에 분개해, 당장 망명 신청하여 한국국적을 버렸다가 한국공군참모총장을 지낸 빙장이, 끈질기게 설득한 끝에, 간신히 국적을 회복하고, 귀국하여 인하대에 지원했다며, 적극 추천한다. 재단 통한 낙하산이 걸리지만, 지성인으로서의 기개가 마음에 들어, 학장을 만나자마자 김박사 이야기를 되풀이하고, 꼭 영입하기로 했다.

그러나 낌새가 점점 이상해져 갔다. 이학장 말이 자꾸 희미해지더니, 끝내 안 되겠다 한다. "동양사상 교수가 이미 있는데 또 동양사상 교수 뽑을 수는 없지 않소?" "옛? 모택동사상이 동양사상입니까. 재단 압력도 총장 신임은 못 뚫는 모양이네." 김박사 문제는 이렇게 끝났다. 얼마 뒤 이학장이 "다음에는 꼭 바른 사람 뽑읍시다." 했지만, 며칠 뒤 갑자기 교내에서 순직했다. 갑자기 학장이 되었다. 얼마 지나지 않아 다시 교수 임용문제가 나왔다. 독일에서 칼 마르크스 전공하고 귀국해, 한 학기 동안 정치사상사를 맡아, 학생들의 열렬한 호응을 얻은 김세균 강사가 지원했다. 김박사를 추천한 손호철 강사 말에 의하면, 서울대를 비롯한 여러 대학에서 탐낸다고 한다.

---

17. 화동회는 84학번, 강민제, 김종성, 김충희, 나기혁, 양승진, 유민구, 유재호, 이원우와, 85학번, 김유홍, 나종수, 이시열, 이은표, 최기문이 모인 동아리다. 졸업 뒤에도 학과에 장학금을 전달하고, 스승의 날과 명절을 잊지 않고 찾는다. 88학번 권동환이 이끄는 축구동아리도 해마다 학교 찾아 재학생과 친선경기를 했다.

그러나 또 지지부진이다. 신임교수 임용문제가 제자리걸음하고 있는 동안, 설상가상으로, 유영준 교수가 입원했다. 젊고 낙천적인 사람이라, 곧 일어나리라 생각했는데, 그게 암이었다.

　인하대의 임용결정이 부지세월인 것을 참지 못한 김박사가 서울대에 원서를 내고, 서울대 채용이 긍정적이라는 말이 떠돌 때, 미국에서 마르크스주의와 인권을 연구한 박병원 박사가 원서를 내었다. 하필이면 마르크스와 반 마르크스라는 묘한 경합형국이 되었다. 그 사이, "세균과 병원 전쟁"이라 웃으며, 병을 달래던 유영준 교수마저 별세했다. 상의해볼 사람 하나 없이, 총장 눈치 보는 동안, 김세균 박사가 서울대에 채용되었다.

　학생들이 기가 올라 시위 농성투쟁을 벌였다. 그 소동 속에서도, 갑자기 국제정치 전공하는 문정인 교수가 임용되어, 학과장을 맡았다. 연세대 철학과 나와 미국에서 국제정치학학위 받고 매리랜드대 근무 중, 교환교수로 간 김교수 천거로, 부부 함께 인하대 교수로 오게 되었단다. 활달하고 달변이다. 한국에 오자마자, 국방부와 일해연구재단 같은 정부요로와 쉽게 소통하는 것으로 보아, 대단히 유능하고 정력적인 활동가인 것 같다. 중국집에서 점심 먹을 때, 왜 돼지고기 안 먹느냐고 물었더니, 회교도라 해, 또 한 번 깜짝 놀랐다.

　또다시 교수채용 문제가 나왔다. 이번에는 윤하선 교수와 유영준 교수의 빈자리에 손학규, 정영태가 지원했다. 학생들이 좋아하는 손호철강사가 역사의식이 올바른 교수들이라며 적극 추천했다. 손학규 박사는 서울대 나와 옥스퍼드대에서 한국정치 연구하고, 정영태 박사도 서울대 나와 텍사스대에서 한국노동운동 연구했다. 하루는 서울대 김영국 교수를 만났더니, 손학규가 일당백의 인재라며 극구 칭찬한다. 측근 김교수와 나도 같은 경기고 출신이고 총장도 경기고 출신이니, 희망이 보인다. 그러나 학교에서는 여전히 막막하다. 이영재, 유영준 교수가 별세한데다, 윤하선 교수마저 퇴임했으니, 의논할 사람이 없다. 시간이 흘러가자, 학생들이 다시 화가 났다. 시위에 이어 단식투쟁에 들어갔다. 이번 단식은 연말까지 계속 이어졌고, 또 두 번 참여한 학생들도 있어, 참가학생들을 모두 다 알 수는 없다. 남아있는 자료 보면, 1차 단식은, 김충희, 전상용, 이원용, 임호준이, 2차 단식은, 정기창, 안상천, 이원희, 임재현, 함수훈, 나종수가 시작하여, 전후 사십여 학생들이 참여했다.[18] 단식에 참여하지 않은 학생들은, 단식 끝낸 학생들과 함께 피켓 들고 교정을 가로질러 총장실로 진격했다. 법정대교수들도 더는 보고만 있을 수 없어, 교수협의회를 열어, 〈정치외교학과 교수임용은 학생들의 의견을 수렴하여 결정한다〉는 합의서를 발표했다.

이렇게 답답할 때, 부산에서, 어머니가 위독하시니 빨리 내려오라고 재촉한다. 난감하다. 학생들이 단식까지 하고 있는 것을 두고 내려갈 수도 없고, 안 갈 수도 없어 머뭇거리는 동안, 어머니가 별세하셨다는 전갈이 온다. 12월 27일 화요일이다. 어진 백교수가 학과를 대표해 문상 와, 두 지원자 모두 채용하기로 되었다고 전한다. 정영태만은 절대로 안 된다고 버티던 총장 측근이 무슨 마음으로 양보했는지는 알 수 없지만, 아무튼 다행이다. 그러나 그것으로 끝나지 않았다. 다음 해까지 계속되자, 교수임용에 따른 불편한 사태에 책임을 지고, 학장직 사표를 썼다. 의롭고 용기 있는 제자들에게 영원히 갚지 못할 빚만 지고 물러났다. 법학과 한형근 교수가 "방구 질 나자 보리양식 떨어졌다"며 껄껄 웃었다. 교수지원자들은, 그러고도 한참이나 지난 다음 학기에야, 간신히 임용되었다.

---

18. 이밖에 단식에 참여한 학생은, 기록에 있는 것만으로도 권동인, 권연홍, 김봉덕, 김승현, 김용연, 김한일, 김홍수, 김현철, 남관식, 민용규, 박기완, 박도양, 박종길, 박진, 박준상, 백대환, 송영덕, 안상철, 유은미, 이남구, 이규순, 이상준, 임상희, 정명기, 정성한, 정일권, 최강근(4학년), 최민영. 최선희, 최재경, 최정욱, 최진일, 함수훈, 홍지연, 황성환 등이다.

3 현실과 대안

1988년 연말, 교수임용문제로 한참 시끄러울 때, 김진환이 찾아왔다. 잡지를 내잔다. 김진환은, 박정희정부가, 국가전복 혁명을 기도한 〈통일혁명당〉의 합법적 월간지로 승격시킨 〈청맥〉 발행인이다. 당연히 국가 전복 음모에 이론을 제공한 혐의로 잡혀 들어가 중형을 선고받았다. 그러나 다행히도, 동향인 김종태, 김질락과 친히 지내고, 김질락을 청맥 편집장으로 맞아드린 것은 사실이지만, 그들이 혁명 음모를 꾸미고 있었다는 사실은 전혀 몰랐다는 사실이 인정되어, 몇 년 징역 살고 풀려났다. 국가를 전복하려고 한, 반정부 혁명조직의 기관지 발행인 치고는, 대단히 관대한 처분을 받은 셈이다.

학교 일이 숙지근해지자 김진환 사장과 함께 잡지 만드는 일을 시작했다. 또다시 반공 빌미 주는 것을 피하기 위해, 우선, 편집 방향을 진보와 보수의 중간지대로 정했다. 자유민주주의와 군사독재의 중간이 아니라, 자주민주주의와 자유민주주의의 중간지대인 개혁적 민주주의다. 대북관은, 해병무드에 맞추어, 반공도 용공도 아닌 2체제 평화통일로 하고, 정치경제체제는, 북유럽이나 영국노동당 같은 수정 자유민주주의를 지향하고, 자율적 노사관계 등으로 정했다. 기존의 진보세력보다는 온건보수에 가까운 중간지대를 찾으려고 머리를 짰지만, 7.29 총선거 때 구호를 닮았다. 결국, 해방 직후, 몽양선생이 그린 그림에서 그리 크게 벗어날 수 없는 것 같이 되었다. 그러나 이미 〈6월 항쟁〉으로 진보적 민주주의가 수용되었고, 정부가 〈7. 7 선언〉으로 북한정권을 인정, 포용하는 정책을 밝힌 뒤라, 이 정도의 중도 우파적 〈중간지대〉는 수용되고도 남을 분위기가 조성되어 있으리라 믿었다.

먼저, 가칭 〈한국사회과학연구원〉을 만들고, 글 쓸 사람들을 찾았다. 다행히 김금수 논설위원, 홍근수목사, 김대환 교수, 김상일 교수, 안경환 교수, 김세균 교수, 전철환 교수, 구중서 교수, 김용기 교수 같은 뜻있는 분들이 기꺼이 힘을 보태었다. 상당한 시간이 지난 뒤에, 돈도 생겼다. 장은신용카드 손문창 사장이 흔쾌히 거금을 희사하셨다. 중구 쌍림동에 한국사회과학연구원 사무실을 열고, 잡지 발간 준비를 했다. 김진환 원장이 잡지 전문가라, 일사천리로 일이 진행되었다. 발행인 겸 편집인 안희수, 편집인 김금수, 홍근수, 김대환, 김상일로 정했다. 편집전문가 권형원을 중심으로 하는 편집진도 구성했다. 월간지 이름은, 여러 이름을 여러 번 논의한 끝에, 〈현실과 대안〉으로 정했다. 한국적 자유민주주의의 대안을 모색하려는 연구원 취지에 알 맞는 이름이다. 이제 현실의 〈대안〉이 될 글만 얻으면 된다.

1989년 10월 1일, 드디어 〈현실과 대안〉 창간호가 나왔다. 창간사는 이렇다.

〈끝까지 진실의 편에 서겠습니다.--보수주의가 현상고수주의이고 진보주의가 이에 대 한 이상주의적 대안이 될 수 있는 사회에서 강한 자의 독선적인 거친 목소리는 준엄하게 비판하고 오랫동안 강자들의 틈바구니에 가려온 계층의 연약한 목소리는 온 힘을 기울여 대변하겠습니다.--〉

안병욱 교수, 박형규 목사, 정윤형 교수, 한국사학자 정병준을 모신 기회토론, 〈통일과 민주화를 생각하며 한국현대사를 점검한다〉를 시작으로, 〈한국사회의 현실과 대안 모색〉 특집을 내었다. 여기에, 정치(김세균 서울대교수), 경제(전철한 충남대교수), 사회(김용기 경남대교수), 문학(구중서 수원대교수), 교육(고형일 전남대교수), 종교(홍근수 향린교회목사), 민족문화(김상일 한신대교수)가 글을 썼다. 그리고 〈현실과 대안 논단〉에, 정치(김영순 정치학박사), 법률(안경환 서울대교수), 경제(장상환 경상대교수), 군사(노정선 연세대교수), 문학(권영민 서울대교수), 천주교 정의구현 전국사제단 임시대변인 장용주 신부의 "분단의 아픔을 외면할 수 없었습니다."를 실었다. 〈현안과 전망〉에는, 손태규 한국본회퍼학회 회장, 김효순 한겨레신문 편집위원, 김대환 교수, 김금수 한겨레신문 논설위원, 김선수 변호사, 이인철 한겨레신문 논설위원이 기고하고, 본지 기자 추승연이 〈제도언론 보수성의 구조〉, 최은주 기자의 〈자본철수 위협받는 마산수출자유지역〉, 김욱수 기자의 〈80년대 영화운동 결산은 민족영화다〉를 실었다. 이밖에 〈일터의 소리〉에, 박영신 전교조교사, 오덕훈 상주농민, 윤수천 전국노점상연합회원의 노점상의 억눌린 소리도 들었다.

창간호 출간과 더불어, 태평로 신문회관에서 조촐한 창간기념모임도 가졌다. 집필자를 비롯한 여러 사람들이 모였는데, 뜻밖에 전혀 관계가 없을 것 같은 이철승 전 신민당총재가 왔다. 같은 야당이라도 황명수의원 같은 사람은 반갑지만, 극우 보수반공투사인 이총재가 나온 것은 아무래도 뜻밖이었다. 깜짝 놀라 물어보니 자금을 지원하고 있는 손문창 사장이 초청했단다. 손사장은, 노태우 대통령과 함께, 경북 대구학련 창립멤버였단다.

순간 앞이 캄캄해졌다. 이 책 보고 학련사람들이 자금 대는 것을 좋아할 리 없을 것이 분명하다. 비록 손문창 사장 개인은 모르지만, 평화통일을 저주하는 옛 반공동지들이 압력을 가하면, 손을 뗄 가능성이 아주 높다. 나머지 돈으로는 어림도 없다. 뭔가 대책을 세우지 않으면 안 되게 생겼다. 마침, 이철승 중도통합론의 입안자로 알려진 노재봉 교수가 〈대통령 정치담당 특별보좌역〉으로 있다. 대안을 모색해 볼만 하다.

11월에 두 번째 책이 나왔다. 권두사에서 〈흑백논리는 반민주의 논리입니다〉라 하고서, 노재봉특보와의 대담인 〈6공화국 2년을 평가한다〉를 실었다. 노특보는,
"우리는 1공화국 때부터 현 6공화국까지 단 한 번도 〈반공이 국시〉가 아닌 때가 없었습니다. 우리의 국시는 어디까지나 반공입니다. 만약 반공 자체가 나쁘다고 한다면 이는 명백히 헌정질서에 대한 부정이며, 따라서 이를 방치하는 것은 국가와 정부의 〈직무유기〉라고 해야 할 것입니다"

이에 대한 발행인 겸 편집인의 목소리에는 김이 빠졌다. "문제는 체제파과세력 척결을 구실로 체제개선을 요구하는 민주세력에까지 체제수호논리가 확대 적용된다는 데 있습니다. 우리는 지난 45년간 반공논리에 얽매어 왔습니다. 자유와 민주를 외치

는 주장이나 정부비판까지도 반공논리에 의해 처벌되었습니다."

　노태우정부가 후퇴하고 있다. 잠깐 동안 풀린 것 같던 반공 반 혁신의 저주가 다시 살아나고 있다. 노태우정부의 민주주의는, 이승만이 자주독립세력을 숙청하여 창건하고, 박정희가 4.19민주항쟁으로부터 빼앗아 간, 한국적 민주주의에 그냥 묶여있다. 대통령이 분명히 민주화를 약속했음에도 불구하고, 진보나 혁신은 여전히 〈공산당에 나라를 갖다 바치는〉 불온사상이다. 자본의 자유 말고는 모든 자유를, 〈지킬 수 있는 자에게만 주는〉, 자유민주주의로 포장된 권위주의정권 하에서, 중간지대를 볼 수 있는 눈 뜬 돈이 있을 수 없다. 〈현실과 대안〉 제3권은 마침내, 세상 구경 못하고, 빚으로 남았다.

12장

제6 공화국

1 노태우 정부

노태우정부는, 박정희로부터 시작된 군사정권 끝자락을 잡은 마지막 군사정부다. 6월 항쟁 수렁에 빠진 군사정권을, 6.29선언으로 간신이 붙들어, 야권 분열과 지역감정, 여당 프리미엄에 힘입어, 운 좋게 탄생했다. 그러나 대통령의 권한이 축소되고 국회의 권한이 크게 강화된 뒤에 치러진 제13대 국회의원선거에서, 야3당에게 국회 과반수의석을 내어주어, 야당의 강력한 민주화 공세, 특히 5공 청산 압박에 밀릴 수밖에 없었다.

그렇다고 5공 정부 제2인자가 스스로 5공을 청산한다는 것은 사실상 불가능하다.

정권을 유지하려면, 원내 다수를 차지한 민주운동세력과 타협할 수밖에 없다. 그것이 "중용을 근간으로 하는 화합과 화해의 정치"로 나타났다. 중용은 포용이 아니다, 모두 허용하는 것이 아니라, 되는 것만 되고 안 되는 것은 안 된다. 화합과 화해에도 한계가 있다. 자유민주주의와는 화해하겠지만, 그 보다 앞선 민주화는 용납하지 않겠다는 속내다.

노태우정부는, 검사출신 TK 신주류로 하여금, TK 구주류 5공인사들을 솎아내어, 신군부와의 결별을 꾀하면서도, 전두환 등 5공인사들에 대한 줄기찬 처벌 요구에는 끝까지 눈감으려 했다. 그래서는, 여소야대 정국에서 오래 버틸 수는 없다. 정치 불안에서 벗어나려면, 정계개편이 하지 않을 수 없다. 처음에는 아예 제1야당인 평화민주당(평민당)과 통합하여 단숨에 정치주도권을 찾으려 했지만 실패했다. 5.18민주항쟁 고개를 넘을 길이 없었다.

차선책으로 성공한 것이, 내각책임제를 전재로 한 이른바 〈보수대연합〉이다. 통일민주당 김영삼은, 제2야당으로는 대통령이 될 수 없다는 것을 절감하고 있던 차에, 1989년 동해시 보권선거에서 최측근 서석재가 무소속후보 매수혐의로 검찰에 구속되자, 여당과의 합당을 결심하지 않을 수 없었다. 내각책임제가 아니고서는 대권도전이 절대 불가능한 충청도대표이며, 원조 군사반란주도자인 제3야당 신민주공화당 김종필이 여기 합류하여, 보수 대연합이라는 〈민주자유당〉(민자당)이 탄생했다.(1990년 1월 25일). 세칭 TK, PK. CC 보수주의자들이 모두 뭉쳐, 한동안 의석수가 개헌선을 훨씬 넘는 거대여당을 뽐내었다. 1992년 3월의 제14대국회의원선거에서도, 299석 중 149석을 얻어, 과반에는 못 미쳤지만, 여전히 압도적 제1당으로 군림하게 되었다. 힘을 얻은 노태우는 〈물태우〉가면을 벗어던지고 강태우로 돌변하여, 5공 청산 대신, 군사정권 전용물인 케케묵은 공안통치로 되돌아갔다.

노태우정부도 처음에는 제법 의욕적이었다. 5공 청산장단에 맞추어, 군인 대신 대학교수 등 민간인을 많이 기용했다. 1988년 신년사에 "정치인에 대한 풍자를 적극 허용한다"라고 한 것을 시작으로, 언론자유화를 추진하여, 미국의 한 기관으로부터 〈언론자유국〉 지위를 인정받기도 했다. 또 모진 풍파 겪은 재야인사들에 대한 복권과 해금을 대대적으로 단행했다. 1991년. 장준하 등을 복권하고, 이 해 8월 15일, 장준하에게 건국공로훈장을 추서 했다.

국민의 관심이 경제호황에 쏠려있는 사이, 힘드는 정치보다 손쉬운 사회, 문화분야에 더 공을 들였다. 대표적인 것이, 1990년 10월 13일의 민생치안확립을 위한 10.13 특별선언, 곧 〈범죄와의 전쟁선포〉다. 범죄와 폭력, 불법과 무질서, 과소비와 투기, 퇴폐와 향락 등을 추방하여 건강한 사회를 만들겠다는, 군사정부 단골메뉴를, 다시 꺼내 들었다.

한편으로는 유화정책도 썼다. 의료보험대상을 전 국민으로 확대했다. 그리고 1989년, 음력 정월 1초 하루를 〈설날〉로 정했다. 1985년부터 〈민속의 날〉로 정하여 당일 휴일로 기념하던 것을, 1989년에 〈설날〉로 본 이름을 회복하여, 3일을 공휴일로 축하하게 하는 은전을 베풀었다. 해방되고 45년이 지난 뒤에야 비로소 조선 사람들이 〈우리 설〉을 되찾았다.

〈우리 설〉은, 1896년 을미개혁으로 태양력이 도입되어 양력설이 생겼지만, 별 탈 없이, 잘 지켜졌다. 그러나 1910년 한일합방되자, 일제는 조선문화 말살정책 시범사업으로 〈우리 설〉을 선정하여, 공식적으로 폐지해버렸다. 일본설인 '양력설' 준봉을 강요하고, 경찰과 행정기관을 동원하여, 엄중 감시 감독하고 억압했다. 이 때문에, 조선이 해방될 무렵에는, 음력설을 쇠는 사람이 아주 드물었다. 일제 강점기 관리와 교사, 관변단체 관계자는 물론이고, 권력과 직접적 연관이 적은 지주, 자산가와 지식인 등, 이른바 행세깨나 하는 인사들도, 거의 모두 일본설인 양력설을, 인본인과 함께, 거족적으로 기념했다.

그러나 설날을 고집하는 사람도 많았다. 경찰 무서워, 양력설과 음력설을 함께 쇠는, 이중과세자가 더 많았지만, 높은 사람 눈에서 먼 시골사람들은, 거의 모두 음력설만을 고집했다. 학교선생님들까지 나서, 음력설 쇠는 사람은 시대에 뒤떨어진 무지몽매한 미개인, 비문화인이라 가르치고, 자칫 잘못하여 단속에 걸리면, 상당히 무례한 고초를 치러야 했지만, 음력설은 사라지지 않았다. 반드시 반일사상 때문만은 아니었다. 오히려 조선(祖先)을 숭모하는 우리 전통과 관습을 지키려는 도의심이 더 컸을 것이다. 일제경찰이 음력설 쇠는 사람을 불령선인으로 낙인찍어 벌준다고 위협한 것도, 아마 이 때문이었을 것이다.

해방되고도 오랫동안 거들떠보지도 않던, 바로 그 조선인의 혼이 담긴 "우리 설날"이, 군사정부 끝자락에 와서야 비로소 조선 사람들 품으로 돌아왔다. 이제야 겨우 우리 전통문화가 일제로부터 해방되었다. 해방된 뒤에도, 일제 양력설을 준봉하던 양복 입은 문화인들은, 민족적 양심이 조금이라도 남아있었다면, 아마도 조금은 부끄러웠을 것이다.

북방외교에서도 큰 진전이 있었다. 1988년 올림픽을 성공적으로 마무리한 것을 계기로, 해체 과정에 있던 공산권에 대한 〈북방외교정책〉을 적극 추진하여, 헝가리를 비롯한 동유럽 여러 국가와, 소련(1990년 10월 1일), 중화인민공화국(중국)(1992년 4월), 베트남(1992년 12월 21일), 몽골 등, 공산국가들과 차례로 수교했다. 뿐만 아니라 북한 입김이 강한 알제리, 마리, 앙골라, 탄자니아 등, 아프리카 제3세계국가들과도 성공적으로 수교하여, 한국의 국제적 위상을 높였다.

경제도 순탄하여, 중용에 허덕이는 과도정부를 도왔다. 전 정권부터 이어온 경제호황에, 때맞추어 불어온 저금리, 저유가, 저달러, 3저호황이 겹쳐, 적자에 허덕이던 무역수지가, 1986년부터 엄청난 흑자로 돌아서고, 1988년, 11.9%의 고도성장을 발판으로, "단군 이래 최고 호황"을 누릴 수 있었다. 1970년에 254$이던 1인당 국민소득이, 1977년 1,034$, 1990년 6,147$로 급등하고, 시중에 돈이 풀려, 웬만한 노동자도 생활이 안정되었다. 일부 조직노동자들은, 강력한 노동조합을 통한 노동쟁의 성공에다, 정부의 최저임금제 실시로 최저임금 증가율이 연평균 17% 오르면서, 임금이 급격히 올라, 이른바 신중산층에 들 수 있을 정도로 신분 상승했다. 〈귀족노조〉란 말이 나왔다.

동시에 문제도 따랐다. 가장 큰 문제는, 물가와 부동산 가격 폭등이다. 물가는 연평균 7%대를 기록했으며, 주택 가격은, 1990년에 전년 대비, 무려 21.0%나 급등했다. 전세 값은 더 올랐다. 1987년부터 1990년까지 연 20%씩 폭등하고, 지역에 따라서는 60%까지 오른 경우도 있었다. 3저 호황으로 돈을 거머쥔 부자들의 부동산 투기열풍으로, 불노소득이 폭증하여, 소외계층과의 거리가 더욱 멀어졌다. 수입시장 개방도 문제였다. 미국의 압력에 밀려, 농산물에서부터 지적소유권, 통신시장, 금융시장, 주식시장까지 개방하여, 대망의 수입자유화 선진국 대열에 합류하게는 되었지만, 농민과 빈민층의 불만은 더 커졌다.

남북교류에도 공을 들였다. 1988년 7월 7일, "민족자존과 통일번영을 위한 대통령 선언," 즉 〈7. 7 선언〉으로, 남북동포 상호교류, 남북교역 문호개방, 남북 간 대결외교종결 등, 북한체제를 인정하고 포용하는 정책을 펼쳐, 남북 상호협력의 기틀을 마련했다. 나아가, 괴뢰정권이라 욕하던 〈조선민주주의인민공화국〉과 유엔에 동시 가입하고, 남북총리회담을, 1990년 2월부터 1992년 2월까지, 8차례에 걸쳐 서울과 평양을 오가며 개최하여, 남북관계가 획기적으로 개선되었다. 그러나 강대 야당을 배경으로 한, 남북통일 논의가 거세어지고, 1989년부터 범민련 대표 문익환 목사, 이수경 학생, 황석영 작가, 문규현 신부 등이 무단 방북하여, 통일 부위기가 정부를 앞지르자, 태도가 돌변했다.

학생운동과 노동운동을 특히 강경 탄압했다. 군사정부 전용물인 범죄와의 전쟁에 함께 묶어, 아직도 군사정권의 반공정책이 끝나지 않았다는 것을 보여주기라도 하듯, 노골적으로 탄압했다. 노동쟁의가 생기면 즉각 경찰과 구사대를 투입하여 진압하고, 학생운동은 등록금 인상반대 등 학내문제에 대해서만 관용했을 뿐, 그 밖의 교내외 시위는 단호하게 억압했다. 교원의 민주화운동에는 더욱 냉혹했다. 노태우대통령이 직접 나서, "교원의 노조결성은 불법"이라는 대국민담화 발표까지 했는데도, 1989년 5월 28일, 전국교사협의회를 모체로 한 〈전국교직원노동조합〉(전교조)를 결성하자, 즉시 철퇴를 가했다. 문교부와 경찰, 검찰, 보안사, 안기부 등 공안기관을 총동원하여 전교조 활동을 차단하는 한편. 전교조 결성에 참가한 징계대상자 6,300여 명 중, 47명을 구속하고, 1,794명 징계회부, 1,138명을 징계요구하고(1989년 8월 5일 기준), 이들 중 자진탈퇴를 거부한 교사 1,465명을 불법단체 가입혐의로 해직 또는 파면했다. 전교조 탄압이, 대학생들의 학원민주화운동에도 불을 붙였다.

세종대 학생들이 수업을 거부하고 학원민주화투쟁을 벌이자, 문교부는 즉시 학생 전원을 징계, 유급. 퇴학 처분했다. 문교부장관 정원식은, 노태우와 함께, 화형식을 당하고(1990년 12월 26일), 장관직에서 물러났지만(1991년 3월 14일), 학생들의 분노는 가라앉지 않았다,

1991년 봄, 국회의원 뇌물외유사건, 대구낙동강페놀방류사태에, 6공 최대비리로 불린 〈수서특혜분양사건〉이 잇따라 터져, 정부가 고전하고 있을 때, 명지대 강경대군이, 시위 도중, 경찰 백골단의 집단폭행으로 숨지는(1991년 4월 26일) 붕상사가 일어났다.

학생들은 더는 참을 수 없었다. 사흘 뒤(4월 29일), 3만여 명이 연세대에 모여, 대통령 사과와 책임자 처벌을 요구하는,〈폭력살인정권규탄 범국민결의대회〉를 연 것을 시작으로, 전국 60여 대학에서 규탄대회가 열렸다. 전대협, 국민연합 등 44개 단체로 구성된 〈고 강경대열사 폭력살인규탄 및 공안통치 종식을 위한 범국민대책회의〉는,

대통령의 사과와 공안내각 총사퇴를 요구하는 결의안을 채택했다. 같은 날 전남대 박승희가 분신자살한 것을 시작으로, 5월 1일 안동대 김영균, 5월 3일 경원대 천세용, 8일 전국민족민주운동연합(전민련) 김기설, 10일 노동자 윤용하 등, 11명이 잇따라 분신했다. 이것으로 끝나지 않았다. 5월 25일 오후, 퇴계로에서 3만여 학생과 시민이, 〈공안통치 민생파탄 노태우정권퇴치를 위한 제3차 범국민대회〉시위 중, 백골단 토끼몰이작전에, 성균관대 김귀정이 깔려 숨지면서, 모두 열세 명의 젊은이들이 아까운 목숨을 바쳤다. 야당은 물론 여당 내에서까지 거세어진 공안정치 책임논란을 견디지 못한 노재봉 국무총리가 드디어 물러났다.(5월 23일).

각종 비리사건에다가 계속되는 분신정국으로 궁지에 몰린 정부는, 겉치레 사과를 하면서 치밀한 반격작전을 펼쳤다. 조선일보을 비롯한 반공보수언론과, 이름 높은 보수인사들을 동원하여, 분신을 헐뜯고 비방하는, 언론선동공세를 펼치기 시작했다. 반유신 오적시인 김지하가 먼저 나섰다. 조선일보 5월 5일 자 칼럼에, "젊은 벗들. 역사에서 무엇을 배우는가. 죽음의 굿판을 당장 걷어치워라"라고, 분신학생운동을 꾸짖어, 세상을 깜짝 놀라게 했다.

서강대총장 박홍도 거들었다. 5월 8일 서강대강당에서 기자회견을 열어, "죽음을 선동하는 어둠의 세력이 있다." "죽음의 블랙리스트가 있다. 구체적으로는 모르겠지만 우리 사회에는 죽음을 선동하고 이용하려는 반생명적인 죽음의 세력, 어둠의 세력이 존재한다." "이 전염병 같은 배후세력은, 그늘에서도 엄청난 힘을 갖고 자신도 죽고 남도 죽이는 물귀신공범으로 물 마시듯 폭력을 전파시키고 있다."며, 분신자살 배후음모설을 제기했다.

조선일보를 비롯한 반공언론들이, 이 〈매카시즘〉 같은 덮어 씌우기 선동에 장단을 맞추자, 눈치 빠른 검찰이 잽싸게 배후세력색출에 나서, 〈죽음의 세력배후〉를 밝혀내었다. 그것이 〈강기훈유서대필사건〉이다. 5월 8일에 분신자살한 김기설이, 자의가 아니라 운동권의 감언이설과 협박으로 분신에 내몰렸고, 그 증거가 〈강기훈이 대필한 김기설의 유서〉라고 발표했다.

전민련 총무부장이며 단국대 학생인 강기훈은, 극구 부인했지만, 국과수 감정인 김형영이 강기훈의 필적이 맞다고 감정한 것이 결정적 증거로 채택되어, 강기훈은 징역 3년을 선고받았다.(1991년 8월 28일 제1차 공판). 그 무시무시한 〈죽음의 세계 영도자〉 물귀신이, 고작 단국대 학생이었다는 허황한 발표에도 불구하고, 데모 피로감에 지친 국민은, 학생시위를 외면하기 시작했다. 검언합작 물귀신작전이, 또 한 번, 민심을 뒤틀었다.

하필 이럴 때에 〈정원식 총리 구타사건〉이 터졌다. 문교부장관 시절, 전교조 관련자를 대량 해임, 파면하고, 이를 규탄하는 세종대 학생들까지 징계한 강성 반민주인사로, 학생들로부터 화형식 세례까지 받은 정원식이, 국무총리로 발탁되자, 학생들이 화났다. 한국외대에서 마지막 강의를 마치고 나오는 국무총리 지명자 장원식에게 계란과 밀가루 세례를 퍼부었다. 새 국무총리 회견 차, 현장에 몰려있던 기자들이, 이 광경을 전국에 생생히 중계하자. 봉건적 권위주의에 젖어있는 애국시민들, 특히 세 차례나 군사정권을 지켜준 반공보수주의자들의 울화통이 폭발했다. 대한민국 국기를 위협하는 위험천만한 주장도 모자라, 감히 스승에게까지 못된 짓 하는 운동권 학생들을, 천하에 몹쓸 망나니로, 욕하고 저주했다

한 숨 돌린 정부도 적극 공세에 나섰다. 남한사회주의노동자연맹사건(1990년 10월), 강기훈유서대필조작사건(1991년 5월), 남한조선노동당간첩사건(1992년 10월) 등을 대대적으로 홍보하고, 민간인사찰을 더욱 강화하여, 학생운동과 노동운동, 특히 통일운동의 기를 꺾었다.

② 김영삼 문민정부

1992년 12월, 제14대 대통령선거에서, 여당인 민정당후보 김영삼이, 필생의 경쟁자 민주당후보 김대중을 물리치고, 대통령에 당선되었다. "우리가 남이가"에, 충청도까지, 세 지역 세 정당이 합친 정부여당을 업은 데다, 깜짝 등장한 통일민주당 정주영 재벌 후보의 예상을 뛰어넘는 선전 덕분에, 어부지리로 당선되어, 다음 해 2월 대통령에 취임했다.

김영삼정부 하면, 가장 먼저 떠오르는 것이 IMF, 그리고 5공 청산이다. 김영삼은, 군부와 손잡은 정체성의 한계를 뛰어넘어, 집권하자마자, 5공 핵심 TK인맥과 제2 군사반란 중추세력 하나회를 척결하여, 5공 군사독재를 응징하는 문민적 결단력을 과시하여, 국민의 마음을 기쁘게 했다. 그러나 정권 막바지에 총체적 무능으로, 마의 IMF를 초래하여 한국경제를 통째로 말아먹는 재앙을 가져와, 국민을 슬프게 했다. 결단력이 부족한 노태우를 〈물태우〉라 부른데 대해, 아는 것이 없다는 〈멍삼〉이라 불린 것도, 또 IMF 때 부산 앞바다가 잘려나간 엄지손가락으로 뒤덮였다는 풍문이 돈 것도, 바로 이 때문이었을 것이다.

김영삼정부도 초기에는 대단히 의욕적이었다. 〈신한국창조〉를 국정지표로 선언하고, 군사정권 30년 간 깊게 쌓인 비리. 부정, 특혜 등 군사독재의 폐해를 쓸어내어, 군사정권과 다르다는 것을 보여주기 위한 문민적 민주개혁을 과감히 추진했다. 취임하자마자, 자신과 가족의 재산을 공개하면서, 어떠한 정치자금도 받지 않겠다고 선언했다. 그런 다음, 사실상 유명무실하던 〈공직자 윤리법〉을 손보아, 1급 이상 모든 공무

원의 재산을 공개토록 하는, 자칭 〈명예혁명〉을 단행했다. ^{주-19}

8월 12일에는 대망의 〈금융실명거래 및 비밀보장에 관한 긴급명령〉으로, 〈금융실명제〉를 도입하여, 관행으로 굳어진 부정한 정치자금을 근원적으로 차단토록 했다. 다음 해(4월 15일)에는, 〈공직선거 및 부정선거방지법〉, 〈정치자금법(정치개혁법)개정안〉, 〈지방자치법개정안〉 등, 3대 정치개혁법안에 서명하여, 한국 민주정치 발전의 터전을 닦았다.

보다 더 의욕적인 것은 "역사바로세우기"이었다. 김영삼 대통령에게 역사바로세우기는, "잘못된 과거를 청산 정리하는 것뿐 아니라, 미래를 위한 창조의 대업"이며, "〈명예혁명〉, 〈제2의 건국과업〉"이었다. 일제강점기로부터 비롯된 역겨운 권위주의체제의 정치 사회 경제적 부조리를 단숨에 바로잡으려는 그의 민주민족운동을, 모든 국민이, 두 손 모아 성원했다.

역사바로세우기는, 32년에 걸친 군사독재에 대한 평가부터 시작했다. 〈취임 100일 기자회견〉(6월 3일)에서 "5.16은 분명히 쿠데타라고 생각한다. 우리의 역사를 후퇴시킨 하나의 큰 시작이었다고 생각한다." 면서, 헌법에까지 버젓이 올라있는 5.16혁명을 5.16쿠데타(군사반란)로 격하시켜, 박정희정권이 비합법적 〈군사독재정권〉이었음을 공식적으로 확인했다.

또, 이 해 광복절 기념사에서, "새 문민정부는 임시정부의 빛나는 정통성을 잇고 있

---

19. 이 법은 1981년 말, 전두환정부가, 권력을 이용한 부정축재를 방지하고 공무집 행의 공정성을 확보하기 위해 만들었으나, 사실상 버려져있던 이름뿐인 법이었다.

다. 민족의 역사는 바로 서야 한다”고 하여, 문민정부가 〈대한민국 임시정부의 법통을 계승하는 민족민주주의정부〉임을 만천하에 선포했다. 이는 곧, 김영삼 문민정부가, 미국점령군 힘을 빌려, 건준 등 자주독립세력을 타도하고 만든, 이승만의 남한단독정부가 아니라, 우리 독립투사들이 만든 상해임시정부를 잇는 〈민족자주독립정부〉임을 공식적으로 확인하는, 민족사적 의의를 갖는다. 그러나 그의 역사는 여기서 끝났다. 법통 하나 바로 세우고 끝났다. 민족정통성 회복을 위한 인적, 물적 청산에서는 손끝 하나 대지 못하고 고이 잠들었다.

다음은, 노태우정권이 남긴 “5공 청산”이다. 5월 13일, 역사바로세우기 특별담화에서, “오늘의 정부는 광주민주화운동의 연장선 위에 서 있는 민주정부다”고 한 것으로도 알 수 있듯이, 5공 청산이야말로 역사바로세우기의 본론이며, 주목적이었다.

먼저, 소극적, 구제적 청산작업부터 시작했다. 3월 6일, 공안사범과 일반사범 41,886명에 대한 특별사면과 감형, 복권을 단행하고, 강제해직된 전교조 조합원 일부를 사면, 복직시키고, 전교조 활동을 허용하여, 5공군사독재의 반인권적 비민주적 과오를 바로잡았다.

5월에 들어서면서, 적극적 응징적 청산이 시작되었다. 제2차 군사반란요람인 군부 사조직 하나회를 숙청하여 군사반란의 소지를 없애고, 5.18광주항쟁 억압관련자들을 처벌하기 위한 특별법을 만들어, 전직 대통령 전두환과 노태우 등을, 〈5.18사건에서의 내란죄〉와, 〈내란목적살인죄〉혐의로 구속하여(1996년 1월 23일), 2월 2일부터 2월 28일까지, 〈12. 12사건〉, 〈비자금사건〉 등으로 구속 기소했다. 또 한편, 5.18광주항쟁을, 〈명예혁명〉으로 격상하여, 광주에 〈국립 5.18민주묘역〉을 조성하고, 5월 18일을 국정기념일로 지정하여 기리게 했다. 5공 군사정권의 압정에 희생된 광주민주시민에게 최대한의 존경과 보상을 동시에 베풀어, 김영삼 정부가 광주시민이 바라던 민주정부임을 과시하려고 부절히 노력했다.

역사바로세우기에는 일제잔재청산도 포함되어있었다. 역사는 인간이 쓴 과거의 사실이다. 누가 어떤 눈으로 보느냐에 따라 달라진다. 불행히도 지금의 한국역사는, 일제 강점기를 만든 일본인과 그 일본인이 기른 친일파들이, 황국사관, 식민사관으로, 쓴 역사다. 일본인과 친일파의 눈으로 보고 쓴 우리 역사가 올바를 리 없다. 친일적으로 왜곡되고 비관적 부정적인 역사일 수밖에 없다. 일본인과 친일파의 눈에 비친 배달민족은, "자립능력이 없는 미개인, 야만인이며, 일본이나 대국의 도움 없이는, 살아갈 수도 없고 나라를 지킬 수도 없는, 게으르고 쓸모없는 열등민족"이었다. 해방 이래 설친 모든 한국집권세력의 역사관은, 대체로 이런 범주의 것이다. 따라서 일제에 추종하거나, 입으로만 독립운동 한 사람들이 만든 국가가, 자주적 주체적 민족독립국가가 될 수 없는 것은 당연하다. 우리 역사를 바로 세우려면, 무엇보다 먼저, 이 삐뚤어진 왜색 식민사관의 찌꺼기부터 걷어내어야 한다.

김영삼 대통령이, 역사바로세우기를 선언함으로써, 우리 민족은, 해방되고 처음으로, 친일사관이 낳은 왜곡과 부조리를 없애고, 우리 눈으로 우리 역사를 바로 세우는, 민족사적 대과업을 이룩할, 역사적 순간을 맞이했다. 그 첫 사업으로, 원시인을 닮은 야만적인 일본인들이 조선의 정기를 자르기 위해 조선 명산에 박아놓은 주술 걸린 쇠말뚝을, 모두 뽑아내었다. 다음, 경복궁을 가로막아 조선왕조의 기를 꺾은, 조선총독부 건물을 뜯어내어, 조선민족의 기운을 되살렸다. 그러나 이 또한 여기까지였다. 눈에 보이는 거죽만 들어내었을 뿐, 내면적인 친일역사 자체에는 전혀 손을 대지 못했다. 생색만 낸 요란한 전시효과로 끝났다.

다른 청산이라고는 국민학교가 일본식이라고 '청산하여' 초등학교로 바꾸고, 시 군을 분리한 행정구역을 통합시로 바꾼 것쯤이었다. 아직도 어깨 힘주고 설치는 토종 친일파와 이승만 후광으로 자란 그 후예들이 어울려, 눈에 잘 보이는 것만 골라 청산하려 했을 뿐이다.

박정희가 경부고속도로 닦는 것을, 나치식 전시효과라며 드러눕던 40대 기수가 이룬 왜색 일소 업적이란 것이, 기껏, 산에 박힌 대못 뽑고, 중앙청 철거하는 토목공사이었다. 경부고속도로는, 경제성장의 동맥이나 되었지만, 돈 들여 뽑아낸 대못이 왜놈들 혼을 빼냈다는 소문을 들어본 적 없다. 역사 〈바로 세우기〉가, 역사 〈거꾸로 세우기〉가 되었다는 자조 어린 비유는, 그래서 나왔을 것이다. 김영삼의 역사 바로 세우기는, 시의적절한 민족주의적 발상이기는 했지만, 아쉽게도, 〈바로 선 역사〉 문 앞에도 가보지 못하고 주저앉고 말았다.

대북정책 또한, 김영삼답게 오락가락했다. 집권 초기에는 탈냉전 훈풍 탄 민주화운동지도자답게 "통일된 조국"을 내걸고, 대북유화정책을 폈다. 취임사에서부터, 남북정상회담에 대한 강한 의지를 밝혔으며, 1993년 7월 1일, 제6기 민주평화통일자문회의 출범식에서는, 〈3단계. 3기조 통일정책〉, 곧 화해. 협력→ 남북연합→ 통일국가라는 3단계 대북정책을 제시하여, 민주 민족적 평화통일 의지를 과시했다. 나아가 강경 반공보수세력과 골수 반공언론의 완강한 반대에도 불구하고, 진보 인사를 통일부총리로 임명하는가 하면, 친북 비전향장기수 이인모를 북한으로 돌려보내기도 했다. 그러나 1993년 3월, 북한이 핵확산방지조약(NPT) 탈퇴를 선언하여 IAEA사찰을 거부하고, 이에 맞서, 미국이 한미연합군의 팀스피리트훈련을 재개하면서, 김영삼의 대북유화정책은 깊이 잠들었다.

1년 뒤(1994년 6월), 전 미국대통령 지미 카터가 방북하여 북핵문제 해결에 숨통이 텄다. 북한주석 김일성이, 남북정상회담 제의를 수락하여, 1994년 7월에, 역사적인 남북정상회담이 열리게 되자, 온 국민이 통일정서에 흥분했다. 그러나 잠시뿐이었다. 남북정상회담 개최 직전에, 김일성 주석이 갑자기 사망하여(7월 8일) 상황이 급변했다. 민주당국회의원 이부영 등이, 국회외교통상위원회에서 김일성 장례조문사절단을 보내자고 제안하자, 김영삼 대통령은, "남북정상회담의 합의원칙은 유효하다" 면서, 명백히 찬성의사를 비쳤다.

그러나 조선일보를 비롯한 반북반공세력이, 조문사절을 살인귀처럼 잔인하게 비판하자, 태도가 돌변했다. "북한의 상황은 대단히 불안하고 김정일이 권력을 확실히 승계할 지도 불확실하다"면서, "어떤 형식의 조의표현도 국가보안법위반으로 간주해 처벌하겠다."라고 강력 반대했다. 정상회담 날짜를 손꼽아 기다리던 대통령 김영삼이, 갑자기 반공법까지 들먹이면서 조문을 강력 억제한 것은, 북한이 조기 붕괴하여 자신이 〈통일한국대통령〉이 될 것이라고 아부하는 선지 목사 따라 조찬기도에 정성을 다했기 때문이라고도 했다.

아무튼 조기붕괴는커녕 누수 하나 없이 권력을 승계한 김정일이, "전쟁불사"를 외치고, 극우반공 대북관을 되찾은 김영삼이, "핵 가진 자와는 대화할 수 없다"라고 엄포 놓는 판에 남북관계가 원활할 수 없다. 군사정권 때도 진행되던 범민족대회 같은 민간교류마저, 안보상 이유로, 철저히 통제했으며, 강릉 무장공비침투를 계기로, 대북 경제협력마저 완전 중단했다. 덕분에 남북한은, 다시 세계 유일의 냉전지역으로 되돌아갔다. 그러면서도, 한 편으로는, 미국 압력에 순응하여, 경수로 건설을 지원하고, 구호미를 보냈다.

경제는 더욱 갈팡질팡했다. 기고만장 설치다가, 완전히 망쳐버렸다. 취임 초(3월 19일), "지금의 경제위기"를 극복하기 위한 〈신경제100일계획〉, 그리고 7월 1일, 〈신경제5개년계획〉을 잇따라 발표했다. "성장잠재력 확충, 국제시장기반 확충, 국민생활여건 개선"을 위해 만든 〈신경제5개년계획〉에는, 분명히 〈노사 간의 자율교섭 보장〉과 〈국가의 중립성 유지〉를 중심으로 하는 노사관계개혁 공약도 들어 있었다. 그러나이 해 7월 7일, 헌대그룹 울산지역 8개 사업장에서 동시에 노조파업이 일어나자, 즉시 긴급조정권을 발동하여, 어설픈 신자유주의 기조 위에 선 김영삼 민주화정부 노동정책의 한계를 금방 드러내었다.

이런 가운데서, 1994년 11월, 아시아태평양협력체(APAC) 정상회담에 다녀오더니, 난데없이, "세계중심에 우뚝 서는 풍요롭고 편안한 나라"를 만들겠다는 거창한 〈세계화선언〉을 했다. 이른바 〈신자유주의선언〉이다. 이에 따라, 1993년 12월, 〈우루과이라운드〉협정을 타결하여, 1995년 1월에 출범한 〈세계무역기구〉(WTO) 회원국이 되어, 상품, 금융, 유통, 서비스 등, 모든 경제 분야의 문호를 개방하는 자유무역주의 국가로 급진전했다.

1995년 3월 29일에, 선진국 모임인 〈경제협력개발기구〉(OECD)에 서둘러 가입 신청하고, 1996년 12월 12일, 마침내 대망의 OECD에 가입하여, 민주화와 산업화를 동시에 이룩한 대한민국의 위상을 세계만방에 드높였다. 〈통일선진대한민국〉 초대대통령을 꿈꾸던 김영삼의 찬란한 〈세계화구상〉이, 드디어 빛을 보기 시작했다. 그러나 그것이 문제였다.

세계화에 성공하려면, 우선 국내 경제구조가 튼튼해야 한다. 무엇보다도 관치금융과 정경유착 같은 권위주의적 금융관행이 없어져야 하고, 금융기관이 건전하고, 외환이 안정되어야 한다. 이러한 여건이 갖추어지지 않았는데도 불구하고, 아무런 사전 준비 없이, 의욕만 앞세우고 시작한 대외개방이 온전할 리 없다. 당초에 OECD에 가입하는 것 자체가 무리였다. 1인당 국민소득(GNI)이, 적어도 2만$은 되어야 하는데, 한국은 그에 한참 못 미쳤다. 저환율정책으로 억지로 끌어올렸는데도 겨우 11,432$(1995년)에서 12,197$(1996년)밖에 안 되었다. 멕시코정부가 페소 고평가정책을 유지하다가 경상수지를 악화시켜, IMF 구제금융을 받은 전례를(94년 말) 알면서도, 김영삼정부는 막무가내였다. 한국은 멕시코와 다르다며, 일찍 터트린 〈서양소주〉에 취해, 갑작스러운 문호개방에 따라올 문제들을 외면했다.

OECD규범에 맞추기 위하여, 비합법조직으로 억압하던 민주노총(1995년 창립)을, 복수노조로 인정하려 하자, 재계가 즉각 반발했다. 당황한 김영삼 대통령은, 제15대 국회의원선거를 앞둔 1996년 4월 24일, "신 노사관계구상"을 발표하여, 신 노사관계 5대원칙을 구체화할 〈노사관계개혁위원회〉를 만들었다. 이 위원회는, 노동시장유연화(정리해고제)와 근로자파견제도를 도입하는 한편, 복수노조와 교원단결권보장도입을 미루는, 새로운 노동관계개혁법 안을 국회에 제출했다. 이번에는 노동계가 즉각 강력 반발하여, 민주노총, 한국노총이 함께 총파업돌입을 선언했다. 그러나 정부와 여당은, 야당의 반대까지 무릅쓰고, 여당 단독으로 노동관계개혁법을, 안기부법과 함께, 날치기 통과시켰다.(1996년 12월 10일, 26일).

〈신경제 5개년계획〉에서 노동자의 권리 향상을 선언한 문민정부가, 재벌과 보수세력의 반대에 부딪치자마자, 재벌개혁 대신 재벌을 옹호하는 군사정권의 노동억제정책으로 되돌아갔다. 30만이 넘는 노동자들이, 민주화운동 이래 최대 규모 총파업을, 다음 해까지 이어갔다. 야당들이 노동계를 편들자, 문민정부는 또다시 태도를 바꾸었다. 다음 해 1월 20일, 여야영수회담을 열어, 정리해고제도입 2년 유예, 무노동, 무임금조항 삭제, 대체근로부분의 신규하도급 금지. 복수노조 도입 등에 합의했다.

그사이, 1996년 8월 14일, 한총련 사태가 벌어졌다. 지난 6, 7년 동안 별 탈 없이 진행되어온 〈8.15범민족대회와 범청학련 통일대축전〉 남측행사장인 연세대에, 난데없이 전경들이 들이닥쳐 강제 해산하자, 화난 학생들이 밤늦게까지 격렬한 반대투쟁을 벌였다. 다음날, 경찰 5만을 투입하여 강경 진압하자, 학생들이 한발 물러서, 집회 일정을 모두 취소할 테니 안전귀가를 보장해 달라고 요청했다. 그러나 경찰은 듣지 않았다. 한총련 관련 수배자 전원을 〈이적행위와 불법행위자〉로 검거하여, 이참에 아예 한총련을 없애버리려 했다. 16일 저녁 7시부터 다음날 아침까지 경찰의 공격이 이어졌다. 경찰특공대와 전경 등 2만여 명이 조명차, 조명탄, 그물에다 헬기까지 동원하여 총공격했다. 경찰은 1,700명이 넘는 학생을 연행하여, 세계최대 학생연행 신기록을 다시 경신하고, 54명을 구속했다.

이렇게 정부가 우왕좌왕하며, 학생, 노동계와 힘겨루기를 하는 사이에, 경제사정은 점점 더 나빠져 갔다. 1995년 10월 현제, 사상 최초로 수출 1천억$를 돌파하고, 1996년 말, 1인당 국민소득 1만$을 넘어, 진짜 선진국으로 발돋움하고 있었다. 그러나 무역수지 역조가 점차 깊어지고 경제성장이 무디어져, 1996년의 경제성장률이 7%를 밑돌게까지 되었다.

드디어 1997년 1월부터, 한보철강, 삼미산업 등 재벌기업에서 중소기업까지, 도미노 부도가 터지기 시작했다. 사상최대 정경유착 금융부정사고인 한보사태는, 국정농단하고 있던 김현철 뒷배로, 반년이나 표류하다가 끝내 도산, 외화로 50억$이 넘는 부도를 내었다.

이 보다 훨씬 더 엄청난 폭탄은 기아사태다. 사노합작 부실경영으로 부도직전에 있던 총체적 불실기업 기아자동차그룹이, 오히려 "국민기업"을 자칭하며, "호남기업 기아자동차를 부산으로 옮겨가려는 PK정권과 삼성의 유착음모 때문에 경영위기에 빠졌다"는 〈정치음모설〉을 제기하면서, 정부가 제시하는 모든 구제방안을 거부하고, 결사 항쟁했다. 여기에 경실련과 동아일보 등, 세칭 〈전주마피아〉는 물론, 김대중을 비롯한 차기 대선후보들까지 앞 다투어, "기아를 국민기업으로 살리겠다"며 지원하고 나서, 사태를 더욱 악화시켰다. 용기백배한 기아산업이, 정부가 제시하는 모든 조건을 거부하고 버티는 데다가, 김영삼과 김대중의 대화 길마저 끊긴 상황에서, 정부가 할 수 있는 일은 아무것도 없었다.

그렇게 3개월이나 더 버텨, 영구구제불능 상태에 빠진 뒤에야 비로소, 간신히 부도유예협약기업으로 지정되고(7월 15일), 외화로 100억$이 넘는 부도내고 파산했다. 재계 서열 8위에, 계열사 38개, 5,000여 하청업체에, 모두 20만이 넘는 종업원을 거느린 자칭 〈국민기업〉의 도산으로, 한국경제는 치명타를 맞았다. 후유증은 더 컸다. 지역감정까지 곁들인 치졸한 이전투구에 식상한 외국자본이 한국시장을 떠나기 시작했다. 외자도입이 점 점 더 어려워지고, 원화가치도 따라서 급속히 떨어졌다. 지위욕구에 눈먼 경제 문외한들이 서로 책임 떠넘기며 우왕좌왕하는 사이, 한국경제가 흐무러졌다. 〈기아사태는 결국 '환란'을 불러오는 도화선이 되었다.〉(ifs Post 2016년 10월 5일 자에서 재인용)는 말처럼, 기아사태야 말로, 한국이 〈국제통화기금〉(IMF) 〈경제식민지〉로 전락하는 직접적 원인이었다.

김현철 뒷배로 버티던 한보철강이 무너지고, 동아일보 앞세운 전주마피아와 김대중 등, 호남세력을 뒷배로 한, 자칭 국민기업 기아자동차마저 무너지는 판국에, 뒷배 없는 중소기업이 버텨낼 재간이 있을 리 없다. 건실하던 기업들이 줄 도산하여 대량 실업사태가 일어났다.

무능한 정부가, 정신없이 갈팡질팡하는 사이, 때맞추어, 태국과 인도네시아를 비롯한 동남아국가들이 외환위기를 맞았다. 우리 외채규모는, 김영삼정부 출범 직전인 1992년 말에 428억$이었으나, 1996년 말, 1,607억$, 1997년 6월, 1,635억$로 불어난 반면, 외환보유고는 300억$에도 못 미쳤다. 대외지급불능사태(moratorium)에 빠질 수밖에 없다.

게다가, 11월 20일, 환율 제한폭을 철폐하여, 환율이 폭등하자, 이상 더 버틸 재간이 없었다. 다음날 국제통화기금에 200억$ 구제금융을 요청했다. 김영삼정부는 IMF가 내건 지원조건인 〈저성장과 고실업〉을 거절할 힘이 없었다. 잘난 대통령 하나 덕에, 한국 국민은, 6.25전쟁에 버금가는 국치를 당하고 말았다. 취임 초, 세 번이나 단행한 〈명예혁명〉 덕에 90%를 넘던 대통령 김영삼의 지지율은, 외환위기를 맞자 6%대로 떨어졌다.

3 김대중 국민의 정부

1997년 가을. 또 한 번 대선 열기가 달아올랐다. IMF사태로 경제가 쑥밭이라 정치인들의 지위욕구가 더 뜨거웠다. 이념이나 정치지향 같은 것은 따질 생각도 필요도 없었다. 오직 정권만을 바라보고, 새정치국민회의 김대중 후보와 자유민주연합 김종필 후보가 단일화했다.(11월 3일). 호남표로는 당선가능성이 없는 호남대표 김대중과, 충청표를 독식할 수 있는 충청대표 김종필이라는 두 대통령 경쟁자가, 전혀 어울리지 않는 지역연합전선을 만들었다. 반평생을 군사독재 타도에 몸 바친 민주화운동 선도자와, 바로 그 반민주 군사독재를 만든 반란군 주모자가, 국가를 분열시킬 수도 있는 지역감정을 담보로 하는 〈좌우연합전선〉을 만들었다. 조건은 김대중 김종필 진보보수 공동정부(DJP)다. 이로써 한국정치는, 지역감정 정치화라는 퇴행적 정치행태의 고착화와 더불어, 한국정치의 가장 큰 걸림돌인 반공의식의 비정치화에도 성공했다. 신한국당후보 이회창도, 민주당후보 조익순을 끌어안아(11월 7일), 한나라당이 생겨났다.(11월 21일).

12월 18일에 치러진 대통령선거 결과, 야당 DJP가 승리하여, 대한민국 역사상 처음으로, 정부여당과 반대야당 간의 민주적 정권교체가 이루어졌다. 김대중은 1971년, 40대기수로 대통령에 출마한 이래, 26년이란 길고 험한 고행 끝에, 드디어 야당 대통령후보 4수에 성공하여, 대망의 제15대대통령이 되었다. 뿐만 아니라, 한국 역사상 최초로, 여야 간의 정권교체를 이루어, 적어도 이론적으로는, 한국 자유민주주의가 이륙단계에 들어섰다.

문제도 있었다. 가장 큰 문제는 역시 지역감정의 정치화 고착현상이다. 대통령으로 당선된 김대중은, 호남에서는, 광주 97.3%, 전남 94.6%, 전북 92.3% 라는 압도적 완승을 거두었다. 그러나 영남에서는, 최저 경남의 11.0%에서부터 최고 울산 15.4%로, 비영남인인 제3당 후보보다 훨씬 더 적은 표를 얻는데 그쳐, 정치이념이나 정책

대결 같은 자유민주주의 지형과는 거리가 먼, 지역주의 파당싸움 고착화현상이 두드러졌다. 어느 면에서는 자유민주주의를 대신하는 새로운 〈자유지역민주의〉가 실현되었다고도 할 수 있다. 그렇다고 지역주의가 부정적인 기능만 한 것이 아니다. 오히려, 역설적으로 한국정치지형에 심대한 변화를 일으켜, 한국민주주의발전에 지대한 공헌을 했다. 건국 이전부터 한국정치발전의 암적 존재이던 반공이념이 힘을 잃어, 반공 국시를 앞세워 정적을 제거하고 국민을 우롱하던 반인륜적 만행을 더 이상 저질을 수 없게 되었다. 한국 정치가 자유지역민주주의 덕에, 마침내 정통적인 자유민주주의의 길로 들어섰다.

  김대중정부하면, 가장 먼저 떠오르는 것은, 햇볕정책, 곧 대북포용정책 또는 대북화해협력정책이다. 북한을 흡수통일하겠다는 전 정권들과는 달리, 북한정권을 북쪽 정부로 인정하고, 남북 간의 화해와 협력을 통하여, 한반도의 평화를 유지하면서 통일을 논의하겠다는 정책이다. 어떤 수단 방법으로든지 간에, 북한정권을 말살, 궤멸하고야 말겠다는 반공반북 흡수통일이 아니라 호혜적 평화적 민족통일방식이다. 북한을 보는 눈이 다르다.

  전 정부들의 대북정책은 두 유형이다. 하나는 이승만식 〈북진반공통일〉이고, 다른 하나는 〈압박 유화 고립 와해통일론〉이다. 미국과 그 우방이, 정치 경제 군사 외교력을 총동원하여 북한을 압박하여 궁지로 몰면, 끝내 두 손 들것이라는 논리다. 이런 통일이 가능할 리 없다. 안 되는 줄 알면서도, 국민의 대북증오심을 증폭시키는 동시에, 반공체제의 우월성을 고취하여, 보수권력을 지키기 위한 수단으로 이용되어 왔다. 박정희정권 이래, 해빙무드 타고 여러 번, 북한정권과 거래하여 정상회담 문턱까지 갔으면서도, 독일식 흡수통일은커녕, 화해마저 기대할 수 없는 전시용에 불과했던 것은, 모두 이런 허황한 반북의식구조 때문이었다. 세계최강국과 싸워 이겼다고 자부하는 북한정권이, 제국주의식 당근과 채찍에 넘어갈 리 없다. 무릎 꿇고 기어들어오기를 바라다가는 오히려 불벼락 맞을 수도 있다.

김대중대통령의 대북정책기조는, 박정희 군사정권 때조차도, 골수 반공론자들의 비난을 무릅쓰고, 〈2체제 연방제 통일론〉을 주장했던 것을 보면 흡수통일이 아니라, 호혜적인 〈화해와 평화통일〉임이 분명했다. 국제정세 또한 평화무드다. 1989년 폴란드인민공화국 와해, 1990년 독일 재통일에 이어, 드디어 1991년, 줄기찬 미국 압박을 견뎌내지 못한 러시아 소비에트체제가 붕궤 해체되면서, 냉전의 한 축이 무너졌다. 두 체제 전초기지로 분리 독립하여, 민족사상 최대의 참화를 입은 한반도가, 그 영향을 받지 않을 수 없다.

노태우정부는, 반공 군사정부임에도 불구하고, 남북관계를 평화적으로 유지하려 애썼으며, 김영삼정부 또한, 오락가락하면서도, 전 정부의 기조를 이어나갔다. 냉전에 승리하여 의기양양한 미국 또한, 경수로를 제공하면서까지, 북한에 대한 당근정책을 펴고 있는 판이라, 김대중 대통령이, 평소 소신 그대로, 대북 미소정책을 추진할 수 있는 대내외적 여건은 충분히 갖추어져 있었다. 단지 반공교육으로 굳어버린 보수적 국민의 안보불안심리가 문제일 뿐이었다. 정통 반공 군사반란지도자인 김종필과 손 잡은 DJP정부의 한계도 무시할 수 없었다. 그러나 사실, 북한의 안보위협 타령은 허상일 뿐, 애당초, 아무런 문제없는 문제였다.

북한이 남한의 안보에 위협이 되는 것은 틀림없는 사실이다. 공식적으로 전쟁을 잠깐 쉬고 있는 엄연한 적국이니 위협이 안 될 수 없다. 반공 보수주의자들이 줄기차게 주장하는 북한의 위협은 두 가지다. 하나는 북한의 남침 야욕이고, 또 하나는 남한인민의 사회주의 또는 공산주의 혁명을 부추긴다는 것이다. 우선, 북한의 남한침략부터 보자.

조그만 분단국인 북한은, 시끄러운 도발위협은 얼마든지 할 수 있지만, 실제 전쟁은 하고 싶어도 할 힘도 능력도 없다. 미국은 말할 것도 없고, 한국보다도 훨씬 뒤진 무기체계뿐만이 아니다. 우선 전쟁 나고 열흘을 버틸 수 있는 기름이 없다. 국민학생까지 동원해 관솔 따다 송탄유 기름 뽑은 일제도 졌다. 아마 이것이 북한이 핵을 개발하는 이유 중 하나일 수도 있을 것이다. 핵을 가지면 공격은 물론, 방어에도 지극히 유리하다. 게다가 만일 다른 나라가 북한을 선제공격하면, 직접적 핵 피해자가 되는 이웃 나라들이, 자국민의 핵 피해를 방관할 리 없다. 보다 더 결정적인 것은 미국의 억제력이다. 신형 재래폭탄 한 발이면, 웬만한 도시 하나가 송두리째 사라진다는 사실을 잘 알고 있는 북한이, 쓸 데 없는 모험을 감행할 리 없다. 따라서 상징적으로라도 미국군이 주둔하는 한 북한의 침략은 상상할 필요조차 없다. 그리고 다행히 미국군이 한국을 떠날 가능성 또한, 거의 확실하게 없다.

미국은 이 날 이때까지, 역사상 한 번 발들인 곳에서, 쫓겨난 경우를 제외하고는, 대가 없이 자발적으로 군대를 철수한 일이, 단 한 번도 없다. 아무 탈 없는데도, 제멋대로 무력 침공한 지역에서 조차도, 대가 없이 물러난 적이 결코 없다.

그런 미국이, 1인당 실질 국민소득 2$밖에 안 되는, 전쟁에 박살난 세계 최빈 미개국을, 천문학적 자본과 무기에다, 36,000명도 넘는 귀중한 자국민 목숨까지 바치면서 지켜주고서, 아무 소득 없이, 자발적으로, 물러날 리는 절대로 없다. 재무장에 열 올리고 있는 전 조선식민지 본국 일본을 끌어들여서까지 지켜줄 각오가 철석같은 미국이, 빈손으로 한국을 떠나는 자비를 베푸는 일은, 공상 우주영화에서나 나올 법 한 어림없는 꿈이다.

따라서 북한이 원자탄을 자폭하여, 남한과 함께, 지구 상에서 영원히 사라질 수 있을지는 모른지만, 남한을 무력병합하거나 흡수통일하기 위해 전쟁을 도발한다는 것은 사실상 불가능하다, 북한이 호시탐탐 공산화 통일을 노리고 있다는 주장은, 냉전 의식에 찌든 반공정치인들이, 정치권력 줄을 놓지 않으려고, 국민을 오도하는 억지 논리에 불과하다.

다음, 북한이 남한 인민의 공산주의혁명을 선동하고 있다는 주장이다. 그럴듯하다. 그러나 공산주의혁명이란 것이 그리 간단한 것이 아니다. 사회주의나 공산주의는, 기원전부터 마음씨 고운 선각자들이 펼친 빈민구체사상이지만, 문예부흥으로 인간이 신으로부터 풀려난 근대에 들어와서야, 비로소 체계화된 〈빈민 민주주의사상〉이다. 인간은 날 때부터 평등한데도 불구하고, 극심한 빈부격차로 빈민들이 기아선상에서 허덕일 때, 모두 함께, 잘 먹고 잘 살아보자는 자비로운 정치이상이다. 한편으로는, 부유하고 교양 있는 이른바 가진 자들이 만든 근대민주주의, 부르주아민주주의, 자유민주주의로부터, 진정한 민주주의를 되찾은 정치사상이기도 하다. 따라서 못 가진 자들이 많을 때는, 많은 호응과 동조가 있을 수밖에 없다. 가진 자들이, 공산주의나 사회주의를 기를 쓰고 없애려는 것도 바로 이 때문이다.

그렇다고 사회주의혁명이란 것이, 시도 때도 없이, 일어날 수 있는 것이 아니다. 빈부격차가 격심하던 근대 초기자본주의사회에서나 일어나는 사회변동 현상이다. 우리나라에서는 4.19항쟁 때만 해도, 국민소득이 북한의 절반에도 못 미치고, 빈부격차가 격심해, 사회주의혁명이 매력적일 수 있었다. 그러나 20세기 후반기에 들어서면 사정이 달라진다. 제2차 세계대전의 후유증을 극복하고 세계질서가 안정되면서, 세계경제가 급속도로 성장하여 세상 사람들의 생활이 안정되자, 공산주의 사상이 오히려 부담스러워졌다. 내 재산 모두를 사회에 바치고 싶은 자선가가 있을 리 없고, 나보다 남의 행복을 더 좋아하는 이타주의자는 더욱 없다. 〈내 것은 내 것〉이 정의인 자들은 더더욱 아니다. 따라서 국민소득이 1만$을 넘어서고, 사회안전망이 얼마큼 갖추어진 곳에서는, 사회주의혁명은커녕, 아나바다운동마저 사라진다. 복지사회나 풍요사회에 들어서면, 소비가 오히려 미덕이 되어, 나누어 먹고 나누어 쓸 필요가 없어진다. 공산주의국가마저 진화하는 자본주의를 기웃거리게 된다.

국내외 정치와 사상에 통달한 김대중 대통령이, 케케묵은 보수세력 안보논리의 진의를 모를 리 없다. 재빨리 평화무드를 떨쳐 일으켰다. 취임사에서, 북한에 대한 〈당면 3원칙〉, 〈북한의 무력도발 불용, 북한을 해치거나 흡수할 생각이 없고, 남북 간 화해와 협력 적극 추진〉을 발표하고, 지지부진하던 금강산 관광협상을 마무리하여, 남북분단 후 처음으로 1998년 11월, 남한사람들이 "그리운 금강산"의 반공가사를 바꾸어 부르며, 조선 사람이 대대로 염원하던 평생소원, 〈금강산 구경〉을 할 수 있게 되었다.

김대중 대통령은, 2,000년 신년사에서, 남북경제공동체구성을 제안하고, 2월에, 철도, 전력 등 사회간접자본 건설지원의사를 전달하고는, 드디어 3월 10일, 독일에서, "지구 상에 마지막으로 남아있는 한반도 냉전구조를 해체하고, 항구적인 평화와 남북 간의 화해, 협력을 이루고자 한다"는 〈베를린선언〉을 발표했다. 정부당국이 직접 만나, 경협방식, 냉전종식과 평화정착, 이산가족상봉을 논의하기 위한 특사 교환을 하자는, 역사적 제의를 했다. 북한이 이에 화답하여. 이 해 6월 13일에서 15일까지, 김대중 대통령과 김정일 국방위원장이, 민족분단사상 처음으로, 평양에서 남북정상회담을 열어, 〈6.15남북공동선언〉을 발표했다. 이후 금강산 관광길이 트이고, 남북 간 교역 규모도 연간 3억$를 넘어서게 되었다. 정부와 현대가 함께 5억$를 북한에 보냈다. 개성공단 착공식도 가졌다. 2,000년 9월 2일에는 비전향장기수인 김인서, 함세환, 김영태 등 62명을 제2차로 돌려보냈다.

한편으로는, 반공 예방책도 세웠다. 북한에 중대 변혁이 생길 경우, 북한의 현존지도세력을 숙청하고, 남한을 지지하는 개혁세력을 적극 지원하여, 통일을 주도한다는 원대한 북한흡수계획이다. 김대중 정부조차도 벗어날 수 없는 대한민국의 반공반북 자유민주주의 노이로제를 성실히 반증한 유비무환정책이다. 북한이라고 외투를 모두 벗을 리 없다. 미국 민주당정부가 경수로를 제공하면서까지 열성적으로 회유하는데도 불구하고, 핵개발을 멈추려고 하지 않았다. 서로가 서로의 진의를 믿을 수 없었고, 믿지도 않았다.

김대중정부에게, 북한 햇볕정책보다 더 시급한 문제는, 외환위기 극복이었다. 무능한 전 정부가 만든 IMF사태를 조속히 해결하여, 경제를 정상화하는 일이 더 급했다. IMF사태 최대원인제공자인 〈기아사태〉에 일정한 책임이 있다는 항간의 소문도 시끄러운 터라, 신경이 더 쓰일 수밖에 없었을 것이다. 문제는 IMF구제금융 지원조건인 구조조정, 곧 영미식 신자유주의 전면화정책이다.(손호철; 촛불혁명과 2017년 체제. 2017년: 146쪽). 성장성이 약한 기업을 줄이거나 없애고 동시에 종업원도 줄이거나 좇아내어야 한다. 국영기업, 금융기관, 일반 기업 가리지 않고 불량 기업을 가려내어, 국내외에 팔거나 아예 없애버리는 재량을 휘두를 수는 있겠지만, 줄도산에다 대량실업은 불가피하다. 비정규직이 일상화되고 사회적 양극화가 심화되었다.(위의 책, 147쪽)

노동자 편든다고 빨갱이로 몰린 일이 허다한 자칭 진보성향 정당 세정치국민회의, 그리고 김대중정부가, 이 일을 해내었다. 자본규제 강화 대신, 노동유연화정책으로 노동자를 무더기로 좇아내는 반노동적 친자본주의정책을 충실히 집행했다. 덕택에 1998년 -5.1%이던 경제성장률이 1999년에 11.5%로 까지 뛰어오르고, 임기 중, 연평균 6.15%의 경제성장을 이루어 IMF를 조기 졸업했다. 그러나 운 나쁘게, 아니면 연줄 못 잡아, 불량 기업으로 옭아 매여 구조조정당한 무수한 중산층 가정도 함께 무너져 내렸다. 뜻밖에도 경상하도에 구조조정에 묶인 운 나쁜 불량기업이 너무 많았다. 파산한 은행과 회사들의 찌그러진 간판과, 직장 잃은 실업자의 목아지가, 손도장 잘못 찍어 잘린 엄지손가락과 함께, 부산 마산 앞바다를 가득 메웠다는 서글픈 소문이 다시 나돌았다. 김영삼이 대통령 되자마자, 가장 깨끗한 정치인인체 하면서 정비한 〈정치자금법〉으로 잘린 부경사람들의 목아지도 함께 떠다녔다. 법은 역시 눈이 밝다. 〈마피아〉 배경 없는 잔챙이들을 빠짐없이 솎아내어, 법과 원칙에 따라, 엄벌했다.

한국의 지역감정 정치화는, 경상북도와 전라남도 사람들의 자리다툼에서 비롯된 것인데도, 그 분풀이는 엉뚱하게 소영웅 잘 못 모셔 엄지손가락 자른, 경상하도사람들에게 몽땅 내려 꽂혔다. 억울하지만 그게 모두 하나님과 장로님을 잘 못 모신 업보이니 호소할 데도 없다. 억울한 부경사람들의 한숨과 원한이 하늘에 닿았는데도, 신자유주의 구조조정으로 득 본 자들도 많았다. 김대중 정부 실세 권노갑 등 거물 여당정치인들의 벤처기업과의 유착이 들통 나 민심이 울부짖었고, 정현준, 이용호, 진승현 3대 게이트에다, 대통령 막내아들이 경제실세 조풍언, 최규선 등과 얽힌 불법 부정행위을 비롯하여, 세 아들 모두 〈홍삼게이트〉로 물의를 일으켜, 김영삼 아들 김현철과 꼭 같이, 국민의 손가락질과 고초를 당해야만 했다. 못난 "아랫것들"이 구조조정으로 목이 달아나는 사이, 똑똑한 "높고 귀한 아이놈들"이 말린 곶감 빼먹다가 얹혔다. 그러나 신기하게도 모가지 달아난 자는 하나도 없었다.

외교에도 뛰어났다. 김대중 대통령의 외교력이, 독립외교전문가 이승만보다 한 수 위라는 것은, 자타가 공인하는 정론이다. 빛나는 노벨평화상 수상이 그 진가를 증명한다. 무모한 아프가니스탄전쟁을 일으킨 미국 공화당대통령 조지 W.부시조차도, "한미 간의 전통적 동맹관계를 지속적으로 발전시키며, 대북문제는 한국의 입장을 존중한다"라고 할 정도였다. 덕택에 반 혁신 반공보수주의자들의 말세론적 우려를 비웃기라도 하듯, 미국과 미국군인들은 변함없이, 더욱더 굳건하게, 자유 대한민국 국토를 꿋꿋하게 지켜주고 있다.

대일외교도 원활했다. 미국과 일본은 〈김대중 납치사건〉 때, 공동으로, 생명을 구해 준 은인이기도 하다. 1998년 11월, 말 많은 한일어업협정을 다시 체결하고, 2002년 월드컵경기를 공동 개최하면서, 한일관계를 더욱 공고히 했다. 다만, 〈한일어업협정〉에서, 독도가 한국 바다에서 살아져 버려, 온 국민이 깜짝 놀랐다. 분명한 우리 고유 영토인 독도가, 한일 양국의 배타적 수역, 즉 공동수역으로 밀려 난 문제는, 결국 헌법재판소에 까지 올라갔다. 헌법재판소는 〈어업을 위해 정한 수역과 섬의 영유권 내지 영해 문제는 관련이 없다〉고 구차하게 기각했다. 그러나 일본이 독도를 자기네 땅 〈쓰시마(竹島)〉라고 끈질기게 고집할 빌미를 주었다는 사실은 지울 수 없다.

자유,자주
그리고
민주주의
나의 대한민국 정치사회사

초판 1쇄 인쇄일 2020년 10월 15일
초판 1쇄 발행일 2020년 10월 15일

지 은 이 안희수
펴 낸 곳 조양출판인쇄
출판등록 제 2016-000040호
주   소 서울특별시 중구 필동로45 조양빌딩 4층
대표전화 02.2275.5863
팩   스 02.2275.5865
이 메 일 cyprint@hanmail.net

ISBN 9791197192401(03300)

이 도서의 국립중앙도서관 출판시도서목록(CIP)은 서지정보유통지원 시스템 홈페이지(http://seoji.nl.go.kr)와
국가자료공동목록시스템(https://www.nl.go.kr/kolisnet/)에서 이용하실 수 있습니다.
(CIP제어번호 : CIP2020041898)